莫厘村志

《莫厘村志》编纂委员会 编

杨维忠 主编

苏州大学出版社

图书在版编目(CIP)数据

莫厘村志/《莫厘村志》编纂委员会编；杨维忠主编. —苏州：苏州大学出版社，2019.7
ISBN 978-7-5672-2871-9

Ⅰ.①莫… Ⅱ.①莫… ②杨… Ⅲ.①村史–苏州 Ⅳ.①K295.35

中国版本图书馆 CIP 数据核字(2019)第 136669 号

MÒ LÍ CŪN ZHÌ
莫 厘 村 志

编　者：《莫厘村志》编纂委员会
主　编：杨维忠
责任编辑：倪浩文

出版发行：苏州大学出版社
　　　　　（苏州市十梓街1号　215006）
印　刷：苏州市深广印刷有限公司
开　本：787 mm×1 092 mm　1/16
印　张：26.75
字　数：498 千字
版　次：2019 年 7 月第 1 版
印　次：2019 年 7 月第 1 次印刷
书　号：ISBN 978-7-5672-2871-9
定　价：280.00 元

若有印装错误，本社负责调换
苏州大学出版社营销部　电话：0512-67481020
苏州大学出版社网址　http://www.sudapress.com
苏州大学出版社邮箱　sdcbs@suda.edu.cn

《莫厘村志》编纂委员会

主　　任	杨　青
副 主 任	席时超　钱浩君
委　　员	杨振华　徐勇君　刘艳雯　孔　运　盛丽红
	张燕芬　徐晓枫

《莫厘村志》编纂委员会办公室

主　　任	杨　青
副 主 任	席时超　钱浩君
主　　编	杨维忠
编　　务	张国良　赵炳富　张永福　盛丽红
特邀顾问	徐雪棣　唐峥嵘　吾永康　张　炜
特邀审稿	陈其弟　傅　强　陆卫平　翁建明　陈　萍　翁丽春
封面题字	席时珞
地图制作	陆永泰
摄　　影	顾　娟　金其传　席时超　倪浩文　张颂钧　计龙根
	黄　寅　秦伟根　张炎龙　鲍建国　郑思年　陈爱民
	许育群　倪庆华　秦荣芳　赵永清

《莫厘村志》审定单位

苏州市地方志编纂委员会办公室　　吴中区档案馆（地方志办公室）
中共东山镇人民政府　　东山镇历史文化研究会
中共东山镇莫厘村党委会　　东山镇莫厘村村民委员会

南北朝 （—581）	隋唐、五代 （581—960）	宋元 （960—1368）	明清 （1368—1911）	民国 （1911—1949）	中华人民共和国 （1949— ）

席氏定居，村庄肇始，舍宅为寺，佛教兴盛

唐时曾设「洞庭镇」于金家湖橘社唐广明二年（881），席温（武卫上将军）在翠峰坞建宅

宋室南渡，外族迁入，村庄初步发展

南宋建炎初翁承事定居翠峰坞下

元 1341—1368 年，金德传至橘社定居元末吴氏一支从槎湾至翁巷定居

多姓聚居，商帮发迹，村庄繁荣，寺庙兴盛

清咸丰年间，杨氏迁入鹅潭头

清乾隆中期，东山严氏一房迁入翁巷

东山镇区重要组成部分中国传统村落

2006年6月，翁巷入选第一批苏州控制保护古村落

2013年8月，翁巷入选第二批中国传统村落

■莫厘村全景

旧石器时代晚期（约1万年前）	夏商周（公元前770以前）	吴越春秋（公元前770—前221）	秦汉（公元前221—公元220）	三国（220—
吴地先民生活之地	翠峰坞芙蓉峰有土墩遗址	吴越交战前沿、防御重地 翁巷翠峰坞有望越台，俗称烟火墩，以瞭望越军动向；传范蠡宅在翠峰坞	人口稀少，栽桑养蚕	

翁巷空间形态演变示意图

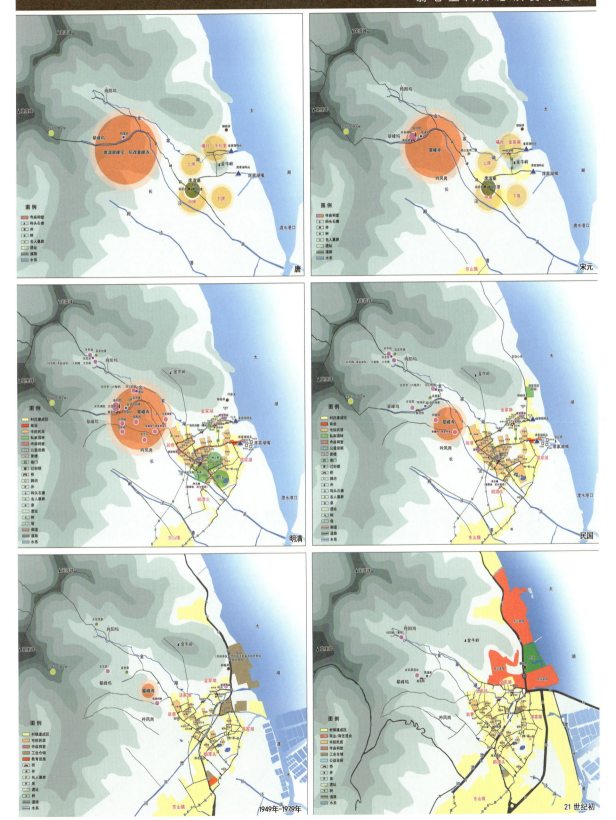

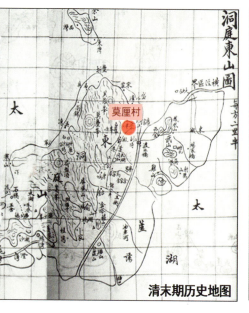

清末期历史地图

民国历史地图

历史地图

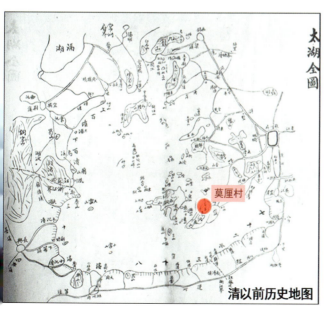

清以前历史地图

清中期历史地图

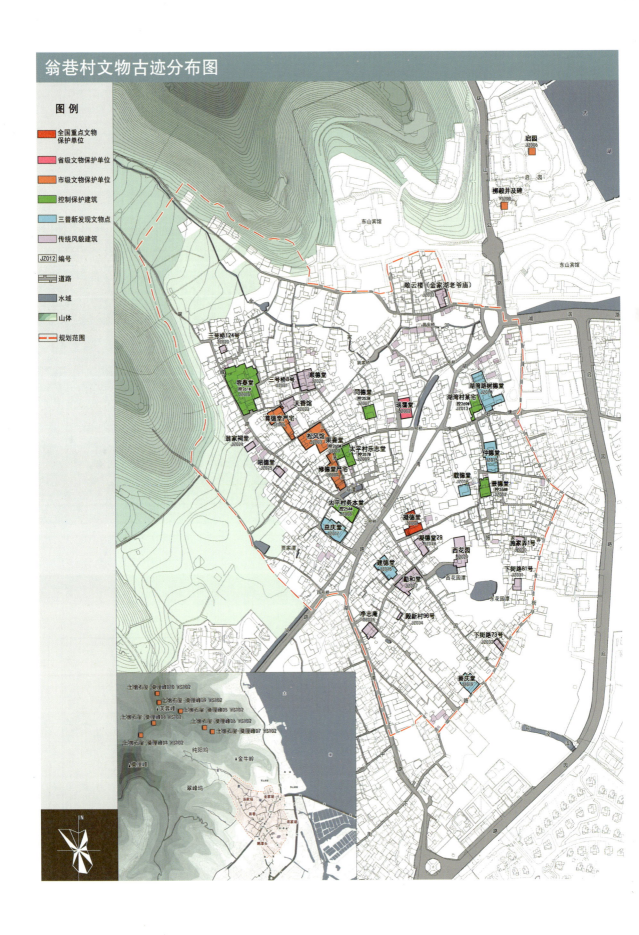

【莫厘风光】

岱心湾大桥

丰圻大桥

白马庙桥

东山宾馆

丰圩春光

尚锦夏熟

莫厘秋色

启园冬雪

【莫厘旧影】

启园附近（1923年）

殿泾港（1948年）

翁巷更楼（1946年）

翠峰寺（1948年）

席家湖头（1952年）

席家湖安定塔（1952年）

海眼泉（1970年）

莫厘风光（1973年）

山麓砌梯田（1973年）

卫东幼儿园（1973年）

修剪橘树（1973年）

橘子丰收（1973年）

花果加工厂（1973年）

莫厘人物

席温（唐）

吴惠（1400—1468）

吴有性（1587—1675）

翁万裕（1601—1679）

吴海通（明）

席本桢（1601—1655）

严荣（1761—1821）

沈二园（1815—1879）

席嘏卿（1833—1918）

席正甫（1834—1904）

施禄生（1849—1928）

严吾馨（1856—1931）

金采生（1869—1912）

席立功（1869—1923）

严家炽（1873—1952）

严筱泉（1874—1948）

席启荪（1879—1943）

刘恂如（1883—1935）

席德懋（1892—1952）

席季明（1898—1948）

刘 云（1899—1957）

张瑞生（1911—1993）

汤季宏（1916—2002）

翁人彦（1920—2012）

金尚俭（1921— ）

殷 勤（1923—1989）

张其林（1924—2006）

席德梁（1927—1973）

范金根（1928—1981）

严孝修（1928—　）

张岳林（1929—　）

陆耀桢（1931—　）

汤绍源（1932—1999）

赵谨荪（1934—1952）

施福恢（1934—　）

王益康（1936—　）

 席时珞（1936— ）
 严佩贞（1937— ）
 赵纪良（1937— ）
 陆德如（1937— ）
 金志权（1941— ）
 朱耀南（1945— ）
 钱祖兴（1947—1999）
 周俭男（1948— ）
 周义林（1958— ）

《莫厘家谱》

席氏宗贤像赞

六修严氏族谱

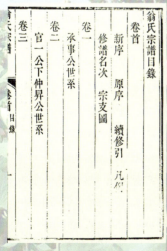

翁氏宗谱

苏州东洞庭山黄濠嘴鹅潭头四知堂杨氏简谱

橘社金氏家谱

汤氏家谱

俞氏世谱

吴巷分支世系圖
五十一世
十翁 遠長子
公生於宋政和元年辛卯纔五歲智慧過人其姑母適查灣查君瑞見而愛之撫為已子居查灣娶周氏生子諱天生歷傳八世皆從查姓故不入譜逮元至正間九世孫德懋遷居翁巷復姓吳氏是為前後巷始祖

吴氏家谱

洞庭東山周氏支譜序一
洞庭東山高嶪太湖之中自箬為羽客釋子之所定故名不甚顯宋室南渡縉紳士大夫樂其湖山之勝相率卜居而其名著於天下周氏自宋兩浙宣撫使周公諱堂者平守江庭驛南下生七子寄居吳越間有曰七子公者即公第七子也始古輻為洞庭東山人年代久遠書缺有間遺事莫可考矣明季有曰效山公者是為周氏發祥支祖子孫繁衍簪纓累

洞庭东山周氏支谱

莫厘军功

张其林荣获军功章

赵谨荪的烈士证

钱祖兴的立功证

张瑞生参加渡江战役纪念章

张瑞生参加解放华中南纪念章

张瑞生参加淮海战役纪念章

《莫厘古迹》

翠峰顶烽火墩

净志庵

白马庙

清凝道院（纯阳殿）

东山寺（东岳行宫、张师殿）

慈云庵

岱松猛将堂

古尚锦圈门

汤家场姚家桥

金家河普安桥

启园环翠桥

翠峰坞香花桥

启园曲桥与挹波桥

启园御坊及御码头

翠峰坞悟道泉

金家河普安井

余山岛古井

洪湾八角井

柳毅井及碑

鹅潭头龙泉

翁巷花蕾井

馀家湖井

务本堂"仁义道德"井

丰圲古井

益庆堂西侧井

余山西湾龟驮

丰圲石嘴

莫厘古木

翠峰坞古银杏

凝德堂古银杏

启园古含笑

启园古榆

翁巷双潭古榉

余山东湾古榆

余山古银杏

余山古榆

【莫厘古建】

全国重点文物保护单位

翁巷凝德堂严宅

江苏省文物保护单位

汤家场瑞霭堂席宅

苏州市文物保护单位

翁巷松风馆席宅

翁巷修德堂严宅

翁巷尊德堂严宅

启园席宅

苏州市控制保护建筑

岱松村裕德堂刘宅

殿背后瑞凝堂席宅

殿背后慎馀堂（薛氏宗祠）

汤家场容春堂刘宅

席家湖容德堂席宅

汤家场同德堂严宅

翁巷古香堂翁宅

翁巷景德堂严宅

翁巷乐志堂严宅

翁巷务本堂翁宅

其他古建

岱心湾松寿堂刘宅

殿后弄耕礼堂翁宅

岱心湾传经堂刘宅

殿新村桐山堂沈宅

殿新村建德堂席宅

湖湾路载德堂严宅

花园弄景仁堂严宅

汤家场天香馆叶宅

翁巷益庆堂施宅

下街路吴家墙门

翁巷击壤堂席宅

翁巷陆宅(一说顺德堂)

翁巷赵宅

翁巷汤家场翁氏宗祠

翁巷种德堂严宅

席家湖树德堂刘宅

席家湖橘庄敞云楼翁宅

下街路吴家墙门

下街路严宅

丰圻赵宅

周湾费宅

莫厘著述

明席启图著《畜德录》　　清翁澍著《具区志》　　民国许一凡著《莫厘游志》

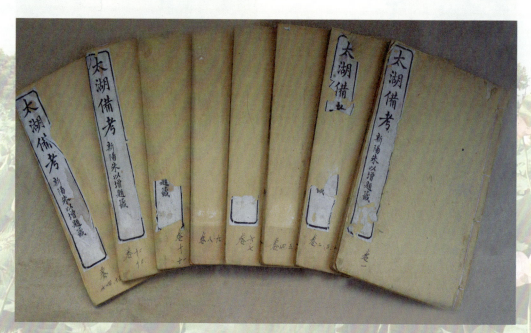

清金友理著《太湖备考》

莫厘村当代学者、作家、书画家出版部分作品

洞庭席氏家族联谊会会刊

《莫厘村志》主编杨维忠出版的部分著作

《莫厘书法》

席时珞《天道酬勤》

席忆椿《读傅抱石画》

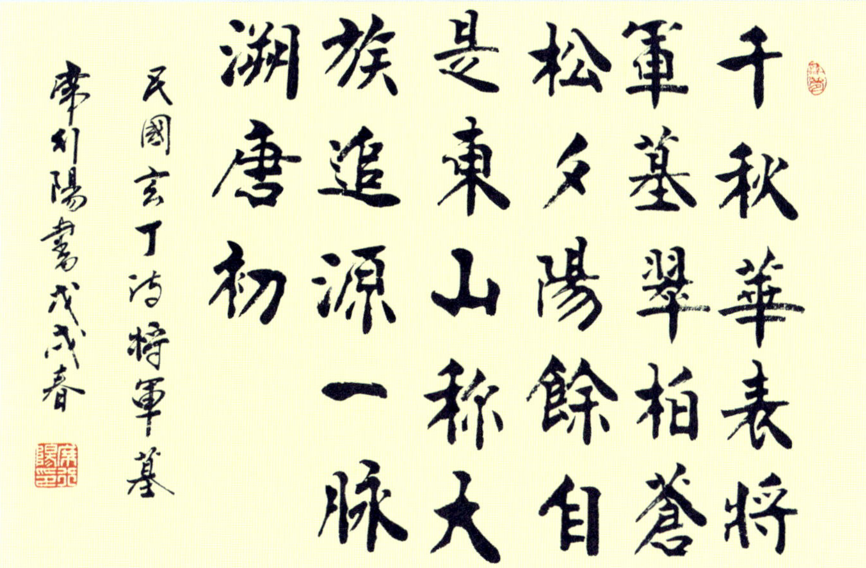

席行阳《将军墓》

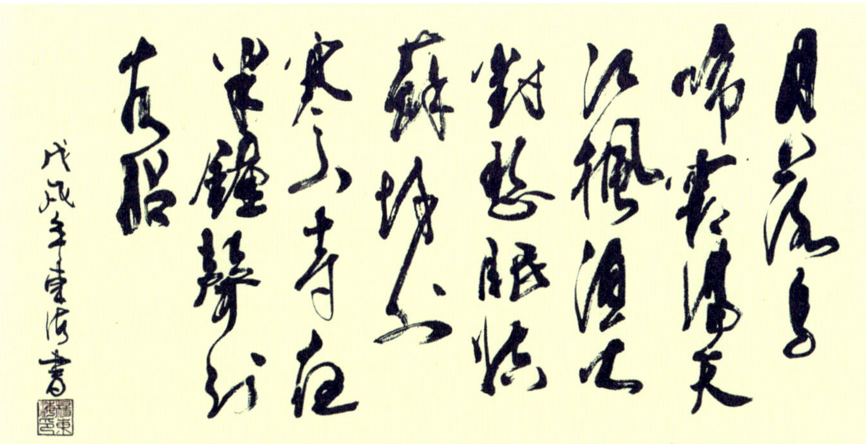

杨东海《枫桥夜泊》

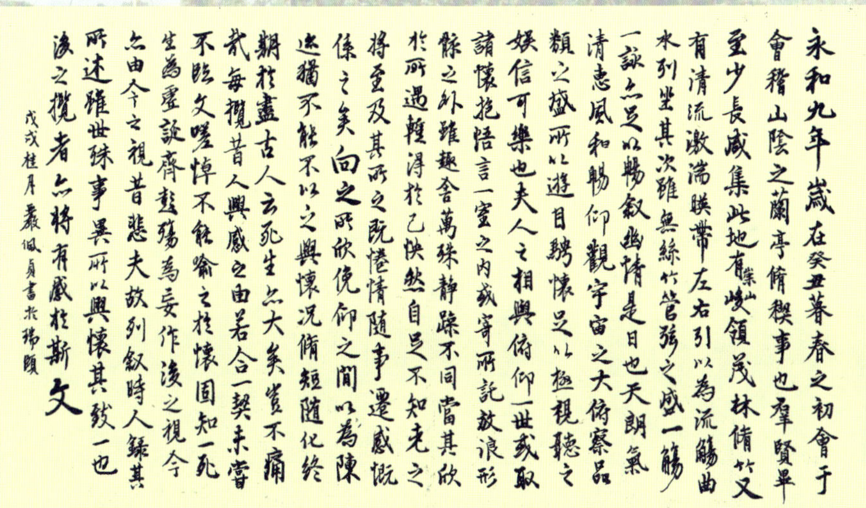

严佩贞《兰亭序》

《莫厘金石》

海眼（明王鏊题）

仙峤浮空（明申时行题）

吟风冈（嘉靖三十三年张本题，乾隆三十三年沈永舒重刊）

仙池（或曰明人题）

云涛极望（民国十年金松岑题）

湖心积翠（民国十八年郑伟业题）

旷观（民国张一麐题）

李根源、李学诗、郑伟业、居廷扬、张自明游记（民国十八年张自明题）

丰圩山海镇（明清）

净志庵对面石敢当（明清）

丰圩古墓石刻（清）

净志庵助银碑（崇祯十七年）

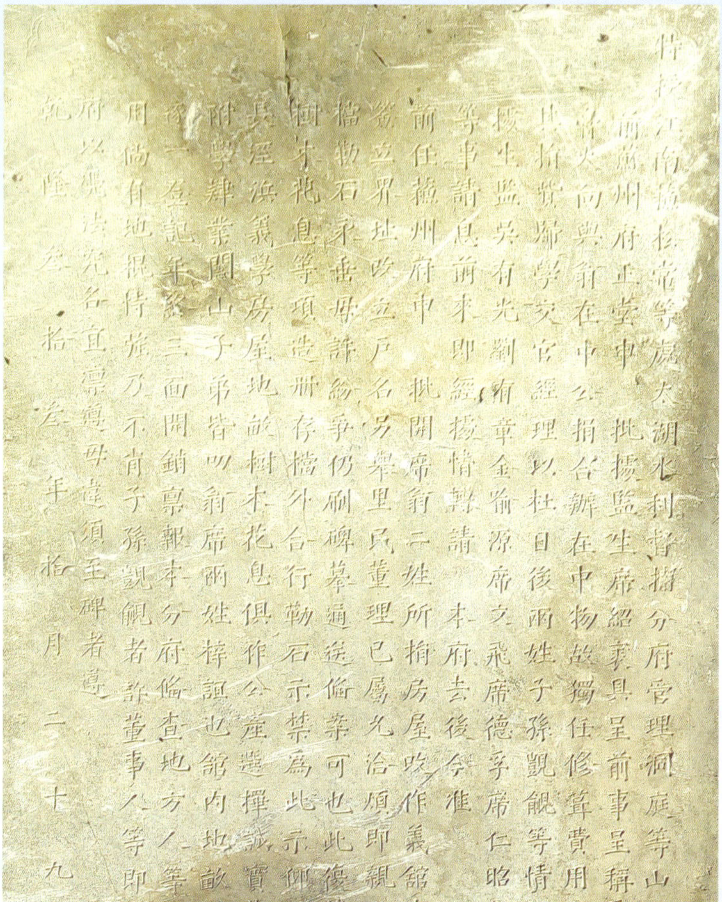

翁席捐产为义学事宜碑（乾隆三十三年）

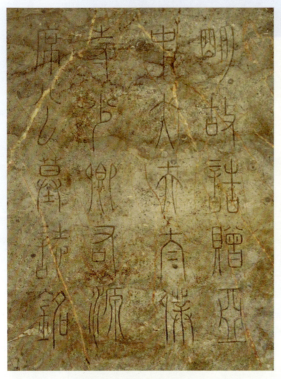

席右源墓志铭（道光二年）

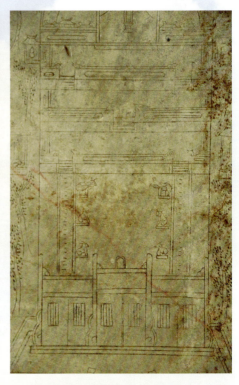

席氏家族墓图碑（道光二年）

东岳庙禁扰碑（咸丰八年）

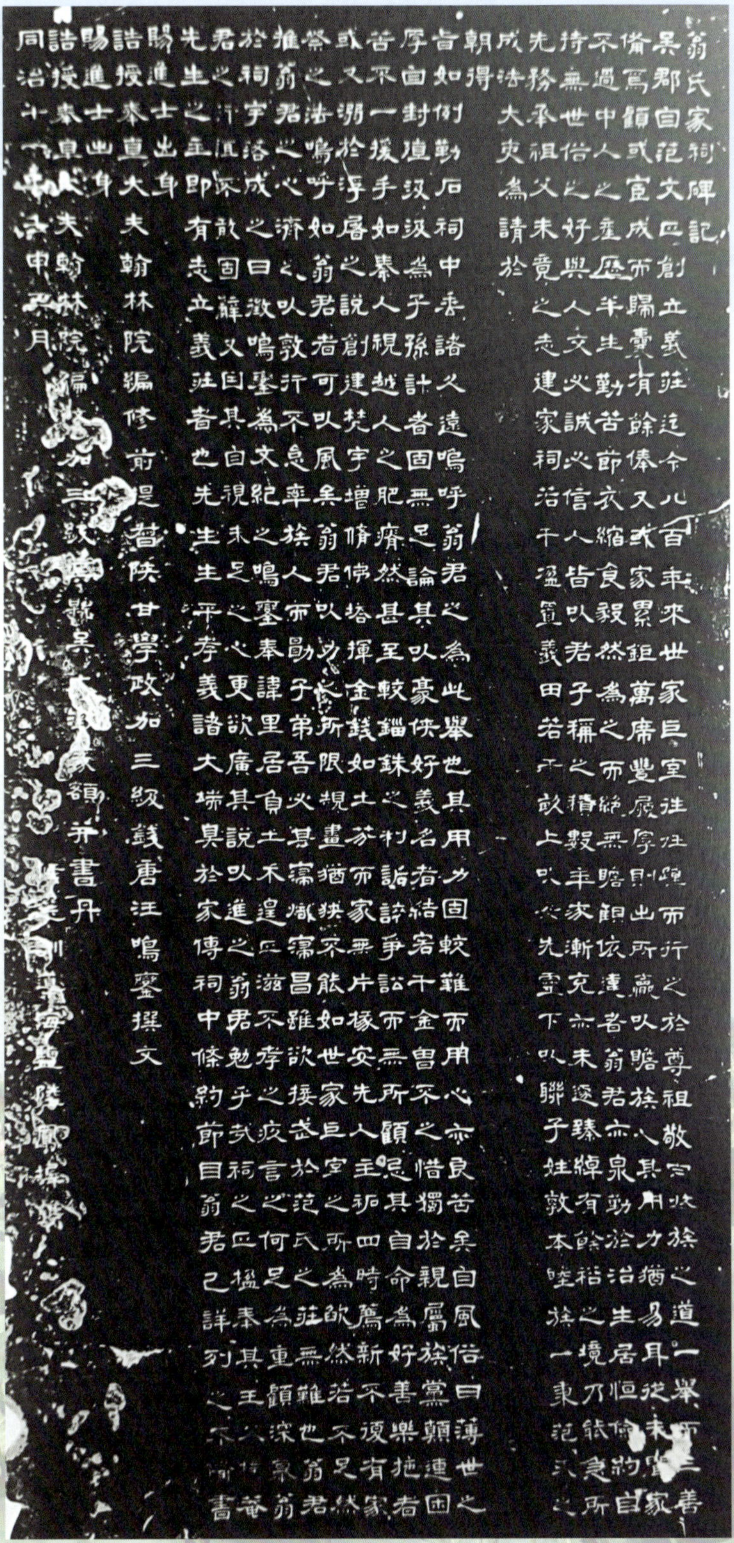

翁氏家祠碑（同治十一年）

慈云庵禁扰碑（光绪三十一年）

汤家场刘天王行宫助银碑（1921年）

莫厘特产

洞庭红橘

蟹橙

石榴

碧螺春

白沙枇杷

乌紫杨梅

水蜜桃

白果

板栗

李子

柿

太湖菱

太湖蟹

太湖莼菜

太湖银鱼

太湖白鱼

太湖白虾

太湖藕

【莫厘风情】

猛将会

雨花台庙会

东山庙会

看抬阁

抬轿迎亲

帆船赛

收橘子

环岛竞走

采枇杷

吊银杏

采茶

挑果

拣枣子

采杨梅

养蜂

扛石头

汰菜

洗衣

卖肉

祭祖

做秋事

猜拳

运桃子

莫厘新农村建设

莫厘大酒店

莫厘镇标"碧螺姑娘"

将军街牌楼

农家乐

东新农贸市场

东山防腐仪表阀门有限公司产品

东山锦新医用容器厂

东山塑料包装有限公司

莫厘景园

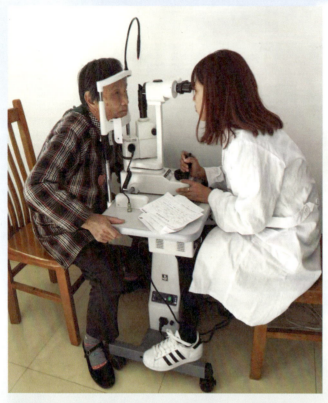

社区卫生服务

村委会学习十九大精神

《莫厘村志编纂》

《莫厘村志》编纂组合影

《莫厘村志》编委会合影

2019年1月17日《莫厘村志》终审合影

莫厘历任领导

莫厘村党委历届书记

王自新　　　　张惠玉　　　　杨　青

湖湾村党支部历届书记

周伟华　　　杨祖生　　　蔡雪延　　　汤泉荪　　　王自新

岱松村党支部历届书记

滕根林　　　周龙生　　　庄春生　　　宋海福　　　张永福　　　肖卫源

尚锦村党支部历届书记

严福生　　　费洪兴　　　徐培林　　　施惠生　　　费东福

目 录

序一 ·· 1

序二 ·· 3

凡例 ·· 4

概述 ·· 1

大事记 ··· 3

第一章　地理建置 ··· 17
　第一节　村落格局 ··· 19
　第二节　气候物候 ··· 20
　第三节　动植物资源 ··· 21
　第四节　建置区划 ··· 23
　第五节　自然村落 ··· 25

第二章　人口　姓氏 ·· 59
　第一节　人口总量 ··· 61
　第二节　人口变动 ··· 65
　第三节　人口构成 ··· 67
　第四节　高龄人口 ··· 69

第三章　古民居 ··· 73
　第一节　全国重点文物保护单位 ··· 75
　第二节　江苏省文物保护单位 ·· 76
　第三节　苏州市文保单位与控保建筑 ··· 76
　第四节　第三次全国文物普查新发现文物点 ································ 83
　第五节　其他古民居 ··· 86

1

第四章	古迹	89
第一节	庵庙堂观	91
第二节	古泉古井	94
第三节	古道古桥	97
第四节	港河涧潭	98
第五节	园林古木	100
第六节	摩崖碑石	102

第五章	中国传统村落翁巷	105
第一节	古村风貌	107
第二节	历代遗迹	108
第三节	宅第特色	110
第四节	保护规划	112
第五节	古建维修	114
第六节	"非遗"保护	116

第六章	村级经济	131
第一节	农村生产关系变革和经济体制改革	133
第二节	生产管理	139
第三节	农副业	143
第四节	工业	148
第五节	商贸	151

第七章	旅游	153
第一节	旅游资源	155
第二节	旅游项目	158
第三节	旅游线路	159
第四节	旅游服务	160

第八章	基层组织	163
第一节	莫厘村党组织	165
第二节	村行政组织	171
第三节	村群团组织	176

第九章　新农村建设 ... 181
第一节　基础设施 ... 183
第二节　公共服务 ... 186
第三节　环境保护 ... 188
第四节　美丽乡村建设 ... 190

第十章　社会　家庭　教育 ... 193
第一节　社会保障 ... 195
第二节　社会公益 ... 197
第三节　荣誉新风 ... 198
第四节　家庭 ... 200
第五节　教育 ... 201

第十一章　物产 ... 205
第一节　碧螺春 ... 207
第二节　花果 ... 211
第三节　水产 ... 215

第十二章　风俗 ... 217
第一节　习俗 ... 219
第二节　方言　谚语 ... 225
第三节　山歌　民谣 ... 228
第四节　夯歌　扛调 ... 231

第十三章　大族源流 ... 235
第一节　翠峰坞席氏 ... 237
第二节　翁巷翁氏 ... 240
第三节　汤家场汤氏 ... 242
第四节　周湾周氏 ... 242
第五节　橘社金氏 ... 243
第六节　岱心湾吴氏 ... 245
第七节　岱心湾刘氏 ... 247
第八节　翁巷严氏 ... 248
第九节　太平村施氏 ... 250
第十节　鹅潭头杨氏 ... 251

  第十一节 其他氏族 ·· 251

第十四章 人物 ·· 253
  第一节 人物传略 ·· 255
  第二节 革命烈士 ·· 267
  第三节 人物简介 ·· 268
  第四节 人物名录 ·· 272

第十五章 著述 诗文 ·· 289
  第一节 著述 ·· 291
  第二节 《莫厘风》期刊 ·· 294
  第三节 选诗 ·· 294
  第四节 选文 ·· 304

第十六章 丛录 ·· 319
  第一节 掌故杂记 ·· 321
  第二节 传说轶闻 ·· 326

编纂始末 ··· 334

序一

《莫厘村志》即将出版，甚感欣慰！莫厘村是苏州市吴中区东山镇的一个行政村，也是东山较有影响的古村落，尤其是村内的翁巷自然村，2013年被列为第二批"中国传统村落"。盛世修志，东山的修志工作起步早，进度快，2015年以来，已完成中国名镇名村志工程《中国名镇志·东山镇志》与《中国名村志·陆巷村志》《中国名村志·杨湾村志》《中国名村志·三山村志》的编纂出版。2016—2018年，还完成了2部江苏省名镇名村志的编写工作，以及出版了《杨湾村志》。一部村志是一个村的历史发展的缩影，凝聚了当地村民的文化思想精髓，记录了乡村小社会的发展与变迁，在"根植吴文化，建设新吴中"的征程中，东山一批镇、村志的出版，对传承东山民风民俗精髓，提升地方文化软实力有积极而深远的意义，值得庆贺。

莫厘村历史文化底蕴深厚，据《太湖备考》记载，莫厘境内宋代的社下里是东山最早的集镇，历经千年历史。虽然这个古镇已不复存在，但遗迹尚存，在苏州与吴县方志上记载名人游莫厘村的古诗多达数百首。莫厘村是东山历史上出人才较多的古村落之一，东山历史上最早的进士、诗人、大商人都出在莫厘村，明清时方志上记载的文人有100多名。青出于蓝胜于蓝，在近现代，莫厘村出了12名博士生导师和50多名正副教授。在现存的30多幢明清建筑中，有各级文保单位和控保建筑16处，且大多保存完好。物华天宝，人杰地灵，民风淳朴，这样的古村落很值得一写。

中共十一届三中全会以来，莫厘村发生了翻天覆地的变化，干部群众发扬艰苦奋斗、团结拼搏、求真务实、勇于创新的精神，建设新的家园，使莫厘村获得新生。他们不仅努力保护莫厘村的历史文化遗存和青山绿水，更与时俱进、踏实奋斗，使莫厘村的经济得到快速发展。尤其在近年开展的美丽乡村建设中，莫厘村的村容村貌不断改善，村民生活水平年年提高，文旅事业也迈开了新的步伐。先后获得"中国传统村落（翁巷）""江苏省生态村""江苏省卫生村""江苏省机关团体企事业单位档案工作规范村"等众多荣誉。这是莫厘村干群在上级党委、政府的关怀支持下努力进取的成果，值得载入志书。

2015年年底，在东山镇制订的"第十三个五年规划"中，就计划撰写杨湾、三山、渡桥、莫厘四部村志，后来又增加了潦里村。2018年年底，《杨湾村志》已出版，《渡桥村志》也已完成编纂，即将出版，《三山村志》《潦里村志》正在编写中。《莫厘村志》的出版将对如期完成好东山镇五年规划中的地方村志编纂任务产生积极的推动作用。

《莫厘村志》编纂出版，是在中共东山镇莫厘村委员会、莫厘村村民委员会的领导和支持下，由东山本土方志学者杨维忠老师亲自执笔，并聘请村里的老同志参与编写，历时两年，共同完成的。该书出版，请我为之作序，深感荣幸。在此，谨向辛勤笔耕的全体编纂人员，向悉心指导的评审专家，向所有为志书编纂作出贡献的社会各界人士致以衷心的感谢。

《莫厘村志》纵述历史，横陈现状，是一部包罗万象的村级百科全书，内涵极为丰富。在"山水苏州，人文吴中"的绿色发展进程中，希望通过倡导地方镇志、村志的编纂，通过《莫厘村志》的出版,让人们深入地走进东山,走进莫厘村,走进翁巷古村,感受一个古村落的历史变迁和当地的人文情怀。

祝愿《莫厘村志》的出版,给莫厘村的经济社会发展带来新的机遇,相信莫厘村干群一定会创造出更加美好的明天!

中共吴中区东山镇党委书记 徐晓辉
2019年1月10日

序二

经过编写组几位同志一年多的努力,《莫厘村志》即将付梓,这是东山镇又一部内容较为翔实的行政村志。《莫厘村志》的出版是莫厘村的一件盛事,更是莫厘村社会主义新农村建设的丰硕成果。值此可喜可贺之际,谨向潜心修志的工作人员和为修志精心指导的上级领导专家致以衷心的感谢。

莫厘村历史悠久,最早可追溯到吴越春秋。唐代北方安定席氏南迁洞庭东山,在翠峰山下建上席、中席、下席村。南宋初期,中原一批护驾南迁的文臣武将途经太湖,因爱东山的山水之胜,选择在莫厘村沿湖一带定居,筑汤家场、翁巷、金家湖、岱心湾、周湾等村落。明初起,村中翁、席、刘、严、金、周、汤、吴诸大族,或为政、或经商、或从文、或行医,往西迁居,形成东山古镇殿前东新街。莫厘古村地灵人杰,名人辈出,明清时被誉为"翁席刘严四大家,富可敌国甲江南"。现村中古街、古道、古井、古宅星罗棋布,保存较为完整的明清建筑有30多处,有全国重点文物保护单位凝德堂和江苏省文物保护单位瑞霭堂,以及14处市级文物保护单位与控制保护建筑。

莫厘行政村是2003年11月由原湖湾、岱松、尚锦村三个行政村合并而成,有16个自然村,40个村民小组,所辖区面积7.5平方千米。2017年12月,有1548户,4823人。旧时莫厘村虽然名门望族多,但村民们大多过着贫困的日子,天灾人祸频发,百业凋敝,万户萧疏。中华人民共和国成立后,莫厘村人民在中国共产党的领导下,奋发图强,艰苦创业,迈上了社会主义康庄大道。中共十一届三中全会后,莫厘村更是气象更新、百业兴旺。进入21世纪以后,村党委、村委会大手笔抓改革开放,抓经济发展,抓新农村建设,使莫厘村的村容村貌及居民生活发生翻天覆地的变化,村民们都过上安定富足的生活。

盛世修志,功在千秋。《莫厘村志》是一部莫厘村的百科全书,为人们全面了解莫厘村的过去,规划未来提供一部正确的、科学的村情资料,为在广大群众,特别是青少年中开展热爱祖国、热爱家乡教育提供了生动的乡土教材,也是为广大游客了解莫厘村、海内外客商投资莫厘村提供了一份咨询书。总之,《莫厘村志》是一部认识莫厘、熟悉莫厘、保护与建设莫厘不可多得的资料书、工具书、村情书,将长久发挥其作用。

在《莫厘村志》的编纂过程中,编写组工作人员坚持辩证唯物主义和历史唯物主义的观点,力求将浩瀚的历史素材、丰富的思想内涵、浓厚的时代气息、鲜明的地方特色和较高的科学价值融为一体,贯通古今,横涉百科,归属得当。

《莫厘村志》的编纂出版,是在苏州市地方志办公室、吴中区地方志编纂委员会办公室和东山镇党委、政府指导下完成的。编写组的同志抓紧时间,争抢速度,仅一年多时间就形成了40多万字的文字稿,又经过不断考证、修改与补充,精益求精,形成了一本翔实、科学而完整的村志,给莫厘村子孙后代留下了一笔宝贵的精神财富。

东山镇莫厘村党委书记
2019年1月12日

凡 例

一、本志以马克思列宁主义、毛泽东思想、邓小平理论、"三个代表"重要思想、科学发展观和习近平新时代中国特色社会主义思想为指导，遵循辩证唯物主义、历史唯物主义的观点和实事求是的原则，力求全面反映莫厘村的自然、经济、社会等方面的历史和现实。

二、本志上限起自吴越春秋，下限讫于2017年年底。部分章节溯源寻古，追溯到事物发端。

三、本志记载的地域范围，为2017年年底莫厘行政村辖区，包括湖湾、岱松、尚锦及所属太湖岛屿。历史上湖湾、岱松、尚锦三村境域时有增减，亦如实记载。

四、本志根据莫厘村的特色，对翁巷古村落及村内古建筑、南宋氏族、历史人物、风景名胜旅游及名优特产、新农村建设等内容做了升格处理。

五、本志采用章、节、目结构，横列门类，纵以叙述，辅以图表照片。"大事记"以编年体为主。

六、本志所载人物以莫厘村人及祖籍莫厘村并有重要业绩者为主。遵循生不立传原则，在世者以简述与简表录之。

七、本志资料选录有关文献史料、档案，均经核实，为节省篇幅不再一一注明出处。部分史料采自口碑，亦经反复核准后整理入篇。

八、本志纪年方法，清及清代以前用朝代年号，括注公元纪年。民国及之后用公元纪年。

九、本志计量单位采用国家法定公制。历史上的计量单位名称，均按当时记载，部分用标号注明其换算值。

概　述

　　莫厘村位于东山镇东北部,南接渡桥村,西连东山镇区,东、北面濒临太湖,可遥望西山岛及胥口,所辖区域面积7.5平方千米。2003年11月,由原湖湾、岱松、尚锦3个行政村合并而成,有16个自然村,40个村民小组。2017年年底,有1548户、4823人,经济总收入270万元,人均36625元。

　　莫厘村历史悠久,16个自然村都是明代以前形成的古村落。吴越春秋时,吴国在村北翠峰山筑烽火墩三处,并派兵镇守,为莫厘村有人居之始。隋初,镇国公杨素部将莫厘将军驻兵大尖顶,该山头因此得名莫厘峰。汤家场(原名上席)始于唐代,为唐武威将军席温长子席尚建;翁巷(原名中席),南宋翁氏迁居该地,扩建成翁巷;鹅潭头(原名下席),明中期吴氏迁居下席村遗址,筑净志庵,建村落。明王鏊著弘治《震泽编》中,即有莫厘村境域近20个自然村落的记载(有的已合并或消失)。2013年,莫厘村中的翁巷自然村被列为第二批"中国传统村落"。

　　莫厘村距东山镇东街仅1.5千米,水陆交通便利。环山公路绕村而过,湖岸线长达7.2千米,朝南可经镇区洞庭路、启园路直通苏东公路与湖滨大道至苏城;往西可经星光、碧螺、金湾、槎湾等村至杨湾。水路交通可经太湖、运河、长江通往苏、沪、宁、杭等大中城市以及浙江湖州和江苏宜兴等地。

　　莫厘村依山临湖,山水兼备;土壤肥沃,物产殷富。历史上就形成了以山区茶果为主,兼蚕桑、太湖捕捞的农业结构。素有"一年十八熟,四季花果香"之誉。所产白沙枇杷、乌紫杨梅、洞庭红橘、太湖莼菜及"太湖三宝"(银鱼、白鱼、梅鲚)久享盛名。

　　莫厘村是明清"钻天洞庭"商帮的故里,文化遗存众多,其中,翁巷村保存有全国重点文物保护单位1处(凝德堂),省级文物保护单位1处(瑞霭堂),市级文物保护单位4处及控保建筑7处,第三次全国文物普查中新发现的古建筑21处,共34处,面积1.9万平方米,是东山古建筑较多的自然村落。

　　改革开放初期,莫厘村经济基础较为薄弱,20世纪90年代初,橘子价格下跌,村民收入锐减。之后村里大力发展碧螺春茶叶和枇杷、杨梅、水蜜桃等传统果品,引进外地果品优良品种,开拓了富民之路。2015年起,岱心湾、宋家湾、丰圻、尚锦、周湾等村结合农村美丽乡村建设,加上太湖岱心湾大桥、白马庙桥、丰圻大桥的建成,沿环山公路开设农家乐,发展旅游业,增加农村经济收入,开辟了一条新的富民之路。

　　21世纪初,莫厘村注入新的规划引领发展理念,开创智慧农村建设,制订总体发展规划,加快新农村建设力度,古村落保护利用区、村民集中居住示范区、社区服务中心、农贸市场、果品销售市场和停车场等一批惠民工程相继竣工。2015年起,村里打造集观光、品茗、精品民宿为一体的旅游综合休闲带;建设碧螺春老种茶品牌保护基地,建造余山岛特色旅游开发项目,新农村建设大步向前迈进。

　　莫厘村自然生态环境良好,"环保优先"已成为莫厘村人的共识。2015年起,启动苏州市"三星级康居村"和"美丽乡村建设"工程后,村里坚持经济发展首先服从于环境保护，努力建设生态文明，环保工作取得良好成绩，先后获"江苏省文明村""江苏省生态村"荣誉称号。

如今，莫厘峰之麓、太湖之畔，莫厘村人正在探寻一条农果、旅游、民企同步进取的经济发展之路，努力建成一个生态环境优美、经济结构合理、乡村文化繁荣，人与自然和谐相处的现化代新农村。

大事记

周

景王二十三年，吴王僚五年（前522）

伍子胥自楚奔吴，在东山大尖顶（莫厘峰）迎母，东山遂有"胥母峰"及胥母山之名。

元王三年，吴王夫差二十三年（前473）

吴国在翁巷翠峰山顶筑烟火墩（又名望越台）三座。

南北朝

宋元嘉元年（424）

太湖溢，东山谷贵民饥，村境内受困。

梁天监二年（503）

杨家坞筑华严寺，该寺明代曾辟书院，王鏊少年时与岱心湾吴怀在寺内读书。清末坍塌。2000年，遗址建月华山庄。

隋

开皇八年（588）

杨素部将莫厘率部驻扎东山胥母峰，后该山峰改称莫厘峰，东山亦有莫厘山之称。莫厘晚年皈依佛教，舍宅建法海寺。

唐

广明元年（880）

京师武卫将军席温，携三子南迁，定居东山莫厘峰下，为东山席氏始迁祖。席温后皈依佛教，舍宅为翠峰寺。

席温次子席常（字元庆），唐末受朝廷之召，带兵平寇有功，被赏洞庭东山翠峰坞山地1600余亩，席氏三兄弟遂筑上、中、下三村，通翠峰坞。

宋

开宝年间（968—976）

张大郎在殿前建东岳庙，俗称张师殿，后其地成为村落，有殿前、殿场头、殿背后、殿泾港等地名，均与张师殿有关。

政和元年（1111）

冬，大雪，积丈余，境内橘树皆冻死。

建炎元年（1127）

翁承勋、翁承事兄弟率族南迁东山，兄承勋居后山白沙村，称后山翁氏；弟承事居前山中席村，称前山翁氏。明代中期，前山翁氏购中席之地，建成翁巷村。

平江太守周望之子周效山迁后山周湾，筑周湾。汤奕世率族南迁，居翠峰坞口，后繁衍成村，称汤家场。

绍兴二年（1132）

春，大饥，斗米值千钱。冬大寒，太湖冰冻，东、西山舟米不到，境内居民多饿死。

淳熙十五年（1188）

翠峰寺建普同塔，为东山古塔之始，明末古塔毁于飓风。

元

天历二年（1329）

冬，大雪，太湖冰冻数尺，人履冰而行，岱松、尚锦沿湖柑橘悉数冻死。

至正二年（1342）

太湖忽起大风，湖水涌入东后山沿湖民居，俗称"湖翻"，境内果林尽淹。

至正八年（1348）

金德传率族迁居翠峰坞东，拓长涧，筑巷门，造普安桥，辟建金家湖村，称橘社金氏。

明

洪武八年（1375）

十二月，东山大水，湖湾、岱松、尚锦沿湖灾情严重。

洪武十四年（1381）

延陵吴氏五十九世吴海通娶妻翁氏，迁居翁巷，为翁巷吴氏始祖，在汤家场筑永思堂。成化间，大学士王鏊为之撰《永思堂记》。

永乐三年（1405）

久雨，太湖溢，境内沿湖果木悉数淹死。

永乐二十二年（1424）

岱心湾吴惠考中进士，为洞庭东西山进士之始，岱心湾筑昼锦坊。

正统九年（1444）

七月十七日，大风暴雨，太湖水高一二丈，境内山上巨木几乎拔尽，湖中渔舟大多淹没。

景泰元年（1450）

岱心湾史昱考中举人，官江西南安府教授，岱心湾建世英坊。

景泰五年（1454）

春，隔冬大雪未断，积雪丈余，太湖冰冻，禽兽、草木大多冻死。夏大水，秋大旱，境内大饥疫，灾情严重。

天顺五年（1461）

七月，大风雨，太湖溢，淹没民居，沿湖村庄死者甚众。

成化十三年（1477）

翁巷吴钦考中举人，授江西赣州推官，馀家湖筑登科坊。

成化十七年（1481）

春、夏无雨，七月蝗灾。秋、冬，雨不止，太湖水溢，平地积水盈丈，禾稼无遗，村中大饥。

正德五年（1510）

夏，东南风骤至，太湖水干涸30里，余山东湾畔湖底露出水井。

正德八年（1513）

十二月，大寒，太湖冰，行人可在湖面履冰往来，从岱松行走至余山。

嘉靖十七年（1538）

翁巷村席筠轩、席听涛兄弟在翠峰坞筑席家祠堂，纪念迁山始祖席温。

嘉靖三十三年（1554）

倭寇入侵太湖，东山建立八寨护卫，尚锦村设丰圻寨，团结乡勇，自相守御，后该寨发展成丰圻村。

嘉靖三十四年（1555）

五月十七日，倭寇劫掠尚锦周湾，男女被杀80余人。

万历十七年（1589）

夏，大旱，太湖涸成陆地，赤地无青，境内民饥。

万历四十年（1612）

翁巷莫（马）家坞建法华庵，清乾隆间重建，已废。

万历年间（1572—1620）

翁筵筑翠峰路，从翠峰坞至中席坪磐。该山路全用小青砖侧铺砌成，中高，两侧稍低，以利雨后行走。

崇祯十年（1637）

翁巷村翁万裕考中武科进士，官南京兵部副总兵。

崇祯十三年（1640）

翁彦博在翁巷双潭南筑湘云阁，清初名士归庄为之作《湘云阁记》。

崇祯十五年（1642）

南北各省瘟疫流行，翁巷乡间郎中吴有性在淡淡斋著《温疫论》，并刻印。

崇祯十七年（1644）

鹅潭头建净志庵，后更名武乡侯庙，祀城隍柳毅，又称小柳毅庙。壁间嵌砌有明崇祯十七年族长吴有性所立《净志庵碑记》石碑。

崇祯年间（1628—1644）

翁巷席本桢创立席太仆义庄。

清

顺治二年（1645）

明败将黄蜚、卞胜欲掠东山，流寓东山的漕抚路振飞与翁巷席本桢率家丁乡勇，抗击湖盗，保东山一方平安。

顺治十一年（1654）

冬，大寒，太湖冰冻逾月不通舟楫，余山村民受困断粮。

康熙四年（1665）

翁巷翠峰坞设江南太湖营把总署，设千总1名，把总5名。

康熙五年（1666）

席本桢购翁氏集贤圃，在翁巷之南花园弄筑东园，该园为清初东山名园。

康熙九年（1670）

翁巷席氏在莫厘峰顶建慈云庵，清咸丰十一年（1861）毁。光绪初年重建，1966年又毁，1995年再建。

康熙二十二年（1683）

太湖冰冻月余，人履冰上，可从岱心湾行至余山岛。

康熙二十三年（1684）

翁巷纯阳坞建清凝道院，俗称茅蓬，又名纯阳殿，供祀八仙之一吕纯阳。

康熙二十八年（1689）

翁巷村翁澍著成《具区志》16卷，为明王鏊《震泽编》后又一部太湖地区方志。

康熙二十九年（1690）

刑部尚书大学士徐乾学至东山，在翁巷橘庄设书馆，纂修《大清一统志》及《明史》。

康熙三十八年（1699）

四月初三，康熙第三次南巡至苏州，初四至东山，小憩翁巷席启寓东园，召见乡绅席启寓与翠峰寺方丈超揆。

康熙四十七年（1708）

夏，大水，湖水泛岸成灾，湖湾沿湖村庄受灾严重。

康熙五十六年（1717）

翁巷村翁志琦考中举人，官浙江青阳教谕。

雍正二年（1724）

七月，湖滨蝗飞蔽天，沿湖食芦苇叶殆尽，境内稻谷无收。

乾隆十五年（1750）

翁巷橘社金友理纂辑《太湖备考》刻本问世。

乾隆二十七年（1762）

席家湖席世绵考中举人，官内阁侍读、御史。

乾隆四十年（1775）

翁巷严福考中进士，授翰林院编修，后升乾隆南书房行走。

乾隆五十一年（1786）

岱心湾刘恕考中举人，官广西柳州、庆远知府，致仕后在苏州阊门筑寒碧山庄，后更名留园。

乾隆五十九年（1794）

龙卷风袭击东山，风雨骤至，境内湖滨房舍受损严重。

乾隆六十年（1795）

翁巷严荣考中进士，官浙江金华、杭州知府。

嘉庆六年（1801）

席家湖席煜考中进士，官编修、南书房行走。

道光五年（1825）

翁巷严良裘考中举人，官云南丽江知府。

道光十一年（1831）

翁巷翁尊三考中举人，官知县。

道光十二年（1832）

翁巷严良训考中进士，官广东布政使、巡抚。

道光十七年（1837）

翁巷严家承考中举人，官浙江奉化、象山知县。

道光二十二年（1842）

夏，大水，翠峰坞山洪暴发，冲走翠峰寺金刚，附近六角亭侧巨石被冲至山下。

咸丰五年（1855）

翁巷严福保考中举人，官湖北武昌、竹山知县。

咸丰六年（1856）

夏，大旱，小北湖涸，飞蝗蔽空，食芦叶，湖边村庄受灾严重。

咸丰十年（1860）

四月，浙抚王有龄奏请将东、西山改隶浙江，划属湖州，莫厘村随之。

咸丰十一年（1861）

二月初，太平军进占东山，建东珊县辖洞庭东、西山。翁巷村有多人被太平军委以官职。

同治十三年（1873）

翁巷翁大本在馀家湖头建存仁堂，为山人送柩及安殓停棺所。光绪十二年（1886），子翁长炳承父志，将屋宇捐助入公益。

光绪二十九年（1903）

翁巷翁长芬考中进士，官南直隶江宁知县。

宣统元年（1909）

翁巷旅沪商人席裕康筑土山路（翁巷坪磐至殿背后，半途建凉亭，旁筑水潭小轩），以方便翁巷村人出行。

宣统三年（1911）

秋，大水灾。冬，雪后地震，境内有感。

中华民国

1912年

3月24日，洞庭东山旅沪同乡会在沪成立，翁巷村翁、席、刘、严等大族人员占较大比例。

12月，殿新村张师殿北开设东头小菜场，占地2亩，置菜棚30多个。

1916年

9月，旅沪山人席裕康在翁巷席家湖头建造七级安定塔一座，1966年毁。

1917年

5月，旅沪同乡会募款为东山疏浚境内馀家湖、席家湖两港。

1920年

秋，基督教监理公会东山牧师汪兆翔在翁巷松风馆开办中西女校分校。

1921年

春，殿前、席家湖设半日制学校。

秋，县立钟秀女子小学在翁巷长泾浜积谷仓开学。

1924年

周湾开设县立周湾小学，校址设在村口周家祠堂，首任校长姚德铭。1939年，更名周湾简易小学。1941年，改名周湾初级小学。

1925年

余山复兴寺释广源创设余山义渡，东山和余山之间通航。1927年，里人叶承庆等请归三善堂接收，常年拨给船工伙食。

1926年

翁巷坊前村席氏义庄创办安定小学，名誉校长席裕昌，校长李仲仪。

1929年

5月21日，李根源东山访古，游境内莫厘峰、古雪居、中席村。

8月，吴县撤乡政局建置，东山改为吴县第十七区，境内设席周乡。

1932年

7月30日，东山大雨，夹冰雹，小者如豆，大者如鸡蛋，境内果树、房屋受损严重。

1933年

春，翁巷席启荪在席家湖头建造启园（席家花园），费时3年，耗资10万银圆。

秋，席启荪开办外湖轮船，席家湖头设轮船码头。

1934年

7月，东山旱灾严重，禾苗枯黄，水道交通受阻，湖湾、岱松沿湖港道干涸。

1935年

6月，丰圻、岱心湾开办短期小学。

1937年

11月15日，苏州振华女中迁至翠峰坞席家祠堂上课，振华女中校长王季玉亲自主持开学典礼。

1938年

1月28日上午，日机飞至东山投弹两枚，一枚投落翁巷花园潭，炸死妇女4人。下午，近千日军开进东山，驻薛家祠堂和席家花园。2月1日，日军令东山16—60周岁男子全部集中席家花园听训。日军留驻席家花园，设哨卡，令行人向哨兵鞠躬。

1939年

春，石井村开设周湾小学石井分校。1943年，该校改名县立石井简易小学，校长钱佐廷。

1944年

夏，石井村夏桐生赴马迹山与新四军苏西办事处接触，后夏偕张子平、张景芳叔侄访马迹山，与新四军商议开辟东山抗日根据地。

11月，新四军太湖支队一个连进驻东山，并在石井村建立东山抗日民主政权和中共洞庭区委。

1945年

2月，设在石井村的中共洞庭区委改为中共太湖县湖东工委。

春，湖湾、岱心湾、尚锦14名青年参加新四军，中共湖东工委区大队武装扩展到30多人。

10月，新四军奉命北撤，50多名新四军战士离开石井村。

1946年

7月3日，东山大雨滂沱，湖湾乡花园弄、殿背后一带大水过膝，皆成泽国。

8月11日，余山门一艘客船被3只强盗船追上，客人财物被洗劫一空，后有多艘渔船经过，落水旅客得救。

10月10日，中央民族文化学院从四川迁来东山，在殿背后桐荫别墅（薛家祠堂）开学。

11月23日晚10时，席周乡7保（余山）遭湖匪劫掠，村民金文高、席荣甫、席广生、席林根4家被抢劫去箱子4只和衣服棉被热水瓶等物，约计百余万元。

1947年

1月，东山镇席周乡举办地方福利社，得乡民赞同。

8月31日，席氏家族恢复安定小学，聘请上海大律师翁巷人席裕昌为校长，韩运先为代理校长。

9月3日，殿泾港修缮驳岸与路面竣工，共支洋932万元，由翁巷村席涵深、席裕昌、严挹谦、翁受宜、席玉年等25人捐款。

1948年

5月8日，翁巷村席德懋任中国银行总经理。

9月，中共上海党组织通过旅沪同乡会派地下党员来东山安定小学任教员，建立东山第一个中共党支部——东山支部。

中华人民共和国

1949 年

7 月,阴雨连绵,大水成灾,街道浸水尺余,荡田被淹,湖湾乡果木、荡田、民房受损。

1950 年

2 月,东山从横泾区划出,设东山区人民政府于殿背后薛家祠堂。

1952 年

11 月 15 日,顾颉刚与徐森玉、沈勤庐、沈燮元等游东山,登莫厘峰,览四方石,后撰文《洞庭山游记》。

1954 年

7 月 17 日,翁巷村东山供销社物价员翁长和,当选江苏省第一届人民代表大会代表,赴南京参加会议。

1955 年

5 月,画家刘海粟率华东艺术专科学校师生至东山,赴岱松、丰圻、石井、周湾等古村写生。

12 月,严寒,太湖冰冻,东山区政府组织冰上运粮,救济被冰封住的渔舟和余山岛居民。

1956 年

11 月 16 日,新民、和平农业社宋子云、宋甫生出席江苏省林业劳动模范代表会议。

1958 年

7 月,前山乡建立东山人民公社,9 月改名洞庭人民公社。

9 月,席家湖至金家河一带,建 100 多座土高炉群,土法大炼钢铁。民间砍树木,拆墙砖,敲缸砂、献旧钢铁,为大炼钢铁作后勤。

12 月,西太湖大堤东山金家河口至浦庄北沁泾港段开工,新民、和平 1 大队 300 多人参加筑堤。

1959 年

10 月,大旱,已 63 天未下雨,河水干涸,新民、岱松大队果林受灾较重。

10 月,漫画家张乐平在《震泽报》记者黄进伟陪同下,至湖湾、岱村一带写生。

1960 年

12 月,吴县文管会对翁巷村瑞霭堂、白皮松、六角亭、席温将军墓、席家湖安定塔等文物古迹进行调查,撰写刻印《洞庭公社文物古迹初步调查情况》小册子。

1962 年

3 月,境内贯彻中共中央文件精神,改公社一级核算制为三级核算制。撤管区和营、连建制,恢复新民、岱松、卫东大队。

1966 年

9 月,"文革"中,因破"四旧",翁巷纯阳殿、翠峰寺等寺庙被毁。

1967 年

秋,干旱严重,山区受灾,新民、岱松、卫东大队果树旱死 60%。

1969 年

2 月 6 日,东山出现 -8℃—-7℃低温,柑橘严重受冻,境内果树大部分被冻死。

3 月,洞庭公社、东山镇合并为洞庭人民公社革命委员会,新民、岱松、卫东大队并入洞庭公社革委会领导。

10月,东山境内架设高压线铁塔,从新民大队翠峰山跨太湖至西山岛。

12月,太湖边围筑东大圩,新民、岱松、卫东大队参加,三个大队各分得湖田100多亩。

1970年

4月12日晚,风、雷、雪俱来,境内果树受灾严重。

10月,因战备疏散,县档案馆暂迁东山启园(席家花园)。

1971年

岱松大队刘氏传经堂坍塌,壁间王鏊《洞庭两山赋碑》与文徵明《东西两山图碑》,从岱心湾移藏至杨湾汤斌庙中保存,砌于壁间。

1974年

4月下旬,汽车站至启园(席家花园)段环山公路筑成通车。

12月,新民大队金家河沿山脚开挖泄洪河,至曹坞庙山。

1977年

1月,大雪纷飞,连下10余场,太湖局部冰冻,境内果树遭冻受损。

9月,台风袭击,狂风暴雨成灾。泄洪河决堤,大水冲漫街道,公路沿线杨树被连根拔起,湖湾、岱松大队受灾严重。

1979年

7月9日,溧阳地震,境内有震感。

9月中、下旬,连日大雨,又遭暴风,水位骤高,破圩沉田。

12月,新筑后山公路接通东杨公路(东山至杨湾),东山环山公路全面通车,岱松、卫东大队群众出行方便。

冬,严寒,降雪多场,新民、卫东大队果树受冻严重。

1980年

7月1日,经江苏省人民政府批准,洞庭公社革命委员会更名为东山公社革命委员会,新民、岱松、卫东大队革委会更名为湖湾、岱松、尚锦大队管委会。

10月,东山文物保护管理所成立,设席家湖头启园内。

11月,东山公社在翁巷松风馆开办公社农业技术学校。

1981年

春,湖湾大队等大队搞试点,推行果区生产责任制,农田生产实行联产承包到户。

1982年

2月,山区果林逐步推行生产责任制,湖湾、岱松、尚锦大队全面实行果区生产责任制。

3月,翁巷凝德堂、瑞霭堂被列为江苏省文物保护单位。

7月20日,中共江苏省委下发《坚决制止任意侵占和破坏太湖风景区资源》的通知,吴县晶体管厂全部迁出启园,由东山风景管理所接管。

10月,太湖采石公司与西山水泥厂筹资合建岱松码头,摆渡人和车辆。

1983年

5月28日,太湖风景区建设委员会召开第二次会议,定翁巷景区为东山风景区重要景点。

6—7月,西北风偏多,湖水上涨,东山淹没稻田1000余亩,橘林300余亩,境内受灾严重。

8月，按县村级体制改革工作意见。东山设立30个行政村，建立村党支部、村民委员会和村经济合作社，撤销大队、生产队，设立村和村民小组，湖湾、岱松、尚锦撤大队管委会建村。

1984年

6月上、中旬，梅雨来势猛，水位陡增，东大圩、新塘圩出现险情，湖湾、岱松、尚锦村出动近千名青壮年投入抗洪救灾。

1985年

9月2日，撤乡建镇，东山镇人民政府成立，湖湾、岱松、尚锦村属东山镇政府。

1986年

3月25日，吴县人民政府重新公布县境内文物保护单位，其中，东山有22处，村境内5处，分别为凝德堂、瑞霭堂、松风馆、启园、柳毅井及碑。

1987年

7月28日，7号台风过境，风力11级，太湖水位陡涨至4.15米，境内大部分果林受淹。

1989年

11月20—29日，苏州电视台到东山拍摄风光片《碧水青山总是情》，在湖湾村席家湖拍摄部分外景。12月20日，在该台"漫步天堂"节目中播出。

1990年

4月18日，席家湖花果食品总厂生产的"王中王"话梅，在第二届北京国际博览会上获金奖。7月10日，"王中王"话梅获"迎接北京第十一届亚运会轻工食品展销会受欢迎奖"。

4月23日，全国人大常委会副委员长彭冲视察东山，游览启园。

1991年

6—7月，东山遭遇特大洪涝灾害，全镇共出动6万多人次，机动车6000余车次，耗资125万元，保住了太湖大堤。湖湾、岱松、尚锦村干群全力参加抗洪救灾。

1992年

10月1日，东山镇举行国庆民间文艺大会演活动，6万多群众欢度佳节，湖湾村舞狮队受到观众欢迎。

1993年

2月24日，席家湖头东山宾馆破土动工，占地面积11.4万平方米，建筑面积约2万平方米。翌年10月18日，一期工程竣工并对外营业。1997年10月18日，二期工程竣工并对外营业。

5月12日，新加坡资政李光耀、副总理王鼎昌等一行到东山参观访问，李光耀在启园题"这是一个美丽的地方，永远使人心旷神怡"。

1994年

6月27日，凌晨3时36分，东山镇遭受龙卷风和暴雨袭击，1小时内降雨量达62毫米，湖湾、岱松、尚锦村大量果树被吹断树枝或刮倒，部分鱼池水淹过堤，塘鱼外逃，损失严重。

1995年

12月18日，"东山方志名人馆"在启园建成并对外开放，成为是年全国地方志工作十件大事之一。

12月20—30日，开挖疏通泄洪河翁巷村下游段，并在泄洪河湖湾地段铺设楼板，全长250米，同年2月竣工，总投入55万元。

1996年

8月，东山镇拓宽环山公路，全长14.7千米，同年10月竣工，总投入300万元，境内公路全部浇筑黑色沥青路面。

10月，市旅游局投入400万元，整修东山启园的园林工程竣工，并对游人开放。

1997年

5月，岱松村通自来水。

6月，铺设殿泾港至殿场道路250米，同年7月竣工，总投入20万元。

10月，翁巷村杨维忠散文《农家婚纱轻轻飘》获全国报纸副刊优秀作品奖。

12月，疏浚殿泾港并在港两侧筑驳岸，翌年3月工程竣工，总投入45万元。

1998年

3月20—21日，受寒潮袭击，各地普降大雪，境内出现罕见的"菜花黄，雷声响，雪花飘"奇观。

1999年

3月，纯阳坞、翠峰坞、吟风冈松林中，约有上万只白鹭筑巢、产蛋、育雏。

6—7月，连降暴雨，东山遭受百年未遇的特大洪涝灾害，最高水位达5.08米，为历史最高水位，湖湾村新塘圩多次遇险情。

10月8日，湖湾村5组（金家河村）翁家花园遗址发现明代古墓一座，吴县市文管会组织力量，连续进行三天发掘，出土金钱圈、碧玉簪等随葬品。

2000年

2月，杨家湾新村建设启动，建造新楼29幢，同年6月竣工，总投入400万元。

10月18日，尚锦村闭路电视开通，总投入24.5万元。

2001年

10月，村境内雨花路竣工通车，全长1千米，总投入180万元。

2003年

11月12日，湖湾、岱松、尚锦三村合并，成立中共莫厘村委员会，书记王自新。12月15日，成立莫厘村村民委员会，主任肖卫源。

2004年

8月8日，古尚锦成立碧螺春茶叶股份合作社，股东19户，438户茶农签约成为首批股份合作社社员。

12月，湖湾路莫厘村村委会办公楼竣工，进入新址统一办公。

2005年

2月20日，莫厘村泄洪河馀家湖段水利工程开工建设。

2006年

5月，凝德堂被公布为第6批全国重点文物保护单位。

8月22日，吴中区公共汽车有限公司在东山开通500路公交车，环山线长24千米，投放"金龙"公交车6辆，日运营班次43圈，其中一路走向，陆巷—白沙—尚锦—岱松—启园路—东山镇，莫厘村全线受益。

9月30日,东山镇基层党组织换届选举工作结束,王自新当选莫厘村党委书记。

2007年

11月11日,莫厘村第一届村委会主任选举结束,周文洪当选为莫厘村村委会主任。

2008年

2月1日,东山出现暴雪天气,降雪量20厘米,积雪厚30厘米,超历史纪录,莫厘村果树大面积冻伤。

2009年

6月5日,苏州市政府批准翁巷古村保护与建设规划。

12月4日,苏州市政府公布今境内慎徐堂、景德堂、瑞凝堂、同德堂、务本堂、尊德堂、乐志堂、修德堂、古香堂、容春堂、容德堂、裕德堂为苏州市第三批控保建筑。

12月,莫厘村岱湖锦经济合作社成立。

2010年

1月,吴中区副区长孙卓走访莫厘村困难村民,并发放慰问金。

8月23日,中共莫厘村党委改选,张惠玉当选村党委书记。

11月13日,莫厘村村民委员会换届选举,沈伟刚当选村委会主任。

2011年

7月28日,吴中区区长金洁、副区长冯建荣率区有关部门负责人视察莫厘村重点村庄整治工作。

8月4日,东山镇启动东山宾馆至陆巷村公路沿线民居立面改造工程,共改造民居382户,莫厘村岱松、尚锦9个自然村列入改造工程。

11月8日,区委常委、纪委书记叶新至莫厘村调研古村保护工作。

12月,位于长泾港东侧的莫厘村社区服务中心竣工,总投资800万元,建筑面积5600平方米,其中社区办公用房1000平方米,商务用房4600平方米,为社区服务和商务出租的综合服务中心。

2012年

5月8日,吴中区委常委、纪委书记叶新率区纪委部分领导,赴莫厘村开展"三访三促"活动。

6月28日,吴中区委常委、组织部部长张炳华率区委组织部、农业局、水利局、科协等单位负责人,赴莫厘村调研帮扶工作,并至社区服务中心、余山岛码头、尚锦村实地视察。

7月9日,苏州市委副书记陈振一、吴中区委副书记周云祥、副区长冯建荣至莫厘村杨家湾、周湾调研村庄环境整治工作。

7月14日,苏州市村庄环境整治工作现场会在东山召开,市长周乃翔一行实地考察莫厘村杨家湾整治现场。

8月8日,11号台风"海葵"正面影响东山,对东山造成直接经济损失2亿元,莫厘村受灾严重。

9月,吴中区委常委、组织部部长张炳华至莫厘村指导基层党建工作。

12月,岱心湾至丰圻段古民居建筑群观光带(夜景)竣工。夜晚,该段各种灯光相互映衬,一幅绝美的江南山水夜景画展现眼前。

12月30日,东山镇举办环岛26.6千米徒步健身活动,300多名区、镇和村干部从岱心湾大桥出发,途经岱松、尚锦等沿环山公路到达渡桥加油站终点。

2013年

1月31日,翁巷古村落保护规划通过省市专家论证。

4月12日,江苏省副省长傅自应一行至岱松村,视察村庄整治情况。

8月2日,苏州市委副书记陈振一、副市长陆留生,率市水利、农林等部门负责人,至莫厘村周湾自然村检查太湖沿线泵站、水库、管线等抗旱设施运行情况。

8月27日,莫厘村党委改选,张惠玉当选村党委书记。

9月30日,《钻天洞庭》在央视纪录片频道首播。该片以翁巷村明清商人为题材,是由苏州广电总台和东山镇人民政府联合拍摄的纪录片。

12月19日,吴中区委常委、组织部部长张炳华率区委组织部、水利局、旅游局、科协及龙桥社区负责人赴莫厘村,开展薄弱村扶贫工作。

12月14日,翁巷村被列入第二批中国传统村落名录。

2014年

1月15日,吴中区人大常委会主任孙卓,赴莫厘村走访慰问。

9月2日,莫厘村乡村医生夏兴根被列入中央文明办"中国好人榜"候选人,接受网民评议投票。

2015年

1月19日,完成安装岱心湾村污水处理工程。

2月4日,莫厘村美丽乡村建设启动,建设岱心湾"康居村",涉及村民153户,资金投入597万元。

4月7日,金家河引水上山工程完成250千伏变电箱安装工程。

5月14日,吴中区委常委、宣传部部长乐江及副区长沈志栋,赴莫厘村殿泾港自然村调研美丽乡村建设工作。

8月14日,苏州市政府副市长王鸿声赴余山岛实地考察调研。

8月18日,吴中区副区长周晓敏等领导至莫厘村,慰问生活困难村民。

12月14日,翁巷村杨维忠创作的纪实文学《王鏊传》获苏州市第十届精神文明建设"五个一工程"奖。

2016年

4月10日,莫厘村党委、村委两委班子召开会议,进行自我测评,总结经验,开展批评与自我批评。

6月28日,东山医院副院长陈双庆至莫厘村举办健康讲座,约200多名村民听讲。

9月18日,中共莫厘村党委改选,张惠玉当选村党委书记。

10月21日,吴中区档案局至村里建设档案村级查阅窗口,发放查询档案电脑、读卡器等材料。

2017年

3月27日,杨青任莫厘村党委书记。

4月17日,吴中区宣传部表彰吴中区首届"书香门第"家庭(共10个家庭),翁巷村杨维忠家庭受表彰。

5月18日,吴中区副区长周晓敏率区政府有关部门领导走访莫厘村困难户,发放慰问品。

5月23日,吴中区副区长周晓敏赴宋家湾、殿前村检查环境卫生。

6月23日,东山遭受大暴雨,全村出动300多名青壮年投入防洪抢险工作。

8月4日,村委会召开抗旱工作会议,保证水库水量,抗旱管道能正常使用,全面开展抗旱工作。

11月9日,莫厘村10人参加无偿献血活动。

12月1日,《莫厘村志》编纂工作启动,组建编纂班子,成立村志办公室。

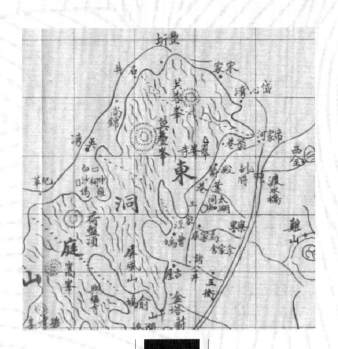

第一章 地理建置

莫厘村位于东山镇东北部，西面与镇区东街接壤，为东山镇区的一部分，南、西、北三面内侧成U形围绕莫厘峰，外侧为茫茫太湖，最北端的洪湾村与白沙村相连，面积7.5平方千米。莫厘村村域呈狭长形，似一条带子从前山绕至后山。原湖湾、岱松、尚锦三行政村离镇中心距离分别为1.5—2.5千米不等。境内山丘起伏，有近10座较有名的峰岭，山脉走向沿湖岸从南至北，折而从北至西，湖岸线长7.2千米。境内自然村落最早建于唐代，大多建于宋明，唐代席氏在翠峰坞筑上、中、下三村，南宋翁氏、刘氏、汤氏、严氏、周氏南迁东山后，相继筑翁巷、汤家场、金家河、岱心湾、周湾等村落。明清时隶属吴县遵礼乡26、27都，民国时境内建过湖湾乡与石丰乡，这两个小乡分别隶属于前山镇与后山镇。中华人民共和国成立后，湖湾、岱松、尚锦三村先后隶属于吴县洞庭公社与吴中区东山镇。

第一节 村落格局

莫厘村整个村落呈现"依山而筑，靠山面湖，多水穿村"及"八湾一坞一岛"的山水格局。八湾，即洪湾、周湾、小长湾、尚锦、石井、丰圻、宋家湾、岱心湾、杨家湾，8个自然村都坐落在山坞中，两边山体海拔80—150米之间，村口或西或北面临太湖。村中都有一条溪流直通太湖，原为天然山涧，南宋及明代时北方移民迁入山坞定居，将其拓宽并砌上石岸，使之成为生活与生产取水点及交通河道。一坞，为纯阳坞。该坞北靠莫厘峰余脉芙蓉峰、金牛岭、吟风冈等山体，内有翠峰坞、古雪居、西坞、大坞、金牛岭、莫家坞等小坞。纯阳坞朝南开有一豁口，形成一大片山坡平地，翁巷、汤家场、鹅潭头、殿新、金家河、建新6个自然村坐落在此。这块山谷平地处于太湖北面的湖湾中，历史上统称湖湾，原属湖湾行政村。一岛，即余山岛，太湖中小岛，距岱松村1.5千米，海拔50米，面积0.3平方千米。该岛地形起伏，东南面山体高25—50米不等，林木茂盛，多树龄百年以上果木。西北面为部分小平地，是果木和农作物栽种区。岛上原有东湾、西湾两个小村落，2003年，两村合并成余山自然村。

莫厘村属多山村落，境内低山丘陵绵延起伏，山脉分为两支：一支从北而东，为芙蓉峰、翠峰山、犀牛岭、马家坞；一支从北至南，为宋家湾岭、岱心湾岭、杨家湾岭、翁家山。山坡平缓微陡，最高海拔240米，最低海拔50米，地势由山脉沿山脚延伸至山坞、山湾。其山坞从北至南半圆形围绕莫厘峰，共有三支：一支从南至东，依次为洪湾坞、周湾坞、小长湾坞、尚锦坞、石井坞、丰圻坞；一支从东至南，依次为宋家湾坞、岱心湾坞、杨家湾坞；一支从北至南，依次为纯阳坞、大坞、翠峰坞、西马坞、法华坞、汤家坞、莫（马）家坞。莫厘村的自然村落均分布在这些山坞里。山坞口为坡地与滨湖滩地，原为果林、桑地、农田分布区，2000年以后，桑地与农田大多种上经济价值较高的果树，形成了一个较大的果林区。

太湖是莫厘村人的生命线及天然屏障，村中共有10多条水系直通太湖，形成了莫厘村"一村一港，多水穿村"的特殊自然格局。湖湾村从东至西，有殿泾港、长泾港、席家湖、金家河、倪家河；岱松村从南至北，有杨家湾港、岱心湾港、宋家湾港；尚锦村从北至南，有丰圻港、石井港、尚锦港、周湾港、洪湾港。这些水道直通太湖，古时就为东山东部的重要商埠，湖湾村席家湖头社下里的水码头，唐宋时就是著名的洞庭红橘水运码头。一村一港给境内村民提供了生命之水、生产之源、交通之便。

莫厘村靠山面湖的村落格局形成其特殊气候条件，有利于常绿果树的越冬和耐旱。严冬，太湖中的水蒸气滞阻了寒流，境内沿湖村落的温度要比东山镇区高2℃—3℃，有利于枇杷、柑橘等常绿果树过冬；而酷暑，宽阔的湖面送来阵阵凉风及湖雾，其温度又比前山低2℃—3℃。另外，村落四周较高的山体起到保湿的作用，夏日夜间太湖水蒸气漫入山坞，使日间被太阳暴晒受损的果叶得到缓和，同样是干旱之年，莫厘村果林受灾的程度要比东山其他村落轻一些。

中华人民共和国成立前，莫厘村陆路出行以山道为主，村内主道有两条，把莫厘村分割成两大块。一条从西边的洪湾村起，沿湖滨山脚向东经周湾、小长湾、尚锦、石井至丰圻，再转南经宋家湾、岱心湾至杨家湾止,每经过一个村都有一条山道通向山坞(村),把原岱松、尚锦2个行政村的9个自然村连成一片。一条从莫厘峰下翠峰坞,蜿蜒往南,途经汤家场、翁巷、太平村、黄濠嘴、坊前、长泾浜7个村子,全长3千米,宽2米,路面全部用小青砖侧铺筑成人字波、纹字波、双钱波,把原湖湾行政村的6个自然村连成一块。

1976年4月,东山后山环湖公路全线通车,自东新街殿新村经岱松、尚锦、白沙、含山至上湾再连通东杨公路(杨湾至东山),汽车可环山绕行,把整个莫厘村连成了一片。后山尚锦村村民出行,从原翻山越岭走山道改为以公路为主。2010年,东山环湖公路拓宽与延伸,新修筑拓宽的环湖公路,集交通、防洪、观光于一体。2017年,627路、629路公交车均经过莫厘村各自然村区域,交通便捷,出行方便。

第二节 气候物候

莫厘村地处太湖西南东山半岛东北部,属亚热带季风海洋性气候区,邻近太湖,气候温和,雨水充沛,光照较多,气候条件比较优越。物产丰富,农业以茶果为主,3月份开始采茶,11月柑橘采收,一年中有9个月为物候季。

一、气候

日照 年平均日照数为2177.7小时,日照百分率达49%,其季节分配,以夏季最高,秋春次之,冬季最低。日照最强的8月,时数可达月均值的1.6倍以上;而最弱的2月,则不足其均值的1/2。

降水 年平均降水量1139毫米,最大年降水量1699.7毫米(1999年),汛期(6—9月)平均降水量565.7毫米,最大为1118毫米(1962年),最小为205.7毫米(1967年),最大日降水量291.8毫米(1960年)。全年平均降水日数为133.9天,最多为1977年的154天,最少1971年的104天。全年有3个比较明显的雨季,即4—5月的春雨季,6—7月的梅雨季和9月的秋雨季。

梅雨期 每年6—7月江南梅子成熟季节,常有一段阴雨天气,称为"梅雨"。东山平均入梅日为6月24日,平均出梅日为7月10日,平均梅雨时间20天,梅雨量218.1毫米。最多为1999年,达746.6毫米;最少为2005年,仅14.3毫米。

水位 受太湖水位变化影响,村中河道最高年平均水位3.6米(吴淞高程),最低年平均水位2.77米,最高月平均水位4.96米(1999年7月),最低月平均水位2.44米。历史最高水位5.08米,历史最低水位2.26米。地表水平均为12—13米。渗水层一般初见于1米,深层地下水很丰富,水质良好。

二、物候

茶叶 3月中旬叶芽萌动,3月底开始采制碧螺春茶,4月底至5月初采摘夏茶(炒青)。11月茶树开花,金黄色,结茶籽,次年春末摘籽播种。

梅 3月中旬花期,4月上中旬春梢生长。5月下旬采收嫩梅与青梅,宜制作梅酱。6

月上中旬果实成熟，色黄，恰逢梅雨季，称黄梅天。10—11月落叶。

桃　3月中旬萌芽，4月初开花，花期一周。分夏桃与秋桃两种，夏桃5月下旬成熟，秋桃8月下旬成熟。全年分别抽二次梢、三次梢，8月底停止生长。

杏　3月中旬萌芽，4月初开花，色粉红，花期一周。6月上旬果实成熟，10—11月落叶。

李　3月上中旬萌芽，3月底开花，色白，4月上旬终花。春梢7月底停止生长，7月上旬果实成熟，深秋落叶。

柑橘　常绿果树，3月中下旬至4月，春梢生长；5月上中旬开花，色白，香气浓烈；6月夏梢生长；8—10月秋梢生长；10月中旬至11月成熟采摘。

枣　3月中下旬萌芽，5月中下旬开花，8月上中旬果实成熟，10月中下旬落叶。

枇杷　常绿果树，秋萌、冬花、春实、夏果，含四时之气。9月中下旬花芽萌动；10月上中旬初花期，终花期在第二年1月下旬至2月上旬；3月上中旬春梢生长，5—6月夏梢生长。5月下旬至6月上旬果实成熟。

杨梅　常绿果树，4月中旬初花，下旬终花及春梢生长；6月下旬至7月上旬果实成熟。

银杏　4月上旬花芽萌动，中旬叶萌发，下旬开花（花期仅2—3天），4—7月枝梢生长，9月中下旬果实成熟，10—11月为落叶期。

石榴　3月上旬萌芽，4月下旬至5月上旬开花，花期20天左右，9月底至10月初果实成熟，11月落叶。

柿　3月下旬萌芽，5月中下旬开花，6—7月夏梢生长，7—8月秋梢生长，9月下旬果实成熟，10月下旬落叶。

板栗　3月中下旬萌芽，5月下旬至6月初枝梢停止生长，5月初开花，花期20天左右，9月中下旬果实成熟，11月落叶。

葡萄　3月下旬萌芽，4月下旬开花，花期10天左右，7月下旬至8月初果实成熟，11月落叶。

稻　4月下旬落谷，5月上旬插秧，10月下旬成熟，11月上旬收割。

油菜　9月下旬播种，10月下旬移栽，翌年3月初现蕾，4月初开花，下旬终花，5月底成熟收籽。

麦　10月下旬至11月中旬播种，翌年3月上旬拔节，4月中旬抽穗，5月底至6月初成熟。

第三节　动植物资源

莫厘村依山临水，动植物资源丰富，动物主要有山中的野生兽类及太湖中的野生鱼类；植物有湖畔的水生类与山坞中的草药类两种。

一、动物

獐　俗称黄羊，食草，小型鹿科动物之一。无角，体毛多棕黄色，浓密粗长，四肢细小发达，前腿短、后腿长，善向上奔跑。境内山岭皆有分布，属国家二级保护动物。

獾　俗称猪獾，哺乳动物。毛灰色，下腹部黑色，遇险逃跑时毛竖起如剑。昼伏夜出，以蚯蚓、甲虫及小型哺乳类动物为食，莫厘村山岭中有分布。

黄鼠狼 即黄鼬，周身棕毛黄或橙黄色。主要以食老鼠为生，亦偷食家鸡。境内山村分布较多。

野兔 以食山草为生，村中诸山皆有分布，繁殖快，对农作物有一定的危害，但其粪可肥地。

蛇 境内山坞与湖畔分布有蛇类5—6种，其中灰里扁（蝮蛇）属毒蛇，夏季在农田、草丛中时有发现。

鳜鱼 又名桂鱼。性凶猛，喜食小鱼虾，属太湖名贵鱼类。肉质鲜嫩，营养丰富，清炖、红烧皆宜。"清蒸鳜鱼""松鼠鳜鱼"属席上佳肴。

黑鱼 亦称乌鳢。额有七星，俗称七星鱼。形长体圆，头尾相等，细鳞，青褐色。生活在太湖及港河水底层，性凶猛，喜食小鱼虾。肉厚实，少骨刺，营养价值丰富，被视为滋补强身的上品。

塘鳢鱼 又称荡鲋鱼。性呆滞，有"呆荡鲋"之称。大头，阔口，圆鳍，圆尾，细鳞，体暗黄褐色带黑斑纹，以小鱼虾、泥苔类为食。一般春暖花开捕捉，以菜花荡鲋最肥，可清蒸、红烧、炖蛋及煮雪笋塘鳢鱼汤。

甲鱼 又称鳖、团鱼。生长在湖港及沼泽中。性凶猛，夏食虫类，冬食泥苔，生命力强，捕后可置数日不死。肉质鲜嫩，富含蛋白质和维生素。清蒸、红烧皆宜。甲鱼"裙边"肥腴不腻，最为适口。

青鱼 名贵淡水鱼类，以螺、蚬、贝类为主要饵料，属底层鱼类。村沿湖水域均有分布，鱼池亦可养殖。个体大，喜群居，大可达4000克左右，小则1000—2000克，冬季捕捞。太湖水域广阔，饵料丰富，所产青鱼肉紧、膘肥、味鲜。

湖虾 有白虾、青虾、糠虾3种。白虾，又称"水晶虾"，通体透明，壳薄肉嫩，有"太湖白虾甲天下"之誉，与白鱼、银鱼统称"太湖三白"。青虾通体青褐色，生命力较强，捕后可水养，宜制作油爆虾、炝虾、虾圆、碧螺炒虾仁等佳肴。糠虾体小，宜糊面后油炸成虾饼，美味可口。

草鱼 亦称鲩鱼，属淡水鱼类，一般每尾能长到2000—3000克，大者4000克以上，营养价值与青鱼相似。

鲢鱼、鳙鱼 习惯统称白鲢、花鲢，头硕大肥美，素有"青鱼尾巴鲢鱼头"之美誉，系太湖水域的主要经济鱼类，具有生长快的特点。

鲤鱼 肉质细嫩，酷暑不落膘。有"夏鲤寒鲫"之称。生长在太湖沿岸湖湾、沼泽水草茂密处。繁殖力强，生长快，四季均有上市，冬季为旺季。

鲫鱼 肉质鲜美，营养丰富。寒冬鲫鱼最佳。有"鲫鱼头里三分参"之谚。村域沿湖水域中分布较广，亦是内塘养殖的优良品种。鲫鱼一般2年性腺成熟，大的可达1000克左右。

二、植物

茭 又名菰、菰笋、菰米，去叶后茎洁白，称茭白。主要生长在村域沿湖浅水中。

芡 又名芡实，俗称野鸡头，传统水生植物。芡株有刺，叶圆盾形，浮于水面。夏季开花，带紫色，浆果海绵质，顶端有宿存的萼片，叶面密生锐刺，村域沿湖有分布。

蕈 即野菌，亦称野蘑菇，春夏季节盛产境内诸山山坞中。品种多，有汗露蕈、石灰蕈、雷公蕈、胭脂蕈、茧子蕈等多种。

金樱子 俗名野石榴，藤本野生花木，村中荒山野谷间有生长。春初藤上长出小枝，开白花，香异常。秋天结子如小石榴，名金樱子，入药可补血益精愈痢。

石楠 俗称老桑年，东山稀有名木，村内山岭多有分布。3月枝开白花，有红、白、绿三色，其叶苞可蒸食，不粘箸叶。枝干质地坚硬而光滑，山农取之制作榔头柄等工具。

胡秃子 俗称哺李子。长绿乔木，秋花夏实，果实如樱桃，可入药，鸟类喜食，境内山中生长较多。

六月雪 藤本野生花木，村中荒山野谷间均有生长。春初藤上长出小枝，夏开小白花，可作饮料及入药。

山莓 又称野草莓。小型枝条长刺，果实红色，酸甜可口，营养丰富。5月中旬与枇杷同时成熟，山坞中生长较多。

野菊花 2月中下旬展叶，9月下旬现花蕾，10月下旬开花，采后晒干可入药。

第四节　建置区划

周敬王六年，吴王阖闾元年（前514），境内属吴国军事要地，吴王派兵在村东侧山岭筑烽火台（又名烟火墩），瞭望越国军事动向。

秦始皇二十五年（前222）置吴县，境域为吴县辖地。

汉初袭秦制；晋属吴郡；南北朝时杨家湾辟为佛教之地，建有华严寺。

隋开皇年间（581—600），杨素部将莫厘将军率兵平定江南反叛后，驻扎东山胥母峰上（相传伍子胥迎母而得名），其山峰更名莫厘峰。

唐广明元年（880），武卫将军席温携三子及数百家丁南迁翠峰坞，舍宅筑翠峰寺，寺庙周围建上、中、下三村，境内始有村落。

北宋开宝年间（968—976），云门中兴高僧释重显（雪窦禅师）至翠峰寺为住持，集千人讲经说法，传有神龙出井及罗汉隐树听经，翠峰寺成吴中名寺。

南宋建炎年间（1127—1130），北方人口大量南迁，有翁、汤、刘、严、周、宋、钱、徐等中原士族迁居境内，村落随之兴盛，形成翁巷、汤家场、岱心湾、宋家湾、周湾、吴湾（今洪湾）等自然村。南宋村域随东山属浙西路湖州乌程县。

元袭宋制，村域仍属浙西路湖州乌程县，村中翁氏、席氏、刘氏家族开始出山经商，成为"钻天洞庭"早期商人。

明代县以下设乡，乡以下为都、图、村。据明《震泽编》载：弘治年间，东山设3个乡（遵礼乡、震泽乡、蔡仙乡），5个都（26—30都），52个半图（里）。翠峰坞、殿前、黄濠嘴、翁巷、席家湖、杨家湾、岱心湾、宋家湾、丰圻、石井、小长湾、尚锦、周湾、吴湾14个村属遵礼乡26都；余山东湾、西湾2个村属遵礼乡27都。

清初，续明代旧制。清中期，县辖都图制进一步细化，村落也发生一些变化。乾隆年间（1736—1795），26都遵礼乡，统5图，20个村。村域内有长泾浜、殿前、殿后、陈家塘、坊前、黄濠嘴、翁巷、席家湖、俆家湖、翠峰坞、金家湖、杨家湾、岱心湾、宋家湾、丰圻、石井、小长巷、尚锦、周湾19个村。27都蔡仙乡，统9图，9村。村域内有余山、东湾、西湾3个村。咸丰十年（1860），村域随东山隶属浙江湖州府。

民国时期，废清制，撤太湖厅，归属吴县。东山分置东前山、东后山两乡，村域属东前山乡。1929年，划吴县为第17区，全区设5镇，38乡，239闾，1157邻。38个乡中，有尚周乡、丰石乡、岱心湾乡、金家湖乡、席家湖乡、翁巷乡、殿后乡等。1934年，东山划为吴县第12区，区以下设4个镇6个乡，境内有席周乡。

抗战胜利初期，维持原状。1946年，东山区与横泾区合并，原10乡镇并为3乡3镇，境内有席周乡。1948年，东山区与西山区合并，改为洞庭区，由6个乡、镇合并成1个东山镇。

1949年，中华人民共和国建立后，东山隶属苏南行政公署太湖行政办事处，设区政府，废保甲制，区以下为乡（镇），下置村、组，全区划为1镇8乡：东山镇、湖湾乡、渡桥乡、新潦乡、镇西乡、涧桥乡、杨湾乡、后山乡、三山乡。湖湾、岱松村属湖湾乡，尚锦村属后山乡。

1953年5月，苏南行政公署太湖行政办事处改建为震泽县人民政府，下辖东山、西山和湖中3个区，县政府设在东山，湖湾乡属第一区（东山区）。1957年，撤区并乡，合并成后山、渡桥2个乡和1个东山镇。

1958年，东山前后山乡镇合并成两个公社：前山包括东山镇在内，成立东山人民公社；后山包括杨湾乡在内，成立洞庭人民公社。1959年年初，前后山又并为一体，建立"政社合一"的洞庭人民公社，公社下辖的高级农业生产合作社及其下属的组，改为"营""连"建置。全公社建30个营，231个连，共设5个管区，丰石社为1营1连，新民社（含岱松）为2营1连。

1959年，撤震泽县建置，与吴县合并，洞庭人民公社归属吴县。

1961年，撤管区和营连，改30个营为公社直属的30个生产大队，231个连改为小队（或称生产队），新民社一分为二，改为新民大队、岱松大队，丰石社改为和平1大队。

1968年，公社、市镇由人武部代管，建立革命委员会（简称"革委会"），大队建立革命委员会，所属生产队建立革命生产领导小组。新民大队设新民大队革委会，岱松大队设岱松大队革委会，和平1大队改为卫东大队，设革委会。

1981年，撤东山公社革命委员会，成立东山公社管理委员会，大小队组织相应撤销革委会和革命生产领导小组，新民大队改为湖湾大队，卫东大队更名为尚锦大队，岱松大队维持原名不变。

1983年，实行政社分设，恢复乡村行政建制，同时建立东山乡人民政府，乡以下设村民委员会及村民小组，取代生产大队和生产队，湖湾大队改为湖湾村，岱松大队改为岱松村，尚锦大队改为尚锦村。

1985年9月，撤乡建镇，成立东山镇政府，湖湾、岱松、尚锦三村属东山镇。

2003年11月，湖湾、岱松、尚锦三村合并成莫厘行政村。

第五节 自然村落

莫厘村历史悠久，最早的村落社下里形成于北宋初年，殿前、翁巷、周湾、岱心湾等自然村为南宋古村落。明成化年间（1465—1487），境内属吴县26都遵礼乡，有20多个自然村。因瘟病、战乱等天灾人祸及外出经商等因素，中华人民共和国成立前，一些村落已消亡或合并。1981年《吴县地名录》载，莫厘村尚有19个自然村。后因农村发展生产和行政管理所需，一些人口过少的村落被合并，社下里、翠峰坞、殿背后、黄濠嘴、长泾浜、陈家塘、坊前、吴湾、馀家湖等9个宋明古村落或更名或合并，有的已消失。

2017年年底，有翁巷、殿新、鹅潭头、汤家场、建新、金家河、杨家湾、岱心湾、宋家湾、余山、丰圻、石井、尚锦、小长湾、周湾、洪湾16个自然村。

翁巷 古名中席村，明代古村。始于唐，明代形成村落，因翁姓所筑而得名。位于莫厘峰下吟凤冈与金牛岭之间，东至金家河，西连土山路，南接花园弄，北靠汤家场，属湖湾型村落。2017年年末，设莫厘村湖湾第9、10、11三个村民小组，有90户、265人、186个劳动力。翁姓为历史上翁、席、刘、严四大家之一，是明清"钻天洞庭"商人集团主要家族聚集的村落。现以汤、王、范、杨姓为主。

明代中期，席氏衰而翁氏起，翁氏第九世翁笾（字少山），四海行商，日进斗金，号称翁百万。明嘉靖年间，翁氏从席家手中买下从双潭坪磐到花园弄方圆一里多地的村落，筑翁巷村。清末时翁巷村有豪宅大院七十二所，史称"七十二厅堂"，村中主巷道长一里多，东西南北四面各建巷门，有更夫敲更巡逻。

清代翁巷属26都，遵礼乡。民国年间，翁巷先后属吴县17区席周乡、东山镇席周乡所属保甲。中华人民共和国成立后，翁巷村始设湖湾乡新民初级社，1956年，设东山乡新民高级社。1958年，属洞庭人民公社4营1连。1961年，更为新民大队第3生产队。1968年，设立新民大队革命委员会第3革命生产领导小组。1981年，更为湖湾大队第3生产队。1983年，又更为湖湾村第9、10、11村民小组。2003年11月，隶属于莫厘村。

翁巷村

村内有全国重点文物保护单位凝德堂，省级文物保护单位瑞霭堂，苏州市文物保护单位松风馆、修德堂、启园，市控制保护建筑同德堂、景德堂、乐志堂、务本堂、古香堂、容德堂。2008年，第三次全国文物普查中新发现的古建筑有13处，另有古平盘、圈门、浜场、古巷、古井等30多处古迹。

翁巷为明清时"钻天洞庭"家族主要居住地，早在唐代末期，席氏就经营矿业。南宋翁承事率族寓居中席，六世翁毅出湖经商，九世翁笣、翁赞经商发迹，成为东山望族。清初岱心湾刘氏、镇西花墙门严氏迁居翁巷，形成翁、席、刘、严四大姓。历史上翁巷四大家族名商巨贾辈出，记载在明清《苏州府志》《吴县志》及东山方志上的大商人有120多人，翁少山、席本桢、刘恕、严晓山等东山著名商人均出自翁巷村。在近现代和当代，翁巷出教授、高级工程师50多名，其中博士生导师和享受国务院特殊津贴的专家、学者12人。

翁巷村地处山坞口，坡地较多，历史上主要种植茶果，生产茶叶、枇杷、杨梅、桃子、橘子、银杏、柿子、石榴等，以及种桑养蚕（1980年以后桑地全部更种果树）；明清时村人出湖经商者为多，在"钻天洞庭"商人集团中占重要比例。近现代许多人在上海银行、钱庄做事，因而在东山富甲一方。20世纪80年代初，村里办起多家队（村）办企业，村民务工收入占年收入的30%左右。2000年以后，民营企业在城乡遍地开花，自办企业与外出打工成为村民主要收入。

殿新 古名殿前，明代古村，因村中道观张师殿而得名。始于宋，形成于明代。2003年，由殿前、殿后、陈家塘三村合并而成。位于雨花坞口，属东山东街一部分。南临殿泾港，北靠雨花胜境，东接殿前街，西连鹅潭头，属湖湾型村落。2017年年末，设莫厘村湖湾第1、2、3三个村民小组，有118户、346人、242个劳动力，以杨、朱、陈、周姓为主。

据明永乐进士吴惠《重修东岳庙记》载，相传宋开宝年间（968—976）里人张大郎感

殿新村

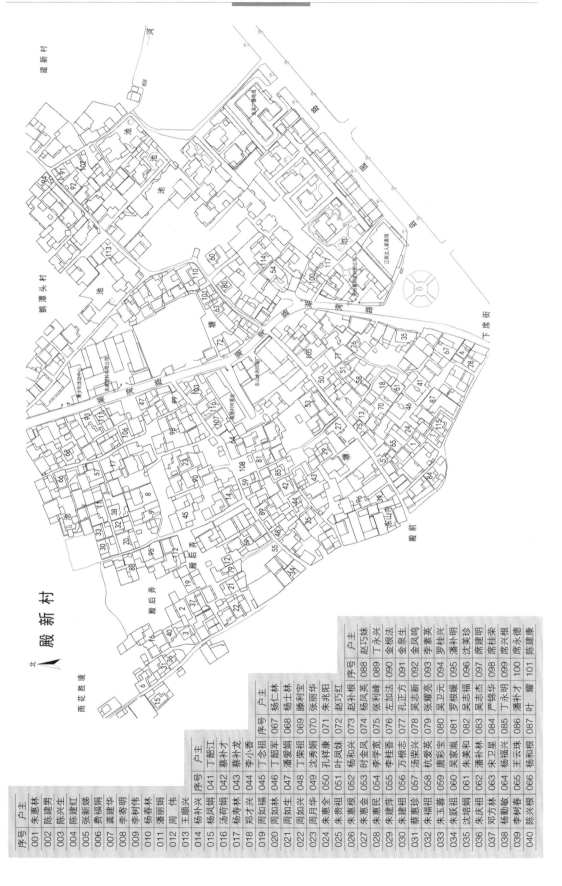

于神人舍地建道观。明清时殿前为东山镇东部政治、经济、文化中心，留有多处古遗址。殿泾港长约1千米，经过具区风月桥后直通太湖，在苏东公路未通车前，是东山东部地区农村和居民生活与生产的主要运输港道。张师殿庙前猛将堂旁围墙南壁，镶砌着一块清康熙元年（1662）的古碑，上书"右谕通知"，主要内容为"东山汛期外出需知事项"，属地方政府行政告示。院中保存有一株树龄约500百年的古银杏树及多块明清古碑。

殿新村地处山坞口，村口直通殿泾港，交通便利。西端与东山镇接壤，地理位置优越。主要道路有殿弄堂路、殿泾港路、朱家场路、土山路、东街路等。明清建筑有瑞凝堂、耕礼堂、慎馀堂、润德堂、忆萱堂、东岳行宫、猛将堂等。1946年10月，中央民族文化学院曾在桐荫别墅举办开学仪式，抗战胜利后，定名为中央民族文化学院。1999年，东山镇在殿前建将军街、碧螺姑娘塑像等东山镇标志性建筑。

清乾隆年间，殿新村所含殿前、殿后、陈家塘等村，属吴县26都（东山）遵礼乡。民国年间，该村先后编入吴县17区席周乡、第12区席周乡、东山镇席周乡所属保甲。

1950年，殿新村初设湖湾乡新民初级社。1956年，设东山乡新民高级社。1958年，属洞庭人民公社4营1连。1961年，更为新民大队第1生产队。1968年，设立新民大队革命委员会第1革命生产领导小组。1981年，更为湖湾大队第1生产队。1983年，又更为湖湾村第1、2、3三个村民小组。2003年11月，隶属于莫厘村。

历史上主要种植茶果，生产茶叶、枇杷、杨梅、橘子、银杏等，以及种桑养蚕（1980年以后桑地全部更种其他果树）为主，兼有少量农田。因地处东山镇东街，明清时村中经营小作坊及小商小贩较多。20世纪80年代初，村里办起多家队（村）办企业，村民务工收入占年收入的30%左右。2000年以后，民营企业在城乡发展较快，年轻人大多进镇办企业务工，自办企业与外出打工的收入成为村民重要收入。

鹅潭头 古名黄濠嘴，明代古村，因村中净志庵前小潭形如鹅蛋而名。始于唐，形成于明，清代以杨姓居多，俗称杨家帮村。位于马（莫）家坞口，下席街北。南临长泾港，北至翁巷，

鹅潭头村

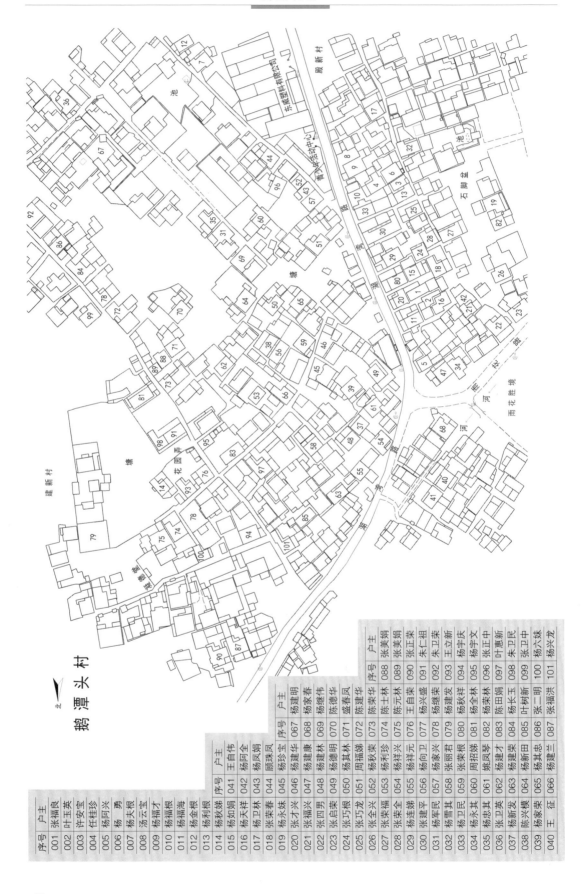

鹅潭头村

东接花园弄，西连土山路，属湖湾型村落。2017年年末，设莫厘村湖湾4、5、8三个村民小组，有112户、322人、225个劳动力，以杨、张、陈姓为主，其中杨姓占80%以上。

鹅潭头村历史悠久，村南下席街筑于唐代，据说为席温幼子席当所筑。村中净志庵建于明崇祯年间（1628—1644），祀唐代神话故事柳毅传书中的湖神柳毅与龙女，庙内悬挂"总理三乡"匾额。庙旁有"龙泉"井，传可通海。现门屋壁间保存有《净志庵碑记》，明崇祯十七年（1644）六月，族长吴有性立。

村东花园弄南有东园，曾接驾过清帝康熙。清代村内建有社仓，又称积谷仓。清乾隆七年（1742），东山绅士公建，用以积谷备荒。主要道路有唐下席街、宋殿背后路与明鹅潭头路、尼姑弄、长生街，以及清花园弄、土山新街、石脚盆头路等。1973年，东山镇筑湖湾路，该路从西侧经过鹅潭村。明清建筑有桐山堂、建德堂、勤和堂、移谷堂、善庆堂、锡庆堂、美中轩、春剪草堂等。300年以上的古木有长泾浜郑院三园内古银杏树、下席街古银杏树。

清康熙年间，鹅潭头属吴县26都（东山）遵礼乡。民国年间，该村先后编入吴县17区、第12区席周乡、东山镇席周乡所属保甲。

1950年，鹅潭村初设湖湾乡新民初级社。1956年，设东山乡新民高级社。1958年，属洞庭人民公社4营1连。1961年，更为新民大队第2生产队。1968年，设立新民大队革命委员会第2革命生产领导小组。1981年，更为湖湾大队第2生产队。1983年，又更为湖湾村第4、5、8三个村民小组。2003年11月，隶属于莫厘村。

从明代中期起，村中外出经商者居多。清末民初，村中青壮年大多在上海钱庄、银行、绸庄做事。历史上主要种植茶果，生产茶叶、枇杷、杨梅、桃子、橘子等，以及种桑养蚕，兼有少量农田。20世纪80年代初，村里办起多家队（村）办企业，村民务工收入占年收入的30%左右。2000年以后，民营企业在城乡遍地开花，自办企业与外出打工的人较多。

汤家场 古称翠峰坞，明代古村。始于唐，形成于明。20世纪80年代重定《吴县地名录》时，根据翠峰坞时以汤姓为多，更名为汤家场。位于翠峰坞口，南至翁巷，北到纯阳坞，东接金家河，西靠吟风冈，属山坞型村落。2017年年末，设莫厘村湖湾12、13、14三个村民小组，有村民102户、323人、226个劳动力。村民以汤、王、陈、朱姓为主，其中汤姓占60%以上。

村中翠峰坞、古雪居、纯阳坞为东山著名古迹及游览胜地。翠峰坞始名席温山，后因翠峰寺而显名。寺庙中原有天衣禅院、药师殿、藏经阁、远翠阁、大悲坛、微香阁、古雪居和悟道泉、香花桥、饮月亭（又名六角亭）、仙人洞等僧舍胜迹。翠峰寺为东山古代著名的游览胜地，唐时的白居易、宋代的范成大、李弥大和明朝的沈周、吴宽、唐寅、文徵明、徐祯卿及清代的叶松、张大纯等文士先后游览过翠峰禅寺，留下翠峰诗作多达百首。

山坞中还筑有纯阳殿、关帝殿、席豫祠等庙祠以及东山古时十大名泉中的悟道泉、白龙泉、紫泉等。村中古道有翠峰路、纯阳殿路、大涧路等。明清建筑有容春堂、尊德堂、天香馆、翁家祠堂、三元堂、昭德堂、寿萱堂等。其中，尊德堂为苏州市文物保护单位，容春堂为苏州市控保建筑。容春堂规模宏大，占地20多亩，整幢建筑中有108间房屋，为清末民初东山望族刘氏后裔刘恂如所建。

清康熙年间，汤家场属吴县26都遵礼乡。民国年间，该村先后编入吴县第17区、12区席周乡、东山镇席周乡所属保甲。

1950年，汤家场设湖湾乡新民初级社。1956年，设东山乡新民高级社。1958年，属

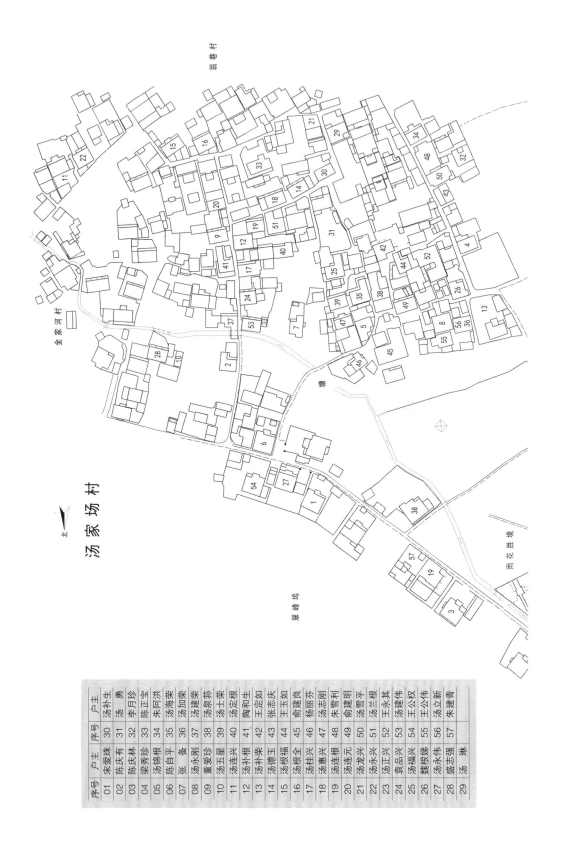

汤家场村

洞庭人民公社4营1连。1961年，更为新民大队第4生产队。1968年，设立新民大队革命委员会第4革命生产领导小组。1981年，更为湖湾大队第4生产队。1983年，又更为湖湾村第12、13、14三个村民小组。2003年11月，隶属于莫厘村。

清末民初，村中青壮年大多在上海钱庄、银行、绸庄做事。历史上主要种植茶果，生产茶叶、枇杷、杨梅、橘子、银杏等，以及种桑养蚕为主，兼有少量农田。20世纪80年代初，村里办起多家队（村）办企业，村民务工收入占年收入的30%左右。2000年以后，村民自办企业与外出打工者较多。

金家河 宋代称社下里、橘社，明至民国称金家湖，明代古村。始于唐，明代形成村落。位于金牛岭下，南临太湖，北靠金牛岭，东连杨家湾，西接翁巷，靠山而卧，临水而居，属湖湾型村落。2017年年末，设莫厘村湖湾第15、16两个村民小组，有村民78户、107人、75个劳动力，以汤、金、张、罗姓为主，其中汤姓占60%以上。

社下里，是东山最早的水运码头，旁有柳毅井，井碑上"柳毅井"三个隶书大字，为明正德九年（1514）大学士王鏊所书。相传为柳毅传书处。清初翁天浩在社下里筑橘庄，内有社西草堂。清康熙二十九年至三十一年（1690—1692），刑部尚书、内阁学士徐乾学在橘庄著《大清一统志》及《明史》。

明清建筑有树德堂、"白皮松"、留庆堂、敦仁堂、尚德堂、敦凝堂、树本堂等。历史上金家河村出了许多有影响的名士和商人。元代金德传，率族筑长涧，把纯阳坞九坞之水引入太湖。明代金汝鼎，诚信经商事迹载入乾隆《苏州府志》。金友理，清代史学家、地理学家，著有方志《太湖备考》。民国初，金家河村在上海金融界名商较多，金培生，江苏典业银行经理和国信银行副理；金采生，上海四明银行经理；严洁身，上海华利实业银行副理及慎益钱庄经理；严良荣，上海大陆银行副理。

清康熙年间，金家河（湖）属吴县26都遵礼乡。民国年间，该村先后编入吴县第17区、

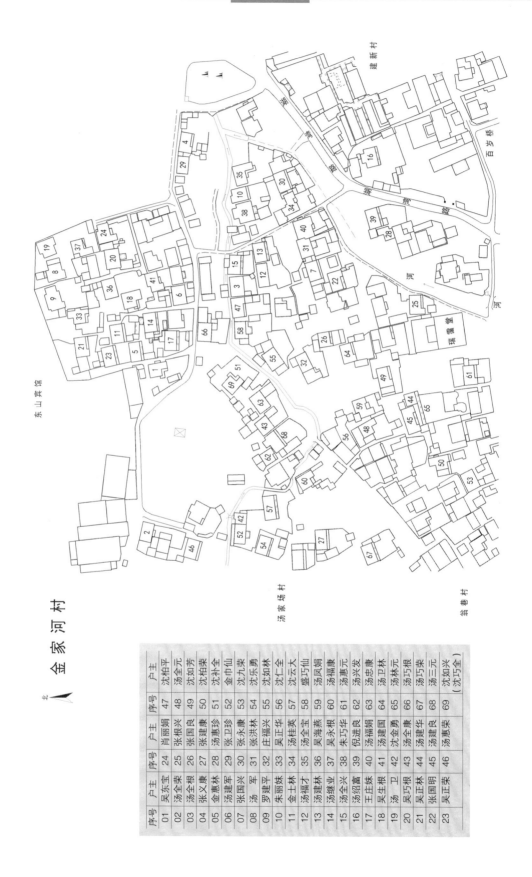

金家河村

12 区席周乡、东山镇席周乡所属保甲。

1950 年，金家河初设湖湾乡新民初级社。1956 年，设东山乡新民高级社。1958 年，属洞庭人民公社 4 营 1 连。1961 年，更为新民大队第 5 生产队。1968 年，设立新民大队革命委员会第 5 革命生产领导小组。1981 年，更为湖湾大队第 5 生产队。1983 年，又更为湖湾村第 15、16 两个村民小组。2003 年 11 月，隶属于莫厘村。

清末民初，村中青壮年大多在上海钱庄、银行、绸庄做事。历史上主要种植茶果，生产茶叶与枇杷、杨梅、橘子、银杏等，兼有少量农田和桑地。20 世纪 80 年代初，村里办起多家队（村）办企业，村民务工收入占年收入的 30% 左右。2000 年以后，自办企业与外出打工收入成为村民主要收入。

建新湖 明代古村，原称席家湖。因唐代席温南迁在此上岸，明代席氏筑石湖埠而得名。始于唐，明代形成村落，明王鏊《震泽编》"都图"中，现建新区域载有席家湖、馀家湖、长泾浜、坊前四个村名。1981 年《吴县地名录》上，长泾浜、坊前、馀家湖村名已消失，遗址合并入席家湖村。2003 年后自然村名改称建新。该村位于太湖之畔，东接启园，西连鹅潭头，南临小北湖，北至金家河，属湖湾型村落。2017 年年末，设莫厘村湖湾第 6、7 两个村民小组，有 119 户、378 人、265 个劳动力。村中以张、孔、蔡、王姓为主。

村西私立席氏安定小学，为 1926 年席守愚创办，取席氏郡望"安定"为校名。1948 年，安定小学内建立东山第一个中共党支部——东山支部。村东启园，又名席家花园，为东山仅存的古园林。1986 年，被公布为吴县文物保护单位。1933 年，旅沪商人席启荪建，占地 10 亩，历时三年竣工，耗资当时币值 10 万银圆。村内保存的明清建筑有景德堂、载德堂、宝德堂、移德堂、怡德堂、钟德堂等。古迹有唐代古渡口、明代石湖塘、清代安定塔等遗址。

清康熙年间，席家湖属吴县 26 都遵礼乡。民国年间，该村先后编入吴县第 17 区、12 区席周乡、东山镇席周乡所属保甲。

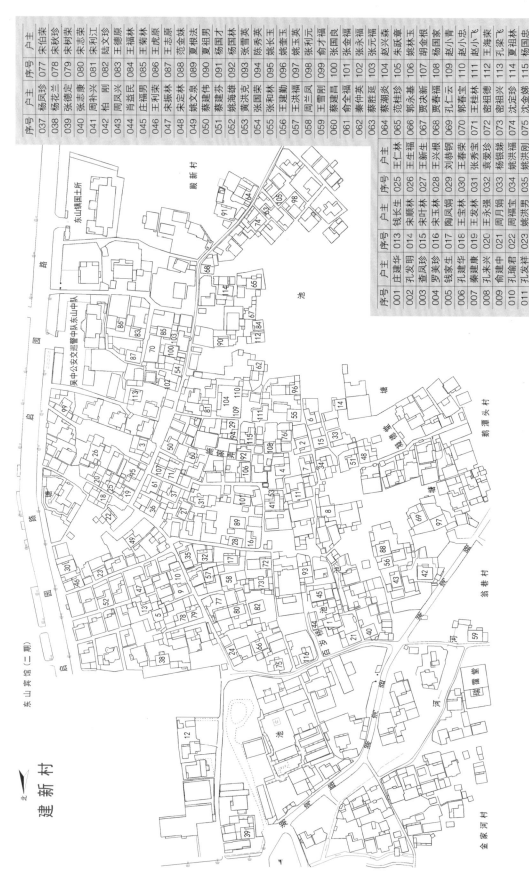

1950年，席家湖设湖湾乡新民初级社。1956年，设东山乡新民高级社。1958年，属洞庭人民公社4营1连。1961年，更为新民大队第6、7两个生产队。1968年，设立新民大队革命委员会第6、7两个革命生产领导小组。1981年，更为湖湾大队第6、7两个生产队。1983年，又更为湖湾村第6、7两个村民小组。2003年11月，隶属于莫厘村。

清末民初，村中男性青壮年大多在上海钱庄、银行、绸庄做事。历史上主要种植茶果，生产茶叶与枇杷、杨梅、橘子等，以及种桑养蚕，兼有少量农田。20世纪80年代初，村里办起队（村）办企业，村民务工收入占年收入的30%左右。2000年以后，村民自办企业与外出打工为多。

杨家湾 明代古村，因杨姓始居而得名。明王鏊《震泽编》"都图"有载。位于莫厘峰东翁家山下，岱心湾与金家河之间，依山临湖，

建新村

靠山而居，属船坞型村落。东起金家河，西至杨家湾岭，南临东山宾馆三期，北靠翁家山。环山公路沿山脚而过，苏州市629路公交车在村口设有杨家湾车站，交通便利。2017年年末，设莫厘村岱松第1、2两个村民小组，有47户、136人、95个劳动力。村中以杨、张、金姓为主。

杨家湾原规模较小，只有一条南北走向，长80米的砖石山路。2001年，东山宾馆扩建三期工程，杨家湾位于环山公路南面的10多户村民搬迁至村东翁家山下，加上原岱心湾一部分村民迁入杨家湾新村，扩大了村子的规模，除村南的环山公路外，形成一横三竖的新村。主道东西走向，西起月华山庄（原华严寺遗址），东到环山公路。在主道南面，3条南北走向，长约120米的村道伸向环山公路。另外，在新村东侧，还新辟一条山中小公路，沿山坡绕至月华山庄，长约200米。

南北朝时，村中所建的华严寺设有东山最早的学府，明天顺年间（1457—1464），少年时代的王鏊在华严寺中读过书。据说明清时，西边的翁巷翁家要抬着棺材从村中经过，时值新年，正搭台演戏，村人不答应。翁氏财大气粗，出巨资请人一夜间在村南沿湖筑一条新路，天明绕村出殡，直达翁家山。此外，村内还有观音堂、猛将堂、三官堂等古建筑。

清康熙年间，杨家湾属吴县26都遵礼乡。民国年间，该村先后编入吴县第17区、12区席周乡、东山镇席周乡所属保甲。

杨家湾村

序号	户主	序号	户主
01	张伟春（张连福）	20	张建林
02	金根龙	21	周梅林
03	张田兴	22	周丽男
04	张永林	23	杨朴泉
05	金兰	24	杨勇（罗巧姊）
06	金洪林	25	周永生
07	杨凤仙	26	周康林
08	魏勤芳	27	吴全福
09	沈云云	28	周根林
10	张田民	29	周雪洪
11	金福娟（朱福珍）	30	张泉林（张其荣）
12	张月良	31	张仁兴
13	张梁锋	32	肖卫荣
14	张健	33	肖庆福
15	张其林	34	杨其兴
16	张宝男	35	杨朴林
17	张凤良	36	朱万华（滕爱珍）
18	张田林	37	张国良
19	张震伟	38	

杨家湾村

1950年，杨家湾设湖湾乡新民初级社。1956年，设东山乡新民高级社。1958年，属洞庭人民公社4营1连。1961年，岱松从新民大队分出，单独建岱松大队，杨家湾更为岱松大队第1、2两个生产队。1968年，设有岱松大队革命委员会第1、2两个革命生产领导小组。1981年，更为岱松大队第1、2两个生产队。1983年，又更为岱松村第1、2两个村民小组。2003年11月，隶属于莫厘村。

民国时期，村中男性青壮年大多在上海钱庄、银行做事。历史上主要种植茶果。中华人民共和国成立后，大量种植柑橘，20世纪90年代前，橘子经济收入高，村民生活较为富裕。90年代起，始办工企业，村民务工收入占年收入的30%左右。2000年以后，村民以自办企业与外出打工为主。

岱心湾 又名古岱松，明代古村，明王鏊《震泽编》"都图"有载。位于莫厘峰东侧，宋家湾岭与杨家湾岭之间，东起小河头，西至大坞，南连杨家湾，北临宋家湾。依山临湖，靠山而居，属船坞型山村。环山公路沿山脚而过，苏州市629路公交车在村口设有岱心湾车站，交通便利。2017年年末，设莫厘村岱松第3、4、6、7、8、13六个村民小组，有153户、464人、325个劳动力。村中以刘、周、张、肖姓为主。

村中主道有前巷、后巷南北两条古巷，均为东西走向。前巷又称南巷，后巷亦称北巷，两条古巷均长150米，宽1.5—2.5米，从环山公路蜿蜒而上至猛将堂浜场，直上翁家山。村后有二亩头、三亩头、六亩头、八亩头、十亩头等古地（山）名。

明清建筑有松寿堂住楼、传经堂后屋、裕德堂遗屋、猛将堂、双井等。松寿堂前园有300多年树龄的黄杨、古柏树各1株。古遗址有刘氏"大树名家"巷门和"大树庄"祠堂匾额。村后翁家山保存有明万历年间（1572—1620）大学士申时行"仙峤浮空"摩崖石刻。

岱心湾历史上名人辈出。吴惠，明永乐年间进士，也是洞庭两山历史上第一名进士。史昱，明景泰元年（1450）举人，村中原有为其所立六世英坊。刘恕，乾隆五十一年（1786）举人，广西柳州知府，致仕后在苏州金阊里筑"寒碧山庄"，后更名留园。沈二园，清咸丰年间（1851—1861）上海新沙逊洋行第一任买办。刘云，黄埔军校一期生，中共早期党员，曾任国民革命军秘书长、第8军旅党代表、政治部主任等职。

岱心湾村

序号	户主	序号	户主	序号	户主	序号	户主	序号	户主
001	周洪林	027	滕建民	052	滕正荣	078	张金福	104	滕惠玉
002	周荣林	028	钱德昌	053	滕正荣	079	吴彩云	105	滕海玉
003	周兴男	029	钱爱珍	054	郭春宝	080	张观福	106	徐仁根
004	肖卫华	030	姚和根	055	郭春洪	081	徐豪亮	107	杨秋龙
005	肖卫文	031	周由林	056	郭春荣	082	徐如福	108	沈福宝
006	肖庆生（肖佳荣）	032	滕富男（许仁云）	057	龚兰珍	083	徐长根	109	杨秋姝（沈福宝）
007	肖裕财	033	滕洪男	058	郭春发	084	周建林	110	朱爱娣
008	肖惠刚	034	吴兴大	059	张惠玉	085	杨根林	111	周福林
009	周美珍	035	钱福生	060	肖富林	086	滕洪兴	112	徐福国强
010	肖兴源	036	徐如龙	061	周法林	087	徐利兴	113	徐志强（徐连根）
011	肖裕生	037	吴小兵	062	张惠君	088	徐利兴	114	周伟林
012	肖卫忠	038	徐仁仙	063	刘慎斌	089	滕洪纪	115	吴晓忠
013	肖根寿	039	徐仁林	064	周龙浩	090	杨龙福	116	吴福平
014	夏民英	040	周裕林	065	滕惠红	091	许建萍	117	周仁林
015	周金凤	041	张长兴	066	滕惠源	092	杨名林	118	滕寿福
016	肖裕珍	042	吴荣珍	067	张永福	093	徐丽娟	119	夏招娣
017	徐兴龙	043	肖银男	068	张林福	094	周云林	120	杨凤兴
018	周洪兴	044	金云娣	069	张国庆	095	周才林	121	周（潘阿福）
019	周裕林	045	肖云珍	070	杨财法	096	潘志芬	122	周胜根
020	肖卫林	046	徐如林	071	张雪峰	097	杨志泉	123	周义林
021	徐桂龙	047	徐如林	072	张（张惠林）	098	杨龙泉	124	周斌良
022	肖兴龙	048	徐如林	073	徐跃兴	099	徐兴生	125	周微民
023	肖洪财	049	周云珍（肖永林）	074	张洪福	100	杨秋根	126	周长林
024	肖荣祖	050	肖洪源	075	滕洪福	101	徐法根	127	周华林
025	肖洪源	051	周林根	076	滕连兴	102	叶树奎	128	周荣
026	滕建新			077	严丽凤	103	刘啸（周德宝）	129	周春林
								130	张五男
								131	周斌良
								132	周连法
								133	周德林
								134	滕海林
								135	杨凤根
								136	周勇林
								137	吴绍伟
								138	徐仁林
								139	周金林
								140	滕才福

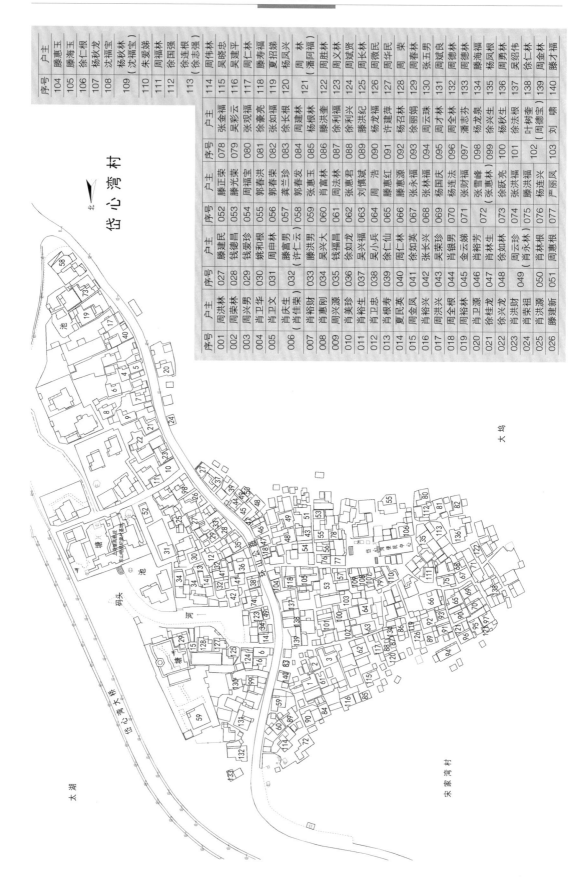

岱心湾村

清康熙年间，岱心湾属吴县26都（东山）遵礼乡。民国年间，该村先后编入吴县第17区、12区席周乡、东山镇席周乡所属保甲。

1950年，岱心湾设湖湾新民初级社。1956年，设东山乡新民高级社。1958年，属洞庭人民公社4营1连。1961年，岱松从新民大队分出，单独成立岱松大队，岱心湾更为岱松大队第3、4、6、7、8、13六个生产队。1968年，设立岱松大队革命委员会第3、4、6、7、8、13六个革命生产领导小组。1981年，更为岱松大队第3、4、6、7、8、13六个小队。1983年，又更为岱松村第3、4、6、7、8、13六个村民小组。2003年11月，隶属于莫厘村。

民国时期，村中男性青壮年大多在上海钱庄、银行做事。历史上主要种植茶果。中华人民共和国成立后，大量种柑橘，20世纪90年代前，橘子经济收入高，村民生活较为富裕。20世纪90年代起，始办工业，村民务工收入占年收入的30%左右。2000年以后，村民以自办企业与外出打工为主。

宋家湾 古名松阶湾，因松林茂盛而得名，一说宋姓始迁山坞而名。明代古村，明王鏊《震泽编》"都图"有载。位于莫厘峰东，青龙头与宋家湾岭之间，依山临湖，靠山而居，属船坞型山村。东起大河头，西至陆家头，南连骑龙山，北临青龙头。环山公路沿山脚而过，苏州市629路公交车在村口设有宋家湾车站，交通便利。2017年年末，设莫厘村岱松第9、10、11、12四个村民小组，有138户、424人、297个劳动力。村中以宋、庄、滕姓为主。

村中主道有南北两条古巷，均为东西走向。南巷，从大河头至外家园，长250米，宽2—2.5米，柏油道（原为砖石路）。北巷，从西河头至榆树场，长200米，宽1.5—2米，柏油道（原为砖石路）。古迹有白马庙、猛将堂、青龙头和树龄百年以上古银杏2株。白马庙又名龙女祠，相传为唐时柳毅入湖传书牵马之处，庙内供祀柳毅与龙女神像。现代建筑有太湖大桥、岱坞山庄、苏州桥文化馆等。

清康熙年间，宋家湾属吴县26都（东山）遵礼乡。民国年间，该村先后编入吴县第17区、

宋家湾村

12 区席周乡、东山镇席周乡所属保甲。

1950 年，宋家湾设湖湾乡新民初级社。1956 年，设东山乡新民高级社。1958 年，属洞庭人民公社 4 营 1 连。1961 年，岱松从新民大队分出，单独成立岱松大队，宋家湾更为岱松大队第 9、10、11、12 四个生产队。1968 年，设有岱松大队革命委员会第 9、10、11、12 四个革命生产领导小组。1981 年，更为岱松大队第 9、10、11、12 四个生产队。1983 年，又更为岱松村第 9、10、11、12 四个村民小组。2003 年 11 月，隶属于莫厘村。

历史上主要种植茶果，生产茶叶与枇杷、杨梅、橘子等。中华人民共和国成立后大量种植柑橘。20 世纪 90 年代前，橘子经济收入高，村民生活较为富裕。20 世纪 90 年代起，始办工业，村民务工收入占年收入的 30% 左右。2000 年以后，村民以自办企业与外出打工为主。村中男女青年 80% 以上获大专及以上文凭。

余山 古名馀侯山，俗称移山。据说古时该小山与东山相比，为多余之山，一说是从远处太湖中移来之山。明代古村，明王鏊《震泽编》"都图"有载。余山为湖中一小岛，面积仅 0.3 平方千米，最高山头顶海拔 50 米。离东山仅 1.5 千米，清初就隶属东山镇。现有东湾、西湾两个村落，2017 年年末，设莫厘村岱松第 5 村民小组，有 47 户、144 人、101 个劳动力。村中以席、赵、沈姓为主。

余山居太湖莫湖、菱湖、胥湖之间，四面皆水，风光秀丽，属湖岛型村落。岛上保存着古色古香的明清风貌，古木、古井、古道和大量老宅保存较好。古迹有明代东湾码头、西湾码头、石龟、"天狗"、复兴禅寺及西峰天池。古木有西湾 1000 余年的榉树、东湾 800 余年的银杏树，150 年以上树龄的古树还有 9 棵。古井有东湾宋代古井、西湾明代古井、山头顶清代如意泉。古道有西湾明代古道、东湾明清古道，砖石铺筑，风貌未变。村中现居住村民 40 多户，住房 68 幢，仅有 3 幢为两层楼房，其余均为 20 世纪 60 年代前建造的老房子，旧貌犹存。

余山文化积淀深厚，明清诗人游览后留下赞诗较多，清吴庄《七十二峰足徵集》载诗10多首。1945年1月，新四军太湖总队司令部在余山岛制定作战方案，然后夜袭东山俞坞忠义救国军孟少先部，消灭殿泾港伪警察所，开辟了东山抗日根据地。1955—1958年，海灯法师曾率徒在余山复兴禅寺居住三年，练功及传授中华武艺。

清康熙年间，余山属吴县27都（东山）遵礼乡。民国初年成立余山乡，后该村先后编入吴县第17区、12区席周乡、东山镇席周乡所属保甲。

1950年，余山设湖湾乡新民初级社。1956年，设东山乡新民高级社。1958年，属洞庭人民公社4营1连。1961年，岱松从新民大队分出，单独成立岱松大队，余山更为岱松大队第5生产队。1968年，设有岱松大队革命委员会第5革命生产领导小组。1981

余山村

年，更为岱松大队第5生产队。1983年，又更为岱松村第5村民小组。2003年11月，隶属于莫厘村。

明末清初，余山男性青壮年大多外出到湖州、宜兴一带经商，旧传有72只运输商船来往于江浙之间。民国时，成年男性70%以上在上海、浙江等城市米行和绸缎行谋生。湖岛上，明清以来主要种植碧螺春、枇杷、杨梅、柑橘等茶果，兼太湖捕捞。1958年，岛上村民曾全部迁离余山岛，建办洞庭公社畜牧场，数年后村民又全部回迁湖岛劳作和生活。20世纪90年代起，乡镇工业发展较快，村里中青年大多在厂里工作，村民务工收入占年收入的30%左右。2000年以后，村民自办企业与外出打工的收入成为主要收入，留在岛上务农和生活的大多数为老年人。

丰圻　古名烽圻，俗称丰圻嘴，明代古村。清康熙《具区志》载："东山丰圻有大石如屏，传柳毅传书时所叩。"古代"圻"为边界之意，丰圻为吴国东面边疆。明嘉靖年间，倭寇入侵太湖，劫掠东山沿太湖周湾一带，村民团结御敌，在东山四周设营寨8座，丰圻寨为其中之一。

丰圻位于莫厘峰北山坡，南依石家山顶，东靠白马庙，西、北面均临太湖，属船坞型村落。环山公路从村中经过，苏州629路公交车在村口设有丰圻车站，交通便利。2017年年末，设莫厘村尚锦第1、2、10、11四个村民小组，有130户、397人、278个劳动力。村中以赵、

序号	户主	序号	户主	序号	户主	序号	户主
001	钱巧生	032	刘寿泉	063	周伯生	094	赵炳华
002	钱兴全	033	赵利生	064	施惠利	095	严玲玲（赵凤嫦）
003	金多妹	034	赵信弟	065	钱如仙	096	盛合珍
004	夏苏全	035	钱传根	066	严兴才	097	赵文忠
005	刘金仁	036	钱利兴	067	邓日好	098	赵玉林
006	周增高	037	夏洪昌	068	赵建新	099	赵惠刚
007	刘凤娟	038	毛秀巾	069	赵炳富	100	夏美玉
008	周惠安	039	赵月珍	070	钱永春	101	刘建文
009	钱朴泉	040	王玲嫦	071	夏永生	102	夏春兴
010	钱沅宗	041	钱传忠	072	夏永良	103	钱奎华
011	钱根林	042	严惠均	073	刘建武	104	邓日好
012	钱国华	043	夏红娟	074	周巧林	105	赵梅珍
013	赵永刚	044	周增高	075	夏群	106	陆康荣（钱耀文）
014	赵纪法	045	刘凤根	076	赵万沅	107	钱永根
015	周建芳	046	夏如珍	077	钱惠祥	108	钱洪民
016	钱惠安	047	夏祖福	078	赵建华	109	陆洪浩
017	施惠生	048	夏永承	079	赵建方	110	宋亦嫦
018	严玲玲	049	周冬松	080	钱传安	111	刘雪华
019	赵志芳	050	赵志刚	081	刘凤仙（沈玄泉）	112	宋奎新
020	钱红星	051	夏新根	082	刘惠沅	113	张小妹
021	钱立新	052	夏春根（夏林方）	083	赵增富	114	钱建荣
022	钱巧根	053	刘龙荪	084	夏根兴	115	赵惠荣
023	刘惠根	054	沈传刚	085	夏桂珍	116	钱惠高
024	赵龙根	055	周建安	086	夏惠龙	117	严晓忠
025	赵龙根	056	钱玲玲	087	夏银凤	118	周灵珠
026	钱小龙	057	严建兴	088	钱洪兴	119	钱龙高
027	叶四男	058	盛合珍	089	朱洪春	120	朱孝义
028	钱永根	059	刘仲兴	090	朱洪方	121	刘晓凤
029	钱服弟	060	赵凤生	091	朱洪玉	122	赵根才
030	刘寿根	061	吴惠娥	092	朱明荣	123	赵玲凤（钱春荣）
031	刘传刚	062	施惠利	093	朱洪林	124	钱如兴（钱利荣）

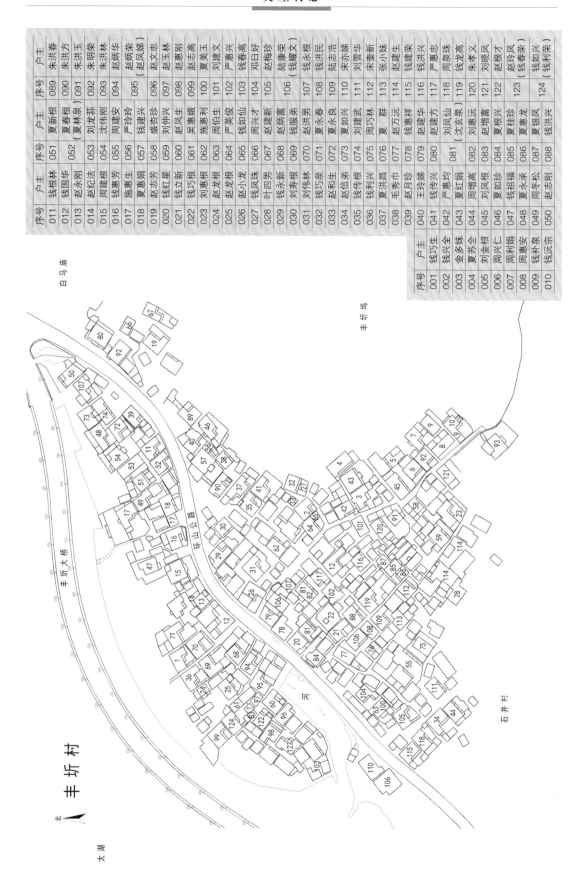

白马庙

丰圻坞

丰圻村

石井村

太湖

北

丰圻村

钱、刘姓为主。

有东西两条山道平行伸入山坞中，其中丰圻南巷长160米，北巷长150米，村舍均建于南巷与北巷两侧。1999年，扩建后山环山公路，又把丰圻辟成东西两处村落。

古迹有海眼泉，在丰圻山顶，东山十大名泉之一，上有"海眼"两字，为明代王鏊所书。白马庙，又名龙女祠，在村南侧与宋家湾交界处，相传为唐柳毅入湖传书牵马处。清代建筑有严家老宅、钱家老宅等。村民钱祖根，1944年参加新四军，后在解放战争中牺牲，烈士。

清康熙年间，丰圻属吴县26都（东山）遵礼乡。民国年间，该村先后编入吴县第17区丰石乡、12区席周乡、东山镇后山席周乡所属保甲。

1950年，丰圻属席周乡。1956年，设后山乡和平第1高级社。1958年，设洞庭人民公社4营1连。1961年，更为和平1大队第1、2、10、11四个生产队。1968年，设有卫东大队革命委员会第1、2、10、11四个革命生产领导小组。1981年，更为尚锦大队第1、2、10、11四个生产队。1983年，又更为尚锦村第1、2、10、11四个村民小组。2003年11月，隶属于莫厘村。

丰圻村历史上主要种植茶果，生产茶叶与枇杷、杨梅、橘子、石榴等。中华人民共和国成立后大量种植柑橘。20世纪90年代前，橘子经济收入较高，村民生活较为富裕。20世纪90年代起，开始建办工业，村民务工收入占年收入的30%左右。2000年以后，村民以自办企业与外出打工为主。村中男女青年80%以上获大专及以上文凭。

石井 古称石壁，明代古村，因山顶有大石壁，相传唐时柳毅入湖传书所叩得名。清乾隆《太湖备考》"都图"更名为石井，因村中巷门头有口古石井而名。位于莫厘峰北山坡，太湖东岸。东依莫厘峰，西至石井湖头，南临黄泥坎，北接石家顶，环山公路沿山脚而过，

序号	户主	序号	户主	序号	户主
01	夏仁林	14	钱培凯	53	夏伟明
02	夏洪卫	15	夏建新	54	钱利青
03	徐玲宝	16	徐荣增	55	钱夫全（钱利青）
04	徐洪春	17	徐伟平	56	夏 峰
05	夏云林	18	夏德沅	57	周招云
06	夏泉林	19	夏洪德	58	夏惠荣
07	钱建春	20	夏建跃	59	夏如根
08	夏鼎松	21	夏 骏	60	夏祖跃
09	夏洪财	22	夏德忠	61	熊财明
10	鹤	23	钱云珠	62	陈根扣
11	徐	24	钱富沅	63	夏惠力
12	周利珍	25	钱德康	64	夏德明（夏德明）
13	徐永沅	26	夏洪明	65	夏平力
		27	夏育林	66	钱锦沅
		28	钱民青	67	王春福
		29	夏鼎沅	68	夏永德
		30	钱锦英	69	夏 利
		31	李瑞仙	70	夏仁根
		32	钱洪芳	71	周招宝
		33	庄巧宝	72	夏洪沅
		34	叶秋凤	73	夏伟良
		35	夏祖兴	74	夏煋民
		36	夏煋军（夏煋军）	75	夏煋荣
		37	徐文敏	76	夏祖坤
		38	徐小平	77	夏利蓉
		39	杜慧英	78	夏洪生
		40	夏锦洪	79	钱庆明
		41	夏建林	80	钱君明
		42	徐 梁	81	叶荷娟
		43	徐 栋	82	夏伟平
		44	夏伟康	83	夏春林
		45	夏富德	84	夏雪田
		46	钱洪沅	85	夏传法
		47	夏惠芳	86	周凤琴
		48	夏 敏	87	沈国祥
		49	夏君慧	88	夏胜甫
		50	钱财福	89	夏胜堂
		51	熊财福	90	（猛将堂）
		52	王秀玲		

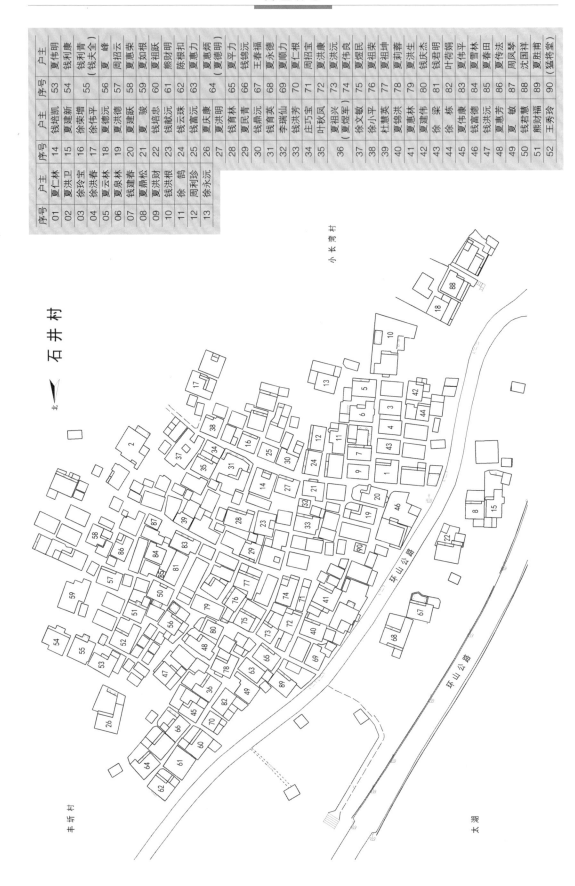

苏州市629路公交车在村口设有石井车站，交通便利。2017年年末，辖莫厘村尚锦第3、4两个村民小组，有96户、345人、216个劳动力。村中以夏、徐、钱姓为主。

石井村坐落在小长湾与丰圻村之间的山坞中，属船坞型村落，西临太湖，遥对西洞庭林屋山。沿湖有三条山道从西而东伸向山坞，主道直巷长150米，北巷呈"S"形，与直巷并行，长130米。南巷直行，从环山公路入山坞，长130米。村舍均分布在三条山（村）道两侧，地形并不复杂，村落呈一规整的长方形。古迹有清代石井猛将堂、徐家老宅、钱家老宅与明代石井，有百年树龄古枣树2株。

抗日战争时期石井村属东山抗日根据地。1944年夏，石井村粮商夏桐生至无锡马山经商，与新四军苏西办事处主任徐亚夫接触，后夏偕村人张子平、张景芳再至马山，商议开辟东山抗日根据地。11月，新四军太湖支队进驻东山，在石井村建立东山抗日民主政权和中共洞庭区委。1945年10月，新四军奉命北撤，东山50多名参军的战士随部队撤离石井村。

清康熙年间，石井属吴县26都遵礼乡。民国年间，该村先后编入吴县第17区丰石乡、12区席周乡、东山镇后山丰石乡所属保甲。

1950年，石井村属丰石乡。1956年，设后山乡和平第1高级社。1958年，属洞庭人民公社4营1连。1961年，更为和平1大队第3、4两生产队。1968年，设立卫东大队革命委员会第3、4两个革命生产领导小组。1981年，更为尚锦大队第3、4两个生产队。1983年，又更为尚锦村第3、4两个村民小组。2003年11月，隶属于莫厘村。

历史上主要种植茶果，生产碧螺春与枇杷、杨梅、柑橘等。中华人民共和国成立后大量种植柑橘，20世纪90年代前，橘子经济收入较高，村民生活较为富裕。20世纪90年代起，始办工业，村民务工收入占年收入的30%左右。2000年以后，村民以自办企业与外出打工为主。村中男女青年大多获大专及以上文凭。

石井村

尚锦 古称上金,又名古尚锦,明代古村。明《震泽编》"两洞庭"之目,名上金。清康熙《具区志》"都图"更为"尚金"。该村依山临湖,风光绚丽,似锦绣之画而得名。位于莫厘峰西犀牛岭下,东至严家坟山与小长湾,西临太湖畔,北依盘头山,南靠秦家山,属船坞型山村。环山公路沿山脚而过,苏州市629路公交车在村口设有尚锦车站,交通便利。2017年年末,辖莫厘村尚锦第6、9两个村民小组,有103户、286人、201个劳动力。村中以李、周、费姓为主。

村口清建有"古尚锦"圈门,村落西向太湖,村中有2条山道从西端湖畔伸入山坞中,主道长70米,宽2米,原为砖石路面,现为方便村民电动车进出,已全部改浇水泥路面。南侧为辅道,与主道并行,东端与传统村道衔接,形成一个"U"字,村民住房均有规则地筑于两条村道南北两侧。

村中古迹有天池,东山古时十大名泉之一,原为全村人生活取水处,村中通自来水后,该泉已干涸,遗迹尚存。清代建筑有费氏老宅、庞氏老宅等。1944年新四军在石井村建立东山抗日根据地,开展抗日活动,尚锦村有多名青年参加新四军。李永兴,小名阿大,1944年入伍,任新四军6师47团机枪组组长,1946年10月,在解放战争涟水战役中牺牲,烈士。费小狗,又名费德生,1945年入伍,新四军6师46团战士,后失踪,1979年8月追认为烈士。

清康熙年间,尚锦属吴县26都遵礼乡。民国年间,该村先后编入吴县第17区尚周乡、12区尚周乡、东山镇后山尚周乡所属保甲。

1950年,尚锦村属尚周乡。1956年,设后山乡和平第1高级社。1958年,属洞庭人民公社4营1连。1961年,更为和平1大队第6、9两个生产队。1968年,设立卫东大队革命委员会第6、9两个革命生产领导小组。1981年,更为尚锦大队第6、9两个生产队。1983年,又更为尚锦村第6、9两个村民小组。2003年11月,隶属于莫厘村。

尚锦村

第一章 地理建置

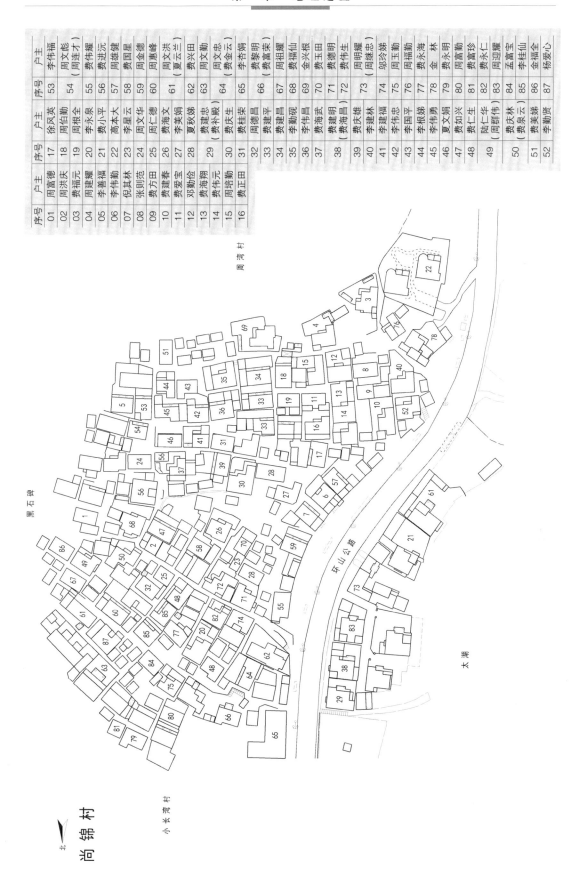

清末民初，尚锦村男性青壮年外出经商及从事金融业者为多。历史上主要种植茶果为主，生产碧螺春与枇杷、杨梅、柑橘等。中华人民共和国成立后大量种植柑橘，20 世纪 90 年代前，橘子经济收入较高，村民生活较为富裕。20 世纪 90 年代起，开始建办工业，同外商合资建有东都饮用水有限公司及东山泉水厂，生产的"碧螺泉""洞庭山泉""东山泉"三个品牌，销至苏州、无锡、上海等大中城市。村民务工收入占年收入的 50% 左右。2000 年以后，村民以自办企业与外出打工为主。

小长湾 古称小长巷，又名永长巷，因村中一主道狭长而得名，明代古村。明《震泽编》"两洞庭"条目上，就有小长巷之村名。位于莫厘峰西北犀牛岭下太湖边，与尚锦村毗连。东依莫厘峰，西临太湖，南接尚锦村，北连黄泥坎、龙云山。环山公路沿山脚而过，苏州市 629 路公交车在村口设有小长湾车站，交通便利。2017 年年末，设莫厘村尚锦第 5 村民小组，有 53 户、190 人、133 个劳动力。村中以张、龚姓为主。

小长湾与西洞庭元山隔湖相望，属船坞型村落。该村西向太湖，村落"川"字形，分左中右三条巷道，从西端湖畔伸入山坞中。村主道居中，长 100 米，入口处原有"永长巷"古巷门。左右两条巷道均长 120 米，宽 1.5—2 米，为 1980 年后新建，村民房屋都分布在三条巷道南北两侧。

村内楼房 80% 以上属 2000 年后翻建，保存有清代张家老宅，又称张姓众家屋，面积 200 多平方米。清末民初，村中出过查茂山、张升甫两个沪地有影响的商人。1944 年，新四军开辟洞庭东山抗日根据地，村中乡绅张子平被委任为抗日民主政权太湖县东山区区长，侄子张景芳任太湖县洞庭办事处科长。张伯乐，又名张忠达，张子平之子，1944 年加入新四军，1949 年 4 月，在解放战争渡江战役中牺牲，烈士。村中还有张介民、张岳龄、张其林、夏玉根参加新四军，为抗日战争和解放战争胜利作出过贡献。

清康熙年间，小长湾属吴县 26 都遵礼乡。民国年间，该村先后编入吴县第 17 区尚周

小长湾村

第一章 地理建置

乡、12区尚周乡、东山镇后山尚周乡所属保甲。

1950年，小长湾属尚周乡。1956年，设后山乡和平第1高级社。1958年，属洞庭人民公社4营1连。1961年，更为和平1大队第5生产队。1968年，设有卫东大队革命委员会第5革命生产领导小组。1981年，更为尚锦大队第5生产队。1983年，又更为尚锦村第5村民小组。2003年11月，隶属于莫厘村。

清末民初，小长湾男性青壮年外出经商及业金融者为多。历史上主要种植茶果为主，生产碧螺春与枇杷、杨梅、柑橘等。中华人民共和国成立后大量种植柑橘。20世纪90年代前，橘子经济收入较高，村民生活较为富裕。20世纪90年代起，始办工业，村民年收入提高。2000年以后，村民以自办企业与外出打工为主。

周湾 又名周湾里，始于南宋，明代形成村落。据《洞庭东山周氏支谱》记载，南宋建炎初，平江（苏州）太守周望第三子周仁，携家南迁定居该地，后繁衍成村，名周湾。位于莫厘峰之北平岭山下，东靠百家埕，西临太湖及环山公路，南连洪湾村，北接尚锦村。环山公路沿山脚而过，苏州市629路公交车在村口设有周湾车站，交通便利。2017年年末，设莫厘村尚锦第7村民小组，有71户、209人、146个劳动力。村中姓氏以周、夏、费姓为主。

周湾与西洞庭山隔湖相望，属船坞型村落。村子西临太湖，南北两条山（村）道从湖畔向东，蜿蜒伸入山坞。北巷为古道，东西两头筑有"周湾里"古巷门。南巷为1980年后新发展的村道，村舍均建于南北巷的东西两侧。古建筑有周家祠堂、周湾猛将堂、周家老宅等。村南山坡上棋盘石为古石，平坦而四角方整，石痕纵横交织，形似棋盘而得名。2002年，村中建古尚锦茶坊。2004年，成立古尚锦合作社。村南侧有一定规模的"东山泉"水厂。

明清两代，周湾周氏出举人5名，七品以上官员12名，有影响的大商人20多名。周传经，字庚五，清道光年间曾入仕做官，先为浙江候补道台，继至天津大沽口船坞任总办，

周湾村

第一章 地理建置

就此发迹,成为村中首富。

清康熙年间,周湾属吴县26都遵礼乡。民国年间,该村先后编入吴县第17区尚周乡、12区尚周乡、东山镇后山尚周乡所属保甲。

1950年,周湾属尚周乡。1956年,属后山乡和平第1高级社。1958年,属洞庭人民公社4营1连。1961年,更为和平1大队第7生产队。1968年,设有卫东大队革命委员会第7革命生产领导小组。1981年,更为尚锦大队第7生产队。1983年,又更为尚锦村第7村民小组。2003年11月,隶属于莫厘村。

明清时周湾男性青壮年外出经商及从事金融业者为多,历史上主要种植茶果为主,生产碧螺春与枇杷、杨梅、柑橘等。中华人民共和国成立后大量种植柑橘。20世纪90年代前,橘子经济收入较高,村民生活较为富裕。20世纪90年代起,始办工业,村民年收入提高。2000年以后,村民自办企业与外出打工者较多。村中男女青年大多获大专及以上文凭。

洪湾 古称吴湾,明代古村。因该村地处山坞湖滨,旧时每当春夏黄梅雨季,太湖水位上涨,洪水常涌进村中,故称洪湾。一说明洪武年间周氏辟居该地,后繁衍成村,为与南侧的周湾有所区别,起名洪湾。位于莫厘峰北侧平岭山下,濒临太湖。东依洪湾山嘴,西临环山公路及太湖,南靠外南山,北连白沙岭乌龟凹山,属船坞型村落。环山公路沿山脚而过,苏州市629路公交车在村口设有洪湾车站,交通便利。2017年年末,设莫厘村尚锦第8村民小组,有71户、233人、163个劳动力。村中以周、徐姓为主。

村中主道有洪湾巷,东西走向,从太湖边一直伸至山坞深处,长200多米,宽2—1.5米,沥青路面(原为砖石路),为东山后山较深邃的一座山坞。西端村口有古圈门,字牌正面镌刻"洪湾里"三字,背面书"紫气东来"四字。古迹有石澌泉、八角井、观音堂、小照山、长港头山、积水潭等。石澌泉为东山明清十大名泉之一,观音堂属清代建筑。明清时吴湾为著名游览胜地,名士游览后留下许多诗篇。

清康熙年间,洪湾属吴县26都遵礼乡。民国年间,该村先后编入吴县17区尚周乡、12区尚周乡、东山镇后山尚周乡所属保甲。

1950年,洪湾村属尚周乡。1956年,设后山乡和平第1高级

洪湾村

第一章　地理建置

洪湾村

序号	户主	序号	户主
01	周金甫	36	周富英
02	周玲嫩	37	徐志良
03	夏玲嫩	38	夏正林
04	周志伟	39	曹富林
05	夏建清	40	曹志军
06	周晟	41	周纪岗
07	周志兴洪	42	周跃明
08	周志洪	43	徐跃明
09	周晓梅	45	周建德
10	周桂宝	46	袁礼珍
11	周志海	47	徐作铭
12	周林才	48	徐子岗
13	徐建强（徐培林）	49	周林才（卜龙建）
14	夏建明	50	席建峰（席建峰）
15	夏森根	51	周惠春（周文英）
16	周洪裕	52	周建甫
17	周群敏	53	周新兴
18	周洪春	54	周建林
19	周伯根	55	徐志华
20	夏惠林	56	周培明
21	徐立群（夏莉娟）	57	周志荣
22	周莉文	58	徐伟良
23	徐惠华	59	徐伟忠
24	徐惠兴	60	周利云
25	周士芳	61	赵春荣（宋会连）
26	周志兴	62	徐惠勤
27	周兰兴	63	夏国林
28	周纪洲	64	叶洪兴
29	费利娟	65	周贵兴
30	俞建能	66	席贵兴
31	周惠利	67	周德荣
32	周新才	67	东山天然矿泉水厂
33	席柏林	68	停车场
34	席杉林		
35	席松林		

社。1958年，属洞庭人民公社4营1连。1961年，设有和平1大队第8生产队。1968年，改为卫东大队革命委员会第8革命生产领导小组。1981年，更为尚锦大队第8生产队。1983年，又更为尚锦村第8村民小组。2003年11月，隶属于莫厘村。

历史上主要种植茶果为主，生产碧螺春与枇杷、杨梅、柑橘等。中华人民共和国成立后大量种植柑橘，20世纪90年代前，橘子经济收入较高，村民生活较为富裕。20世纪90年代起，始办工业，村民年收入提高。2000年以后，村民以自办企业与外出打工为主。

附：撤并的行政村、消失合并的自然村

一、撤并的行政村

湖湾行政村 1958年，成立人民公社，称新民大队，设大队管理委员会。1968年，设新民大队革命委员会。1981年，公社、大队撤销革委会，恢复大队管理委员会，称湖湾大队。1983年，撤大队建村，更名为湖湾村，辖殿新、鹅潭头、翁巷、汤家场、金家河、席家湖6个自然村。2003年，湖湾村有590户、1589人、1053个劳动力。企业13个，工业总产值6863万元，利税339万元，人均收入6000元。2003年11月，撤销湖湾村，并入莫厘村。

岱松行政村 1961年，从新民大队分出，成立岱松大队，设大队管理委员会。1968年，设岱松大队革命委员会。1981年，公社、大队撤销革委会，恢复大队管理委员会，称岱松大队。1983年，撤大队建村，更名为岱松村，辖杨家湾、岱心湾、宋家湾、余山4个自然村。2003年，岱松村有378户、1004人、727个劳动力。企业4个，工业总产值4756万元，利税247万元，人均收入5600元。2003年11月，撤销岱松村，并入莫厘村。

尚锦行政村 1958年，称和平1大队。1968年，改称卫东大队，设革命委员会。1981年，公社、大队撤销革委会，恢复大队管理委员会，称尚锦大队。1983年，撤大队建村，更名为尚锦村，辖丰圻、石井、尚锦、小长湾、周湾、洪湾6个自然村。2003年，尚锦村有479户、1462人、1146个劳动力。工企业9个，工业总产值4530万元，利税517万元，人均收入6088元。2003年11月，撤销尚锦村，并入莫厘村。

二、消失合并的自然村

上席、中席、下席村 唐代古村落，明代时上席村更为汤家场村、中席村更为翁巷村、下席村消失。

翠峰坞、社下里、殿背后 宋代古村落，清初翠峰坞村并入汤家场村，社下里并入金家河村，殿背后并入殿新村。

吴湾、坊前、馀家湖 明代古村，清中期吴湾更名洪湾，坊前、馀家湖并入席家湖村。

长泾浜、黄濠嘴、陈家塘、太平村 清代古村，长泾浜村已消失，剩遗址。黄濠嘴并入鹅潭头村，陈家塘并入殿前村，太平村并入翁巷村。

第二章 人口 姓氏

莫厘村位于东山镇东北端，为东山古镇的组成部分，早在唐宋时期，东山镇街区尚未形成，境内席家湖头就建有社下里镇，是东山最早的水运码头。唐代著名的洞庭红贡橘从社下里码头下船，扬帆远行运往京城长安。该村为东山最早的古村落之一，其氏族大多来自中原，在宋元时期就有一定的人口规模，形成村庄，在现存较早的明代《震泽编》中，属莫厘行政村的自然村已载有15个。因一般明清县、乡方志对户籍人口的记载只统计到乡镇，尚无对图（村）的记载，故清代以前莫厘村区域户籍人口无法反映。中华人民共和国成立前后，湖湾、岱松、尚锦村的户籍人口资料记载也不详细，本章从1958年开始，较详细地反映了村域人口及姓氏基本情况。

第一节 人口总量

莫厘村人口总量包括民国前户籍人口、1958年以来户籍人口与1953—2015年全国6次人口普查村内人口简况。在村户籍人口表中，1960年前，每5年反映一个人口数据；1990年后，每年记载村人口变化情况。

宋庆历七年（1047），苏舜钦《水月寺记》载：洞庭地占三乡，户率三千。所谓三乡者：姑苏、洞庭、长寿。

明弘治十八年（1505），《震泽编》载：东山设2区、5都（自26都至30都），有7359户、43754人。无具体区、都、里（村）的户籍人口记载。

清康熙二十八年（1689），《具区志》"都图、户口、田赋"载：东山8325户、43342人。有遵礼乡、震泽乡、蔡仙乡、洞庭乡，有26、27、28、29、30五个都，统61个图（村）。现莫厘村所辖湖湾、岱松、尚锦均属27都遵礼乡，有231户、1617人。

清乾隆三十年（1765），《太湖备考》"都图（附地名）"载：东山自26都至30都，统61图，分别属遵礼乡、震泽乡、蔡仙乡。现莫厘村所辖16个自然村均属27都遵礼乡，亦无详细的都图户籍人口记载。

1943年，《乡志类稿》"东山镇保甲户口调查表"载：东山划东街、西街、渡桥、杨湾、席周、潦里、钮王、武山、丰石、蒋含10乡，湖湾属东街乡，96甲，计955户、3346人。其中，男1399人，女1947人。外出经商、做工或帮佣988人，其中，男709人、女279人。岱松、尚锦村属席周乡，68甲、659户、2416人。其中，男1019人、女1397人。外出经商、做工或帮佣581人，其中，男410人、女171人。

表2-1　　　　　　　1960—2017年莫厘村（湖湾、岱松、尚锦）户籍人口表

年份	村（大队）名	户数	人口（人）	其中	
				男（人）	女（人）
1960	新民大队	534	1587	753	834
	和平1大队	309	1232	585	647
1965	新民大队	338	1349	678	671
	岱松大队	197	856	420	436
	和平1大队	382	1362	631	731
1970	新民大队	348	1567	786	781
	岱松大队	206	1004	475	529
	卫东大队	366	1627	769	858
1975	新民大队	338	1648	829	819
	岱松大队	212	1065	505	560
	卫东大队	354	1660	765	895

续表

年 份	村（大队）名	户数	人口（人）	其中	
				男（人）	女（人）
1980	新民大队	314	1856	910	946
	岱松大队	213	1139	545	594
	卫东大队	330	1758	829	929
1985	湖湾村	555	1924	949	975
	岱松村	336	1196	569	627
	尚锦村	492	1784	844	940
1990	湖湾村	570	1883	919	964
	岱松村	392	1229	590	639
	尚锦村	476	1738	836	902
1991	湖湾村	530	1896	924	972
	岱松村	391	1224	591	633
	尚锦村	476	1738	836	902
1992	湖湾村	527	1888	919	969
	岱松村	390	1215	586	629
	尚锦村	476	1712	818	894
1993	湖湾村	526	1755	841	914
	岱松村	394	1188	569	619
	尚锦村	478	1707	814	893
1994	湖湾村	526	1763	847	916
	岱松村	394	1171	556	615
	尚锦村	481	1687	799	888
1995	湖湾村	532	1742	833	909
	岱松村	389	1155	547	608
	尚锦村	481	1654	764	890
1996	湖湾村	590	1744	833	911
	岱松村	388	1127	531	596
	尚锦村	507	1628	743	885
1997	湖湾村	547	1733	825	908
	岱松村	382	1118	525	593
	尚锦村	465	1611	733	878
1998	湖湾村	571	1717	815	902
	岱松村	384	1099	517	582
	尚锦村	468	1591	722	869

续表

年　份	村（大队）名	户数	人口（人）	其中	
				男（人）	女（人）
1999	湖湾村	600	1686	797	889
	岱松村	382	1075	502	573
	尚锦村	471	1558	703	855
2000	湖湾村	598	1653	779	874
	岱松村	377	1048	486	562
	尚锦村	472	1515	688	827
2001	湖湾村	595	1641	770	871
	岱松村	378	1051	487	564
	尚锦村	470	1517	688	829
2002	湖湾村	592	1652	780	872
	岱松村	372	1040	481	559
	尚锦村	471	1517	689	828
2003	莫厘村	1471	4055	1962	2093
2004	莫厘村	1497	4093	1981	2112
2005	莫厘村	1497	4149	2007	2142
2006	莫厘村	1505	4180	2055	2175
2007	莫厘村	1517	4287	2084	2203
2008	莫厘村	1513	4328	2101	2227
2009	莫厘村	1520	4356	2121	2235
2010	莫厘村	1523	4438	2171	2267
2011	莫厘村	1526	4485	2193	2292
2012	莫厘村	1526	4569	2236	2333
2013	莫厘村	1530	4614	2256	2358
2014	莫厘村	1536	4648	2272	2376
2015	莫厘村	1548	4823	2334	2489
2016	莫厘村	1543	4854	2349	2505
2017	莫厘村	1548	4823	2363	2460

根据上述人口统计数据显示：

1960—1965年，新民大队6年减少238人，和平1大队6年增加130人（因生产小队重新划分归属之故，各大队人口有较大增减）。

1966—1970年，新民大队5年增加218人，岱松大队5年增加148人，卫东大队5年增加265人（因生产小队重新划分归属之故，各大队人口有较大增减）。

1971—1975年，新民大队5年增加81人，岱松大队5年增加61人，卫东大队5年增加 33 人。

1976—1980 年，新民大队 5 年增加 208 人，岱松大队 5 年增加 74 人，卫东大队 5 年增加 98 人。

1981—1985 年，湖湾大队（湖湾村）5 年增加 68 人，岱松大队（岱松村）5 年增加 57 人，尚锦大队（尚锦村）5 年增加 26 人。

1986—1990 年，湖湾村 5 年减少 41 人，岱松村 5 年增加 33 人，尚锦村 5 年减少 46 人。

1991—1995 年，湖湾村 5 年减少 141 人，岱松村 5 年减少 74 人，尚锦村 5 年减少 84 人。

1996—2000 年，湖湾村 5 年减少 89 人，岱松村 5 年减少 107 人，尚锦村 5 年减少 139 人。

2001—2010 年，莫厘村 10 年增加 220 人。

2011—2017 年，莫厘村 7 年增加 338 人。

中华人民共和国成立后，湖湾村、岱松村、尚锦村及三村合并后的莫厘村，经全国性 6 次人口普查，资料显示，人口性别比例各有不同，其中女性均略高于男性。

表 2-2　　　　湖湾村（新民、湖湾大队）全国 5 次人口普查情况表

普查年次	总户数（户）	登记总人口				
		男（人）	比率（%）	女（人）	比率（%）	合计（人）
1953 年第一次普查	—					
1964 年第二次普查	336	683	49.9	687	50.1	1370
1982 年第三次普查	565	930	48.9	972	51.1	1902
1990 年第四次普查	570	919	48.8	964	51.2	1883
2000 年第五次普查	598	779	47.1	874	52.9	1653

表 2-3　　　　岱松村（岱松大队）全国 5 次人口普查情况表

普查年次	总户数	登记总人口				
		男（人）	比率（%）	女（人）	比率（%）	合计（人）
1953 年第一次普查	—					
1964 年第二次普查	197	432	49.1	447	50.9	879
1982 年第三次普查	341	563	47.8	616	52.2	1179
1990 年第四次普查	392	590	48.1	639	51.9	1229
2000 年第五次普查	377	486	46.4	562	53.6	1048

表 2-4　　　　尚锦村（和平 1 大队、卫东大队）全国 5 次人口普查情况表

普查年次	总户数	登记总人口				
		男（人）	比率（%）	女（人）	比率（%）	合计（人）
1953 年第一次普查	—					
1964 年第二次普查	382	652	46.3	755	53.7	1407
1982 年第三次普查	496	824	46.8	938	53.2	1762
1990 年第四次普查	476	836	48.1	902	51.9	1738
2000 年第五次普查	472	688	45.4	827	54.1	1515

表 2-5　　　　　　　　　　莫厘村全国第六次人口普查情况表

普查年次	总户数	登记总人口				
		男（人）	比率（%）	女（人）	比率（%）	合计（人）
2010	1523	2171	48.9	2267	51.1	4438

第二节　人口变动

明清时，莫厘村域内男性青壮年50%以上外出经商，为"钻天洞庭"商人集团的主要成员，他们外出经商后，由于多种因素举家迁居外邑较多。民国初，村中男性赴沪从事金融业或跑单帮（经商），女性外出帮佣（当保姆）的人，约占村中人口的60%，人口流动量较大。中华人民共和国成立后，湖湾、岱松、尚锦三个村，1960—1990年，30年中增加2031人，人口增长将近一倍。2000年后，村中人口变动较大，外地女青年嫁入，村中80%以上的男女青年大学本科及大中专院校毕业后，留在苏沪宁等大中城市工作，户籍也随之迁往外地。

一、自然增长

1964年，新民大队336户，1370人，当年出生30人，死亡6人，自然增长24人。岱松大队197户，879人，当年出生22人，死亡1人，自然增长21人。和平1大队382户，1407人，当年出生44人，死亡1人，自然增长43人。

1970年，新民大队348户，1567人，当年出生32人，死亡7人，自然增长25人。岱松大队206户，1004人，当年出生27人，死亡12人，自然增长15人。卫东大队366户，1627人，当年出生29人，死亡10人，自然增长19人。

1975年，新民大队338户，1648人，当年出生34人，死亡10人，自然增长24人。岱松大队212户，1065人，当年出生18人，死亡5人，自然增长13人。卫东大队354户，1660人，当年出生18人，死亡7人，自然增长11人。

1981年，湖湾大队314户，1856人，当年出生37人，死亡9人，自然增长28人。岱松大队213户，1139人，当年出生23人，死亡2人，自然增长21人。尚锦大队330户，1758人，当年出生29人，死亡13人，自然增长16人。

1985年，湖湾村555户，1924人，当年出生37人，死亡9人，自然增长28人。岱松村336户，1196人，当年出生23人，死亡2人，自然增长21人。尚锦村492户，1784人，当年出生29人，死亡13人，自然增长16人。

1989年，湖湾村552户，1947人，当年出生23人，死亡11人，自然增长12人。岱松村389户，1226人，当年出生20人，死亡8人，自然增长12人。尚锦村481户，1758人，当年出生22人，死亡13人，自然增长9人。

1995年，湖湾村532户，1742人，当年出生19人，死亡12人，自然增长7人。岱松村389户，1155人，当年出生21人，死亡12人，自然增长9人。尚锦村481户，1654人，当年出生24人，死亡16人，自然增长8人。

2000年，湖湾村598户，1653人，当年出生15人，死亡22人，自然减少7人。岱松村377户，1048人，当年出生12人，死亡15人，自然减少3人。尚锦村472户，1515人，当年出生12人，死亡15人，自然减少3人。

2003年，莫厘村1471户，4055人，当年出生16人，死亡22人，自然减少6人。

2005年，莫厘村1497户，4149人，当年出生20人，死亡46人，自然减少26人。

2010年，莫厘村1523户，4438人，当年出生19人，死亡24人，自然减少5人。

2012年，莫厘村1526户，4569人，当年出生37人，死亡37人，增减人数持平。

2013年，莫厘村1530户，4614人，当年出生35人，死亡36人，自然减少1人。

2014年，莫厘村1536户，4648人，当年出生42人，死亡28人，自然增长14人。

2015年，莫厘村1548户，4823人，当年出生36人，死亡33人，自然增长3人。

2016年，莫厘村1543户，4854人，当年出生44人，死亡40人，自然增加4人。

2017年，莫厘村1548户，4823人，当年出生40人，死亡45人，自然减少5人。

二、人口迁移

莫厘村人口迁移，主要原因是村内男女青年婚嫁变动，在东山镇区域内婚嫁，称移入与移出；跨区域婚嫁称迁入与迁出。村内大中专院校学生入学、青年应征及军人退伍、复员等，称户口变动。

1964年，新民大队迁入2人，迁出5人，岱松大队迁入2人，和平1大队迁入2人。

1969年，新民大队迁入13人，迁出9人，岱松大队迁入25人，迁出13人，卫东大队迁入17人，迁出8人。

1970年，新民大队迁入18人，迁出8人，岱松大队迁入5人，迁出5人，卫东大队迁入3人，迁出11人。

1974年，新民大队迁入11人，迁出3人；移入12人，移出5人。岱松大队迁入1人，迁出3人；移入8人，移出5人。卫东大队迁入3人，迁出2人；移入3人，移出5人。

1981年，湖湾大队迁入12人，迁出3人；移入16人，移出22人。岱松大队迁入8人，迁出1人；移入20人，移出27人。尚锦大队迁入42人，迁出7人；移入18人，移出27人。

1985年，湖湾村迁入2人（省外），迁出3人（省内）；移入19人，移出53人。岱松村迁入1人（省外），迁出1人（省内）；移入16人，移出19人。尚锦村迁入6人（省外3人），迁出5人（省外4人）；移入14人，移出25人。

1988年，湖湾村迁入4人，迁出1人（省外）；移入23人，移出41人。岱松村迁入1人，迁出1人；移入30人，移出29人。尚锦村迁入11人（省内），迁出8人（省内）；移入11人，移出27人。

1993年，湖湾村迁入10人（省外3人），迁出9人（省外8人）；移入51人，移出87人。岱松村迁入3人（省外2人），迁出7人（省外2人）；移入14人，移出41人。尚锦村迁入3人（省外2人），迁出8人（省外1人）；移入12人，移出17人。

1997年，湖湾村迁入16人（省外12人），迁出14人（省外2人）；移入48人，移出62人。岱松村迁入6人（省外3人），迁出18人（省外4人）；移入25人，移出43人。尚锦村迁入11人（省外4人），迁出32人（省外19人）；移入21人，移出35人。

2000年，湖湾村迁入13人（省外5人），迁出19人（省外12人）；移入32人，移出41人。岱松村迁入11人（省外5人），迁出16人（省外5人）；移入22人，移出25人。尚锦村迁入9人（省外7人），迁出6人（省外5人）；移入18人，移出32人。

2003年，莫厘村迁入8人（省外3人），迁出23人（省内）；移入81人，移出70人。

2007年，莫厘村迁入37人（省外25人），迁出11人（省外）；移入69人，移出36人。

2010年，莫厘村迁入9人（省外5人），迁出4人（省外3人）；移入88人，移出13人。

2015年，莫厘村迁入27人（省外7人），迁出20人（省外15人）；移入175人，移出10人。

2017年，莫厘村迁入27人（省外7人），迁出9人（省外4人）；移入34人，移出22人。

第三节　人口构成

一、姓氏

2017年年底，莫厘村99.99%是汉族，因婚嫁迁入莫厘村的彝族1人。2017年12月，莫厘村常住户籍姓氏统计，全村共有姓氏118个，100人以上姓氏17个（周、张、杨、夏、汤、王、徐、钱、宋、费、朱、滕、陈、沈、赵、吴、李），其中，周姓527人、张姓366人、杨姓349人、夏姓311人、汤姓232人、王姓230人、徐姓212人、钱姓199人、宋姓182人、费姓159人、朱姓127人、滕姓125人、陈姓122人、沈姓116人、赵姓115人、吴姓107人、李姓103人。80—99人的姓氏3个，60—79人的姓氏4个，30—59人的姓氏4个，20—29人的姓氏7个，10—19人的姓氏14个，1—9人的姓氏69个。

表2-6　　　　2017年莫厘村人口姓氏统计表（按姓氏人口多少排列）

姓氏	人数	姓氏	人数	姓氏	人数	姓氏	人数	姓氏	人数
周	527	滕	125	叶	73	丁	23	秦	12
张	366	陈	122	姚	67	关	21	范	11
杨	349	沈	116	孔	41	盛	16	吕	10
夏	311	赵	115	蔡	38	孙	16	曹	10
汤	232	吴	107	俞	38	施	15	查	10
王	230	李	103	陆	33	袁	15	黄	9
徐	212	金	91	潘	29	郑	15	邓	8
钱	199	肖	87	严	27	蒋	14	贾	8
宋	182	刘	81	顾	26	罗	14	邱	8
费	159	庄	78	龚	24	熊	13	唐	8
朱	127	席	78	倪	24	许	12	马	7

姓氏	人数	姓氏	人数	姓氏	人数	姓氏	人数	姓氏	人数
冯	6	葛	3	游	2	于	1	蒙	1
贺	6	韩	3	尹	2	毕	1	宁	1
胡	6	江	3	殷	2	卜	1	虞	1
左	6	姜	3	伊	2	代	1	岳	1
高	5	万	3	余	1	杜	1	章	1
毛	5	梁	3	柏	1	樊	1	祖	1
魏	5	廖	3	崔	1	伏	1	邹	1
薛	5	成	2	戴	1	府	1	云	1
洪	5	冉	2	董	1	戈	1	方	1
程	4	全	2	付	1	宫	1	七	1
何	4	裴	2	黎	1	杭	1	白	1
翁	4	武	2	童	1	鞠	1		
任	3	颜	2	汪	1	孟	1		

二、年龄

2017年12月，莫厘村共有4823人。0—10周岁，340人（男158人，女182人）。11—20周岁，284人（男145人，女139人）。21—30周岁，431人（男198人，女233人）。31—40周岁，703人（男350人，女353人）。41—50周岁，658人（男334人，女324人）。51—60周岁，845人（男420人，女425人）。61—70周岁，962人（男459人，女503人）。71—80周岁，372人（男131人，女241人）。80—89周岁，166人（男75人，女122人）。90—99周岁，30人（男3人，女27人）。100周岁以上1人（女）。

上述人口年龄统计资料显示，莫厘村儿童人数减少，60岁以上老年人人数增多。

三、文化程度

2017年12月，莫厘村人口4823人，学龄前儿童409人，占8%；小学文化程度1708人，占35.1%；初中文化程度1589人，占35.4%；高中文化程度330人，占7%；中专文化程度379人，占8%；大专文化程度196人，占4%；本科文化程度104人，占2%；另有研究生文化程度1人；60周岁以上的半文盲107人，占1.5%。

四、劳动力

1950—1970年，新民大队、岱松大队、和平1大队男女劳动力主要集中在农业生产方面，很少涉及其他职业。1970年以后，随着社办企业的兴起和发展，劳动力构成发生了变化。

1960年，新民大队农业人口1587人，劳动力627个，其中，男劳动力253人，女劳动力374人。和平1大队农业人口1232人，劳动力382个，其中，男劳动力187人，女劳动力195人。两个生产大队（岱松未从新民分出）1009个劳动力，全部集中在农田、蚕桑、花果生产上。

1970年，新民大队348户，1567人，劳动力1069个，其中，男劳动力550人，女劳动力519人。岱松大队206户，1004人，劳动力653个，其中，男劳动力332人，女劳动力321人。卫东大队366户，1627人，劳动力1138个，其中，男劳动力539人，女劳动力599人。三个村合计2860个劳动力，主要经营农田、花果、蚕桑。

1980年，湖湾大队314户，1856人，劳动力1299个，其中，男劳动力637人，女劳动力662人。岱松大队213户，1139人，劳动力797个，其中，男劳动力381人，女劳动力416人。尚锦大队330户，1758人，劳动力1231个，其中，男劳动力579人，女劳动力652人。三个村合计3327个劳动力，从事农业生产2495人，占74.9%；务工832人，占25.1%。

1990年，湖湾村570户，人口1883人，劳动力1318个，其中，男劳动力597人，女劳动力721人。岱松村392户，1229人，劳动力860个，其中，男劳动力383人，女劳动力477人。尚锦村476户，1738人，劳动力1216个，其中，男劳动力585人，女劳动力631人。三个村3394个劳动力中，从事农业生产1697人，占50%；进镇办工业务工1255人，占37%；从事建筑、运输、商业等442人，占13%。

2010年，莫厘村1526户，4569人，劳动力2926个，其中，男劳动力1453人，女劳动力1473人。从事农业生产1024人，占35%；务工994人，占34%；从事建筑、运输、商业等908人，占31%。

2017年，莫厘村1548户，4823人，劳动力2924个，其中，男劳动力1417人，女劳动力1507人。从事农业生产735人，占25%；务工966人，占33%；从事建筑、运输、商业等1224人，占42%。

第四节　高龄人口

1999—2017年，莫厘村出百岁老人2名。2017年12月，村中90—99周岁老人有30人，80—89周岁老人有166人。

表2-7　　　　　　　　2017年12月莫厘村90周岁以上健在老人简表

姓名	性别	出生年月	住址	姓名	性别	出生年月	住址
杨福娣	女	1918.2	湖湾10组	夏德明	男	1922.9	尚锦4组
夏引娣	女	1919.10	岱松4组	陈秀英	女	1923.10	湖湾7组
费兰宝	女	1920.12	尚锦7组	周巧云	女	1923.9	岱松1组
许安宝	女	1921.7	湖湾4组	徐引娣	女	1923.9	尚锦8组
钱凤珠	女	1921.7	尚锦1组	席阿三	女	1924.8	岱松5组
邱云娥	女	1921.8	岱松4组	叶巧仙	女	1925.4	湖湾8组
盛福宝	女	1921.10	岱松11组	庄巧宝	女	1925.8	尚锦3组
张云珍	女	1922.1	湖湾2组	庄福仙	女	1925.12	岱松11组
吴才金	女	1922.5	湖湾2组	陈招才	女	1925.12	湖湾5组

续表

姓名	性别	出生年月	住址	姓名	性别	出生年月	住址
叶秋英	女	1926.2	湖湾5组	夏洪生	男	1927.3	尚锦7组
张全凤	女	1926.3	尚锦5组	姚全娟	女	1927.4	尚锦5组
叶富珍	女	1926.8	岱松10组	夏招娣	女	1927.5	岱松8组
汤引娣	女	1926.10	湖湾14组	周云珠	女	1927.8	岱松1组
邱根仙	女	1926.10	湖湾5组	蔡惠珍	女	1927.9	湖湾1组
张雪娣	女	1926.11	尚锦4组	陈正千	男	1927.12	尚锦7组

表2-8　　2017年12月莫厘村80—89周岁健在老人简表

姓名	性别	出生年月	住址	姓名	性别	出生年月	住址
金雨龙	男	1928.1	湖湾3组	周金凤	女	1930.6	岱松13组
汤连元	男	1928.3	湖湾13组	许云珠	女	1930.6	湖湾5组
王兰青	女	1928.3	湖湾10组	毛大媛	女	1930.7	岱松5组
滕福仙	女	1928.5	岱松12组	袁礼珍	女	1930.8	尚锦8组
费泉宝	女	1928.5	尚锦6组	杨玉英	女	1930.11	湖湾5组
费秀英	女	1928.6	尚锦3组	汤全根	男	1930.11	湖湾13组
周荣发	男	1928.6	岱松13组	费泉云	女	1930.12	尚锦6组
盛巧仙	女	1928.6	湖湾16组	庄和福	男	1931.1	岱松11组
许仁云	女	1928.9	岱松3组	滕根林	男	1931.1	岱松11组
周兴仁	男	1928.12	尚锦1组	夏兰云	女	1931.1	尚锦9组
徐培英	女	1928.12	尚锦9组	徐仁仙	女	1931.4	岱松3组
梁秀珍	女	1929.1	湖湾12组	钱惠芳	女	1931.4	尚锦1组
蒋招娣	女	1929.3	岱松2组	张元福	男	1931.7	湖湾7组
王来香	女	1929.4	湖湾4组	蔡家珍	女	1931.8	湖湾11组
汤惠珍	女	1929.6	湖湾15组	张巧林	男	1931.9	湖湾8组
汤阿桂	女	1929.8	岱松8组	周招宝	女	1931.9	尚锦4组
费补根	男	1929.8	尚锦7组	徐洪斌	男	1931.9	尚锦2组
孔福珠	女	1929.8	湖湾6组	夏胜甫	男	1931.11	尚锦4组
周招云	女	1929.9	尚锦4组	刘运荪	男	1931.11	尚锦7组
赵月珍	女	1929.11	尚锦10组	王顺兴	男	1931.12	湖湾1组
周桂宝	女	1930.1	尚锦8组	李瑞仙	女	1932.1	尚锦3组
戴凤珍	女	1930.2	岱松9组	周伯生	男	1932.1	尚锦11组
杨惠英	女	1930.2	湖湾13组	赵红宝	男	1932.1	尚锦4组
夏加生	男	1930.3	尚锦10组	周利娟	女	1932.1	尚锦1组
周新宝	女	1930.5	尚锦7组	周巧珍	女	1932.1	湖湾11组

续表

姓名	性别	出生年月	住址	姓名	性别	出生年月	住址
吴惠娥	女	1932.3	尚锦10组	刘凤仙	女	1934.5	尚锦11组
杨福娟	女	1932.3	尚锦8组	沈仙英	女	1934.5	湖湾4组
滕金娣	女	1932.3	岱松11组	周全根	男	1934.6	岱松13组
费珍男	男	1932.4	尚锦7组	潘阿福	女	1934.8	岱松8组
陆阿仙	女	1932.5	湖湾13组	费金云	女	1934.8	尚锦9组
邢觉仁	女	1932.7	尚锦3组	汤根娣	女	1934.9	湖湾1组
丁福男	男	1932.8	湖湾3组	袁平甫	男	1934.9	湖湾1组
周根福	男	1932.8	尚锦7组	徐培林	男	1934.11	尚锦1组
夏秋娣	女	1932.8	尚锦6组	俞国英	男	1934.11	湖湾16组
沈巧全	男	1932.8	湖湾16组	杨惠英	女	1934.11	岱松4组
庄全宝	男	1932.9	岱松9组	滕兴林	男	1934.11	岱松10组
周文英	女	1932.9	尚锦8组	张庆云	女	1934.12	湖湾8组
周爱珍	女	1932.11	尚锦7组	郑仁宝	女	1935.2	岱松11组
夏雪君	女	1932.11	岱松11组	邱阿如	女	1935.2	岱松11组
王云珠	女	1932.12	湖湾2组	宋本全	男	1935.4	岱松11组
周勤生	男	1933.1	尚锦6组	张月英	女	1935.6	尚锦5组
宋洪兴	男	1933.1	岱松9组	周福宝	女	1935.6	岱松4组
徐进生	男	1933.2	湖湾12组	周巧林	男	1935.7	尚锦11组
赵兴森	男	1933.3	湖湾7组	费云宝	女	1935.7	尚锦7组
王惠娣	女	1933.3	湖湾16组	杨洪男	男	1935.7	尚锦5组
毛秀巾	女	1933.5	尚锦10组	王绍兰	男	1935.7	湖湾13组
陈秋娣	女	1933.9	岱松10组	杨宝林	男	1935.8	岱松2组
杨福宝	女	1933.11	湖湾1组	姚福娣	女	1935.8	湖湾4组
沈美珍	女	1933.12	湖湾3组	张则范	男	1935.9	尚锦6组
马巧云	女	1933.12	尚锦7组	朱雪荣	男	1935.9	湖湾14组
肖裕兴	男	1934.1	岱松13组	费财仙	女	1935.9	尚锦6组
李福宝	女	1934.1	尚锦9组	席永德	男	1935.11	湖湾3组
钱补泉	男	1934.1	尚锦1组	夏招云	女	1935.11	湖湾8组
赵凤娣	女	1934.2	尚锦11组	沈仁全	男	1935.12	湖湾16组
赵敏利	女	1934.2	尚锦3组	沈兰英	女	1935.12	尚锦8组
钱德珍	女	1934.3	岱松9组	庄黑男	男	1936.1	岱松2组
张巧根	男	1934.3	湖湾4组	金福全	男	1936.1	尚锦9组
周福仙	女	1934.4	岱松8组	杨祖英	男	1936.1	岱松7组

续表

姓名	性别	出生年月	住址	姓名	性别	出生年月	住址
盛彩仙	女	1936.1	岱松12组	张补根	男	1936.11	湖湾2组
张乐君	男	1936.1	尚锦5组	汤林娣	女	1936.11	尚锦5组
周云珍	女	1936.1	岱松4组	徐丽娟	女	1936.11	岱松7组
邱爱英	女	1936.1	岱松13组	陈佩宝	女	1936.11	尚锦7组
周连才	男	1936.2	尚锦6组	朱阿洪	男	1936.11	湖湾14组
肖裕生	男	1936.2	岱松13组	沈福宝	男	1936.12	岱松7组
费爱宝	女	1936.2	尚锦6组	周洪庆	男	1936.12	尚锦6组
许福娣	女	1936.2	湖湾2组	李春宝	男	1936.12	湖湾10组
张飞熊	男	1936.2	尚锦5组	周秀英	女	1937.1	岱松9组
李星云	女	1936.2	尚锦6组	王仁林	男	1937.1	湖湾6组
周法生	男	1936.2	岱松5组	金彩和	女	1937.1	湖湾13组
邱伟萍	女	1936.3	湖湾1组	倪洪根	男	1937.2	湖湾14组
周兰兴	男	1936.3	尚锦8组	李利娟	女	1937.3	湖湾3组
张巧龙	男	1936.3	湖湾4组	叶根凤	女	1937.3	尚锦5组
周惠仁	男	1936.3	尚锦7组	周凤英	女	1937.4	湖湾8组
夏森根	男	1936.3	尚锦8组	李彩仙	女	1937.6	尚锦6组
汤秀英	女	1936.4	湖湾14组	张卫珍	女	1937.6	湖湾15组
夏仁根	男	1936.5	尚锦4组	顾珠凤	女	1937.8	湖湾5组
张兴娣	女	1936.5	尚锦7组	夏祖兴	男	1937.8	尚锦4组
罗桂兴	男	1936.6	湖湾3组	周招娣	女	1937.8	湖湾5组
肖裕芳	男	1936.8	岱松4组	夏德元	男	1937.11	尚锦3组
宋阿荣	男	1936.8	岱松10组	夏根娣	女	1937.11	尚锦4组
石彩珍	女	1936.9	湖湾1组	范金妹	女	1937.11	湖湾7组
赵补根	男	1936.9	湖湾3组	席叙妹	女	1937.12	湖湾9组
张秀宝	女	1936.11	湖湾6组	金小毛	女	1937.12	岱松6组

第三章　古民居

莫厘村古民居主要集中在翁巷、鹅潭头、汤家场、建新、金家河等自然村，这些村落均始于唐宋，明代形成村庄，坐落在太湖北面的湖湾中，历史上翁巷、鹅潭头、汤家场、建新、金家河已连成一片。这五个古村落，2011年起，统称翁巷村，是太湖风景名胜区——东山景区的重要组成部分，2013年，翁巷村被列为第二批"中国传统村落"。

2007—2008年，第三次全国文物普查统计，翁巷村有古民居34处，其中，明代2处，清代28处、民国4处，面积1.9万平方米。在这些古建筑中，有全国重点文物保护单位1处：凝德堂。省级文物保护单位1处：瑞霭堂。市级文物保护单位4处：松风馆、修德堂、尊德堂、启园。市控制保护建筑7处：同德堂、务本堂、乐志堂、容春堂、古香堂、景德堂、容德堂。2008年，第三次全国文物普查新发现古建筑6处，传统面貌保护较好的老宅13处。

此外，殿前、岱心湾、尚锦、周湾等自然村，保存有慎馀堂、瑞凝堂、松寿堂、裕德堂、传经堂、周宅、费宅、张宅、席宅、庞宅等古民居。

第一节 全国重点文物保护单位

凝德堂 明代建筑，位于翁巷花园弄东侧，建新村25号，占地面积788.2平方米，砖木结构，墙体属柱墙结构，屋顶小青瓦，建筑面积485平方米。2006年5月，凝德堂被公布为第6批全国重点文物保护单位。

凝德堂是明代末年吴有性祖上所建。吴氏为东山望族，迁山时间可追溯到春秋末年时的吴延陵季子之孙吴濮婪。吴濮婪六十六世孙吴有性（1587—1675），字又可，东山翁巷村人。17世纪著名瘟疫病医治专家，《温疫论》一书作者。吴有性的《温疫论》在翁巷村"淡淡斋"著成。凝德堂保存完好门屋五间，当年即为吴氏药铺。大门前东西两座圈门，当时几乎日夜开门，方便问医求药者前往。

该宅坐北朝南，临巷而建。平面布局呈长方形，全宅共三路四进，中轴线上依次为门屋、仪门、大厅、后楼（已毁）。左路设有书楼、客房。右路筑有备弄、花厅、花园，园内保存有一株树龄约500年的银杏树及小潭，门屋西侧保存有一座明代古圈门。各路建筑均以墙垣分隔成相对独立的院落，院落空间以铺石板形式划为进出空间。整座建筑布局合理，功能明晰，门屋为诊病行医的铺面，明末吴氏开设过药店。大厅是主人婚丧大事及接待宾客的场所，后楼属生活起居用房，左右两路是读书休闲之所。

门屋五间，附有耳房，前后带廊。仪门位于门屋与大厅之间，实为院门。两边做有细砖院墙分隔前后。山面加博风装饰。门柱下置枕石一对，制作精美，称为"福寿墙门"。柱间复以木枋，架斗六升三垛，柱身前后用斜撑支托出挑檐，称"雀宿檐"。木件制作精巧，有木雕装饰。大厅面阔三间，前后带廊，东西两面各有小楼一座。内部梁柱之间多有大斗连接，做有海棠曲线，保持宋代遗风。檐柱为抹角柱，柱础为青石提灯础。大梁五架，作月梁形式，两端下部置梁垫，由柱身挑出棹木。

宅内有88幅彩绘，保存基本完好，主要分布在大厅、仪门、门屋3座建筑的木构架表面，其中，大厅梁架上61幅，仪门梁架上18幅，门屋梁架上9幅。彩绘的工艺采用"下五彩"，形制为"包袱锦"，按梁枋大小、位置不同绘有各式纹样，主体突出，用色明快，是苏南地区现存明代建筑彩画中不可多得的珍贵实物，价值极高。

清早期，东山严氏一房从镇西安仁里搬迁翁巷，很快发迹，吴氏凝德堂约于此时卖给严氏。中华人民共和国成立后，凝德堂住楼、书楼、客房分给附近多房农民居住，门屋、大厅保留作集体财产而没有遭到破坏。1977年，东山启园作为旅游景点对外开放，常有国外友人至启园游览，凝德堂住楼紧靠公路，被认为影响村貌而由住户拆毁，全部翻建新宅。作为村中公益之用的凝德堂大厅、门屋、仪门则得以保存。

第二节　江苏省文物保护单位

瑞霭堂　明代建筑，位于翁巷殿新村20号，占地面积679.9平方米，砖木结构，墙体属柱墙结构，屋顶小青瓦，建筑面积439.5平方米。1982年，被列为江苏省文物保护单位。

瑞霭堂主人名席永年，东山席氏第三十一代孙。席家世代在上海金融界谋职，只是每年清明或冬至扫墓上坟，才回东山瑞霭堂家中居住。席永年原在上海一家银行谋职，1980年，退休后回东山瑞霭堂居住。2000年，席永年去世后，其子女把瑞霭堂售于苏州宋姓商人。

该宅原有墙门、大厅和住楼三进，分布在同一轴线上，两侧设备弄、厢房，各进之间有天井、库门、风火墙相隔，后逐步拆毁，保存住楼、砖雕门楼与照墙。住楼三间带耳房，进深七椽，前后置轩。楼上屋架收进半架，左右厢房向外延伸，为同类建筑中少有。檐柱呈小八角形，柱础为青石八角提灯础。步柱、山柱均圆形，柱础木质，下垫青石。楼中原悬"瑞霭堂"匾额，其字用鹿毛笔所写。屋顶增铺芦席、黏土、木板。

仪门朝南，门楼后一组砖雕精细、逼真，该砖雕与住楼前天井南墙清水砖雕照壁，为瑞霭堂中保存最为完整的艺术珍品，属明代砖雕中的佼佼者。石库门正中匾额为四块方砖，空白无文。石门楣上刻有五鹤图，一群仙鹤在云中展翅，形象生动。左右角各饰一枝垂莲柱，莲花含苞欲放，很是逼真。两边门垛用细砖扁砌，仪门内照墙细砖雕刻，匾额左右雕有松树、灵芝、喜鹊等花鸟图案，上方勒刻凤穿牡丹图案，深镂细刻，图案各不相同。匾额下有砖石横勒一条，刻有鲤鱼跳龙门和笔锭胜天两幅图案。左右塞口墙均以细砖镶贴，飞椽、斗拱等皆为仿木结构。斗拱下和左右角刻有春夏秋冬四季景色，以及荷、虾、蟹、螺、蚌等水生植物与水中小动物，富有生活情趣。门楼两角各饰垂莲柱，左右墙壁均以水磨细砖斜角镶贴。

大楼前筑有一堵高墙，背面为一大型照壁，用水磨细砖镶贴。门楣下以条形细砖交错砌嵌，顶部有缠枝花纹修饰，并按住楼开间划分成三组。砖墙用细砖菱形贴砌，中间墙顶为两落水飞檐出昂斗拱，垫拱板镂空。下面抛方上雕刻鸟兽图案，形象生动，呼之欲出。左右抹角，下面抛方上刻有鸳鸯荷花、笔锭胜等图案，寓意吉祥如意。照壁砖雕运用透雕、浮雕等不同技法，镂刻精细，层次分明。

第三节　苏州市文保单位与控保建筑

一、苏州市文物保护单位

莫厘村有苏州市文物保护位单4处，其中，古民居有修德堂、尊德堂、松风馆3处。

修德堂　又名承志堂，清代建筑，位于翁巷三号桥37号，三茅弄东侧，前为双潭，后为松风馆，东与古香堂相连。占地面积1036.1平方米，两路三进，砖木结构，墙体属柱墙结构，小青瓦屋顶，建筑面积919.7平方米。2014年6月，被公布为苏州市文物保护单位。

该宅原房基为席氏始祖席温墓地。《洞庭席氏支谱》载："始祖席温卒，葬中席（即后来的翁巷村），其墓广可数十亩，旁辽阔空旷，有池曰双潭，为茔墓之照。"双潭尚存，墓地在明清时已建起多幢宅第，修德堂为其中一幢，为清代严氏所建。

翁巷修德堂严宅

修德堂原规模宏大，有中、西、东三路建筑，现仅存中线和东线两路房屋。中路依次有门屋、大厅、住楼、后楼；东路有花厅、书楼、住楼和附房。门屋面阔三间，明间两侧做清水砖垛头，兜肚内浮雕寿字蝙蝠卷云纹，含福寿之意。大厅面阔三间，为内四界前轩后形制。大梁扁作，抬梁式。山界梁背设五七式斗六升牌科，山尖置山雾云，拱端脊檩两侧施抱梁云。住楼面阔三间前后带两厢，二楼梁架圆作，正贴抬梁式，边贴穿斗式，较朴素。宅内有吴海题"慈竹春晖"等门楼。

修德堂最后一代主人名严良弼，字秋圃，清末在李鸿章创办的招商局任职，因而举家迁往上海居住。其子严慎修，字家齐，在上海完成学业后经商，只是每逢清明上坟祭祖时才偶尔回家小住，祖宅托佣人代为管理。在人民公社时期，修德堂一直由新民大队第3生产队作为集体仓库和会场使用，客观上保护了这座古宅。修德堂当代较有影响的后裔有严佩珍（女），上海第一人民医院中医科主任医师、上海医科大学教授，享受国务院特殊津贴。严家辉，上海出入境检验局高级工程师。

尊德堂 清代建筑，位于翁巷汤家场三号桥71号，前为松风馆，后连容春堂，东接天香馆，西依翠峰路。占地面积1034.5平方米，两路四进，砖木结构，墙体属柱墙结构，小青瓦屋顶，建筑面积745.2平方米，2014年6月，被公布为苏州市文物保护单位。

严氏祖传宅第。清代尊德堂严福祖孙三代均中过进士，《六修严氏族谱》载，严明选之子严福，乾隆四十年（1775）进士，授翰林院编修，南书房行走。其长子严荣，乾隆六十年（1795）进士，官浙江杭州知府。严荣生八子，其三子严良训，道光十二年（1832）进士，官河南布政使及巡抚。

该宅原规模较大，中轴线上有门厅、仪门、大厅、住楼、后楼；西路有书楼、花厅、客厅、花园等，仪门上端置有朝廷钦差报考中科第的金榜。保存有门屋、轿厅、大厅、住楼等四进建筑。大厅面阔三间带两厢，进深七椽，内四界后双步结构，大梁架于两步柱之上，梁背置

翁巷尊德堂严宅

二斗，山界梁背设五七式斗六升牌科，上承脊机和脊檩，山尖施山雾云，边贴穿斗式。立柱用沥金布包裹，柱下置覆盆形木鼓墩，属明式建筑风格。住楼面阔四间带两厢。步柱下设圆鼓形青石柱础，花纹精细。住楼前为庭院，宅内有"惟怀永图"及朱士林题"作述相承"门楼，后者有八仙庆寿图、倒骑毛驴的张果老、文王访贤的砖雕，极见功力，为石雕中的珍品。

大厅与住楼之间为天井，中铺花岗石板，两侧为六角形水泥地，前后建筑风格不相称，估计为后来铺筑。轿厅三间，前有落地长窗，较朴素。书楼面阔三间，上下两层，古色古香，属明式建筑风格。书楼东侧下层有一条狭长的小弄，仅一米宽，直通楼后小花园，甚有特色。

松风馆 民国建筑，位于翁巷坪磐东面的三茅弄西侧。建于1918—1922年间，宅内雕刻可与春在楼媲美。占地面积1662.3平方米，两路两进，砖木结构，墙体属柱墙结构，小青瓦屋顶，建筑面积788.7平方米。1986年，被公布为文物保护单位。

松风馆最后一代主人席朴，清末民初画家，善绘花鸟。《吴县志》引《书林新咏》载："席朴，字下山，世居洞庭东山，收藏颇富。工于花鸟，所居曰松风馆。"据说雕花大楼主人金锡之外婆家在翁巷。金常到翁巷看望外婆，发现松风馆面积虽不大，但处处雕梁画栋，颇具特色，故在建造雕花大楼时，有许多地方模仿了松风馆。

该宅为园林别墅，原规模较大，有门屋、大厅、主楼、西住楼、小花园、后园等，保存有主楼与西住楼两座建筑。主楼雕花门窗，造型别致，结构保存完整。楼前正中可通走廊与阳台，走廊前和两侧的顶部挂落雕葡萄、花卉等图案，雕刻精细，制作上乘。二楼房间门窗裙板刻有仙鹤、喜鹊、梅花、迎春花等图案，雕刻精致。楼下左右两边围墙有月洞门、瓶形门、六角窗等不同图形，造型别致，美观大方。松风馆建筑设计新颖，一改东山明清建筑古板与庄重的格局，富含西洋色彩，体现了主人在清末民初亦商亦文的特定身份。西住楼坐西朝东，面阔三间，上下两层，后有厢楼、边房数间，同样处处雕刻精细，有梅、雀等图案，形象生动逼真，同主楼相配。

主楼前面原有一座飞檐翘角的四面厅，厅内梁、柱、门、窗处处雕刻，图案为二十四孝、西厢记、牛郎织女、天仙配等故事。大厅西侧还筑有假山、荷花池等。20世纪50年代，苏州拙政园急须修缮，园林专家发现松风馆主厅内的门窗与之相配，把大批落地长窗移往拙政园。1966年后，松风馆作为新民大队演出革命样板戏的场所。1968年，大厅被拆毁后移作他用。

20世纪80年代，北京电影制片厂在松风馆内搭摄影棚，拍摄过电影《红花传奇》大部分镜头。1985年起，东山镇在松风馆内建办东山农林技术学校，培养了大批专业人才。90年代初，松风馆又多年用作东山基干民兵军事训练的课堂。1995年起，松风馆被附近企业职工和当地农户借住，因长期无人修缮，损坏严重，其中西楼几乎全部坍塌。2005年，松风馆被张家港计姓商人所购，修缮后基本恢复原貌。

二、市控制保护建筑

莫厘村有苏州市控制保护建筑10处，均为古民居。其中7处在翁巷村，1处在殿新村，1处在殿场头，1处在岱心湾。

同德堂 清代建筑，位于翁巷三茅弄东金家河，砖木结构，墙体属柱墙结构，小青瓦屋顶，建筑面积541.5平方米。2005年6月，被公布为苏州市第三批控保建筑。同德堂为翁巷严氏祖传宅第，近现代出了严家生、严隽陶、严家定等多名高级知识分子。

该宅坐北朝南，临街而筑，原有三路建筑，中轴线上有门屋、仪门、大厅、前后住楼、花园等，今存前住楼及庭院。住楼面阔五间带两厢，进深九檩，内四界前轩形制。大梁扁作，抬梁式。山界梁背设五七式斗六升牌科，山尖置山雾云，拱端脊檩两侧施抱梁云。明间前檐柱作四方抹角形，下设青石提灯础。二楼内四界大梁扁作，置五七式斗六升牌科，山尖脊桁设山雾云，正间脊檩施彩绘，甚为古朴。

务本堂 清代建筑，位于翁巷坪磐南，北连坪磐，南至更楼，西接益庆堂，占地面积898.6平方米，砖木结构，墙体属柱墙结构，小青瓦屋顶，建筑面积277.9平方米。2005年6月，被公布为苏州市第三批控保建筑。

务本堂为翁氏祖传宅第，是翁巷古村中仅剩的一座翁姓厅堂。从清中期起，翁氏家族因从政、经商等原因，后裔散居全国各地。近现代，务本堂翁氏出了翁思永、翁思新、翁思再等高级知识分子。

该宅从房屋构架形制及所雕纹饰判断，属清代早期建筑。保存有西向厅及坐北朝南大厅、住屋四进房屋。大门朝东，临街而筑，将军门形式，上有两方精细的砖雕荷花与莲藕，精致古朴。门屋三间，进深七檩，较低矮与简陋，明代风格。原有"克壮诒谋"砖雕门楼，今改"务本守德"四字。

大厅面阔三间，内四界大梁扁作，抬梁式。大梁下设梁垫，置云龙、凤鸟纹棹木，山尖施山雾云，拱端脊檩两侧置抱梁云，明间脊檩施彩绘。正间为长宽各30厘米的小方砖斜纹铺地。大厅用料粗壮，加上檐层较低，给人稳固之感。厅堂中间左右隔樘，正背面贴糊锦布，着色彩，属明式隔樘。住屋三间带两厢。正贴内四界抬梁式，边贴穿斗式，明间脊檩施彩绘。后楼原有三间带两厢，已被拆。务本堂隔街双潭边为翁家老宅湘妃阁，其楼清初建造时仿阁中湘妃楼而筑。

务本堂因年久失修，损坏较大。2000年，苏州季姓商人购买后，落架进行修缮，使之恢复原貌。

乐志堂 清代建筑，位于翁巷坪磐西侧，前为双潭，西边与古香堂相连。占地面积518.1平方米，砖木结构，墙体属柱墙结构，小青瓦屋顶，建筑面积236.3平方米。2005年6月，被公布为苏州市第三批控保建筑。

乐志堂原属刘姓宅第，建于明末，清中期售于翁巷严国桄。近现代乐志堂严氏出了严国桄、严良勋、严家炽等名人。该宅原有左中右三路建筑，保存有中轴线前、后两进住楼。前住楼面阔四间，前后带厢房，二楼内四界大梁扁作，抬梁式。后住楼带两厢，步柱下设青石质覆盆形柱础，二楼内四界大梁扁作，抬梁式。山界梁背设荷叶墩置五七式斗六升牌科，山尖施山雾云，拱端脊檩两侧施抱梁云，楼底厢房前檐下为雀宿檐做法。宅内有"玉晖蕙茂""贻谋燕翼"二门楼。

20世纪60年代，乐志堂办过东山芦簾厂、吴县工业学校。1970年，乐志堂大厅被拆去建造东山新百货公司，住楼租给村民居住。2017年年底，前后楼空置，屋面多处漏雨，急需修缮。

容春堂 俗称一百零八间，清代建筑，位于翁巷村北翠峰坞口，南与尊德堂相连。占地面积3511平方米，两路六进，砖木结构，墙体属柱墙结构，小青瓦屋顶，建筑面积2076.4平方米。2005年6月，被公布为苏州市第三批控保建筑。

容春堂位于翁巷村最北面，晚清上海钱业公会会长刘恂如建造。清末，刘恂如在沪从事金融业发迹后，准备在老宅旁建造新楼，苦于没有好地。后来一名风水先生替他相中了村子最北面的一块山地，于是刘出重金买下老宅旁吴氏、汤氏近10亩橘林和桑地，建起这处规模宏大的厅堂。该宅原有三路单体建筑，保存较完整的西围墙长达一百多米，围墙外为翠峰路，是原千年古刹翠峰寺通往山下的主道，山路旁墙边石板下是一条暗溪，淙淙溪水直奔太湖。刘恂如生有九个子女，中华人民共和国成立后，他们在时代的洪流中经受了考验与锻炼，有的成了军队干部，有的是人民教师，还有的有高级职称。

该宅保存有中、西两路建筑，中路主轴线上分布有门屋、大厅、前楼、中楼、后楼；西路以长达百米的备弄为界，有花厅、茶厅、书楼、后花厅。门屋面阔三间，进深七檩。左右两边山墙顶部置屏风式风火墙。大厅规制稍逊，与大门风格不协调。前楼面阔三间带两厢，梁架圆作，较朴素。檐柱下设青石质提灯形柱础。厢房前檐下为雀宿檐做法，美观大方。宅内有"佑启后人""服我先畴""贻谋燕翼"及无字门楼各一。其中一座水磨砖雕门楼下方一青石门楣上所刻凤穿牡丹，纹雕精美。后住楼面阔三间带两厢，梁架圆作，内四界抬梁式，边贴穿斗式。其楼的规制明显胜于前楼和中楼，据说中华人民共和国成立前，后住楼一直为主人居住。前花厅面阔三间，前有庭院，院内植花木。后花厅面阔三间，进深七檩，前后带轩，内四界回顶，为三轩连缀式建筑。前有庭院，内铺平升三级图案，院墙抛枋面以墨笔绘有人物戏文故事与花鸟动物图案。

中华人民共和国成立后，容春堂除少量房屋由刘氏保留外，大部分房子归入公管房屋。1973年，吴县在席家花园（启园）建办吴县晶体管厂，外地工人较多，因该宅离厂区近，房屋面积大，几乎全部辟为职工宿舍。工厂搬迁至苏州后，所住职工也大部分迁到城内，容春堂房屋长期空关，破损严重。2017年起，苏州市文化旅游集团耗巨资进行修缮，古宅将全面恢复原貌。

古香堂 清代建筑，位于翁巷太平村三茅弄二号桥14号，东连乐志堂，西靠修德堂，南临坪磐双潭，占地面积249.2平方米，砖木结构，墙体属柱墙结构，小青瓦屋顶，建筑面积390平方米。2005年6月，被公布为苏州市第三批控保建筑（公布名为"果香堂"）。

清康熙初年，翁澍著《具区志》有古香堂刻本，该宅应属翁氏于清初所建。翁澍，字季霖，翁巷人。博学多才，知名于时。清初昆山名士归庄到东山翁巷访过翁澍宅园，为之撰《湘妃阁记》。

该宅原规模较大，中轴线上有门屋、门厅、大厅、住楼等建筑，东路有备弄、花厅、书厅、花房等房屋，西路有厅堂、前住楼、后住楼等住房。今存有西路后住楼一幢及后门楼。后住楼面阔五间带两厢，二楼内四界大梁扁作，抬梁式。大梁背设荷叶墩置斗承金檩，山界梁背设五七式斗六升牌科承脊檩，山尖脊桁施山雾云，脊檩两侧置抱梁云。明间脊檩施笔锭胜彩绘。后住楼砖雕后门楼古朴，共有三层精致的清水砖雕，并有一大块不规整的照壁，原应为菱形砖壁，估计清后期修缮过，已改成墙面。后门规制小而低矮，结构为简洁的皮条脊，砖刻朴实无华。门楼上边有小巧的照壁，除框柱边饰外，已改为混水做法，照壁下有类似圭脚形式的砖雕一条，花纹分成三级，中间一级较长，两端较短，为折枝灵芝花，砖刻线条深而流畅。

古香堂由翁氏于清末售于同乡沪地商人葛湘生。1966年后，葛氏又把大厅和前住楼卖给翁巷王姓与杨姓村民，都已翻建现代住房。后住楼于2000年售于上海吴姓书画家，其楼已十分陈旧，吴氏购买后，耗巨资进行全面修缮，使古宅恢复原貌。

景德堂 清代建筑，严氏始建，位于翁巷东面建新村，西侧为全国重点文保单位凝德堂。

占地面积532平方米，砖木结构，墙体属柱墙结构，小青瓦屋顶，建筑面积785.2平方米。2005年6月，被公布为苏州市第三批控保建筑。

景德堂原有门厅、大厅、住楼、住房、备弄及花园、附房等，今存有住楼与后住房两进主体建筑，数间附房与花园。住楼面阔五间带两厢。二楼构架为内四界后双步结构，底楼前檐出檐较深，檐下云头挑梓檩做法，下设竹节形斜撑，成雀宿檐形制。东厢房下层有走廊，石库门通边间附房。楼层较为低矮，楼前中间三间置豆腐格矮窗，镶明瓦片。楼左右山墙上各开有一小窗洞，高、宽各50厘米，中置3根菱形小铁柱，两扇小木窗上钉有约3厘米厚的小方砖，整体建筑属明式风格。

住楼前为庭院，照壁高10米。清水砖雕门楼高耸，其砖雕分上下三层，上层砖额空白无字，左右两边各塑有一枝灵芝。中间字牌额题"以德为宝"四字，两侧各有一方精致的清水砖雕，四周雕有双钱、古币等图案。下层刻有两方如意砖雕。落款："乙卯仲春吉日，郑长昕。"郑长昕，字雅三，清代东山人，道光二年（1822）举人，官江西九江同知，颇具政绩，亦有清廉之名。后住屋面阔三间带两厢，进深七檩。内四界前后单步形式。大梁扁作，抬梁式，边贴穿斗式。中间置海棠窗隔落地长窗，木刻精美，有五蝠捧寿等图案。石库门下有一青石门楣，雕有笔锭胜等图案，寓含必定胜天，子孙寒窗苦读，将来能高中状元之意。

该原住楼已破旧，并空置，损坏严重。2011年，上海钟姓商人购置景德堂后，耗巨资修缮，使之基本恢复原貌。

容德堂　清代建筑，位于湖湾村二号桥南面，西侧为省文物保护单位瑞霭堂，东侧为刘氏清代树德堂和席姓白皮松馆。占地面积554.7平方米，砖木结构，墙体属柱墙结构，小青瓦屋顶，建筑面积705.9平方米。2005年6月，被公布为苏州市第三批控保建筑（公布名为"湖湾村二号桥某宅"）。

容德堂为席素铎故居，建于晚清。席素铎，字微三，东山建新人。洞庭席氏三彦公第三十七世裔孙，民国上海著名义商。该宅原有三路建筑，保存东西两路部分房屋，东路依次为门屋、大厅、住楼；西路为前后花厅。门屋面阔三间，构架圆作，穿斗式。大厅面阔三间，进深九檩，内四界后双步形式，大梁扁作，抬梁式。山界梁背设五七式斗六升牌科，上承脊机和脊檩，山尖施山雾云。大厅与住楼间有一座高大的砖雕门楼。住楼面阔五间带两厢，梁架圆作，较朴素。前设轩与两厢前轩相通，形成回廊。花厅前后对称，面阔三间，进深五界，卷篷顶。

容德堂为东山房管所公管房屋，租给附近村民居住。2000年后，房屋长期空关，损坏严重，部分房屋已坍塌。

慎馀堂　又称薛家祠堂，后楼名桐荫别墅，前祠堂，后住楼，民国建筑。位于东街殿背后、殿新村中街路14号。背山临街，西接瑞凝堂，南与宋张师殿毗邻。占地面积1798.8平方米，一路四进，砖木结构，墙体属柱墙结构，小青瓦屋顶，建筑面积1066平方米。2005年6月，被公布为苏州市第三批控保建筑。

《江苏洞庭东山薛氏家祠碑记》载，慎馀堂建于民国十五年（1926），东山漾家桥商人薛浩峰建。清末时，薛氏为上海滩一红帮裁缝，以手艺独佳而发迹。清光绪年间，薛氏50岁时在殿背后购地建薛家祠堂。又在祠堂后建桐荫别墅。

慎馀堂1926年4月落成，建房20间，占地二亩七分九厘六毫，造价2200银圆。中轴线上有门间、门屋、大厅、住楼、后楼（即桐荫别墅）与东侧五间附房。大门面南临街，东西两边各置两扇铁门,过天井为三间门屋,中为入大厅通道,左右两间分别为茶厅与轿间。大厅面阔三间,内四界前轩后双步。内四界大梁扁作,抬梁式。住楼面阔三间带两厢,楼下前廊轩形式,轩施鹤颈椽。大梁圆作,较朴素。二楼前檐下设槛窗,下置木栏杆。明间前与两厢间为天井,天井前照墙高耸,下部设门罩式墙门一座。后楼为桐荫别墅,建筑风格带有西洋色彩,面阔三间带两厢,前有照墙与门楼,后置铁栏杆阳台,可远眺莫厘群峰及翁巷古村。

中华人民共和国成立前夕,慎馀堂一度被金阿三湖匪占领。在宅内吸大烟、嫖娼妓,拷打无辜百姓。中华人民共和国成立后,解放军部队某连战士进驻慎馀堂,帮助湖湾村农民开垦荒山,发展生产。20世纪50年代末,农村成立人民公社,慎馀堂成为附近新民大队办公处。1990年,大队办公室迁出,东山房管所把慎馀堂的门屋、大厅、住楼等房屋隔砌成10多间小屋,租给了14户外来人员居住。2005年,慎馀堂被公布为苏州市控保建筑后,房管所及时搬迁了宅内的全部租住户。2017年年底,房屋长期空关,损坏更为严重,亟待修缮。

殿背后瑞凝堂席宅

瑞凝堂 清代建筑,位于东新街殿场头,张师殿西侧,席氏始建。砖木结构,墙体属柱墙结构,小青瓦屋顶。2005年6月,被公布为苏州市第三批控保建筑。

瑞凝堂建于清咸丰年间,主人席福田原居于翁巷瑞霭堂,在沪从事金融业,经营钱庄发迹,在老宅旁向翁家又买了几亩地,扩建了瑞凝堂,以供席氏大家族居住。

该宅原有门屋、轿厅、花厅、大厅、东西住楼、客房、柴房、灶间、花园等五进建筑。今存有前进门屋、中进大厅、第三进东、西两幢住楼,后进10多间客房及西侧长达50多米的备弄。东住楼面阔五间带两厢,左右厢房上下两间。东住楼正贴构架大梁扁作,抬梁式,边贴圆作穿斗式。两厢前檐下做雀宿檐,楼上层前沿下置挂落,下层前面全部配木格落地长窗。住楼前水磨青砖门楼高大。天井四周置花岗石阶沿,地面铺花岗石板。西住楼与东楼并排而建,规制稍逊,面阔三间带两厢。梁架圆作,正贴抬梁式,边贴穿斗式,较朴素。西住楼前"长发其祥"门楼较东门楼古朴,天井中青石板铺地。东、西住楼下层中间有平门,平门后置石库门,置棚轩。

客房前置走廊,东通备弄,西至花园。房后原还有灶间、柴房、佣人屋等附房,已被拆。东边围墙高达10米,甚为古朴,应属明代始建时旧墙。高墙内即为备弄,外为东山旧时极为热闹的殿弄堂。殿前是东山明清时期镇东的经济文化中心。瑞凝堂原厅堂宽敞,俗称大礼堂。中华人民共和国成立初期,该堂地处闹市,东山镇一些规模较大的会议均在瑞凝堂大厅中召开。

瑞凝堂为东山房管所公管房屋,有多户居民租住。因年久失修,房屋损坏严重,急需修缮。

岱松裕德堂 清代建筑，位于岱心湾南巷北侧，刘氏始建，占地面积1200平方米，砖木结构，墙体属柱墙结构，小青瓦屋顶，建筑面积720平方米。2005年6月，被公布为苏州市第三批控保建筑。

该宅现存有门屋、大厅、住楼三进建筑，间以庭院、天井相隔。门屋面阔三间，进深五檩，大门将军门形式。大厅面阔三间，进深七檩。内四界大梁扁作，抬梁式。山界梁背设斗六升牌科，山尖施山雾云。前檐柱下设提灯形青石鼓墩，前后步柱下设圆鼓形花岗石柱础。明间与两厢前檐柱下设提灯形青石础，前后步柱及次间山墙柱下均设扁鼓形木鼓墩。二楼梁架为内四界前后单步形式，明间檐柱立于底楼双步承重之上，山尖设山雾云，脊檩施彩绘，仍较清晰，绘有各种吉祥图案。梁柱用料粗壮，上部稍细，下部稍粗，极为稳固。柱头有覆盆形卷杀，线条柔和。金柱圆作，下垫覆盆形木鼓墩，作退步造法，较有特点。

裕德堂年久失修，长期无人居住及修缮，损坏极其严重。2017年年底，门屋大部已坍塌，大厅局部已毁，住楼坍塌大半，院墙上部残缺，如不及时抢修，古宅将不复存在。

第四节 第三次全国文物普查新发现文物点

2007—2008年，第三次全国文物普查中，东山镇新发现文物点60余处，其中，莫厘村发现较有价值的古民居7处，苏州市文物局公布为"三普"新发现文物点13处。

树德堂 清代建筑，刘氏始建，位于金家河金牛岭南，东山宾馆西，湖湾路（环山公路）70号，与席氏白皮松馆相连。占地面积1556.9平方米，一路五进，砖木结构，墙体属柱墙结构，小青瓦屋顶，建筑面积2312.7平方米。2010年，苏州市文物局公布为第三次全国文物普查新发现文物点。

树德堂规模较大，保存完好，有门屋、轿厅、大厅、前后住楼等五进建筑。

门厅面阔五间，进深六界，前有照壁。门厅后为天井，左右两边建有边廊，西侧走廊西墙开有圈门，通宅外。轿厅面阔五间，进深六界，内四界前后单步形式，内四界大梁正贴扁作，抬梁式，边贴穿斗式。东侧置备弄，筑有一花瓶门，通东边花园。大厅面阔五间，进深九檩，前廊后轩带两厢，中间后置穿堂，筑有石库门及高约10米的风火墙。厅前船篷轩扁梁上雕有花卉、人物图案。正梁山尖雕有山雾云。大厅东边为轿厅，西边两间用砖墙隔断，旧称账房间，亦称礼间，凡主人家有婚丧大事，来宾落轿后，即至隔壁送礼，然后进入大厅向主人家贺喜或吊言。

前住楼面阔五间带两厢，副檐做法。用料粗壮，规制宏大，属明代或清早期建筑。楼前有天井与门楼，中间水磨砖砌字额空白无文，下花岗石门楣上有笔锭胜浮雕，正中雕有一方"寿"字，较为古朴。后住楼规制稍逊，面阔五间带两厢，进深六檩，二楼构架为内四界前廊形式。两幢住楼上下均有厢房相连，走马楼形制。东侧书楼，面阔三间，前廊后轩，西侧厢房内置楼梯，东侧为"之"字形走廊，四周围以高墙，南面开有大门，通大厅旁的备弄，既可独立成一宅院，又与主宅相通。

中华人民共和国成立初，树德堂近处的启园（席家花园）先后为江苏省与苏州地区干部疗养院，树德堂与白皮松馆房屋均辟作疗养院附房，为疗养人员的住房及放映电影的娱乐场所。20世纪70年代，启园辟为吴县晶体管厂，该宅又成为工厂集体宿舍，门窗、墙壁遭到很大破坏，但梁柱及屋面等主体结构未损。2000年，上海许姓商人购置树德堂后，耗巨资修缮三年多，基本恢复原貌。

殿新村建德堂席宅

建德堂 清代建筑，翁氏始建，清末售严氏，1993年售席姓。位于花园弄西，黄濠嘴北面，殿新村81号，南为勤和堂，北靠老墙门（翁少山故居），东连锡庆堂，西靠灵甫轩。占地面积834.9平方米，一层，一路两进，砖木结构，墙体属柱墙结构，小青瓦屋顶，建筑面积362.1平方米。2010年，苏州市文物局公布为第三次全国文物普查新发现文物点。

建德堂为严徵禄清代早期购翁氏旧宅建造。严徵禄，字书宾，江西吉安府县丞。精琴棋书画，喜交友。同治十三年（1874），严徵禄母亲去世后回建德堂守孝，再未入仕。其裔孙严孝修，高级经济师，享受国务院特殊津贴。严隽钰，国家电力公司南京自动化股份有限公司副总工程师，教授级高级工程师，南京理工大学兼职教授、研究生导师。

该宅保存门屋、住屋两进建筑。门屋坐北朝南，面朝长生街，面阔三间，进深四界，大梁圆作，穿斗式。东端为大门间，门上有钉，将军门形式。入仪门为一狭长天井，南侧为两间轿厅，北面为石库门，宽约1.5米，但门槛下青石阶沿宽达三米，显然是清代扩建时改建的。石库门上方有砖雕"聿怀□福"四个大字，较古朴。下为一青石门楣，中镌笔锭高升，旁雕内方外圆的一对如意，其门额估计属明代所建。

住屋面阔五间带前后厢，内四界前后单步形式，构架圆作，穿斗式，下为覆盆形花岗石柱础。正间落地长窗上部置豆腐块小方格，镶明瓦，下部为木质裙板，较朴素。前天井砖雕门楼，门额镌"厚德载福"四字。住屋后西面为花房，东面建有花坛，后为后住房与花园。该宅大厅、花厅等建筑，60年代属公管房屋，租给附近多家农户居住。后落实房屋政策，全部退归还给了严氏。其后裔全部搬迁至南京与苏州生活，房屋空关无人居住，1998年，大厅全部坍塌。住屋于1993年售于席氏，得以修缮保护。

益庆堂 清代建筑，翁氏始建，清末售施氏。位于翁巷坪磐西太平巷、三号桥15—18号，占地面积1116.1平方米，两路四进，砖木结构，墙体属柱墙结构，小青瓦屋顶，建筑面积985.5平方米。2010年，苏州市文物局公布为第三次全国文物普查新发现文物点。

益庆堂原属翁氏明代老宅，清宣统元年（1909），上海招商局主事（局长）施禄生，购翁氏旧宅，扩建新宅益庆堂，保留原明厅，于1911年竣工，从东山施河头老宅迁居翁巷。该宅坐落翁巷古村中部，前后有两条巷子，大门朝南，称太平前巷，后门朝北，称太平后巷。益庆堂东与务本堂相连，西侧一条弯弯曲曲的山溪绕墙面过，设计者别具匠心，长达百米的围墙建成巨大的如意形，高墙上端砌有各种花卉图案的瓦窗，墙下溪水淙淙，溪畔一条古道沿涧伸展，形成一组古村景观。

现存有两路建筑，东路依次为门屋、轿厅、大厅、前后住屋；西路有前后花厅及柴楼、

第三章 古民居

磨子间、洗衣间等附房。门屋一间，面南临巷而筑。进门屋过天井，折西为砖雕门楼，门楼内侧有三层砖雕，较为精致。轿厅面阔三间，回顶、扁作、抬梁式。大厅坐北面南，面阔三间，进深七界，为内四界前廊后轩形式。大厅西侧为书房，进深六界，略带西洋色彩。书房前廊为精美的海棠椽，前沿置挂落。小书屋又称账房间，旧时东家凡有婚丧大事、贺喜或吊唁的亲朋好友，先到账房送礼，再进入主厅。

翁巷益庆堂施宅

前住屋是益庆堂精华，属明代建筑，面阔三间带前后两厢，进深六界，立柱粗壮，贴黑漆锦布，下置覆盆形木鼓墩，虽已历300多年，丝毫无损。施氏后裔施备五介绍，曾祖施禄生购翁氏明代旧宅，原准备在此翻建住楼，见该住宅十分完好，就原封不动地保存下来。后花厅进深五界，前后轩形式。花厅后为附房，前附房一间，中附房二间，后附房为柴间，上做阁楼，较低矮，朝下有一块约两平方米的活动木盖板，樵夫卖柴时从后门送进施宅，即被吊上柴楼存放，再运入灶间，颇具特色。

载德堂 清代建筑，严氏始建，位于凝德堂东侧、湖湾路44号。占地面积362.9平方米，砖木结构，墙体属柱墙结构，小青瓦屋顶，建筑面积409.5平方米。2010年，苏州市文物局公布为第三次全国文物普查新发现文物点。

原有东中西三路建筑，有门屋、大厅、花厅、附房、大小花园等。保存中轴线上一幢住楼，该宅用料粗壮，规制恢宏。住楼面阔五间带两厢。底楼副檐前柱收缩成梭形，上设坐斗承檐檩，下置青石质提灯形柱础。前后步柱下设扁鼓形木柱础，明间后设穿堂。二楼构架为内四界抬梁形式，明间脊檩施彩绘，山尖施山雾云，脊檩两侧设抱梁云。西厢房面阔两间，二层，进深四界，圆作抬梁式。东厢房已毁。住楼前天井约5平方米，花岗石铺地，宅内方砖较大。立柱直通楼上，后有平门隔断，平门后为石库门，通后花园。楼前中层有木雕镂空花纹装饰。

1980年前，载德堂房屋大部为东山房管所公管房屋，租给附近多户居民居住。后全部售于住户，年久失修，损坏严重，亟待修缮。

钟德堂 一作种德堂、仲德堂。清代建筑，严氏始建，位于建新村，凝德堂路14号。占地面积1044.1平方米，砖木结构，墙体属柱墙结构，小青瓦屋顶，建筑面积460.1平方米。2010年，苏州市文物局公布为第三次全国文物普查新发现文物点。钟德堂保存住屋一进，一层，门屋面阔五间，进深六界。中为门厅，梁圆作。东侧为轿厅、茶厅，西侧为花厅。该宅长期无人居住，年久失修，损坏极其严重，2017年年底，整座建筑即将倒塌。

善庆堂 俗名郑家宅，1922年，郑叔岐建。位于下席街花园弄口、下街路59号。占地面积691.3平方米，一路四进，砖木结构，墙体属柱墙结构，小青瓦屋顶，建筑面积244平方米。2010年，苏州市文物局公布为第三次全国文物普查新发现文物点。

郑氏为东山望族，世代经商，家境殷富。1922年，郑叔岐所建善庆堂竣工后，购宅

下街路善庆堂郑宅

东花园弄口地皮，准备建造郑家花园，后该地块转让席氏建安定小学。该校人才辈出。安定小学出名后，人们不忘当年郑氏让地之举，把善庆堂称作郑叔岐宅。

今存有门屋、大厅、花厅、住楼等。门屋七间，进深四檩，梁架圆作，穿斗式。大门面南临街，花岗石西洋式石库门，甚为高敞。大门前为天井，折西为一座中西合璧的仪门，西洋式的石库门上端，前后都镶砌有水磨砖雕。中间为长方形天井，右侧坐北朝南一排六间房子，东端为大厅，西端为花厅。大厅面阔三间，进深六界。花厅面阔三间，进深五界，略带西洋色彩。

住楼面阔七间带两厢，开间较小。中间为走马楼形式。厢房边间，各筑有楼梯，可通主楼。同大楼东西二面的两座主楼穿通。上层楼沿，置有柳川木栏，主厢房前廊可走通。住楼前沿口，上下置有八层精细的缠枝花卉图案浮雕，似八条粗细不一的"花带"绕在楼沿上，甚为美观。原东边洋楼面阔三间，前有铁铸栏杆，飞檐翘角，别具一格。楼前庭院中有假山、亭子、水榭等景致，已毁。

耕礼堂 清代建筑。位于东街殿新村3号，南侧与瑞凝堂相连，翁姓始建。一路四进，保存有门屋、花厅、大厅、住楼等。门屋一间，东临大街。大厅面阔三间，进深六界，大梁扁作，抬梁式，边贴穿斗式。山尖施山雾云，脊檩两侧置抱梁云，明间脊檩上施彩绘，立柱均为楠木，厅内方砖斜纹铺地。住楼面阔三间带两厢，内四界大梁扁作，抬梁式，用料硕大，保存完好。

第五节 其他古民居

莫厘村古民居除全国、省、市文物保护单位及控制保护建筑和第三次全国文物普查新发现文物点外，在翁巷、岱心湾、丰圻等古村，还保存有一批清代及民国的古民居。

顺德堂 清代建筑。位于翁巷村汤家场，半固堂西侧，属朱、汤姓。一路两进，占地面积836.6平方米，建筑面积341.7平方米。砖木及柱墙结构，小青瓦屋顶，保存完好。

昭德堂 清代建筑。位于翁巷村汤家场三号桥59号，席氏始建，后属金姓。一路一进，住楼占地面积211.8平方米，建筑面积310.5平方米。砖木及柱墙结构，小青瓦屋顶，主体建筑保存较好。

勤和堂 又名秦家大院，清代建筑。位于翁巷村花园弄西侧，建德堂南面。秦氏始建，现属严姓。一路一进，占地面积1039.7平方米，建筑面积449平方米。砖木及柱墙结构，小青瓦屋顶。原规模较大，现仅存西楼、备弄与后宅门，因长期无人居住，年久失修，面临坍塌。

第三章 古民居

松寿堂 古民居，清代建筑。位于岱心湾，刘氏始建，现属徐姓。一路二进，住楼一幢，住楼面阔五间带两厢，二楼内四界大梁扁作，抬梁式。大梁背设荷叶墩置斗承金檩，山界梁背设五七式斗六升牌科承脊檩，山尖脊桁施山雾云，脊檩两侧置抱梁云，明间脊檩施笔锭胜彩绘，保存较好。前园保存有300多年树龄的黄杨、古柏树各1株。

鹅潭头勤和堂秦宅

天香馆 清代建筑，位于翁巷村汤家场，尊德堂东侧，现属胡姓。一路一进，占地面积482.4平方米，建筑面积253.2平方米。砖木及柱墙结构，小青瓦屋顶，品质较高，保存完好。

吴家墙门 清代建筑，位于翁巷建新下街路81号。一路一进，存门屋、圆堂。占地面积210.5平方米，圆堂坐北朝南，大梁扁作，前置船篷轩。前有小院、门楼，建筑面积122.1平方米。清水砖雕门楼简洁朴素，中字牌"竹苞松茂"四字，严庄撰。保存较好。

翁巷王宅 清代建筑，位于翁巷村汤家场，现属王姓。一路二进，占地面积131.4平方米，建筑面积300平方米。砖木及柱墙结构，小青瓦屋顶。存大厅及厢房、房屋保存一般。

翁巷陆宅 清代建筑，位于翁巷村汤家场，天香馆北面，现属陆姓。一路二进，占地面积244.5平方米，建筑面积226.7平方米。砖木及柱墙结构，小青瓦屋顶，存住屋及住楼一幢，保存完好。

翁巷严宅 民国建筑，位于翁巷长生街东凝德堂路29号。原属严姓，现为杨姓。一进院，占地面积370.6平方米。住楼一幢，建筑面积301平方米。砖木及柱墙结构，小青瓦屋顶，保存完好。

翁巷赵宅 清代建筑，位于翁巷施家弄1号，属赵姓所有。一路两进，占地面积389.6平方米。保存住屋、厅堂，建筑面积322.7平方米。砖木及柱墙结构，小青瓦屋顶，保存完好。

翁巷贾宅 清代建筑，位于翁巷建新下街路81号。属贾姓所有。占地面积259.8平方米。住楼一幢，建筑面积134.3平方米。砖木及柱墙结构，小青瓦屋顶。保存完好。

翁巷席宅 清代建筑，位于翁巷鹅潭头下街路73号。属席姓所有。一路两进，占地面积176.6平方米。建筑面积147.1平方米。砖木及柱墙结构，小青瓦屋顶，蚌壳窗保存完好。

周家老宅 清代建筑，位于周湾，属周姓所有。住屋一幢，圆堂面阔三间带两厢，建筑面积150平方米。房屋空置，年久失修，损坏严重。

费家老宅 清代建筑，位于尚锦村。住楼一幢，面阔三间带两厢，西厢房已毁，建筑面积220平方米。房屋空置，年久失修，岌岌可危。

张家老宅 俗称张姓众家屋，清代建筑，位于小长湾，属张姓所有。一路二进，建筑面积210平方米。房屋空置，年久失修，损坏严重。

徐家老宅 清代建筑，位于石井村，属徐姓所有。住楼一幢，面阔三间带厢房，前有门楼，建筑面积150平方米。年久失修，损坏严重。

钱家老宅 清代建筑,位于丰圻村,属钱姓所有。住屋一幢,面阔三间带两厢,建筑面积150平方米。年久失修,岌岌可危。

严家老宅 清代建筑,位于丰圻村,属严姓。住屋一幢,面阔三间带两厢,建筑面积120平方米。年久失修,无人居住。

席家老宅 民国建筑,位于余山西湾,属席姓。前后住屋,建筑面积250平方米。房屋空置,年久失修,破损严重。

第四章 古 迹

莫厘村历史古迹较多，可分庵庙堂观、古泉古井、古道古桥、港河涧潭、园林古木、摩崖碑刻6类，共100多处。这些古庙、古泉、古道、古港、古桥、古石、古园林，既反映出莫厘村悠久的历史，更是莫厘村及东山镇的宝贵历史文化资源。

第一节　庵庙堂观

民国《乡志类稿》记载，1941年，莫厘村境内有寺庙庵观和家族祠堂26座，寺庙有翠峰寺、华严寺、白马庙、鹅潭庙、关帝庙、湖神庙、灵济庙7处。庵观有慈云庵、法华庵、大悲庵、古雪庵、东岳道观、清凝道院6处。猛将堂有殿前、席家湖头、石井、洪湾、宋家湾、岱心湾、杨家湾7处。祠堂有翁家祠堂、周家祠堂、薛家祠堂、金家祠堂、吴家祠堂、席家祠堂6处。2017年年底，保存较为完好的庵庙堂观有13座。

慈云庵　又名莫厘峰观音庵、刘香庵，位于莫厘峰顶（俗称大尖顶），始建于清康熙九年（1670），咸丰十年（1860）被毁，光绪三年（1877）席姓重建。

1966年慈云庵被毁。2001年，民间筹资重建，仍取名慈云庵。慈云庵三字匾额，为新疆书法协会副主席席时珞所书。重建的观音殿面阔三间，宽12.5米，进深9米，檐高4米，占地110平方米，加上僧舍、茶室、客房等附房，面积400多平方米。2001年6月，慈云庵庙基出土一块清光绪年间的古碑，为苏松常官衙告示碑。碑文内容说，近有东山席姓不肖子孙，以慈云庵原为席氏所建而收取香火钱。明令此款当由庙内所收，如有违者，必将严办。从其告示内容看，莫厘峰慈云庵最早可能是席氏家庵，后变成观音庵。慈云庵内原有古钟、古香炉、古磬，均丢失。2002年，东山亚美厂等企业出资新铸铁香炉一只，高1米，重1250千克，7月26日置于庵中。

白马庙　又名龙女祠、土地庙，位于丰圻太湖边山道旁。清代建筑，面积150平方米。清《太湖备考》载："土地祠，在东山丰圻之北，即白马土地，因称白马庙，又称龙女祠。"庙门面东，正殿祀柳毅和龙女神像，边屋供祀道教中诸神。庙前山道旁原塑白马一匹，1966年毁。1990年，置一匹石马。离庙门10米处有一堵高大的照墙，称白马庙墙，1米高处有一圆洞，可眺望山下茫茫太湖及余山风光。庙后百米处山坡上有一巨壁，称回音壁，据说唐时柳毅在此牵着白马，叩响回音壁，入洞庭湖传书。清《吴门补乘》载有一则典故，明嘉靖年间，中书舍人王某与友同游东山柳毅井。酒酣，醉吟云："菊花垂荫碧阑干，此地曾经柳毅传。卿若有书吾肯寄，汲深千尺辘轳悬。"时月光渐明，隐见一美人遥吟："橘花如雪晓风清，迢递关山春梦惊。明月一天凉似水，不堪重省旧时情。"王某追其迹许里，天明得一石碑，名"龙井"，后建龙女庙于其石碑处。

殿前猛将堂　庙屋一间，位于张师殿门屋西侧，供大猛将神像一尊，旧称"殿前老二"，又戏称"戤大阿二"，意思是没有安身之处者。盖因清初殿前村塑猛将神像时因无猛将堂，将猛将神像寄供于张师殿山门里而名。中华人民共和国成立后，庙堂先后作过米店和发电所。2010年6月，村民自发捐资10多万元，修建房屋，平整门场，塑大猛将神像一尊，恢复原貌。

席家湖头猛将堂　又名刘府中天王，旧称"席家湖阿六"。原庙屋及神像已毁，2009年7月，村人捐资在原庙基上建庙屋2间，80平方米，内塑大猛将神像一尊。

洪湾猛将堂　位于洪湾村。2002年，村民捐资数万元，恢复庙屋两间，80平方米，塑猛将神像一尊。春节期间开展猛将会活动。

宋家湾猛将堂　位于宋家湾环山公路旁，清代建筑。庙门朝西，建筑面积80平方米。

席家湖头猛将堂　　丰圻猛将堂　　石井猛将堂

庙屋原已严重破损，2008年，村民捐资恢复原貌。

岱心湾猛将堂　位于岱心湾南巷中部，清代建筑。庙门南向，建筑面积90平方米。内塑猛将神一尊。庙前有广场及双井。村民节日期间开展出会活动。

杨家湾猛将堂　位于杨家湾环山公路南侧，庙门朝西。原庙屋建于清中期，在公路北侧，后筑环山路被拆。2000年后，村民捐资重建，中间为猛将堂，两侧分别为观音堂与三官堂。

翁家祠堂　位于翁巷汤家场，翠峰路西侧，清代建筑。建筑面积179.6平方米。朝南五间，进深六界，大梁扁作，脊施山雾云，前置船篷轩，并雕有花卉等图案。该祠堂原为翁巷翁氏祭祀先祖处，清光绪年间，军机大臣翁同龢至翁家祠堂参与祭祖，题额"翁氏宗祠"。

薛家祠堂　又称慎馀堂，位于东街殿背后，殿新村中街路14号，与张师殿毗邻，晚清、民国建筑。占地面积1798.8平方米，一路四进。

东岳道观　俗名张师殿，位于东新街殿前，清代建筑。一路二进。前门屋，供奉"殿前老二"猛将神；后正殿，供祀道教始祖张道陵。占地面积350平方米，建筑面积222平方米。庙东侧院中，保存有一株树龄约500百年的古银杏树，据说为明永乐间重修张师殿时所植。猛将堂旁围墙南壁，镶砌着一块清康熙元年（1662）古石碑，主要内容为"东山汛期外出需知"。张师殿背后，是东街清末民初的小菜场，600多平方米，今遗址尚存。2010年，东岳庙全面修缮恢复原貌，挂"东山寺"庙额。

清凝道院　又名纯阳殿，俗称"茅蓬"，位于莫厘峰南纯阳坞，坐北朝南，面阔三间，进深八界，占地面积220平方米，前庙门后大殿，建筑面积112平方米，中塑道教吕纯阳神像。该道观有"七十二峰胜境"之称。始建于清康熙二十三年（1684），后毁。乾隆三十四年（1769），住持募资复建。嘉庆十四年（1809），里人刘氏等再修，旁有元鹤楼。光绪六年（1880），同知温忠彦增建三楹，题额曰"元鹤重来"，毁于1966年。2001年，村民筹资20万元恢复重建。

附：历史上的古寺庵祠

华严寺　古时东山"九寺十三庵"之一，位于岱松村杨家湾，建于南朝梁天监二年（502），僧人戒真建，后历代均有修缮。清咸丰十一年（1861），毁于太平军战火，寺基辟成橘林。2000年，原址建起月华山庄。

明《震泽编》记载："翠峰之杨家湾曰华严寺。"华严寺古代作过学府，明天顺年间，王鏊与吴怀在寺中求过学。王鏊的成名诗《吕纯阳渡海像》就创作于华严寺中。当时12岁的王鏊正与一群同龄孩子在寺中读书，一天，庙里来了一位府衙学官，想考考这些学子们的才学，遂出了"吕纯阳渡海像"索题。王鏊稍加思索，即援笔书云："扇作帆兮剑作舟，飘然直渡海阳秋。饶他弱水三千里，终到蓬莱第一洲。"学官得诗大奇，赞这孩子日后必成大器。成化元年（1465），王鏊离开华严寺，随父北上至国子监深造。明正德四年（1509），王鏊告老还乡，重游华严寺，夜宿古寺中，回想往事，感慨万千，遂作《宿华岩寺》一诗，有"草木还应识宰官""少小来游今白发"之句。

华严寺古钟（局部）

翠峰寺 古代东山"九寺十三庵"之一，位于莫厘峰下翠峰坞中，建于唐代。门额"翠峰寺"三字，原为明董其昌书。光绪初，席姓重建山门，原门额已毁，里人朱书麟重书。翠峰寺原规模极大，旧传有1048间，头山门在离古寺一里多外的双潭席温将军墓旁，寺僧早晚开门关门，须骑着马来回。清咸丰年间，翠峰寺被太平军战火烧毁大部，剩下10多间附房。20世纪70年代，先后被拆毁。古寺最后三间偏殿，因长期无人居住与修缮，1980年，全部坍塌。

寺中原有天衣禅院、药师殿、藏经阁、远翠阁、大悲坛、微香阁、古雪居和悟道泉、香花桥、饮月亭（又名六角亭）、仙人洞等僧舍胜迹。悟道泉掘于唐代天宝年间，普同塔建于南宋淳熙十五年（1188）。翠峰寺为东山古代著名的游览胜地，唐宋和明清文人雅士游者甚众，大多留下翠峰诗作。翠峰坞悟道泉、香花桥、紫泉、石墙、御道、银杏树等古迹、古木保存完好。

复兴寺 又名复兴禅寺，位于余山岛东村，1966年被毁。建于明初，坐北朝南，一路三进，有山门殿、大雄宝殿、后殿。头山门三间，中供弥勒佛，两壁塑四大天王（亦称四大金刚），后壁供韦陀。正殿供三世如来佛，后壁塑鳌鱼观音。左右两壁塑十八尊罗汉。后殿供关公神像，称关爷殿。西侧为财神殿，供祀财神。东侧为僧房。复兴寺后另筑有一座寺庙，称大王殿，庙屋7间，正中供奉大王菩萨，两壁塑风神与雨神，据说此神专为保佑太湖风浪中来往船只平安。1958年，海灯法师带3名弟子择居余山岛，练功、习武、传艺，在复兴寺住了三年之久，后迁往西山石公山。

古雪庵 又名古雪禅院、古雪居，位于莫厘峰南翠峰坞中，建于清代。近处有饮月亭、紫泉等胜景，为东山清代一处著名游览景观，留有许多名人诗迹。20世纪80年代，年久失修而坍圮。

古雪庵清顺治年间由僧心净创建，取诗"古雪光无际，照君清素心"之意而名。康熙初年，席氏又为心净禅师扩建禅院，使之规模更加宏敞。该庵背倚青山，远眺太湖，雄伟壮丽。著名的枕流阁筑于香花溪上，每至雨后，清流一曲，经庙右而下，声似洪钟，犹如万马奔腾，山间瀑布之胜，首推其冠。清乾隆年间，吴江张氏在古雪禅院出家后，得法号心净，主持庙事。心净善诗，著有《古雪居草》诗集问世，使禅院名声大振，游访者甚众。该庵壁间所题名人楹联与诗作别具情趣，楹联："溪头细雨流花出；树外闲云载鹤归。""古香自有梅花在；雪色时看望鹤来。""四座胜流添逸兴；一庭花雨助机锋。"

饮月亭又名六角亭，位于古雪庵后，亭内壁有横碣，为清宣宗御笔"印心石屋"四字，下题"两江总督陶澍道光乙未冬日恭摹上石"等字。

席家祠堂 又名席建候祠，位于翠峰坞。始建于明代嘉靖年间，万历年后又多次重修扩建，后被毁，仅存遗址。

明嘉靖十七年（1538），席筠轩、席听涛兄弟，在翠峰寺东侧置地建席家祠堂，祭祀迁山始祖席温。其祠始建时规制较小，仅小屋三楹。万历四十年（1612），席左源、席右源兄弟又购地二亩五分，在祠堂之左建小楼二楹，曰"平香阁"，还在四周栽种了大批银杏、枇杷、柑橘等果树，收入作每年主祭费用。1937年，苏州沦陷前夕，苏州振华女校（今苏州十中）校长王季玉，为使学校不落入敌伪之手，把学校一分为二，分别迁往东山与同里。1937年10月初，她先将学校80多箱图书和贵重的教学仪器运至东山，继而又把大部分师生迁往东山翠峰坞席家祠堂临时学校。是年11月15日，王季玉在翠峰坞席家祠堂亲自主持开学仪式。中华人民共和国成立后，席家祠堂作为庙产纳入地方财政管辖。因山坞中风雨侵蚀，又年久失修，于1991年全部坍塌。

第二节　古泉古井

莫厘村古泉有柳毅泉、海眼泉、石湎泉、白龙泉、紫泉、天池、仙池等7处。此外，村区域内还有宋井、普安井、八角井、鹅潭井、鸳鸯井、箬帽井、花蕾井、荷花井、西湾井等百年以上古井19处。

一、古泉

柳毅泉　位于建新村。山石垒壁，井甚浅，可俯探，大风挠之不浊，天旱不涸。柳毅井与碑为苏州市文物保护单位。南宋范成大《吴郡志》载："柳毅井，在洞庭东山道侧。按：小说载柳毅传书事，或以谓是楚之洞庭湖。以其说有橘社，故议者以为即此洞庭山。"柳毅井旁有碑，上镌刻"柳毅井"三个隶书大字，为明正德九年（1514），户部尚书、大学士王鏊所书。1996年，环山公路扩建，井栏、井碑移至启园内保存。

海眼泉　位于丰圻村山麓。明《震泽编》载："东洞庭丰圻之顶，曰海眼泉。山顶巨石上有二穴，涓涓如人目，深约尺馀，旱不涸，雨不浊。"泉旁石上有"海眼"两大字，明代大学士王鏊所书。村人汲之煮茶，味甚醇。海眼泉，顾名思义，据说其泉通海脉，水源汲之不尽，终年涓涓。清代诗人叶松《咏海眼》诗云："山半开松径，行人过可扪。千层通海脉，两穴倚云根。"今保存完好。

石湎泉　明代古泉，位于洪湾山嘴。清《太湖备考》载："石湎泉在吴湾太湖滨。"吴湾，即今之洪湾村。该泉极爱净洁，据说旧时若有人在井旁洗不净之物，泉水即涸，其水遁之十里之外的曹坞井。村人须移去脏物，敲锣打鼓迎回。该泉味淳性冽，宜煮茗酿酒，可提神醒脑。清代文士吴大本《石湎泉》诗云："谁为浚云根，涓涓月一痕。寒香冬不竭，清冽夜难昏。自有本原在，非徒古迹存。水经犹未息，识此示儿孙。"今泉尚存，已弃之不用，被茅草覆盖。

白龙泉　位于翁巷纯阳坞。清《太湖备考》载："白龙泉，在翠峰大坞关帝庙前。"其泉自半山石穴中出，清溪潺潺，奔流下山。登高远视，宛如银龙从谷中解脱，蜿蜒舞动，越林穿村，奔下山下，甚为壮观。泉水常年流淌，附近村人取之煮茶。2015年，关帝庙基拓建庙宇，白龙泉遭破坏。

紫泉 因泉水微蓝得名。位于翁巷翠峰坞六角亭下,该潭上方石壁镌刻"紫泉"两大字。泉水清澈,味甘质厚,冬夏涓涓,不盈不涸,山间煮茗,均汲其水。民国东山诗人朱润生《饮月亭品紫泉》诗云:"六角亭中客小坐,印心石屋忆当年。踏青山半行人渴,野水烹茶试紫泉。"泉尚存,已不用。

天池 位于尚锦村东。清《具区志》载:"天池泉在上金。"上金,即现尚锦村。山泉四周为松树、茶园、果林。山下是茫茫太湖。春夏时,空气中湿度大,山泉上常有云雾飘绕,当地又有"仙井"之说。清初诗人余弘道《归探天池》云:"酒渴有馀兴,来探第一泉。山空寒印月,云净冷涵天。"泉尚存,但因附近泉水厂开掘深井,泉流细微。

仙池 俗名仙水潭,位于莫厘峰山顶,圆形,直径3.5米,水深1.5米,盈时达2米多,涸时1米。池壁石上镌刻"仙池"两字,据传为唐寅所书。泉水清澈甘洌,慈云庵山僧常年取之饮用。

二、古井

宋井 位于余山岛东湾太湖边,旁竖井碑"宋井"两字。井口直径70厘米,黄石盘筑井壁,上部青石质八角形青石井栏古朴,稍有破损,井栏内绳印深凹,深达3厘米。外径55厘米,内径40厘米,高30厘米,仍为岛上村民生活用水处。

普安井 亦称金牛岭井,元代公井。位于翁巷金家河金牛岭上,旁有清康熙九年(1670)重建的普安桥。《橘社金氏族谱》载,元初金德传率族居橘社,筑金牛岭,建普安桥,掘普安井。井口直径70厘米,黄石盘筑井壁。井口上部井栏圆瓮形,武康石质,上端外径50厘米,内径36厘米;下端外径80厘米,内径66厘米,高40厘米。保存完好,为附近金家湖村民洗涤汲用。

八角井 又称洪湾井,明代公井。位于洪湾村东山坡崖石上,实为一圆形小潭,面积约4平方米。四周围有石栏,中隔六角形青石柱,朝东有石级,为村人用桶取水处。潭水清澈,仍为村民生活用水。石井围稍有损坏,2000年,村里出资恢复原貌,作为古景观保存。

鹅潭井 亦名小柳毅井,俗称龙泉,明代公井。位于鹅潭头尼姑弄南,净志庵东侧道旁。井口直径70厘米,黄石盘筑井壁,井口上部青石质圆形井栏,外径60厘米,内径40厘米,高55厘米。井栏索印深凹,最深处达5厘米。井水常年不涸,含碱质,煮粥呈淡绿色,有碱香味。20世纪80年代前,湖湾2队(今鹅潭头村)50%村民生活饮用龙泉井水。农村普及自来水后,现仅供附近村人洗衣物之用。

鸳鸯井 明代公井。位于殿场前,张师殿东侧,因上置青石质与花岗石质两个井栏,故俗称鸳鸯井。一个井口直径70厘米,黄石盘筑井壁,井口上部青石质圆形井栏,外径55厘米,内径35厘米,高30厘米;另一个为花岗石质六角形井栏,外径42厘米,内径32厘米,高33厘米。原两个井栏均为青石质,清末北侧井栏损坏,换置花岗石井栏。井水清洌,终年不竭,仍为附近村人洗衣物之用。

坊前井 明代公井。位于花园弄东侧坊前村、下席街原安定小学石牌楼下,井口直径70厘米,黄石盘筑井壁,井口上

殿场前鸳鸯井

部青石质圆形井栏，外径60厘米，内径38厘米，高38厘米。因井旁道路地势增高，该井栏已埋入路旁一村民楼房前石阶沿下，但井栏与古井保存完好，仍有村民汲之。

箬帽井　明代公井，因井栏形如箬帽得名。位于坊前村路边（今建新村6组）。因井旁路基增高，原武康石井台已被埋入道旁一村民楼屋下。井口直径70厘米，黄石盘筑井壁，井口上部武康石质箬帽形井栏，外径66厘米，内径22厘米，高20厘米，井口用木板所遮盖，仍为公用水井。

馀家湖井　明代公井。位于翁巷村载德堂前，原为严家大宅私井，后为村内公井。井口直径70厘米，黄石盘筑井壁，井口上部圆形井栏古朴，四面雕有4朵凸起的硕大荷花，美观大方。外径60厘米，内径30厘米，高38厘米。现因附近村民建房，井台已被覆盖垫高，仅剩半个井栏，尚有村人使用。

凝德堂井　明代公井。位于凝德堂宅东墙下，原属严氏私井，1950年后为公井，旁有凝德堂潭和一株古银杏树。井口直径70厘米，黄石盘筑井壁，井口上部青石质圆形井栏，外径60厘米，内径33厘米，高40厘米。保存完好，现在一杨姓村民宅内。

坪磐井　明代公井。位于翁巷坪磐北朱家宅前，井口直径70厘米，黄石盘筑井壁，井口上部青石质圆形井栏，外径50厘米，内径22厘米，高38厘米，井栏索印深凹，深达3厘米。井水清洌，仍为村民生活用水。

荷花井　明代公井，因井栏上雕有4朵漂亮的荷花而得名。位于翁巷施氏益庆堂东小院中，原为私井，1950年后作公井。井口直径70厘米，黄石盘筑井壁，井口上部青石质圆形井栏，外径55厘米，内径35厘米，高40厘米。保存完好，村人仍汲水日用。

黄濠嘴双井　明代公井。位于鹅潭头村黄濠嘴建德堂旁，原为严家私井，后为公井。其处清乾隆年间建有东山"积谷仓"库房10多间，该双井亦为粮仓消防设施。井口直径1米，黄石盘筑井壁，井口上部青石质圆形双井栏，均为外径60厘米，内径35厘米，高36厘米。保存完好，供附近村人洗衣物之用。

岱心湾双井

岱心湾双井　明代公井。位于岱心湾前（南）巷猛将堂前。井口直径80厘米，黄石盘筑井壁，井口上部青石质圆形双井栏，均外径50厘米，内径36厘米，高40厘米，井栏索印深凹，最深处达3厘米多。井水常年不涸，保存完好。

西湾井　明代公井。位于余山西湾湖畔港口，旁有一株百年老柳。井口直径70厘米，黄石盘筑井壁，井口上部青石质圆形井栏古朴，井栏内绳印深凹，下置一块完整的大青石井台。外径55厘米，内径40厘米，高30厘米。靠近太湖，井水充盈，岛上村民常年取水。

郑家井　清代公井。位于下街路善庆堂（俗称郑叔岐宅）屋后，原为郑家私井，后供附近村民生活汲水。井口直径65厘米，小瓦片盘筑井壁，井口上部青石质圆形井栏，外径55厘米，内径35厘米，高33厘米。井水清洌。

景仁堂井　俗名严敬文宅井，清代古井，1980年前私井公用。该宅原为席氏所建，清末售于严氏。该井位于严宅东侧天井中，井口直径70厘米，小瓦片盘筑井壁，井口上部青石质六角形井栏，外径38厘米，内径29厘米，高48厘米。保存完好，现在一陈姓村民天井中。

花蕾井 清代公井,因井栏四周雕有8朵含苞欲放的荷花得名。位于翁巷刘氏容春堂东墙下,原为刘家私井,后为公用。井口直径70厘米,黄石盘筑井壁,井口上部青石质圆鼓形井栏,外径60厘米,内径33厘米,高40厘米。古井保存完好,仍为村人汲用,惜青石质井栏近年被盗。

王家井 清代公井。位于汤家场容春堂南,翠峰路东侧。井口直径65厘米,黄石盘筑井壁,井口上部花岗石质六角形井栏,外径52厘米,内径33厘米,高30厘米。保存完好,村人仍汲用。

安定小学井 民国公井。位于原席氏安定小学食堂天井中。安定小学建于1926年,该井为建校时所筑。井口直径70厘米,小瓦片盘筑井壁,井口上部青石质圆形井栏,外径50厘米,内径36厘米,高40厘米。1976年,安定小学移建,校基已成橘林,老井保存完好,为附近村民洗物汲用。

第三节 古道古桥

莫厘村古道有下席街路、翠峰路、石塘路、长生街、花园弄路、殿泾港路、烧香路、丰圲路、岱心湾路等9条古道,大多已浇筑沥青路面。古桥有香花桥、普安桥、金家河桥、挹波桥、环翠桥5座,保存完好。

一、古道

下席街路 即下街路。唐朝末年,席温第三子席当筑,东西走向,花园南至安定小学三部,长150多米,宽2—3米,路面用小青砖侧铺。原为下席村村中主道,明末下席村消失,街道保存至今。2000年前后,浇筑水泥路面。

翠峰路 明万历年间翁巷村翁笾筑,南北走向,由翠峰坞至花园弄南,小青砖铺路面,长5千米。中心略高,两边稍低,俗称"鲫鱼背",不易积水,利于雨后行走。翠峰路上段保存完好,汤家场、翁巷段已浇筑沥青路面。

石塘路 明万历三十三年(1605),翁笾筑,东西走向,从席家湖嘴至古橘社,用小青砖侧铺路面,长500米。席家湖石塘创自席怡亭,万历年间翁氏修缮。清光绪二十八年(1902),席素恒重修,已浇筑沥青路面。

长生街 明末翁、吴两姓筑,东西走向,从东园西花园口至鹅潭头庙,长150米,宽1.5—2米,小青砖侧铺路面,两旁青石条作护基,后改成水泥路面。2017年,浇筑沥青路面。

花园弄路 清康熙年间席本桢筑,南北走向,从长生街至长泾港弄口,长200多米,小青砖侧铺。路东侧有小沟,上盖花岗石条石,路面行人,路下流水。已浇筑水泥路面。

殿泾港路 从殿场头至渡水桥,南北走向,清光绪年间,太湖同知孙敏骥倡修。宣统年间,叶懋鎏等重修路边港岸。光绪初,雷玉春倡建木栏,称"雷公栏",后由东山三善堂出资改竖石栏。1973年,因筑防空洞,石栏全部被拆。1999年,筑将军街,砖石路面浇筑沥青路面。

烧香路 1917年,叶巷叶昭鉴筑,南北走向,从施家山脚至莫厘峰百家堍,全用小块山石筑铺，长5千米。山顶有观音庵，每年春节及农历六月十八日莫厘峰庙会，成千上万的人上山烧香，故名烧香路。2000年前后，东山筑山林防火通道，烧香路大部分路段被毁。

丰圩路 清末筑，南北走向，从周湾经尚锦、丰圩至白马庙（龙女祠），长3千米。原系砖石路面，1979年，后山筑环山公路，全部浇筑沥青路面。

岱心湾路 清末筑，东西走向，从白马庙经宋家湾至岱心湾，长3.5千米。原系青砖侧铺路面，1979年，后山筑环山公路，全部浇筑沥青路面。

二、古桥

香花桥 宋代古桥。位于翠峰坞翠峰寺遗址，因翠峰寺天衣禅院有香花池而名。该桥跨山溪而筑，单孔拱桥，桥身为青石质，桥下拱券为5条卷石分节并列筑成。旁有悟道泉、青砖山道等遗迹，保存完好。

普安桥 元代古桥。位于金家河村金牛岭北坡长涧上，今湖湾路二号桥北面。元代中期，橘社金氏率族人捐资在金牛岭村口的长涧筑石桥，取名普安桥，含普保村人平安之意，清康熙年间重建，为金家河村村民进出的主要通道。该桥南北走向，系青石质拱桥，横跨金牛岭山溪，跨径2米，桥面宽4米，长6米，全由青石砌成。东侧桥面石上镌刻"重建普安桥记"六个大字，南面石上刻着"新丰里人刘菱奘重修"；北端石上镌刻"康熙丁巳年六月吉旦"等小字。拱形桥洞完好，共有5排25块（每块长90厘米，宽46厘米，厚15厘米）拱形青石筑成。桥洞外前后均为2米多高的山石驳岸。桥面上村人为车辆进出方便，已浇铺水泥路面，东侧保存一块长1.5米，宽0.25米的残存青石石栏，上镌刻有三幅浮雕，上层为双鹤样云图案，中层刻金牛岭三字，下层为鲤鱼跳龙门图案，属元代石雕。

金家河桥 清代古桥。位于金家河头，单孔多级青石平桥，长3米，宽2米，原为村民东面进出主要通道，环山公路筑通后，该桥已失去作用。

挹波桥 位于启园湖畔，桥名为取太湖之水以补园林景观不足之意。1933年席启荪筑，多级花岗石拱桥，启园中主要景点。近处有假山、湖亭、长堤，形成一组景观。

环翠桥 位于启园转湖畔，1933年席启荪筑。该桥为花岗石拱桥，启园主要景点。转湖两旁长满苍松翠柏、名花异草、景色宜人，桥名含尽览翠色之意。

第四节　港河涧潭

莫厘村村落大多地处坞口湖畔，每个村都有一条港河或涧溪通至太湖，村民生产和生活物资全靠这一条条水路进出。前山（湖湾）有殿泾港、长泾港、席家湖港、岱心湾港、金家河、泄洪河、长涧、双潭等，后山（岱松、尚锦）有杨家湾、宋家湾、丰圩、尚锦、周湾、洪湾、余山东湾和西湾等较短的港道。另外，古时建村大多临溪涧而居，山溪流经村子时，形成许多面积大小不等的水潭，为村民生活的主要水源，从宋明保存至今的有坪磐双潭、西花园潭、鹅潭、长涧潭、六品桥涧潭等。

殿泾港 宋代古港，南北流向，因北端有张师殿而得名。原为雨花坞一支天然山溪，宋初被人工拓宽修砌驳岸，成为直通太湖的运输港道。该港从北端将军街至南端渡水桥。苏东公路未通前，殿泾港为东山镇东新街居民生活与生产物资出进的主要港道，清光绪三十年（1904）上海招商局内河轮船局置办的"飞虎"号木船，1916年旅沪山人朱鉴塘专备的老公茂小火轮，1930年席启荪主办的柴油轮，先后都停歇在殿泾港内。该港道原长500米，1998年东山镇筑将军街，殿场至将军街牌坊一段长150米的港道被填埋，种上花木，辟为景观带。

长泾港 明代古港，南北流向。原为翠峰坞与马（莫）家坞合流的天然山溪，明代被人工拓宽修砌驳岸，成为直通太湖的运输港道。该港道从北端花园弄口至湖神庙头，长250米，原为下席村、长泾浜村主要水上运输通道。清末民初，长泾浜码头附近有姚姓、王姓两个东山建筑大作坊。1933年前后，建造启园的主要建筑木料均从长泾港上岸，制作木构件后运往启园。港道中部原有一座跨度4米的花岗石平桥，行走桥上有响声，称"滑达桥"，1970年前后，被附近苏州水产研究所拆毁。港道中部西侧，有一条长300米，宽6米的小港直通殿泾港，称下濠。2000年，下濠被填埋，建造"景园"别墅区。长泾港南端入渡水港处一段，1990年前后，被苏州水产研究所填没，只在底部埋了一较粗水管，以保持山溪水入湖。

席家湖港 明代古港，东西流向。原为芙蓉峰与犀牛岭一支天然山溪，明代人工拓宽修砌驳岸，成为直通太湖的运输港道。该港道从席家湖头至太湖，长350米。唐末席温南迁东山时从该处上岸，后建宅翠峰坞定居，故称席家湖头。宋代，席家湖头建社下镇，为东山最早的水运码头之一，南宋范成大有"社下钟声送客船"之句。清末席锡蕃在港畔筑七级宝塔，民国席启荪在席家湖头建启园。1990年前后，该港道上段近百米处被填没而成村道。

岱心湾港 明代古港，南北流向。原为翁家山一支天然山溪，明代被人工拓宽修砌驳岸，成为直通太湖的运输港道。该港道从村中环山公路东侧伸至太湖，长75米，为村民进出太湖的水道。1982年，太湖采石公司与同吴县西山水泥厂在岱心湾港合建轮船码头，次年建成，摆渡至洞庭西山，为东、西山之间的水上轮渡之始。

金家河 又称金家湖港，元代古河，南北流向。原为莫厘峰下纯阳坞一支溪流，元代被人工拓宽修砌驳岸，成为直通太湖的运输港道。该港道从古橘社长涧至太湖，长400米。《橘社金氏家谱》载：宋元鼎革之际，宋少保金节安七世孙金德传，迁居东山翠峰坞，山坞中有条长约一公里的溪流经过村中，德传组织族人清理山溪长涧中的散石乱砖，挖深拓宽，又购石筑砌涧岸，净洁的山水从纯阳坞流出，通经长涧，直奔太湖，成为沿途村民的饮水、用水、灌溉之源，为感金德传之义举，遂名金家河。

长涧 位于纯阳坞至金家河之间，长1千米。原为天然山涧，元代初年，宋少保金节安七世孙金德传，率族迁居东山翠峰坞，辟建金家河村。有条山涧穿村入太湖，金德传带领村民经过两个寒冬，把山涧挖深开阔，两岸用山石砌上驳岸，清澈的涧水流经沿途3个自然村，成为村民饮用、灌溉之源，取名长涧。

六品桥涧潭 位于翁巷西侧薛家山下，清代古涧潭，因原山涧上有六块花岗石桥面而名。据说该潭原为薛家山明代翁氏墓前照潭，后墓地被辟成梅林，称梅园里。中华人民共和国成立后，梅园又更为橘林，潭水为果林灌溉之用。2004年，六品桥周围的橘地被苏州一房产公司购买，辟为"东山会"别墅区，六品桥涧潭被围入别墅区内。

坪磐双潭 位于翁巷中部坪磐东侧，潭中有阶梯，将其分成东、西两潭，中间河水可流通，面积 310 平方米。该潭为唐代席温墓前照潭。唐末席温卒后，墓葬中席村，墓地有数十亩，前有双潭为茔墓照池，池外有卫兵守宅。从清初起，墓园前后筑起许多宅第，存双潭。双潭原为附近村民淘米汰菜和洗衣之用，现为消防、灌溉用水。

西花园潭　位于翁巷花园弄东侧西花园内，呈长圆形，面积 607 平方米。该园为清初大商人席本桢东园一部分。水潭东面湖房下有 6 只明代石狮子，狮身为湖房基石，而狮头探出墙外，伸入湖中。潭北侧筑有一座赏雪亭，遥对莫厘峰，冬天下雪后，主人常邀友在亭中赏雪观景，1938 年 1 月，被日军飞机扔弹炸毁。该潭因附近村民建房遭严重破坏，2017 年，莫厘村美丽乡村建设时恢复原貌。

鹅潭　位于翁巷鹅潭村净志庵前，因形如鹅蛋而得名。明代古潭，原有一定规模，现一大半被填没，面积剩 50 平方米。潭北面建有明代净志庵，又称净志庵潭。原马家坞山溪流经鹅潭入长泾港，潭水清澈，附近村民在潭中洗衣洗物。1975 年，马家坞口开挖泄洪河，天然水系被切断，现成为死水潭，面积逐年缩小。2017 年，莫厘村美丽乡村建设时进行开挖与疏浚。

第五节　园林古木

莫厘村古园林较多，主要集中在翁巷村，原有集贤圃、湖亭、淡淡斋、东园、湘妃阁、橘庄、启园等，历经数百年岁月，这些园林大多不复存在，民国年间筑造的启园保存完好。在古村、古园中，有苏州市吴中区农业局挂牌保护的古木 30 多株，如余山千年古榆、翠峰寺古银杏、双潭古榉、启园古松、古含笑花……

一、古园林

启园　始称席家花园，翁巷旅沪商人席启荪筑。位于席家湖头太湖边，其中，建筑面积 407.2 平方米。苏州市文物保护单位。

席启荪，名裕昆，早岁至沪习钱业，先后在多家钱庄学生意，由学徒到跑街，并升为经理。先后历任鼎盛、鼎元、荣康等钱庄经理。1933 年，席启荪在席家湖头，购买下占地 6600 多平方米的叶家浜旧址，掘湖垒山，仿无锡蠡园，建造花园，称席家花园。其园历时三年竣工，耗资 10 万银圆。1935 年，席家花园即将竣工时，席启荪沪地经营的钱庄倒闭，其园只得停工。不久，将园卖于旅沪棉商、东山杨湾人徐子星（字介启），以抵债款。徐子星购买启园后，因两人的名字中都有一个启字，更名启园。

该园背靠青山，面向太湖，既融真山真水，又置假山假水。整座园林亭、台、楼、阁、廊、轩、假山、荷池、小桥、花木与太湖自然景致融为一体，令人叹为观止。启园主要建筑有四面厅、融春堂、复廊、转湖、五老园等。四面厅，又名镜湖厅，因站在楼上眺望见太湖如镜而得名。该楼二层，重檐翘角，端庄秀雅。复廊迂回曲折，可遮阳避雨，别具一格。转湖，汇溪水与湖水于一潭，周围垒"独角牛头""唐僧师徒西行"等太湖石造型，惟妙惟肖，几可乱真。

徐子星购买启园后，设想在园中创办医疗与慈善事业，因抗战爆发，未能实现。1938 年 2 月，日军侵占东山，启园被日伪军进驻，作过日军司令部，至抗战胜利，园已破败不堪。

中华人民共和国成立后,启园先后作过苏州专区疗养院及江苏省干部疗养院。1971年辟为吴县晶体管厂,园内建筑全被改成车间、仓库,损坏严重。1986年,启园被列为吴县文保单位后,工厂全部迁出。1987年,经上级拨款进行整修扩建,1990年元旦起正式对外开放。

附:翁巷明清园林

集贤圃 明代园林。乾隆《吴县志》载:"集贤圃,在洞庭东山风月桥北,里人翁彦升筑,亭榭水石之胜甲吴中。" 翁彦升,字升之,号亘寰,官光禄寺丞,故人称翁光禄。辞官归里后,在翁巷南湖畔购地数十亩,筑圃造园,取名集贤圃,含集天下名士之意。其处原为太湖滩地,湖涛涌堤,芦苇丛生,翁氏买下湖滩后,以毕生积蓄,用十年时间,筑成"远吞山光,近挹波影"的东山第一园林。其园规模宏大,景观极多,有开襟阁、群玉堂、来远亭、飞香径、朱渡桥、一叶居、寒香斋、漪漪馆、积秀阁等建筑与景观。在园中凭栏远眺太湖,可观浊浪滔天,鱼鼋出没,景色十分壮观。园成后,范景文、董其昌、陈继儒、王世仁等名士,常受邀饮酒优游其间,留下了许多诗作,成为名副其实的集贤之园。该园清初售于席氏,移建东园,今遗址已成苏州市水产研究所。原园内一株孩儿莲先移植东园,民国初年金氏购得移种春在楼(雕花楼)花园内,生长良好,年年花期繁花似锦。

湘云阁 又名湘妃楼,清代园林,位于翁巷双潭南面。清《具区志》载:湘云阁,在东山翁巷。处士翁青崖筑,以湘妃竹布地成纹,斑斓陆离,如锦缀绣错,真奇观也。处士收藏法书、名画、彝器、古玉甚富,皆罗列其中,游者至,比之倪元镇清闷阁云。翁彦博,字约之,号青崖,太学生,河南开封府同知。致仕后,在翁巷双潭之南祖基上,一掷千金,建造别具一格的"湘云阁"。清初昆山名士归庄至湘云阁一游,见园中古木交罗,名花奇石左右错列,崇台高馆,曲廊深院,几令迷失东西。尤其是湘云阁中,均以湘妃竹铺地成纹,斑然可爱。遂欣然为之撰《湘云阁记》。毁于20世纪60年代,今园址已成民房。

翁巷双潭

二、古木

余山榆树 位于岱松余山岛西,树龄约1000年。高20多米,胸围730厘米,树干下部中空,另长出一株朴树,高5米,生长良好,苏州市吴中区农业局挂牌保护名木,编号176号。据说宋初有位在浙江某县从政的赵姓官员,喜爱树桩盆景,致仕后隐居余山岛,随之带回了这一盆景。树桩越长越大,赵氏去世后,其子把榆树盆景栽之门前,长成参天大树。

余山银杏树 位于岱松余山岛东湾一席姓村民小院中,树龄约800年,树高20米,胸围350厘米,生长良好,每年大量结果。苏州市吴中区农业局挂牌保护名木,编号177号。

殿前银杏树 位于翁巷殿新村张师殿东侧天井中,树龄约500年,树高25米,胸围

420厘米，生长良好。苏州市吴中区农业局挂牌保护名木，编号184号。

翠峰坞银杏树 位于翁巷翠峰坞口，翠峰寺遗址。树龄约500年，高28米，胸围350厘米，生长良好。苏州市吴中区农业局挂牌保护名木，编号57号。附近有悟道泉、香花桥、仙人洞等古迹。

凝德堂银杏树 位于翁巷长生街凝德堂东院中，树龄约350年，高30米，胸围450厘米，生长良好，每年大量结果。原生长在凝德堂花园里，旁有花园潭，现花园已毁。苏州市吴中区农业局挂牌保护名木，编号59号。

天主堂银杏树 位于翁巷建新村天主堂前，树龄约350年，树高28米，胸围400厘米，生长良好，每年大量结果。原南侧有清建天主教堂，故得名。苏州市吴中区农业局挂牌保护名木，编号58号。

启园杨梅树 位于席家湖头启园内，树龄约350年，树高10米，胸围350厘米。清初康熙幸临东山，传说在该处上岸，在杨梅树下小憩，故附近筑有御码头。苏州市吴中区农业局挂牌保护名木，编号182号。

郑家宅银杏树 位于翁巷下席街郑阮三园中，树龄约300年，高25米，胸围350厘米，生长良好，每年大量结果。苏州市吴中区农业局挂牌保护名木，编号60号。

松寿堂柏树 位于岱心湾明代松寿堂前，树龄约300年，高15米，胸围200厘米，生长良好。

松寿堂黄杨树 位于岱心湾明代松寿堂前，树龄约300年，高15米，胸围150厘米，生长良好。

启园含笑花树 位于席家湖头启园五老峰小园中，树龄约200年，高5米，胸围200厘米。苏州市吴中区农业局挂牌保护名木，编号181号。

松家湾银杏树 位于岱松村宋家湾，树龄约156年，高15米，胸围250厘米，生长良好。苏州市吴中区农业局挂牌保护名木，编号178号。

坪磐榉树 位于翁巷坪磐双潭旁，树龄约150年，高6米，胸围250厘米。苏州市吴中区农业局挂牌保护名木，编号54号。

六品桥银杏树 位于翁巷西面六品桥旁，树龄约150年，高15米，胸围250厘米，生长良好。苏州市吴中区农业局挂牌保护名木，编号55号。

余山东湾榆树 位于余山岛东湾码头，树龄约150年，高15米，胸围150厘米，共有3株。

余山东湾椴树 位于余山岛东湾太湖畔，树龄约120年，高15米，胸围160厘米。

余山东湾沙朴树 位于余山岛东湾太湖畔，树龄约120年，高18米，胸围180厘米。

启园古松树 位于启园镜湖厅前，树龄约120年，高25米，胸围180厘米。

启园古榆树 位于启园环翠桥北岸，树龄约120年，高15米，胸围160厘米。

第六节　摩崖碑石

历史上，莫厘村境内摩崖石刻及庙宇、祠堂、街坊的各类碑刻多达上百处（见民国《乡志类稿》"洞庭东山金石"），但损坏消失较多，今保存有摩崖石刻10余处，碑石20余通，下择而析之。

一、摩崖

仙峤浮空 明代摩崖石刻，崖刻面积1.75平方米，位于杨家湾翁家山麓。楷书"仙峤浮空"四大字，每字高60厘米，宽48厘米，落款：时行书，旁有一方石刻印章。申时行为明苏州府吴县人，嘉靖朝状元、阁臣，与翁笾父子友善。翁家山为翁氏祖陵。万历三十五年（1607），翁笾去世，申时行为之撰墓志铭，并在墓旁山崖题字。

吟风冈 明、清摩崖石刻，在翁巷莫家坞吟风冈山麓。有三处：明代2处，清代1处，均为正楷，崖刻面积约2.5平方米。明代一处"吟风冈"三大字，右侧落款：大明嘉靖三十三年甲寅三月，张本五湖题，左侧一方石印，字迹较模糊。明代另一方摩崖面积较大，镌刻有一首古诗：青天半入石嶙峋，云里风和三月春。满径桃花自天地，狂吟时有谪仙人。亦为张本所作及题。张本，明代东山诗人，其诗文为王鏊、文徵明等所推重。相隔数步，有一方清代摩崖：大清乾隆三十三年戊子九月七世孙沈永舒又董重刊。张本原姓沈，沈永为其裔孙。

莫厘峰摩崖石刻群 原有民国题刻多处，今莫厘村域内访得"云涛极望"（民国十年金松岑题）、"湖心积翠"（民国十八年郑伟业题）、"旷观"（张一麐题）以及民国十八年张自明题游记四处摩崖。

海眼 明王鏊题（参见本章"古泉古井"）。

二、碑石

柳毅井碑 明碑（参见本章"古泉古井"）。

净志庵碑 明碑，高165厘米（碑身高140厘米，碑座高25厘米），宽52厘米，青石质，16行，349字，落款：崇祯十七年（1644）六月甲子，吴县二十六都一图里长席淳，族长吴云路、翁杼、吴有性等。内容为赞扬村中一席姓老妪至净志庵修行之德，砌于净志庵（鹅潭庙）门间东壁，保存完好。

东山汛期外出须知碑 清碑，高2.2米，宽1.08米，厚30厘米，重约300千克，落款：大清康熙元年（1662）。主要内容为东山汛期外出须知事项，属官府政务告示。该碑原砌于张师殿前猛将堂东侧壁间，现藏于庙东侧古银杏树下。

总督江南部院碑 清碑，高176厘米，宽80厘米，青石质，13行，493字，落款：康熙十四年（1675）八月三十日右谕通知告示。该碑砌于张师殿前猛将堂东屋壁间。内容为清时公益场所张师殿内，有地棍讼师唆使正常病故家属，挟尸诉讼他人，敲诈钱财，亦使衙内差役疲于究查，故出告示严申法纪，杜绝此类事件发生。

重建永思堂碑 清碑，高176厘米，宽80厘米，厚35厘米，28行，728字，青石质，落款：大清雍正十年（1732）壬子春正月十一世孙定周同男克昌谨识勒石。内容为翁巷吴氏一支先从武山迁查湾，元初从查湾迁翁巷，清初重建吴氏永思堂经过。该碑原在翁巷吴家祠堂壁间，现保藏于东山历史文化研究会。

特授江南苏松常等处太湖水利督捕分府管理洞庭等山民事碑 清碑，高145厘米，宽67厘米，青石质，16行，577字，落款：乾隆叁拾年（1765）拾月二十九日示。内容为鹅潭头长泾浜介福庵改办学校，翁席两姓原所捐庙产、所收花息皆作办学经费，任何人不得私擅动用。该碑原为鹅潭驳岸石，后被村民发现，今藏于鹅潭头净志庵中，保存完好。

修缮张师殿告示碑 清碑，高145厘米，宽66厘米，青石质，10行，503字，落款：咸丰捌年（1858）捌月廿一日立。砌于张师殿前小院壁间。内容为民间聚资修缮张师殿古庙及庙街道疏浚告示。

永禁践污张师殿碑 清碑，高154厘米，宽66厘米，青石质，11行，623字，落款：咸丰玖年（1859）正月廿一日立。该碑砌于张师殿前小院壁间。内容是张师殿为道士朱振所经管，属乡约讲书公坛，但被附近居民开设茶肆污秽践踏墙壁，府衙出示晓谕，违者严惩不贷。

严禁自尽图赖以重民命公告碑 清碑，高145厘米，宽66厘米，青石质，10行，516字，落款：同治七年（1868）十一月二日，署江苏太湖同知唐翰题捐刊石永禁。碑文内容为同治年间东山仍有讼棍利用他人自杀身亡之事图赖他人，严重扰乱社会安定，官府出告示，将予以严究。此碑原在张师殿前，现收藏于一村民家中。

整治官府借验尸行敲诈勒索公告碑 清碑，高154厘米，宽66厘米，青石质，18行，925字，落款：同治捌年（1869）五月立。内容为当时有太湖府（设东山）衙役借验尸为名，勒索当事人钱财之弊，并告知当事人，验尸一切费用均由厅署承担，事主不必支付分文。该碑现存放张师殿门前。

莫厘峰慈云庵碑 清碑，高145厘米，宽66厘米，青石质，11行，267字，落款：光绪叁拾壹年（1905）拾壹月初八日告示，发莫厘峰顶慈云庵僧慧空执守。碑文内容是莫厘峰为东山名胜，山顶慈云庵为席氏所建，有僧人经管，但有席氏不肖子孙以庙渔利，故府衙勒石严禁。该碑原掩埋于庙基瓦砾中，1999年，重建慈云庵时被发现，砌于弥勒殿外墙。

重修六角亭记碑 清碑，高66厘米，宽145厘米，青石质，28行，970字，落款：宣统纪元（1909）岁次己酉，莫厘鹿茵撰，海陵小文范述淹敬书。内容叙翁巷古雪庵清幽环境及建造六角亭之经过。该碑原在翠峰坞古雪庵印心石屋中，2002年，移至雨花胜境，砌于印心石屋壁间。

汤家场刘府中天王行宫捐建收支总记碑 民国碑，高176厘米，宽80厘米，青石质，17行，542字，落款：中华民国拾壹年（1922）翁思敞敬立。砌于汤家场村猛将堂东壁墙间。该碑为当年建造猛将堂捐建功德碑，记载极为详细，碑载建造猛将堂时有122人捐款、捐物及助地。捐款最多为沈延龄助银100元，次为慎思堂、容春堂、敦仁堂、容德堂、同德堂各捐银20—30元，大部分捐银10元以下，最少的捐4角。方晋云助地一分，汤荣高三昆仲助碑一计（块）。该碑保存完好。

第五章 中国传统村落翁巷

翁巷传统村落隶属莫厘行政村，位于莫厘山翠峰坞与太湖之间，西连东山镇殿新村，东临席家湖头启园，南至下席街，北靠翠峰坞。距东山市镇1.5千米，环山公路与湖滨路从村中经过，水陆交通便捷。唐宋时名中席村，明中期翁氏经商致富，购中席村筑翁巷。2017年年底，翁巷已与鹅潭头、汤家场、金家河4个自然村连成一片，面积37.7万平方米，有村民382户、人口1017人，形成翁巷传统村落。翁巷村紧连东山古镇区，为太湖风景名胜区东山景区的一部分，也是第五批中国历史文化名镇——东山镇的重要组成部分，2013年8月，公布为第二批中国传统村落。

第一节 古村风貌

翁巷传统村落坐落在莫厘峰东南部的山坞口，背后的山体为莫厘峰一支余脉，自北而南为芙蓉峰、翠峰、金牛岭、吟风冈，翁巷位于金牛岭与吟风冈之间，朝南一直延伸至长泾港水系，向北至菱湖（又称小北湖）北岸。金牛岭与吟风冈似东西两道天然屏风，护卫着大半个翁巷村。村后高耸的莫厘峰，则终年为翁巷遮风挡雨，尤其是挡住冬季西伯利亚的寒流侵袭，使村中冬天气温略高于周边地区，其村落选址较为科学合理。

翁巷整个地理构造属扬子准地台—钱塘褶皱带东部，山坡背斜呈45—55度，山顶峰岭及山坡中部大多为石质薄层红黄土，较为贫瘠，生长以马尾松为主的针叶树、橡树等。山坡下的谷地（称山坞）为太湖洪积物沉淀堆积形成，多为黄土，土质较深，是果林的主要种植区，种植杨梅、栗子等耐瘠果木。村落南部平缓地段，土壤肥沃，种植柑橘、枇杷、银杏等果树。滨湖较低的小平原，大部分为草渣土、细沙土、小粉沙土、青沙土等土壤，宜种植水稻、三麦、油菜、蔬菜。其中，也夹有一些旱地，用以栽桑或种瓜蔬，2000年后已易桑种果。

山区种植果林茶树，山头峰峦地带以薪炭林为主，有部分外国红松与果林混交。平原多种植稻麦、蔬菜。中华人民共和国成立后，原池塘埂种植的桑树逐渐发展为果林、茶园。村前堤岸栽种低矮灌木，河道旁植杉树、柳树，道路两侧植香樟树、桂树、玉兰树等，沿河滩有芦苇丛。

翁巷气候条件优越，水系良好，泉流遍布。属北亚热带湿润性季风气候类，临近海洋，加上太湖小气候的调节作用，具有四季温暖湿润，雨水充沛，光照充足和无霜期较长的气候特点，降水量集中在4—5月的春季，6—7月的梅雨季，每年春夏之交，莫厘峰、芙蓉峰、犀牛岭九峰之水，汇集至纯阳坞与翠峰坞，从翁巷村的长涧、翠峰路旁的暗溪奔流而下，明淌暗流灌溉村中的山林、果园、田地。翁巷地下水源丰富，水质良好，东山历史上十大名泉，村境内有柳毅泉、悟道泉、白龙泉、紫泉四泉。柳毅泉形成于唐代，井似不深，俯身可探掬，旱涝无盈涸，风摇亦不浊，井水香甜津润。悟道泉，形成于宋代，最宜煮茗，不在无锡惠山二泉之下。紫泉，形成于明代，清冽甘甜，可与坞中"悟道泉"媲美。白龙泉，形成于明代，该泉味淳性冽，宜煮茗酿酒，可提神醒脑。此外，村中还有普安井、龙泉、坊前井、箬帽井、花蕾井、荷花井等多口古井。

村落环境及整体风貌，依山傍水，宜于建筑村舍与居住，区域内农业以茶果为主。悠久的种养历史以及独特的小气候环境，孕育出一大批蜚声海内外的名特优产品，如碧螺春茶、白沙枇杷、乌紫杨梅、洞庭红橘、水晶石榴、洞庭皇银杏等，村民以种茶育果为特色产业。同时，因自然条件较好，人口大量繁衍，又地少人稠，生存压力大，从明代中期起，翁巷大批男性青壮年外出经商，形成著名的"钻天洞庭"商人集团，他们经商致富后，晚年大多回归故里，或大兴土木建造豪宅，或购买土地发展果林，加快了村落的发展。

第二节 历代遗迹

翁巷村古遗址有春秋烟火墩、唐代悟道泉、明代鹅潭庙、橘庄敞云楼、东园西花厅康熙行宫、中共东山支部诞生的安定小学遗址等，这些遗址大多保存较好。

烟火墩 又称烽火墩、望越台，在翠峰坞顶，吴越春秋古迹。清康熙年翁澍《具区志》载："在翠峰之左，有山如屏，顶筑方台，高阔各丈馀，曰烟火墩。相传春秋时吴王所筑，以瞭望越军动向。东山遗迹，此为最古。"莫厘峰周边山峦上共分布有数十处烟火墩。这些土墩，先在山顶垒成小型石室，然后在上面堆砌封土，成为圆形小山包，为吴越争霸时的军事设置。考古工作人员在石室封土内，发现及出土印纹硬陶罐、原始青瓷碗、豆、盅以及玉器、绿松石器等器物。这类遗存分布密集、特点明显，为吴越文化遗存。莫厘村境内共分布有7个烟火墩，其中翠峰山顶3处（1—3号）、芙蓉峰顶4处（4—7号）。这些土墩都筑在山势险峻的峰峦，视野辽阔，可眺望南北两处太湖，尤其是可西望湖州越国方向。

表4-1　　　　　　　　　翠峰山、芙蓉峰顶烟火墩情况统计表

编号	位置	形状	南北底径（米）	高度（米）	墩顶生长植物
1号墩	翠峰山顶	圆形	18	4	橡树、山竹、杂树
2号墩	翠峰山顶	圆形	19	4	橡树、竹、凤尾蕨
3号墩	翠峰山顶	圆形	12	3	橡树、金樱子
4号墩	翠峰山顶	圆形	18	4	橡树、松、凤尾蕨
5号墩	芙蓉峰顶	圆形	20	4	松、竹、凤尾蕨
6号墩	芙蓉峰顶	圆形	11	2	香樟、竹、凤尾蕨
7号墩	芙蓉峰顶	圆形	16	3.5	橡树、松、金樱子

悟道泉 唐代古泉，位于翁巷翠峰坞，山石垒壁，井径2米，深不可测。青石井栏，外方内圆。井栏高54厘米，外壁上口呈正方形，长宽各82厘米，下端长宽各85厘米。井壁内径呈圆筒形，高54厘米，半径46厘米。井栏外壁与内壁之间厚18厘米，内壁留有数十条当年汲水的绳痕，凹进1至2厘米。井栏镌有许多小字，但因年代久远，字迹风化，很难辨认。该井栏重约200多千克，在东山及吴中均属罕见井栏。

明王鏊《震泽编》载："翠峰之山居，曰悟道泉。雪窦演法时有千僧听讲，天衣义怀禅师者，愿汲水供众僧，久无倦意。忽蹉跌而化，桶涌白莲花，故名悟道。"其泉最宜煮茶，不在惠山二泉之下。有翁巷村人舍近求远，挑桶至翠峰坞汲泉水回家煮茶。翠峰寺为东山古代著名的游览胜地，悟道泉为寺中主要景点，宋代范成大、李弥大，明代沈周、吴宽、唐寅、文徵明、徐祯卿及清代叶松、张大纯等数十名文士先后游览过翠峰禅寺，悟道品泉，留下咏悟道泉诗30多首。

鹅潭庙 该庙又名净志庵、小柳毅庙。位于翁巷鹅潭村北面，尼姑弄西侧。明代建筑，一路两进，砖木结构，建筑面积320.2平方米。门屋壁间保存的《净志庵碑》载，该庵建于明崇祯十七年（1644）六月，由族长吴有性等立碑，公布捐户名录。后改成庙，祭祀柳

毅和龙女。鹅潭庙西侧的淡淡斋，为明末吴有性著医书《温疫论》之处。

吴有性（1587—1675），字又可，翁巷人。17世纪著名瘟疫病医治专家。崇祯十四年（1641），南直隶各省瘟疫流行，许多医家均把瘟病当伤寒症来治疗，结果误夭了数以万计患者的性命。吴有性经过临床仔细观察，发现瘟疫之病因，是一种不能见、闻、触到的"疠气"，乃从口鼻而传入的一种传染病。因而创立了"疠气"病因学说。著《温疫论》，对瘟病学说的发展贡献很大。书籍刻印传世后，医学家广为翻印，影响深远，康熙年间传至日本。

该庙现存门屋、大殿两进，虽历代多次修缮，但仍可看出明代风貌。门屋朝南，面阔三间，西侧一间为庙门，前有青砖侧铺的大道，后为大殿。《净志庵碑》就砌在门屋东壁间。门屋东面另有屋两间，可能为当时修行尼姑的生活之所。大殿三间，极为宽敞。中间两间为正殿，供祀城隍柳毅。东边一间偏殿，为原淡淡斋书馆，为明末吴有性著《温疫论》书馆，清时祀柳毅之妻龙女，改称奶奶殿。

1966年，净志庵先后作过鹅潭村食堂、会场、仓库，后附近村民又堆放柴草。2000年，村民筹资对鹅潭庙落架全面修缮，使之恢复原貌。

敞云楼 位于翁巷金家河观音堂东侧。清初建筑，一路两进，建筑面积233.1平方米。门屋南向，面阔三间，进深四界，梁圆作。正殿进深六界，大梁扁作。翁澍康熙《具区志》记载，清康熙二十九年（1690），内阁学士徐乾学奉康熙御书"博学明辨"四字，携《宋元通鉴》并征请儒林名流姜宸英、裘琏、胡渭等十四人至苏州东山，设馆于翁巷橘庄社西草堂敞云楼，纂修《大清一统志》及《明史》。

橘庄为翁天浩筑，《翁氏世谱》载："天浩，字元直，号养斋。少时因家境日落而弃儒经商，不数年，重振旧业，规模益宏，遂择地橘社之西，其先人欲筑圃未果处，营建别墅，名橘庄。"该园主要建筑有社西草堂、敞云楼、啸发楼、丽草亭等。徐乾学在敞云楼修书三年，康熙三十一年（1692），志书辑成离山，康熙又赐御书"光焰万丈"，制匾悬挂于修馆大厅。修书期间，徐乾学还汲引后学，赈恤孤寒，深得东山百姓爱戴，临去之时，多泣下者。书成次年，徐乾学病卒，享年62岁。敞云楼清末改称金家河老爷庙，祀土地神徐乾学，后改为灵丈侯庙。

东园康熙行宫旧址 位于翁巷东园西花园，凝德堂南面，清初建筑，占地面积951.4平方米，建筑面积347.1平方米。砖木及柱墙结构，小青瓦屋顶。清《太湖备考》载，康熙三十八年（1699）四月，康熙南巡至苏州，四月初四日至东山巡视，驻跸翁巷花园弄席

康熙行宫东园遗址（东花园潭）

康熙行宫东园遗址（西花园潭）

东园。该园分东、西两园,占地10亩,两园相连,有房屋一百多间,主要景观有击壤堂、望雪亭、荷房、桂花厅、东西假山潭等。

两园宅前有更楼,四周有高大的围墙,西侧即为著名的花园弄,长200多米,全用小青砖侧铺成人字形御道,为当年清帝康熙幸临席家东园后所筑。清初诗人席玗《春仲东园社集》诗云:"风光骀荡日初长,裙屐名流集胜场。静爱看棋临石室,闲拼纵酒学高阳。禽声巧和筝成曲,花气浓熏翰墨香。好续西园旧骚雅,清诗未许效齐梁。"

第三节 宅第特色

翁巷历史上古建筑较多,清末民初,有一定规模的民居厅堂72处,历经百年的风雨侵蚀和人为原因,保存有凝德堂、瑞霭堂、修德堂、尊德堂、务本堂、松风馆等古建筑34处,建筑面积约1.9万平方米。传统建筑以明清厅堂为主,砖木结构,粉墙黛瓦,前后带院落。其古建筑分布在从翠峰坞口至花园弄,约长一千米的平缓坡地与湖滨地带。厅堂单体面积较大,一般每宅有门屋、圆堂、花厅、住楼等四进以上房屋,加上边屋附房达一千多平方米,规模大的达两三千平方米。翁巷传统建筑顺应地形和街巷格局,基本上都朝向东南布置,不同类型建筑有不同的布置特色。

宅第布局 翁巷村的古民居平面布局虽因地制宜,山坞、坡地、湖滨有别,亦有一定规律可循。其住宅平面布置,自外而内,大抵先门第而茶厅、大厅、楼厅,每进房屋均隔以天井。楼厅以后,或临界筑墙,或辟园圃。凡正中纵线上的房屋,谓之正落。两旁的建筑物,称为边落。边落则建花厅、书厅,其后建厨房和附房。翁巷现存明清民居虽然每所宅第的规模、等级各不相同,平面布局原则基本一致。

中轴线为建筑布局的主体,体现居中为尊的思想。翁巷一些民居规模较大,一般前后三进,乃至更多,有多进多路,其中容春堂俗称"一百零八间",规模很大。其建筑布局,大厅位于中轴线上,由外至内设置门楼、照壁、门厅、轿厅、院门、大厅及里屋。左右两边轴线,设置客厅、花厅、书房、佛堂等。最后一进为起居场所,称为内楼。中轴线两侧均设厢房、附房杂间,北边附设花园。这种布局方式符合苏派民居平面特征,体现传统民居理念。其中,轴线纵深发展、对称布置布局方式,形成一个闭合的院落空间。

功能设置合乎传统礼俗,注重宗法观念和生活习惯。其布局方式规整,轴线清晰,反映了当地的经济、风俗、审美观念等诸方因素。民居的平面布局在使用功能上,合乎居住者的生活习惯。各类用房的位置、面积、装饰等反映封建社会的宗法观念和家族关系,倡导长幼有序、内外有别、多代同堂,如凝德堂、修德堂、古香堂等。

宅院选址多注重风水。翁巷一带过去流传着这样的选址要诀:"左边流水为青龙,右边山道为白虎。前边池塘为朱雀,后边丘陵为玄武。"如果能具备这四种条件,为最佳的建宅地点。翁巷村凡经济富庶的官宦或商贾,即使受到村庄聚落地形制约,也力求因地制宜,将宅第的选址与设计缜密安排,在翁巷容春堂、凝德堂、务本堂等多处建筑中体现得十分明显。

厅堂构件 宋元时期,很多北方大族迁居翁巷,特别是宋室南迁,将部分中原建筑元素融入苏式建筑中，使村中的民居住宅很具特色，如尊德堂、景德堂、乐志堂等。将军门一般都设置高门槛、门枕石，显得宅院威严庄重，气派不凡，特别是其住宅常用六扇竹丝墙门的做法，具有独特的地域风情。尊德堂还有其特色建筑，如牌坊仪门，当地人称之"福寿墙门"。门为硬山顶，两侧砌八字墙砖细，这样的形式在东山地区较为少见。

村内一些民居建筑大多一米以下用黄石（当地产的山石，因色黄而称黄石）砌墙体，富室亦不例外。究其原因墙体可防潮，但更主要的是防盗贼夜间掘洞行窃，因这种墙体山石互相交叉，石块较大，若掘壁洞，一不小心就会坍塌，当地称"贼哭墙"。还有在山墙山尖处，用砖堆成凸出墙面的呈人字形博风，体现明代建筑特色遗风，极具地方特色。由于区位原因，翁巷所在的东山半岛远离苏州城，坐落较偏远的太湖中，常有匪患侵扰，加之山风猛急，因此村中建筑的外墙上常开博望洞，窗户少且较小，如益庆堂、建德堂、务本堂山墙。

翁巷很多宅第民居，因古代没有玻璃，选择使用满天星方格式的蠡壳窗，这种"蠡壳"是用贝类壳加工成透明薄片装饰窗格，起到光线明亮的效果，为明清时代江南建筑的一种特色。但贝壳片靠手工磨制，工艺比较烦琐，所以只有富裕家庭才能配置蠡壳窗。

房屋装饰　明清翁巷民居的装饰均以砖雕、木雕、石雕、彩绘为主，题材大多为祈盼五福祥瑞的民间传统题材，内容有花卉、鸟兽、人物、戏曲典故等。其装饰风格，明代简洁古拙，清代烦琐细腻。建筑装饰又以门楼为重点，外面朴素简洁，内侧丰富细致。梁架木雕较少，多集中于构件交角处，梁体本身多较朴素而极少雕刻。大厅的重点梁桁中间，一般喜施苏式锦袱彩绘，大户人家的梁桁彩绘，装饰时还夹杂金粉以显示宅第的富丽。装饰多施用于主要的建筑结构部位，主次有序，层次分明。

装饰题材大多采用动物、植物等吉祥物，以象征、寓意等手法寄予追求"福禄寿"的理想和意愿；或将民间流传的传说典故、历史故事，经艺术处理美化建筑，并起到对自己及家眷的品行教化作用。凝德堂的彩画集苏式彩画之大成，正厅上的彩画，分别施于梁、枋、檩、山垫板处，连斗拱亦以色勾边上彩。正厅三架梁上绘"正搭包袱式"彩画，五架梁上绘"枋心上搭反袱式"彩画，因摆布得法，于统一中产生变化。脊梁锦袱彩绘中，画三个菱形方块，组成"三胜"。"三胜"中央又画笔、锭，喻为"必定高升"。厅堂内所施画题，以花卉为主，杂以锦纹。包头部分亦绘有宝相莲花。凝德堂彩画装金，图案秀丽，宛如织锦，足见当年房主的社会地位和富裕状况，属明代苏式彩画的典型。

儒商结合，寄托对科举进仕的情怀。翁巷大族历朝重视文化教育，加上中原达官显贵迁居东山，"学而优则仕"成为社会的主流思想。即使富甲一方的商贾也希望子孙有大好仕途，这些愿望也显露在建筑装饰中。

融入淳朴民风与"和合"精神。翁巷人虽然善于经商，但当地的民风始终比较朴实。这与中原移民带来的礼仪有关，"士笃于行，女安于室，淳厚之风蔼然"。淳朴的民风必然造成和谐的人际关系，家族中的矛盾往往能内部调解，很少诉诸官府。一种"和合"精神弥漫翁巷。在古宅第装饰里，祈愿和合的象征图式随处可见，如尊德堂、古香堂、乐志堂等宅第中，柱础木雕覆盆式荷叶墩，则是和合传统的体现。

寄托美好的生活寓意。装饰中多刻有珍禽、瑞草等图案，如"宝相莲花""麒麟送子""凤穿牡丹""五福捧寿"等吉祥图，体现了主人对家族和子孙的希望。

外墙装饰，色彩以粉墙黛瓦为主，都在外部墙体涂刷上青黑色，这也是翁巷村及东山地区墙面做法的一种特色，在粉刷涂料中掺杂了轻煤。主要原因是东山地处湖中，四季风雨疾速频繁，对砖木结构的房屋侵蚀很大，用黑色轻煤涂刷墙面，可缓冲风雨对墙体的侵蚀，保护住宅。

第四节　保护规划

2006年，东山镇制订《苏州市东山镇总体规划（2006—2020）》，对翁巷古村落进行保护。2007年，制订《苏州市东山镇翁巷古村落保护与建设规划》，该规划首次划定翁巷古村落重点保护区和传统风貌协调区，提出严格保护翁巷历史形态空间格局和传统风貌；保护构成历史风貌的各个要素及具有地方特色的人文景观、民俗风情。

2016年，由苏州市规划设计研究院制订《中国传统村落苏州市东山镇翁巷村保护发展规划》，包括"前言"共9章，30节，92目。该规划首次全面系统地制订了翁巷古村落的保护与发展规划，确定古村重点保护区和传统风貌协调区。

保护范围　莫厘行政村下辖的翁巷村区域（包括鹅潭头、汤家场、金家河共四个自然村）及周边控制区域，面积37.70万平方米。划定翁巷传统村落核心保护范围，以"Y"字形街巷格局为基础，包括花园弄、翠峰路、席家河石塘等历史街巷在内，北至三号桥124号，南至西花园，西至勤和堂、建德堂、益庆堂、昭德堂、翁家祠堂沿线，东至瑞霭堂、乐志堂、凝德堂、载德堂、钟德堂、树德堂沿线的区域，面积为7.92万平方米。

保护内容　"一山二水、一带一村两片、多点多项"的保护结构："一山"，含莫厘峰、芙蓉峰、金牛岭、吟风冈及翠峰坞、纯阳坞在内的莫厘峰东北山体。"二水"，历史水系金家河与长泾浜。"一带"，花园弄延伸至翠峰路山体、翠峰路延伸至席家河石塘形成的"Y"形传统村落保护带。"一村"，翁巷传统村落。"两片"，翠峰坞寺庙遗址片区、纯阳坞寺庙遗址片区。"多点多项"，数量众多的物质文化遗存、人文环境资源与非物质文化遗产。

保护框架　"依山而筑，靠山面湖，两水穿村"的山水格局，莫厘峰、芙蓉峰、翠峰坞、纯阳坞、金牛岭、吟风冈等山体，金家河、长泾浜、泄洪河、柳毅泉、悟道泉、紫泉、白龙泉等水系，"翠峰松径""悟道品泉""印月怀古"等历史名景与山林景观。

保护重点　全国重点文物保护单位凝德堂，江苏省文物保护单位瑞霭堂，苏州市文物保护单位松风馆、修德堂、尊德堂、启园等4处，苏州市控制保护建筑同德堂、务本堂、乐志堂、容春堂、古香堂、景德堂、容德堂等7处。2008年，第三次全国文物普查新发现的文物点6处，较好院落的传统风貌建筑13处。

同时，重点保护翠峰山土墩石室、望越台、翠峰坞、纯阳坞寺庙群遗址，以及翁巷古村落内16座砖雕门楼、1座巷门、3处特色山墙、7座古桥、15口古井、20多株古树名木、7个历史水潭和其他历史环境要素。

保护措施　规划内容分全国重点文物保护单位和省、市文物保护单位，市控保建筑，"三普"新发现文物点，其他传统建筑，物质文化遗存等五个方面。

（一）全国、省、市文保单位

对凝德堂、瑞霭堂和4处市级文保单位，严格按照《中华人民共和国文物保护法》予以保护,规定保护范围和建设控制地带、保护要求及措施。

1. 贯彻"保护为主,抢救第一,合理利用,加强管理"的方针,在修缮的前提下,文物古迹合理利用。其建筑本体与环境均按文物保护法要求进行保护,不改变文物的原有状况、面貌及环境。如须进行必要的修缮,应在专家指导下遵循"不改变原状"的原则,做到"修旧存旧",严格按审核手续进行。保护范围区内如有影响文物原有风貌的建筑物、构筑物必须坚决拆除。增设必要的防火设施,四周留出防火通道。

2. 保护建设控制地带内的传统风貌建筑,加强修复,拆除影响文物保护单位周边环境的建筑物、构筑物。严格控制区域内新、改、扩建项目,如必建房屋,其形式、高度、体量、饰面及建筑色彩、尺度,必须与文物保护单位历史风貌相协调。凡建设项目必须经文物行政主管部门同意,规划行政主管部门严格审批后实施。

3. 落实专人定期进行日常保养。实行文物保护登记制度,定期对文物状况进行检查并及时记录在册。实行日志制度,详细记录每日参观人员数量和基本情况。对文物建筑进行详细测绘,建立文献图片档案,作为保护和修缮的文献依据。

(二)市控制保护建筑

按照《苏州市古建筑保护条例》(2002年10月)第三条规定,控制保护建筑"是指尚未公布为文物保护单位的建筑物、构筑物。包括两类:一是建于1911年以前,具有历史、科学、艺术价值的民居、寺庙、祠堂、义庄、会馆、牌坊、桥梁、驳岸、城墙、古井等建筑物、构筑物;二是建于1949年以前,具有重要纪念意义、教育意义的优秀建筑和名人故居"。

保护要求及措施:控制保护建筑不得擅自拆除或迁移易地,不得随意改变和破坏原有建筑的布局、结构和装修,除经常性保养维修和抢救加固工程外,不得任意改建、扩建。如须重点修缮与局部复原建筑物、构筑物等工程,必须经文物行政主管部门同意,报规划部门批准后实施。

(三)"三普"新发现文物点

2008年,第三次全国文物普查中,翁巷古村新发现了大量明清及民国古民居,列入古村保护规划。

1. 保护对象:树德堂、建德堂、益庆堂、载德堂、善庆堂、顺德堂及王宅、陆宅、金宅、赵宅等共19处古民居,应保护其外观风貌,根据历史文化价值和完好程度进行针对性的落实保护措施。

2. 保护要求及措施,按具体情况进行分类,对于保存完好的可提升为控保建筑或文保单位,按照对应等级的保护要求和措施给予保护;对于保存一般的予以登录造册,但不得整体拆除,如须落架大修,必须经文物行政主管部门批准。

(四)其他传统建筑

1. 建筑物的改善与整治,提出保护与整治措施,包括立面修复与整治、增补庭院绿化、体量与色彩控制、内部设施完善,部分建筑结合功能的调整适当改变内部布局。

2. 民居群落的环境整治,鼓励村民积极自主参与到环境整治保护工作中,按照一定的整治标准统一进行,包括立面整治、按传统铺砌式样更换地面铺装、庭院空间整治、改造围墙、更新雨篷、店招等。

3. 使用功能调整引导,即翠峰路向南至花园弄、下席街;翠峰路向东延伸至席家河石塘,"Y"形传统村落保护带街巷两侧的传统民居,可赋予旅游服务的新功能,包括零售、餐饮、旅馆等普通商业功能,也可发展与传统产业、时尚文化相结合的文化商业功能,做到保护与利用相结合。

(五) 物质文化遗存

1. 山体，保护传统村落的背景山体，包括莫厘峰山麓至吟风冈—芙蓉峰—金牛岭的山体区域。保护山体地形地貌、植被和果林等自然环境和景观以及现存古遗址等历史文化资源。山体划分绿线控制，其内不得进行开山采石、取土、砍伐林木等破坏山体形貌、植被和生物多样性的活动。对局部破坏山体进行生态性恢复。

2. 水系，保护金家河、悟道泉、柳毅泉、紫泉等历史泉池以及双潭、西花园潭等池潭，维持其水环境质量，避免污染。结合村落历史格局、村落防洪需求，恢复长泾浜水系，并与渡水港连通。严禁侵占水体空间，定期疏浚清理河道，沿岸禁止污水、废水排放。通过多样化的水埠、绿化等措施加强景观及生态效果。

3. 景观，保护"翠峰松径""翠峰登高"等包括果林、自然植被在内的山林景观，保护翠峰坞、纯阳坞传统登山道。历史道路恢复传统铺装，恢复部分历史景点。

4. 名木，对双潭吴54号古榉树、翠峰寺遗址吴57号古银杏树、启园内吴179号古含笑花等村落内24株重要古树名木，根据《苏州市古树名木保护管理条例》进行保护。加强古树名木的普查、登记和建档、挂牌工作。建立古树名木的分级保护制度及加强养护管理，严禁任何损害古树名木的活动和行为。

5. 古桥，保护香花桥（在翠峰寺遗址）、普安桥（在金家河村）两座古桥，保持其古意。对破损构件进行修复，采用原材料，按原样式进行，对其周边环境进行整治，设置保护标识。在不影响村庄发展和传统风貌的情况下，对泄洪河上1、2、4号桥进行保留，并整治加固。3号桥须结合街巷规划进行重建。

6. 古井，保护普安井、柳毅井、荷花井等古井及井旁附属物，整治周边环境卫生，保护水体不受污染。结合井台空间整治加强保护。对每口古井建立档案、设置保护标志。私家水井结合庭院空间加以保护整治，敷设排水设施，解决日常排水问题。

7. 门楼，保护村内现存的16座砖雕门楼，对所有砖雕门楼进行单独的建档工作，设立保护标志，并制定相关管理和修缮的具体细则。

8. 古潭，保护村庄内双潭、西花园潭、东花园潭、贾家潭、鹅潭等涧溪池潭，维持其原有布局，禁止填埋。定期对水塘进行清淤、加固驳岸，延续其防洪泄水、市政消防、村民洗涤的传统功能。划定水塘四周5米范围内为水塘保护控制范围。

第五节 古建维修

翁巷村古建筑维修，分政府拨款和民间筹资修缮两部分，以民间修缮为主。该村古建修缮始于1980年，主要为政府拨款修缮。1995年起，上海、苏州等地一批商人，开始至翁巷购买古宅，并进行全面修缮。2017年年底，翁巷村有10座规模较大的古建筑得到保护性修缮，恢复原貌。

凝德堂修缮 该宅位于翁巷建新村25号，原居住新民大队第2、3生产队8户村民，后住户建新宅而逐渐搬离，房屋长期空关，损坏严重，大厅后面屋面坍塌，大厅东西两侧小楼岌岌可危。1980年，吴县文管会筹资1.5万元，及时修缮凝德堂大厅与两侧小楼。2004年11月1日，吴中区文物管理部门再次对凝德堂进行大修，2005年4月19日竣工，历时169天。由苏州太湖文物古建筑公司承接修缮工程，恢复大厅、左右小楼、仪门、门屋、门厅等原貌，尤其是对大厅及门厅梁上的88幅明代彩绘进行保护性修复。2006年，凝德堂被公布为全国第六批重点文物保护单位。

启园修缮　位于翁巷村席家湖头，原为翁巷村旅沪商人席启荪的私家园林。1970年，启园内建办吴县晶体管厂，园内建筑遭到很大损坏。1986年，启园列为吴县文保单位，遂将工厂全部迁出。1987年，吴县市政府、旅游局投资400多万元，对启园古建筑进行全面修缮，恢复了镜湖厅、复廊、北楼、转湖、挹波桥等原有建筑，又新增堂、馆、亭、榭10多座。全面疏浚原有河道，并种上荷花。新建启园大门，整修沿湖石驳岸，新置260米的铁链石柱栏等。1990年元旦起，启园对游人开放。

容春堂修缮　位于翁巷汤家场，清末翁巷村刘徇如建，建筑面积2921平方米。该宅为公管房屋，1970年起，长期作为工厂集体宿舍使用，有较大损坏。1990年后，房屋又长期空关，古宅损坏严重，近一半建筑摇摇欲坠。2017年，苏州文旅集团（所属苏州万和商旅发展有限公司）投资2654万元，招聘苏州香山古建园林工程有限公司修缮，对该宅中轴线上门屋、大厅、前楼、中楼、后楼以及西路花厅、茶厅、书楼、后花厅等建筑群全面修缮。其中，落架修复1700平方米，坍塌后按原屋重建1221平方米。

务本堂修缮　位于翁巷太平巷，该宅属翁思永、翁思镇兄弟祖传房屋，清早期建筑，因年久失修，门屋、大厅有较大损坏，尤其是大厅屋架移位，柱子倾斜，急需抢修。2005年，由苏州季福生、肖纪萍夫妇购买。2007—2008年，季氏夫妻对务本堂门屋、前厅、后门全部落架修缮，耗资520多万元，其中，古建修缮斥资350万元，宅内恢复门窗、砖雕、壁画等斥资170万元。

瑞霭堂修缮　位于翁巷殿新村20号，建筑面积493.56平方米。该宅属席永年祖传宅第，门厅、大厅已毁，唯一保存的住楼因年久失修，东楼前屋桁条断裂，即将坍塌。席氏去世后，房屋又长年空关，损坏更加严重。2002年，苏州宋氏购买后，采取保护措施。2017年1—7月，宋氏筹资150多万元，对瑞霭堂进行落架修缮，更换楼厅前桁2根及数十根椽子，恢复东西楼梯、楼厅18扇明式落地长窗及36扇明式矮窗。

建德堂修缮　位于翁巷殿新村81号（黄濠嘴），建筑面积362.1平方米。该宅原规模较大，属严家隆、严家泷祖传宅第，后严氏家族迁上海、苏州等地定居，房屋长期空置，1998年，门厅、大厅倒塌。1991年，剩余房屋卖上海商人。2000年，翁巷村席时珞兄弟合资从上海商人手中转买下建德堂，筹资50多万元，修复门厅、住屋。

古香堂修缮　位于翁巷坪磐东三茅弄，建筑面积390平方米。该宅清初翁姓所建，康熙年间翁澍在宅中撰写刻印《具区志》，称古香堂刻本。约清末翁氏售于葛姓，葛氏裔孙居上海，房屋长期关闭，损坏极严重，所存后楼即将倒塌。1998年，上海书画家吴敏琪购买后，耗资50多万元，对后楼进行落架修缮，恢复原貌。

景德堂修缮　位于翁巷徐家湖村，建筑面积785.2平方米。该宅严氏清道光年间所建，属公管房屋。1990年后，原租户迁出，房屋长年关闭，年久失修，大部分房屋已破损。2005年，由苏州商人钟承购置。2006—2007年，筹资250多万元，对门楼、住楼、后住屋全部落架修缮，增添木料、砖瓦，恢复前后楼全部门窗，整幢古宅修缮一新。

松风馆修缮　位于翁巷坪磐东三茅弄，建筑面积788.71平方米。民初翁巷画家席朴故居,后成公管房屋,有多户村人租住,因年久失修,主楼与西楼均破损严重。2002年,东山镇政府迁移安排住户搬离松风馆,对古宅进行保护。2005年,由张家港商人购买。2006—2008年,耗巨资对松风馆进行全面修缮,其主楼前廊恢复了垂花板、竹节柱、垂莲柱等雕刻装饰,使之成为翁巷古村落的标志性建筑。

树德堂修缮　位于翁巷金家河村(今湖湾路70号),建筑面积2312.7平方米。清初刘氏所建,东山公管房屋,1970年起为吴县晶体管厂工人宿舍,遭到较大损坏,门窗、备弄等几乎全部被毁,但房屋梁架、立柱、屋面等主体结构未损。2000年,上海许姓商人购买后,耗巨资修缮三年,全面修复门楼、照厅、大厅、前后住楼及东侧书楼、花厅等30多间房屋。

东岳庙修缮　位于东街殿新村。东岳庙始建于宋代,明清两朝经过多次修缮。1950年起,先后为东新粮站、东街发电站、供电站仓库等。2008年,附近村民及一居士捐资14.48万元,于农历二月初一动工,至三月十二日竣工,全面修复了东岳庙大殿及前进猛将堂,恢复了东街一处宗教场所。

第六节　"非遗"保护

翁巷村列入区级以上非物质文化遗产保护项目有4项,其中国家级1项:碧螺春炒制技艺;省级1项:东山抬阁;市级1项:猛将会;区级1项,东山婚俗。此外,翁巷村列入东山地区非物质文化遗产保护项目有传统文化、民间技艺、民俗节庆、重要历史事件、名人诗词等。

一、全国、省、市、区"非遗"项目

碧螺春炒制技艺　国家级"非遗"项目,属传统技艺(详见"物产"章)。

抬阁　江苏省"非遗"项目,起自南宋,属传统体育、游艺与杂技。抬阁,又称"抬戏",是一种以高空杂技表演为主的古老剧艺,被誉为"流动在大街上的舞台,招摇过市的戏文",已有800多年历史。东山抬阁始于宋代,起源于中原。这种民俗风情被带入太湖地区后,经过元明两代数百年的融合演变,到清初已形成技艺、服式、表演风格独特的东山抬阁。清朝康熙年间,东山抬阁表演已成燎原之势,每年清明前后的"三月会",前后山及武山72个自然村,村村都装有抬阁,各显神通,以预祝来年风调雨顺,蚕花茂盛。

翁巷抬阁均由真人装成,颇具情趣与欣赏价值,所扮演内容都取自群众喜闻乐见的戏剧故事,由8—9岁的孩童扮演,每只抬阁一般由一男一女两个孩童(亦有3个孩童)扮演。抬阁的制作与装扮极具技巧,先是在其木座上特制一根铁杆,高3米。其根生于座子中,上下两节,用榫头衔接。上下铁杆上各吊一小椅,仅容演孩坐下,用整幅布将演孩下半身连椅紧紧包裹,因小铁椅是吊着的,虽被裹紧,但未固定,仍能晃动,不觉呆板。上下演孩面部化妆后,均穿上装有假脚(着靴或戏鞋)的裤子,再穿上戏装,女的还系上彩裙,打扮得与成人相似。下面的铁杆弯曲从男孩戏衣袖中伸出,贯穿于道具中,衔接上面女孩一只假脚中的铁杆相合榫,在水袖、裙幅等道具的巧妙掩饰下,远视极像一脚踏在道具上,一脚悬空，既惊险，又飘然自若，甚为精彩。

"文化大革命"中，抬阁被作为"四旧"扫除，翁巷村制作抬阁的老艺人也相继去世。1984年，东山农村迎来了联产承包的第一个好年景，乡党委书记金桂定同乡贤们商议后，设法征集到了2张中华人民共和国成立之初出抬阁的老照片，又在翁巷村寻觅到了一位80多岁的装抬阁师傅，同年国庆节恢复了4只抬阁，上大街表演，极受群众欢迎。后东山抬阁逐渐增多，至2015年，东山镇12个行政村，村村都恢复了抬阁。

猛将会 苏州市"非遗"项目，起自明代。翁巷民俗风情中，以正月上旬出"猛将会"最热闹。山人称抬猛将神出巡为"出会"。不仅村村都有猛将堂，甚至连有的家庭亦有供奉。

猛将神"出巡"已成东山最重要的民间风俗。翁巷出猛将会已有数百年历史，历史上刘猛将真有其人，名刘承忠，广东吴川人，元代官都指挥使，因督兵捕杀蝗虫而受到百姓爱戴，死后百姓立庙祭祀。翁巷出猛将会，源于明，盛于清，民国初期达到高潮。据史料记载，东山历史上曾利用猛将会以及晚上各村在猛将堂前旗杆上高悬塔灯，吓退明嘉靖年间的海寇、明末清初的湖寇等。

中华人民共和国成立后，出猛将被取缔。"文化大革命"中，翁巷村许多寺庙被拆毁，猛将神也无法免幸，全部被砸烂或烧毁，翁巷的猛将堂因改作生产队仓库而得以保存。2009年，翁巷席家湖头猛将堂恢复重建，以后每年春节期间，从年初三至正月十五，翁巷村几乎天天出猛将，盛况空前，全村男女老幼几乎人人参加表演与观看。

婚俗 吴中区"非遗"项目，起自南宋，属人生礼俗。翁巷村婚俗隆重吉祥而含意丰富，从男女青年定亲至完婚有一整套过程。定亲时有"授茶""定盘酒""派糖"等礼仪。结婚时有"落桌""碰风""行嫁日""巡抚台""回门""三吹三打""热络""哭嫁""泼水""猜拳"等仪式。尤其是猜拳，双方口中猜出的数字从一至十都很吉利：一品到、二上坐、三星照、四喜发财、五经魁、六六顺、七巧来、八仙早、九长寿、十全十美或全福。据说翁巷猜拳的拳语（俗称趣名）出自宫廷，所以被称作宫廷拳。

二、村级"非遗"保护项目

1. 传统文化

洞庭商帮与宗族文化 保护内容：洞庭商帮翁、席、刘、严、金家族在翁巷发展变迁历史及相关建筑遗存。保护措施：在翁家祠堂设置展示馆，全面展示这些家族在翁巷的发展轨迹，洞庭商帮的兴衰与翁巷的发展历史，制作翁巷大族名人雕塑或墙体、地面浮雕等，展示历史人物及其相关事迹。

堂号文化 保护内容：翁巷村现存的30多座堂号（包括历史上40多座）。保护措施：研究堂号与商帮、宗族的分布关系，并在修德堂设展示馆予以展示，同时在各座古宅院落树立明显标识。

宗教文化 保护内容：纯阳坞、翠峰坞、法华坞寺庙遗址及东岳庙、净志庵、猛将堂、城隍庙。保护措施：加强古庙遗址保护，明确各遗址位置与名称，将其纳入遗产展示利用体系，树立明显标识。

2. 民间技艺

碧螺春茶制作技艺 保护内容：炒制碧螺春茶传统灶锅、工具、技艺。保护措施：培训传承人，在凝德堂展示碧螺春茶制作技艺演示。

建筑彩画技艺 保护内容：凝德堂、瑞霭堂、务本堂等10多座明清老宅梁上明清彩绘。

保护措施：凝德堂设彩绘馆，用图片展示翁巷古宅彩绘。

木梯、勾篮制作技艺 保护内容：翁巷各类采摘杨梅、枇杷、橘子必备的木梯、勾篮、板勾。保护措施：在凝德堂辟一室，设置木梯制作、勾篮编制演示。

3．民俗节庆

保护内容：正月猛将会、四月城隍会、六月莫厘峰伴观音等庙会习俗以及翁巷村宗教习俗、岁时习俗、生活习俗等。保护措施：结合村民活动与旅游活动，重大节日（如春节、元宵节、中秋节等）在其相应场所与线路开展特色民俗活动，成立村落猛将队、抬阁队，营造浓厚传统习俗生活氛围。

4．名人诗词

保护内容与保护措施：唐白居易、宋范仲淹、南宋范成大与明沈周、唐寅、祝允明、文徵明、徐祯卿等名人为翁巷翠峰寺、悟道泉、古雪居等名胜古迹所作诗文，收集整理后出版，在容春堂设展览馆展出，运用现代科技设计手法恢复当年名人景观。

5．地方特产

保护内容：碧螺春茶、白沙枇杷、乌紫杨梅、洞庭红橘、洞庭银杏及绿豆饺、藕丝饼、咸馅团子、长脚粽子等。保护措施：结合村民增收与旅游发展，在村内开展农产品采摘与农家乐经营活动，使游客体验当地特色果品与饮食文化。

6．历史记忆

保护内容：柳毅井、翠峰寺、纯阳坞、金家河（湖）、长泾浜、长生街、花园弄、上席、中席、下席、席家湖等地名。保护措施：深入挖掘历史典故，整理柳毅传书、金牛岭的来历、金家湖和纯阳殿的故事等民间传说并出版。恢复历史地名，在相关地设置介绍牌。

附：中国传统村落苏州市东山镇翁巷村保护发展规划（2016）

第一章 总则

一、规划目标

深入挖掘翁巷传统村落的历史文化内涵和价值特色，完整保护翁巷传统格局、风貌和山林自然景观环境；改善村落基础设施、公共设施等人居环境，彰显传统村落风貌特色。利用丰富的历史文化资源，延续和拓展其使用功能，开展研究和教育实践活动，发展有文化内涵和高品质的服务型产业。促进翁巷历史文化保护和经济社会发展。

二、规划范围

翁巷及下辖汤家场、金家湖、鹅潭头四个自然村建设用地及周边控制区域，面积为37.70万平方米。重点：西起翠峰坞、纯阳坞，东至"东山宾馆—启园—湖滨路—将军街"一带，面积约为2.5平方千米。

三、规划期限

2015—2030年。

四、规划原则

坚持传统村落保护的真实性、完整性以及经济发展、传统生产生活和文化形态、生态环境的延续性。

五、规划策略

1.全面保护历史空间格局和传统风貌，村落依存的自然环境景观；保护各类物质文化遗存及地方建筑特色和传统工艺。

2. 保持村落历史文脉、传统功能和原住民生活的延续性，鼓励传统特色产业和乡村休闲度假产业的发展，并合理引导商业开发和旅游活动。

3. 改善人居环境和居民生活质量，完善生活配套设施，因地制宜采取灵活技术措施进行基础设施建设。

第二章 村落特色与历史文化价值

一、自然环境与山水格局

1. 村落格局："依山而筑，靠山面湖，两水穿村"山水格局。村落位于莫厘峰下，背山面湖，山体呈U形，保存较为完整。

2. 村落选址：地势较为平坦，地形开阔，土质宜耕作和建设村落，村落形态受自然地形的局限较小，大型住宅多。

二、历史景观

1. 历史景观："翠峰松径""翠峰登高""仙峤浮空"三大历史名景。

2. 历史名泉：柳毅泉、悟道泉、紫泉、白龙泉。

三、村落历史发展

历史悠久，其发展与洞庭商帮氏族发展一脉相承。呈现"起于唐，兴于明清，显于翁氏、席氏，多族聚居，由经商起家到富甲一方"的发展过程。

四、环境与整体风貌

村落呈现由西至东"山—庙—村—湖"的整体空间格局，分为四大片区：莫厘峰、芙蓉峰—翠峰坞、纯阳坞—吟风冈—金牛岭四个山林片区；其中同翠峰坞寺庙片区、纯阳坞寺庙片区与翁巷村落居住片区相连。

五、传统建筑

村落历史上曾有上百处寺、庵、庙、观、亭、塔、私家园林、祠堂、古墓、牌坊等丰富传统建筑，有古遗址、古井、古桥、砖雕门楼等大量历史环境要素。这些建筑体现明清香山帮鲜明的地方建筑特色、风格和传统工艺。村落现存传统民居多属太湖流域穿斗式木构建筑体系。

六、人文环境资源与非物质文化遗产

村落人文环境资源丰富，文化特色鲜明，孕育发展了以洞庭商帮席氏、翁氏家族为代表的洞庭商帮文化、宗族文化、堂号文化。

第三章 村落保护规划

一、保护框架及对象

1. 保护框架："莫厘翠峰、山坞妙景""翁巷千年、遗迹存萃""洞庭儒商、底蕴深厚"三大保护主题，分别对翁巷的自然景观、形成环境与整体风貌、人文环境资源与非物质文化遗产进行保护和展示。

2. 保护对象：翁巷古村落物质文化、遗产、自然景观及"依山而筑，靠山面湖，两水穿村"山水格局。

（1）山体：莫厘峰、芙蓉峰、翠峰坞、纯阳坞、金牛岭、吟风冈。

（2）水系：金家河、长泾浜、泄洪河、柳毅泉、悟道泉、紫泉、白龙泉。

（3）古遗址：土墩石室、望越台遗址、翠峰坞、纯阳坞寺庙群遗址。

（4）文物保护单位：严氏凝德堂、席氏瑞霭堂、严氏修德堂、席氏松风馆等6处。

（5）控制保护建筑：严氏同德堂、翁氏务本堂、刘氏容春堂、严氏乐志堂等7处。

（6）三普新发现文物点：刘氏树德堂、严氏钟德堂、建德堂等6处。

（7）传统风貌建筑：刘氏顺德堂、叶氏天香馆、翁家祠堂等13处。

（8）历史街弄：翠峰路、翁巷、花园弄、下席街、长生街、席家河石塘。

（9）砖雕门楼：16座。

（10）古桥：香花桥、普安桥、姚家桥、长涧桥等7座。

（11）名木：500—1000年树龄古树3株、100—200年树龄古树24株、100年树龄群9处。

（12）池潭：双潭、西花园潭、东花园潭、鹅潭、长涧潭等7处。

（13）非物质文化遗产：洞庭商帮文化、碧螺春茶制作技艺、民俗节庆、岁时习俗。

二、保护结构

一山二水、一带一村两片、多点多项保护结构。

1. 一山二水：莫厘峰、芙蓉峰、金牛岭、吟风冈和翠峰坞、纯阳坞在内的村落山体及金家河、长泾浜水系。

2. 一带一村两片：一带：花园弄延伸至翠峰路、翠峰路至席家河石塘形成的"Y"形传统村落保护带。一村：翁巷传统村落。两片：即翠峰坞寺庙遗址片区、纯阳坞寺庙遗址片区。

3. 多点多项：数量众多的物质文化遗存、人文环境资源与非物质文化遗产。

三、保护区划及要求

1. 核心保护范围：翁巷传统村落内以"Y"字形街巷格局为基础，包括花园弄、翠峰路、席家河石塘等历史街巷，北至三号桥124号，南至西花园，西至建德堂，东至凝德堂的完整区域，面积为7.92万平方米。

（1）保持原有建筑物的高度、体量、外观形象、色彩，传统街巷格局、历史风貌及与其相互依存的自然景观和环境。

（2）不建设与保护无关的工程，如新建、扩建必要的基础设施和公共服务设施，其高度、形式、体量、色彩必须与历史风貌相协调；对区内少量严重影响风貌的不协调建筑予以整治改造或拆除。

（3）有选择地将部分文保单位、控保建筑、传统风貌建筑由政府回收房屋产权，或采用向产权人进行租赁的方式，对传统建筑进行有效的利用，恢复原建筑性质、使用功能或拓展新功能。

（4）加强各类文化遗存的调查、存档以及修缮。加强公共活动空间营造，结合村民活动和旅游活动，传承、展示当地非物质文化遗存。对古树、古井、古桥、驳岸、池塘、排水沟等历史环境要素分类进行合理有效的保护。

2. 建设控制地带：村落核心保护范围以外区域，面积为29.78万平方米。

（1）保持历史文化遗产的真实性和完整性，严禁对传统格局和历史风貌构成破坏性影响。新建、扩建、改建道路时不破坏传统街巷格局与空间尺度。

（2）与核心保护范围相邻的建筑，应当在其体量、外观造型、高度、空间布局、色彩、材料等方面与历史风貌相协调。较大的建筑活动和环境变化应由专家评审。

（3）涉及文保单位、控保建筑以及文物点建筑修缮及周边建设活动，须在当地建设部门和文物行政管理部门严格审批后进行，其建设活动以维修、修复及内部更新为主。

四、自然环境与山水格局的保护

保护翁巷"依山而筑，靠山面湖，两水穿村"的历史自然山水格局及其构成的生态系统。

1. 山体保护：传统村落的背景山体，即吟风冈—莫厘峰—芙蓉峰—金牛岭的山体区域。保护山体地形地貌、植被和果林等自然环境和景观。保护与山体相关的现存古遗址等历史文化资源。

2. 生态环境维护：山体规划绿线控制范围内，不进行开山采石、取土、砍伐林木等破坏山体形貌、植被和生物多样性的活动。对局部原已损坏山体进行生态性恢复。

3. 水系保护：对悟道泉、柳毅泉、紫泉及双潭、西花园潭、金家河等泉池河潭，维护好周边环境，防止污染。结合村落历史格局及村落防洪需求，恢复长泾浜，并与渡水港联通。

4. 古树名木及重要树木保护：重点对双潭旁吴54号、翠峰寺遗址吴57号、启园内吴179古树名木进行保护。同时，保护村落内24株重要树木，对古树名木进行普查、登记和建档、挂牌工作。

五、环境与整体风貌保护

1. 保护村落由西至东"山—庙—村—湖"的整体空间格局和空间轮廓特征。保持由山望村、由村望山的多景观视廊。

2. 保护村落背景山体中翠峰坞寺庙片区和纯阳坞寺庙片区。

3. 保护双潭坪磐公共空间，对其进行精心设计与整治，强化历史氛围。

4. 保护村落"Y"字形传统街巷格局和空间形态。

5. 保留历史上由村落通往金家河码头和建新村码头的街巷线型和走向，并在街巷旁设置相关的指示、讲解牌，予以说明。

6. 整体色彩保护。

（1）文物建筑、控制保护建筑、"三普"新发现文物点和传统风貌建筑应保持或恢复原有色彩，以粉墙黛瓦黑白灰色调为主。

（2）一般建筑墙面、屋面，不大面积使用深绿等明度和彩度均较高的色彩，以粉墙黛瓦、黑白灰为主色调，形成具有地方建筑风格的建筑色彩风貌。

（3）临街巷界面严禁使用瓷砖、马赛克等光滑硬质墙砖作为墙面铺设或装饰材料，不采用玻璃幕墙、玻璃栏杆等构件。禁止使用铝合金卷帘门、钢窗、塑钢窗等构件。屋面使用小青瓦，不使用琉璃瓦、石棉瓦、瓦楞板、塑料板等材料。

六、历史街巷的保护

保护翠峰路、花园弄、席家湖石塘等多条历史街巷，并采用分类保护措施。

1. 一类历史街巷：不改变街巷线形、宽度、尺度，保持界面的连续性与贴线；保护两侧传统院落与建筑界面，保护街巷传统风貌特征；利用原材料根据传统样式恢复街巷传统铺面。

2. 二类历史街巷：整体保持街巷现有线形、宽度、尺度，并维持原有的街巷与两侧建筑之间高宽空间关系。保护两侧现存传统院落与建筑界面，修补破损界面，提高街巷的连续性与贴线，以体现传统风貌特征。

3. 街巷界面控制与保护。

（1）传统元素商业界面：沿湖湾路商业界面严禁私自增开店面，对不符合要求的店面进行整改，使其体现传统元素。界面应连续，相对较为开放，允许大面积开门或开窗，允许使用玻璃门窗，但色彩应与传统村落整体环境相协调。严禁使用防盗门、卷帘门、铝合金门窗等。

（2）传统居住界面：严格控制花园弄—翠峰路—2号桥西侧席家河石塘段，勤和堂—

净志庵—凝德堂巷门—景德堂—钟德堂沿线巷弄两侧界面，体现"粉墙黛瓦，椽望出檐，花边滴水，木窗木门，传统屋脊"等要素。

（3）一般民居界面：中华人民共和国成立后村民建造的一般住宅组成的界面，体现粉墙黛瓦特色，采用栗色门窗。界面要求贴线、连续建设。

七、公共空间保护

1. 双潭坪磐：对双潭南侧风貌不协调建筑进行整治改造，整理周边环境，清理潭边障碍；将此部分建筑拆除，对地块进行精心设计，强化历史氛围，体现公共性。

2. 井台空间：公共井台结合街巷收放、建筑围合，组成特色空间，方便居民日常生活，形成景观节点。清理公井周边环境障碍，适当增加绿化，提升空间品质，营造传统生活氛围。

3. 宗教空间：保护净志庵前空地、池潭边的开放空间和祭祀焚香设施。在双潭西侧恢复猛将堂，堂前提供足够供祭祀和焚香的活动空间。

4. 桥头空间：整治现有桥头空间环境，增加休息设施、桥头绿化和小品，营造桥头开放空间公共性和识别性，为游人参观提供观景点，为居民活动提供交流的场所。

八、古建筑保护

文物保护单位、"三普"新发现文物点、控制保护建筑，按照《中华人民共和国文物保护法》和《苏州市古建筑保护条例》严格保护。

1. 修缮：登录点建筑，参照《历史文化名城名镇名村保护条例》，关于历史建筑的保护要求以及《苏州市古建筑保护条例》要求进行修缮保护。

2. 改善：传统风貌建筑，保持和修缮外观风貌特征，不改变建筑立面、高度和体量等外观风貌特征，立面维修（建筑色彩、建筑材料、构件改变等）应当保持原有风貌特征。特别是保护具有历史文化价值的细部构件或装饰物。

3. 保留：与传统风貌协调的其他建筑，其建筑质量评定为"好"的，可以作为保留建筑。

4. 整治改造：对与传统风貌不协调或质量很差的其他建筑，采取整治、改造等措施，使其符合历史风貌要求。

5. 拆除：功能和景观与所处环境不适应且与历史风貌有冲突的建筑物，拆除后可新建或作为公共空间和绿地。

九、人文环境资源与非物质文化遗产的保护

1. 保护以洞庭商帮席氏、翁氏家族为代表的洞庭商帮文化、宗族文化、地域名人文化。

2. 保护婚俗、正月猛将会、城隍会、出抬阁等民俗精华。

3. 保护绿豆饺、船菜等传传统美食，保护碧螺春茶、东山枇杷、洞庭银杏、乌紫杨梅、洞庭红橘、太湖"三宝"等原产地产品种。

4. 保护历史传说、重要历史事件、历史名称等与村落相关的历史记忆。

第四章 村落发展规划

一、发展定位与产业发展引导

1. 发展定位：传承"莫厘翠峰，千年古村，洞庭商帮翁席故里"的文脉特色，包含"生态居住、休闲体验、文化展示、旅游服务"四大功能，着重全面提升文化和环境品质，优化拓展生活服务和旅游服务功能。

2. 产业发展：引导充分利用现有区位、历史文化资源和自然资源等优势，深化发展第一产业，拓展第三产业，提高农产品附加值，培育村落新的经济增长点。

（1）加强一产，延伸三产：提高农产品附加值，利用村落现有茶业果树种植，更新优化品种，加强研发农产品延伸，成立农产品合作社，进行品牌化运营。

（2）开展文化、乡村体验游：利用村落丰富的历史文化遗存以及人文资源优势，开展洞庭商帮文化、宗族文化、名人遗迹探访等休闲体验项目。

（3）发展观光休闲游：完善游线组织，利用翠峰坞和纯阳坞的丰富果林资源、寺庙遗址及古道，发展集鲜果采摘、古寺探访、翠峰登高为一体的观光休闲游。

二、用地调整规划

1. 总体形成"十字"发展轴线、两个核心、三条水轴、四个片区的功能结构。

（1）"十字"发展轴线：重点保护发展翁巷传统村落"翠峰路—花园弄"，村落历史发展轴线，沿历史古道延伸至建新村，展现村落与自然和谐相处的关系。

疏通与湖湾路平行的泄洪河，保留湖湾路沿线大量银杏林，结合旅游，增加相关服务设施，使其成为村落有活力的地带。

（2）两个核心：文脉核心，包含双潭、凝德堂、西花园区域，集中展示翁巷历史发展渊源与村落传统文化。商业核心，湖湾路北侧靠近东山宾馆区域，设置居民服务、旅游配套、农产品展销等服务设施，为翁巷发展农家乐集中区域。

（3）三条水轴：现存的金家河、长泾浜和泄洪河，三者共同形成村落完整的水系格局。修复村落背景山体与太湖山水关系，构建村落滨水景观轴线。

（4）一个山林片区：维护好村落背景山体的山林片区，保留现有果树、茶叶种植等产业，保护寺庙遗迹，将其作为村落集生态景观、产业发展、文化展示为一体的重要片区。

（5）四个居住片区：维持由十字轴线分割成的四个居住片区现状，以居住为主的功能状态，对其进行环境整治、增加公共服务设施和完善基础设施，营造良好的人居环境。

2. 调整后的村庄用地仍以村民住宅用地为主，村庄建设用地面积为26.21万平方米。

（1）在湖湾路沿线、现有的两处厂房、双潭入口两侧、翁家祠堂后侧进行功能调整，增加商业、日常便民服务和旅游服务设施。

（2）利用原有果林绿化和空地变为可活动和观赏的开敞空间。

（3）疏通泄洪河，恢复长泾浜。

（4）结合村民住宅分布和游览路线组织增加公用市政设施。

（5）结合村民停车需求在湖湾路沿线增加6处停车场。

（6）根据村落历史空间布局、居民需求和村落文脉中心的塑造，在双潭西侧恢复原有猛将堂。保留净志庵，保留橘社敞云楼现宗教功能。

（7）利用空置宅院民居，引导发展旅馆、展览和文化活动设施。

三、人口与社会规划

1. 人口容量控制：结合保护发展、居民意愿、用地功能调整需要，村落迁出安置居民约35户，约90人；规划村落人口容量为347户、927人。

2. 社会生活规划：鼓励村民继续在翁巷居住，延续传统聚族而居的形态及生活方式。鼓励村民、下岗和退休职工参与到文化旅游相关的商业、服务业中，通过经营辅导、帮助就业、减免税费、经济补贴等多种途径提高其收入水平。

3. 公益性设施：提升居民生活质量和向游览者展示村落历史文化，增设：

（1）吴有性纪念馆（鹅潭庙）。

（2）东山传统建筑技艺及彩绘艺术展示馆（凝德堂）。

（3）翁巷村史馆、村民活动室和图书室（容德堂）。

（4）洞庭商帮翁氏展示馆（翁家祠堂）。

（5）康熙行宫与洞庭商帮席氏展馆（西花园桂花厅）。

（6）徐乾学纂修《大清一统志》书馆（金家河敞云楼）。

4. 经营性设施。

主要为方便居民生活和发展村落产业经济，设置以下设施：

（1）利用传统建筑引导设置旅游住宿功能，如修德堂、容春堂、钟德堂与勤和堂。

（2）利用湖湾路沿线建筑和两处厂房，进行整治改造升级作为村落商业服务设施，设置便民小超市、农家乐、农产品展销等部门。

（3）新建公共服务设施其建筑高度、体量、色彩、风格等应与传统风貌协调。

四、内部交通规划

1. 道路规划。

（1）次要机动车道：湖湾路、下街路南段，其中湖湾路按规划红线拓宽至9米，采用一块板制，双向通行。下街路南段依据上位规划，红线宽度拓宽至6米，采用一块板制，单向通行。

（2）主要街巷：包括花园弄、翠峰路、三茅弄和席家河石塘等多条村民主要进出街巷，街巷宽度2—4米，维持原有街巷断面及空间尺度，按照原有街巷边界与建筑院落边界修复整治。

（3）次要街巷：连接主要街巷的一般街巷，主要为沟通村落住宅组群，宽度均在2米以内。

2. 交通规划。

（1）居民出行交通：村落内部居民以步行为主，外出可采用非机动车、私家车或公共交通，村民小汽车停放于湖湾路沿线设置的集中停车场和沿路停车位，居民使用的非机动车停放各自家中。

（2）旅游线路交通：外来游客采用自驾游、乘坐公交或乘坐旅游专线车等方式来翁巷，旅游交通集散分别依托雨花景区、启园和东山宾馆以及村落公交站点解决。

（3）公共交通：保留原有东山宾馆公交站点和公共自行车点，在凝德堂北侧湖湾路边增加1处公交车站和1处公共自行车站点。

（4）其他要求：保持街巷原有的尺度、比例和步行方式，对自行车、摩托车等实行交通管制，禁止在主要街巷骑行。街巷内除必备的农用车、小型消防和市政车通行外，禁止其他机动车通行。

3. 停车设施规划。

（1）公共设施、居民停车均在核心保护范围外集中解决。规划结合湖湾路商业设施与现有空间及景观，统一设置6处小型停车场、沿路停车位，共计144个停车位，主要服务于村民停车。

（2）旅游大巴停车场结合雨花景区和启园、东山宾馆统一规划。

（3）停车场和路边停车位考虑景观效果，地面采用植草砖，边界种植绿化，营造生态停车景观环境。

五、市政工程规划

1. 给水工程规划：村落用水量约为360立方米/日。

（1）规划区水源取自太湖，由东山镇自来水厂及区域供水管道集中供应，生产用水与生活用水采用同一套管网系统。除防灾应急水源外，核心保护范围内不得新建地下水源井。

（2）各级管道沿主要道路形成环网。通过生态环境修复，保持水体及周边生物多样性，保护和改善金家河、长泾浜、泄洪河水系水质及其他池塘水潭以及井水水质，作为特殊情况下生活和消防用水的应急和补充水源。

2. 排水工程规划：采用雨污分流制的排水体制，区内雨水就近排入河道，生活污水经统一收集处理，达到排放标准后方可排入地面水体。

（1）污水工程规划：村落污水处理量约为290立方米/日。区内污水分片收集，枝状布置，以河道为界划分污水分区，统一汇入景园路下DN600污水干管排放至吴中区城南污水处理厂。

（2）村内部分街巷狭窄，区内污水管道的布置应充分利用街巷两侧的空间，尽量减少在街巷路面上设置污水井，为其他管线布置节约地下空间。

3. 雨水工程规划：村落内雨水量确定，采用总体规划中暴雨强度公式进行计算：按暴雨流量、暴雨强度、集水时间、径流系数核算。

（1）沿河区域雨水自然排入就近水系，避免设置雨水提升泵站。

（2）末端支弄充分利用路面纵坡或临建筑物外墙脚，布置盖板沟槽将雨水排入地面水体或附近雨水干管。

（3）充分利用巷弄内遗存沟渠等历史排水设施，对部分损坏或堵塞区段进行修复，恢复其排水功能；

（4）疏浚现有泄洪河，维护好金家河，开挖长泾浜，统一连通太湖支流水系，提高排洪能力。

（5）庭院、天井内部铺装采用透水材料，雨水主要由渗入地下解决。

4. 电力工程规划：村落总用电负荷为6250千瓦。

（1）主要供电电源近期为35千瓦东山变电所，远期为规划的110千伏东山变电所。规划区内保留湖湾路西北侧10千伏开闭所。

（2）配电箱、交接箱等设施，户内安装新建电力线路采用架空和电缆埋地敷设相结合，核心范围内原有的电力架空线在条件允许的情况下，基本按原有架空线走向，逐步改为地埋敷设。配电箱宜户内安装。

（3）完善村内照明系统，确保村内可视性和安全性。路灯照明线路可在檐下爬墙设置。

（4）鼓励村内居民、公共设施以及照明等采用太阳能，太阳能装置设施应严格按照风貌要求控制，严禁出现不协调建构筑物。

5. 通信工程规划。

（1）村落固定电话容量560门。移动电话容量670门。有线电视终端总容量为670个。

（2）村落电话由东山镇区邮电支局负责。有线电视由东山镇广播电视站机房接入，有线电视入户率100%。有线高清电视接入村落。

（3）邮政业务由镇邮政支局负责。

（4）核心保护范围及重要旅游景点周边，通信线路采用地下光缆，其他区域通信线路近期采用架空线，远期采用地下光缆埋设。

（5）严禁在核心保护范围内设置移动通信基站，通信信号沿湖湾路引入。

（6）区内部分街巷狭窄，弱电管线采用排管布置，电话线与有线电视线同位排管敷设,排管材料及敷设方式与电力电缆布置方式基本相同。

(7)通信运营公司统一规划、联合建设综合通信管道,避免重复建设。

6.燃气工程规划。

(1)近期气源采用瓶装液化气,远期逐步改为以天然气为主要气源,天然气由吴中区天然气管网沿启园路引入,天然气气化率达90%以上。

(2)村落核心范围内不布置燃气管,严禁中高压燃气管线穿越核心保护范围,中低压调压站采用户内式和箱式。

(3)鼓励使用电磁炉、电热水器,减少明火使用。

7.环卫设施规划。

(1)垃圾收集点规划:村落生活垃圾产生量为910千克/日。

(2)规划范围内不设置垃圾中转站,只设置垃圾收集点。垃圾实行袋装化集中处理,按50—70米服务半径设置垃圾收集点,每个点放置两只垃圾桶,沿街设置果壳箱,垃圾桶、果壳箱应采用耐用、美观材料。

8.公共厕所规划。

(1)区内共设6座公共厕所。其中独立占地式公厕5座,位于绿地及主要道路两边,占地面积不小于100平方米;附建式公厕1座,位于湖湾路东侧小型商业内,与商业建筑合建,建筑面积不小于50平方米。

(2)公厕按不低于二类标准建造,公厕数量应高于一般区域,社会公共厕所和垃圾容器的设置充分考虑旅游及景观的要求。

9.市政工程设施规划。

(1)从风格、色彩、尺度等方面与村庄空间环境相一致,保护村落整体空间环境的传统风貌。

(2)路灯、果皮箱、垃圾收集箱、消火栓、公厕、指示标牌等应从形式、色彩、风格方面表现村庄特色。

10.防洪排涝规划。

(1)按50年一遇防洪标准设防。河道排涝标准为20年一遇,一日降雨一日排出。雨水管道排水标准按1年一遇计算,按5年一遇校核。

(2)建立完善的雨水强排系统。疏浚泄洪河、长泾浜、金家河等河道以及各池塘水潭,提高绿化、水体覆盖率,保证水势顺流进入河道水潭。

(3)保护和充分利用遗存历史排水沟,对破坏或不畅区段进行修复,恢复其排水功能,亦可作为村庄特色景观。

11.消防工程规划。

(1)消防设施。

① 消防责任单位为东山镇消防中队。村落成立义务消防小组,配备工作人员1—3人,负责日常的消防宣传及消防安全工作。

② 湖湾路、湖滨路、启园路、下街路南段和花园弄南段,席家河石塘等道路作为消防通道,其余主要街巷作为手推消防车通道。

③ 沿主要街巷设置消火栓,消火栓保护半径为50米,其余内部巷弄沿街布置壁式消防栓,间距50米,并配备消防水带和水枪。

④ 消防供水应充分利用区内的天然水源。完善供水管网,管网布置以环状为主,保

证消防水压、水量需要。

⑤ 对规划形成的公共建筑，严格按消防技术规范的要求实施；沿湖湾路新建的商业建筑应设有足够的停车和消防救援集散场地。

（2）重要建设的消防措施。

① 建立重点保护单位名录，对文物古迹及重要的公共建筑消防安全设施、管理进行实时监控，强化重点保护单位的消防建设。

② 文保单位、控保建筑、"三普"新发现文物点和传统风貌建筑内设室内消防栓，除居民厨房外应限制明火使用，居民厨房部分应安装喷淋设施，强制使用带有自动熄火装置的灶具，厨房内壁加装防火材料。

③ 电力线路定期进行检查，设置过载保护装置，防止因符合超载引发火灾。

④ 在修复、整治中继承、完善封火墙的作用，充分利用建筑的高低和山墙进行防火分隔，防火分隔的面积应控制在1200平方米以内；文物保护单位与相邻建筑应进行防火分隔。

⑤ 院落大门内安放消防设施和疏散线路图板，各消防设施的位置有明显标识。建筑和院落的居民或从业者须了解本院落消防工具的位置和疏散线路。

⑥ 加强对重要文物古迹周围居民的用火管理；对宗教活动建筑，对点灯、烧纸、焚香的场所和方式作出具体规划，采取有效防范措施。

⑦ 核心保护范围内的空旷地段和文保单位、控保单位及其他重要公共建筑区，院内设置一定数量消防备用水池、砂池或砂桶。

第五章　规划实施对策

依照"保护优先，日常管理、实施监测，权责明确，整体发展"原则进行规划实施。

一、法律保障

1. 结合国家、省、市相关法规条例，研究制定《苏州市东山镇保护条例》，明确翁巷传统村落保护范围及其建设规定，相应的保护、管理与利用各项实施操作细则。

2. 完善地方条例，对购买、租赁古建筑的个人及集体提出详细要求，如出资人在资金、文化底蕴等应具备的条件，明确告知其对传统建筑的修缮义务、传统建筑相关修缮要求。

二、制度保障

1. 建立苏州市、吴中区、东山镇、翁巷村四级保护管理体制，明确责任义务。苏州市人民政府负责组织编制传统村落保护整体实施方案，吴中区人民政府负责翁巷传统村落保护项目的具体实施，东山镇人民政府配备专门工作人员，做好监督管理工作，翁巷所在的莫厘村党委和村委会承担传统村落的具体保护管理工作。

2. 健全规划建设管理制度，严格执行行政许可制度。凡在翁巷传统村落规划区内新建、修缮和改造等建设活动，依照现行流程，村委会应逐级上报，经镇人民政府初审后，报区住房城乡建设部门和文物行政部门同意，取得乡村建设规划许可证后实施。

3. 建立中国传统村落档案，实行公开化、信息化管理；统一设置中国传统村落保护标志，实行挂牌保护。

4. 建立传统村落保护发展评估机制和危机处理机制。定期由苏州市主管部门组织专家，按照中国传统村落档案和保护发展规划，对翁巷传统村落进行对比检查评估，一旦发生严重破坏事项，启动危机处理机制。

三、政策保障

1. 市级村庄整治等建设项目要向传统村落倾斜。建立市级的传统村落和古村落保护项目的专项补助经费。

2. 探索传统建筑产权制度改革，支持开展传统民居产权制度改革试点。明确房屋产权，鼓励产权所有者按保护规划实施自我改造更新，成为房屋修缮保护的主体。

3. 完善古建筑租赁、使用与修缮政策，探索建立传统建筑认领保护制度。

4. 对古建筑和古村落奖励贴息具体政策，分阶段逐年提高补助比例。

四、资金保障

1. 根据《住房城乡建设部、文化部、国家文物局、财政部关于切实加强中国传统村落保护的指导意见》，积极争取中央补助资金和省、市、区相关配套资金。

2. 按照"保护、利用、效益"原则，在政府主导下，走市场化运作之路。充分用好国家政策，通过土地流转、村民宅基地和建设用地功能优化调整、传统民居租赁和入股、合作互助等多种方式，盘活土地和传统建筑资产，按照保护发展规划进行合理更新利用。

3. 鼓励本土能人、企业家回乡及相关社会力量通过捐资、投资、入股、租赁等多渠道参与传统村落保护。

4. 设立传统村落保护发展专项基金，用于翁巷传统村落保护项目的启动、宣传、研究和日常管理工作，实行专款专用。

五、公众参与

1. 建立村民参与机制，制订保护发展规划、实施保护利用等项目。

2. 鼓励本地居民从事有关文化旅游的产业。

3. 成立村落民间保护利用协会，对村落保护管理部门形成监督机制，同时协调各方关系。

第六章　保护、整治项目与实施时序

按"先易后难，有序渐进。以点带面，示范先行"的原则。选择1—3处代表性传统建筑（民居）进行示范改造，通过村落主要关键节点的改造，在较短时间内提升村庄整体形象。

一、近期（2016—2018年）

1. 成立相关部门，完善村落管理机制构架。制定并发放遗产保护知识宣传手册。

2. 选取翁家祠堂、敞云楼、载德堂作为代表性传统建筑（民居）修缮范例。核实登录点建筑价值，登录保护。

3. 重点整治包括翠峰路、花园弄、席家河石塘等多条主要游线两侧建筑，铺设传统"人"字纹铺装。

4. 容春堂、翁家祠堂节点进行环境整治和建设，增加健身设施，形成翁家祠堂入口空间，利用翁家祠堂设立洞庭商帮翁氏展示馆。

5. 凝德堂—西花园地块进行环境整治，拆除周边风貌不协调建筑，优先考虑对凝德堂的利用，开设医家吴有性纪念馆和东山传统建筑技艺及彩绘艺术展示馆。

6. 整治双潭节点周边建筑风貌，使其与传统风貌相符，并对台阶驳岸进行加固，优化水质。

7. 金家河水系清淤及周边环境整治。

8. 完善村落停车配套及市政管网，增加消防设施，增设环卫设施，方便居民生活，改善民生。

9. 完善旅游配套设施与标识，村落东北侧入口进行形象提升。

二、远期（2018—2030 年）

1. 湖湾路两侧厂房地块进行功能置换，周边建筑进行风貌整治，建设商业设施，引导西侧民居开设农家乐。
2. 沿湖湾路恢复银杏林，形成林荫道。
3. 对规划确定需要转变功能的传统建筑进行产权转变或租赁。
4. 结合村落发展需求和规划内容，完成对村落所有传统建筑的修缮。
5. 完成村落其他节点的建设及周边整治项目。
6. 修复翠峰坞、纯阳坞山道，采用传统铺地。完善登山、探幽游线及相关设施。
7. 恢复长泾浜，疏通泄洪河，完善村落水系。
8. 全面提升村落整体环境、完善基础设施和公共服务设施。完善村落旅游服务设施体系。

第七章　附则

本规划由苏州市人民政府审批，苏州市规划局负责解释，东山镇人民政府组织实施。规划自批准之日起生效。

第六章 村级经济

中华人民共和国成立前，莫厘村农业经济均为私有制。中华人民共和国成立后，农村经历过土地改革、农业合作化、人民公社、家庭联产承包责任制、农业股份合作制、集体资产股份权能改革一系列运动及改革，农村经济面貌焕然一新。

第一节　农村生产关系变革和经济体制改革

一、土地私有

1949年10月前，莫厘境内农民均为个体生产者，土地属私人所有，因天灾人祸等因素，土地逐步被兼并，大部分集中在少数人手中，尤其是山坞中与山坞口土壤较为肥沃宜种花果的坡地，几乎全被少数有钱人家筑建坟地及建造豪宅，广大农民只占少量土地，多数无地、少地的贫雇农只能向大户人家租田耕种和出卖劳力（当长工）以维持生计，生活贫困。

二、土地改革

1951年10月，湖湾乡、席周乡、丰石乡所属湖湾、岱松、尚锦等村进行土地改革，依法没收地主土地、房屋、财产，征收资本家和工商业主在农村占有的土地、房屋以及富农、小土地出租者多余土地，分配给无地、少地的贫雇农民耕种，同时也给地主每人保留一份土地、房屋，使其在劳动中改造成自食其力的劳动者。经过宣传政策、培训干部、斗争大会、登记土地、划分阶级成分、征收、没收及分配土地财产、改造基层政权等步骤，1952年3月，境内整个土地改革结束。

土地改革中，湖湾乡与席周乡召开斗争大会多次，斗争不法地主8人，村中90%以上的群众参加斗争大会。经过群众评议，上级批准，划分阶级成分，重点划清与没收土地对象。在评定程序上，先定地主，然后评定工商业资本家、小土地出租者和富农，最后划定农民阶级内部成分，方法上采取自报、公议、民主评定三档方案。先由家庭对照土改政策申报成分，经农会小组会议讨论并初榜公布，然后经农民大会讨论并出榜公布，再经乡农民代表大会讨论通过，最后张榜公布。1951年年底开始，向农民发放土地、房产所有证，通过发证对境内土地房产全面登记，明确产权归属。

三、农业合作化

土地改革后，获得土地的农民生产积极性高涨，也有部分农民缺少生产资料和劳力资金，发展生产有困难。村党组织号召全体农民组织起来，互帮互助发展生产。1952年，从下半年开始，湖湾、岱松、尚锦等村，以亲邻好友为对象，组成临时性、季节性伴工互助组，加入的农户数占总农户的90%以上。1953年冬，湖湾、岱松等建互助组351个，其中，湖湾乡建办互助组28个。随着互助组生产资料的不断扩大，农村具备发展初级农业生产合作社的条件。1954年年初，湖湾、岱松等山区建起一大批初级社。据《震泽县东山区农业合作社规划》记载，1956年春，湖湾乡建初级社5个，农户398户，入社299户（包括吸收3户地主、富农入社），占湖湾乡总人口的75.1%。1957年春，湖湾乡入社农户398户，占100%。初级合作社在经营上实行以土地入股，统一经营。生产上采取定质定量，按件定分，短期包工，民主评分记工。分配上按土地45%、劳动力55%的方法实行土劳分红。

1957年，东山前后山建起20个农业生产高级合作社，湖湾乡5个初级社合并成立新民、和平两个农业生产高级合作社，398家农户全部加入高级社。

高级农业生产合作社，通过选举分别建立社务管理委员会和监理委员会，社务管理委员会设农业生产、副业生产、财务管理、文化福利、治安保卫5个小组，选出5名委员负责；监理委员会设经济、生产、纪律3个小组，选出3名监察委员，监察社务管理工作。高级农业生产合作社实行按劳取酬，统一分配，先公后私，少扣多分的分配制度。

农业建办高级社后，农业生产有很大发展，1957年"震泽县东山、湖东、湖中区粮食作物总产量"载，1955年，湖湾乡粮食作物总产4136担（每担50千克），1957年，增加到7023担，两年中增产2887担，增幅69.8%。

四、人民公社

1958年7月，东山前、后山两个乡，分别建立东山人民公社和洞庭人民公社，湖湾乡加入前山东山人民公社。同年9月，前、后山两个公社合并成立洞庭人民公社。人民公社把农村基层政权和集体经济组织合并，政社合一，分设公社、大队、生产队三级管理机构，公社实行"统一经营，分级领导"。高级社改为生产大队，设党支部和管理委员会，实行党支部领导下的分工负责制。大队副书记大多兼任大队长或副大队长，分管农业生产和行政工作。生产大队在公社统一领导下，管理本大队农副工三业生产和社员政治、文化生活及社会福利，调解民事纠纷。生产队为基本核算单位，由队长、副队长和会计组成队委会。

公社成立初，地主、富农通过本人申请，上级批准，被吸收为候补社员。社员私有牲畜归集体所有，土地、树木、水利设施、工场仓库等全部归公社所有。1958年，东山农村实行军事化管理，组织军事化、生产战斗化、生活集体化，大队改为营，生产队改为连。以公社为一级核算单位，社员口粮实行全公社统一供给制。当时，洞庭人民公社设7个营，23个连，84个排，239个班。第1营系后山、三山两个乡，下设4个连，后山乡的石丰村（今丰圻、石井）为第1连。东山、湖湾、镇西三个大队合并成第4营，下设3个连，新民大队为第1连。

1958年10月，全国农村大办集体食堂，洞庭人民公社全面办起公共食堂，社员每日三餐集中在公共食堂吃饭。当时新民大队（含岱松）办食堂11座，和平1大队（尚锦村）办食堂8座。农村有"放开肚皮吃饱饭"，"吃饭不要钱，还有发工钱"，"跑步进入共产主义"的口号，由此带来口粮难以控制，加之自然灾害影响，社员吃粮不能保证，1961—1962年，村民大多吃不饱肚子，身体缺乏营养，不少人患上浮肿病。1961年12月，农村贯彻中央《农村人民公社工作条例（草案）》（又称"农业六十条"）及国民经济以调整为中心的"八字"方针，1961年年末，确定农村执行以公社、大队、生产队"三级所有，队为基础"经济管理制度。之后，生产队成为基本核算单位，贯彻按劳分配原则，实行生产队"劳力、土地、牲畜、大型农具"四固定，恢复社员自留地、饲料地，鼓励社员发展家庭副业。

1962年，新民大队（今湖湾村）11个生产队（含岱松），515户，1438人，劳动力1006个，土地3258亩，其中，耕地1858亩（内农田313亩，果园522亩、桑地177亩、林地750

亩、鱼池20亩、自留地76亩）。此外，山林地1400亩。和平1大队（今尚锦村）293户，1215人，劳动力850个，土地3792亩，其中，耕地1792亩（内果园1524亩、坡地200亩、自留地68亩）。此外，山林地2000亩。农村贯彻中央"农业六十条"精神，调整农村人民公社基本核算单位，确定公社、大队、生产队"三级所有，队为基础"经济管理制度后，农村经济发展较快，社员情绪稳定，农业生产开始回升。

1966年，"文化大革命"开始，公社、大队、生产队分别废除原来的管理机构，改称为公社革命委员会、大队革命委员会、生产队革命生产领导小组。农村开展"农业学大寨"活动，片面提出"突出政治"与"以粮为纲"等口号。社员劳动报酬，每月自报互评记工分，年终统一结算"分红（报酬）"。

1976年，"文化大革命"结束，极左思潮和搞"穷过渡"的做法得以纠正，农村各业生产显示出生机。1978年，中共十一届三中全会后，农村逐步推行经济体制改革。1983年7月，农村政社分设，撤销大队、生产队，设立行政村和村民小组，至此，人民公社的组织形式解体。

表6-1　　　　　　1960—1980年新民、湖湾大队生产队部分队长、会计表

年份	队别	队长	会计
1960	1队（殿新）	陈福财、杨炳奎	吴雨生
	2队（鹅潭头）	杨福林（大）、张福寿	杨士良
	3队（翁巷）	杨阿林、叶荣根	王瑞生
	4队（汤家场）	刘传根、陈菊生	陈伟铭
	5队（金家河）	汤锦元	罗荣华
	6队（建新）	姚巧根、姚巧才	孔庆财
	7队（坊前）	俞永林、席兴法	蔡志良
1970	1队（殿新）	陈福才、杨福林（小）	朱连生
	2队（鹅潭头）	张巧林、杨振兴	杨士良
	3队（翁巷）	叶荣根	吴汉文
	4队（汤家场）	王绍兰、盛定根	陈伟铭
	5队（金家河）	汤锦元	汤庆林
	6队（建新）	俞根福	孔庆财
	7队（坊前）	席兴法	蔡志良
1980	1队（殿新）	杨福林	张补根
	2队（鹅潭头）	杨阿兴	陈荣华
	3队（翁巷）	叶康年	王瑞生
	4队（汤家场）	徐进生	陈伟铭
	5队（金家河）	汤林元	汤绍富、汤庆林
	6、7队（建新）	席兴发	周补兴

表 6-2 1960—1980 年岱松大队部分队长、会计表

年份	队别	队长	会计
1960	1 队（杨家湾）	周泉生、肖裕民	肖裕芳
	2 队（岱心湾）	徐阿六、肖裕民、周泉生、杨祖培	杨卫成
	3 队（岱心湾）	宋洪生、宋阿定	王勤余
	4 队（宋家湾）	周云苗、宋本泉、宋根发	杨建生
	5 队（余山西湾） 6 队（余山东湾）	孙水林	赵汉文、席维俊
1970	1 队（杨家湾）	肖裕民、肖裕兴、张连福、肖荣祖	杨卫成
	2 队（岱心湾）	杨祖培、张永福、周泉生	杨卫成
	3 队（岱心湾）	宋阿定、宋洪福、王建中	滕才林
	4 队（宋家湾）	宋根发、王培弟、杨连生	徐胜泉
	5 队（余山西湾） 6 队（余山东湾）	孙水林、席加民、周德生、赵立民	杨连生、王培芳 席维俊
1980	1 队（杨家湾）	肖荣祖	杨卫成
	2 队（岱心湾）	张永福	杨卫成
	3 队（岱心湾）	宋正林	滕才林
	4 队（宋家湾）	宋根法	王培芳
	5 队（余山西湾） 6 队（余山东湾）	周法生	席维俊

表 6-3 1960—1980 年和平 1 大队、卫东大队部分队长、会计表

年份	队别	队长	会计
1960	1 队（丰圻）	赵小毛	钱巧泉、刘龙生
	2 队（丰圻）	赵巧福	钱德初
	3 队（石井）	钱庆楠	钱鼎源
	4 队（石井）	夏文轱	夏如根
	5 队（小长湾）	张传林	张巧福、张才林
	6 队（尚锦）	李利兴	费永年
	7 队（周湾）	夏永根、费仲良	周建明
	8 队（洪湾）	徐培林	周克林
1970	1 队（丰圻）	周鑫义、钱巧泉	刘龙生、刘凤根
	2 队（丰圻）	赵巧福、夏如兴	钱德初
	3 队（石井）	徐永沅、钱庆楠	钱德初
	4 队（石井）	钱夫全、夏惠炳	夏如根
	5 队（小长湾）	张传林、张伟明	张才林
	6 队（尚锦）	李利兴	费永年
	7 队（周湾）	费仲良、费东福	周福林
	8 队（洪湾）	徐培林、周士兴	周克林

续表

年份	队别	队长	会计
1980	1队（丰圻）	钱巧泉、周少平、刘凤根	刘凤根
	2队（丰圻）	夏如兴、周仁林、朱孝义	钱德初
	3队（石井）	徐永沅	钱鼎沅
	4队（石井）	夏惠炳	夏如根
	5队（小长湾）	张传林	张才林
	6队（尚锦）	李利兴、周金德	费永年
	7队（周湾）	费东福、费建福、周伟康	周福林
	8队（洪湾）	周士兴	周克林

五、家庭联产承包责任制

1983年春，湖湾村、岱松村、尚锦村普遍推行家庭联产承包责任制，农业生产实行"统一经营、分业承包、联产到户、包干分配"制度。村里土地按人口分配，社员上缴粮食数按国家任务、集体提留数再按责任田分摊，税费包干上缴，农业税按耕地总面积分配到户，以村为单位建立农机、植保、管水等专业组织。农户实行独立核算，自负盈亏。财产管理建立联队会计岗位责任制，一名联队会计负责几个生产队的财务资金管理工作，报酬由生产队分担或大队支付。农田基本建设资金来源，一般依靠大队公共积累，用工按劳力分摊到户，劳动报酬作义务工处理。

湖湾村、岱松村、尚锦村均为果区，联产承包责任制参照农田联产承包方法，采取"分地分树到户，按亩联产承包"，各生产队果树，参照前三年的结果情况，逐棵评估产量，定产值，把生产队的人数和口粮数折成股数，进行平均分配承包，除上缴公积金、公益金、农业税、管理费外，全部果品归承包户所有，自采、自售、收入归己。

家庭联产承包责任制，调动了农民生产积极性，果品产量大幅度提高。1983年，湖湾村年产花果2.55万担，比1982年1.84万担，增加7100担。平均每担增加39元，比前年增收27.69万元。每户平均增加4500元，每人增收158元。运销专业户应运而生，1984年，湖湾村枇杷、杨梅、柑橘采收季节，每天有500辆自行车搞运输，把果品运往外地销售。农村种植专业户不断产生。1987年，湖湾村产生18个果品销售专业户；岱松村产生12个种植专业户；尚锦村地处后山，市场信息相对较为闭塞，出现8个农产品销售专业户。

1990年8月，湖湾、岱松、尚锦三个村按照东山镇人民政府制定的"关于完善农业生产责任制的意见"，重点完善合同制度，健全承包机制，针对当时生产的发展、户口劳力变化而承包基数未变造成收入利益上的差距，按照"大稳定，小调整"的原则，采取土地调节、经济调节、就业调节的方法，完善农业生产责任制。湖湾、岱松、尚锦三个村都组建班子，加强宣传，制定章程，在试点的基础上，确定调节方案后实施，村里农业生产承包责任制更加合理。

调整果茶结构，发展优良品种、品系。20世纪90年代中期，湖湾、岱松、尚锦三个村进行农村产业结构调整，减少柑橘种植面积，发展碧螺春茶叶、枇杷、杨梅、蜜桃等传统果品，引进新果品，使花果生产逐步趋向市场化、合理化。2001年1月，遵照东山镇人民政府及上级指示精神,境内东大圩稻田全部实行退田还湖,并对东大圩农田进行产业结构调整,开挖鱼池全部养殖鱼类及湖蟹。

六、农村股份合作制

2000年起,湖湾村、岱松村、尚锦村农业生产逐步进入适度规模经营阶段,至2017年,莫厘村(2003年三村合并)先后组建东山莫厘社区股份合作社、东山莫厘劳务专业合作社、东山余山岛生态旅游开发有限公司、苏州岱湖锦农业生态旅游专业合作社等多家股份合作社,入股农户114户,年销售农产品总值4700万元。同时,农村联产承包土地开始流转,《2009年度吴中区农民专业合作(联)社年报》载:莫厘村24个村民小组,有1520户、4356人,实际耕地面积673亩,其中,确权耕地面积673亩,适度规模经营面积480亩。

七、集体资产股份权能改革

2017年12月底,莫厘村完成集体资产股份权能改革,共固化资产1045万元,分配股份4550股,其中,基本股4043股(村民户口土地在村),享受股507股(村民土地在村,但户口迁出村及外地嫁来本村、迁来本村的村民享受半股),实现"量化到人,确权到户,长期稳定"的目标,受益人口5062人。

附:莫厘村1983—2017年联队队长名单

湖湾村联队队长

1983—2000年,1队,杨福林。2队,杨阿兴。3队,叶康年。4队,汤五星。5队,汤林元。6队,席兴法。

2001—2017年,第1、第2、第3组,汤三元。第4、第5、第8组,杨阿兴。第6、第7组,汤绍富。第9、第10、第11组,叶康年。第12、第13、第14组,汤五星。第15、第16组,汤林元。

岱松村联队队长

1983—2000年,第1组,肖荣祖、肖纪生、肖裕才、金兰。第2组,张永福、周金林。第3组,宋正林。第4组,宋根法、庄小荣。第5、第6组,周法生。

2001—2017年,第1、第2组,杨补根。第3、第4、第6、第7、第8、第13组,徐兴生。第9、第10、第11、第12组,宋正林。第5组,周法生。

尚锦村联队队长

1983—2000年,第1组,钱巧泉、周少平。第2组,夏如兴、周仁林、朱孝义。第3组,徐永沅。第4组,夏惠炳。第5组,张传林。第6组,李利兴、周金德。第7组,费东福、费建福、周伟康。第8组,周士兴。

2001—2017年,第1、第10组,钱巧根。第2、第11组,钱建荣。第3组,徐永沅。第4组,钱君明。第5组,张伟勇。第6、第9组,周培勤。第7组,姚引娣。第8组,周林才。

第二节 生产管理

湖湾村、岱松村、尚锦村集体生产管理从农业初级社开始，包括核算单位、劳动管理、分配管理等。核算单位为"三级所有，队为基础"。劳动管理主要为"四定奖惩"责任制，即定人员、定任务、定质量、定报酬，超产奖励、减产赔偿。分配管理为"按日计工，年终分红（配）"的分配方式。

一、核算单位

初级农业生产合作社，保留社员生产资料所有权，实行土地入股，大型农具作价归合作社租用。实行合作社统一经营、统一核算，按土地、劳动力分配。

高级农业生产合作社，生产资料有偿转为集体所有，由合作社统一经营、统一核算，按劳分配。

人民公社建立后，高级社的生产资料无偿转入公社，在公社范围内实行统一领导、统一计划、统一经营、统一核算、统负盈亏的"一大二公"体制。

1961年10月，农村进行"三级所有，队为基础"的核算制试点。1962年，农村全面实施三级核算生产管理模式，确定农村全面实行人民公社、生产大队、生产队三级核算，生产队为集体所有制经济的基本核算单位。

1980—1981年，东山人民公社先后两次调整生产队规模，湖湾、岱松、卫东生产大队规模基本保持原有格局，即湖湾大队6个自然村，分为7个生产队。岱松大队4个自然村，分为5个生产队。尚锦大队6个自然村，分为8个生产队。

二、劳动管理

初级农业生产合作社时期，建立生产小组，劳动管理以包干制为主，生产上实行农副结合，科学管理果林和农田，鼓励社员发展养猪、养羊和种树、种菜。1956年《震泽报》报道，新民初级社统一安排劳动力，加强桑树管理，蚕茧丰收。饲养的3张春蚕种，产茧69千克，每张蚕种收茧子22千克，其中，60.5千克上等茧，每担105.5元，价格比往年增加一倍。1956年8月6日，东山遭强台风袭击，新民社果树损失惨重，社员损失5000多元，初级社党支部召开老农会，研究出七条补救措施，把损失降低到最低程度，年底总收入比预计增加9000多元。和平初级社对橘树实行修剪整枝，请技术员现场指导，橘树整修齐、空、透，减少病虫害的发生，橘子获得丰收。岱松社增产又节约，秋收过后发动社员打两遍谷，增收稻谷500多千克。

高级社时期，生产大队种植业实行"四定三包"超产奖励制度，生产队安排农活，生产小组集中干活，社员劳动按定额记分。管理普遍实行"一长四员分工负责制"，即分为社长、会计员、采购员、保管员、饲养员，社员在社长领导下，由四员分工按专业劳动。1957年初春，新民高级社全面安排春季生产，550多个整半劳力四路分工：一路积肥，5条船罱泥，积草河泥1.5万千克，保证社里180亩三麦追肥。一路修圩，修好新火渠、新塘圩两只圩子，完成土方1150多方。一路清除果林间杂草，完成71亩果林与400多亩桑地的除草翻土。一路外出搞副业，解决社员春季口粮钱。夏秋干旱，和平第1初级社石丰（石井、丰圻）村四个生产队，从7月12日开始，每天出动200多个劳力对果树全面淘浇抗旱，他们早上工，晚收工，突击开夜工，经过一周苦战，每株橘树普施一遍淘浇肥。

1958年，为适应生产"大跃进"需要，人民公社把生产组织和武装组织相结合，劳动力按军队编制，公社建团，大队建营，生产队建连，生产组建排、班，由公社统一指挥调度。公社组织军事化，有严格的劳动、学习和作息制度。为适应劳动力统一指挥和调度需要，村里普遍建立公共食堂、托儿所和幼儿园。1960年，新民大队（含今莫厘湖湾、岱松村）建有食堂10个，就餐人数1461人，占农户总数的100%。食堂蔬菜基地种乌笋3.5亩、甜菜2.8亩，其他蔬菜4.1亩。1960年底，农村食堂供应发生困难，新民大队"食堂情况统计表"载，烧柴能供应一个月的食堂4个，烧柴只能供应10天的食堂3个。每日2餐有菜供应的食堂5个，有1只菜或无菜供应的食堂3个。

1962年，农村实行以生产队为基本核算单位，由生产队对劳动力按农事活动进行分组作业，生产队对生产小组实行定额管理，对劳动力定"三基本"制度，即规定每人每天应完成的基本农活、基本劳动量和所得基本工分，提高社员生产积极性。1962年，新民大队第2生产队25张春蚕种，集中喂桑养蚕，既节省劳动力，又提高桑叶利用率，每张蚕种产茧子60千克，比上年增加15千克。和平1大队丰圻1、2生产队，春季出动400多个男女劳力，突击一周，完成17.5亩的茶苗短穗扦插，派有经验的专人管理，新发展的40亩茶园成活率达90%以上。1962年9月，新民大队第1、5生产队，和平1大队第4生产队，参加吴县农业先进队代表大会。

1966年年初，农村推行"突出政治"的大寨式评工记分，即按政治思想好、出勤足、农活质量高、工效快的要求确定标兵工分，其他社员以标兵为样板，自报互评应得工分。

"文化大革命"结束后，农村劳动管理恢复"三基本"制度和定额记工及"四定奖惩"责任制。1983年，推行家庭联产承包制，农、副、工各业实行合同制管理。

三、分配管理

湖湾、和平第1初级社农民收益分配，按"劳力报酬稍高于土地报酬"的规定，实行土地、劳动力按比例分配。

高级社取消土地报酬，实行按劳分配。社员一年分配两次，夏季预分，秋季决算。分配时先缴农业税和出售余粮，后归还国家到期贷款和粮食预购定金，再提3%—5%的公积金和公益金，并留够生产资金和0.2%—0.3%的行政管理费。

1958年，成立人民公社，取消按劳分配制度，实行供给制和工资制相结合的平均分配方式。"吃饭不要钱"是供给制的主要表现。供给制的基本形式有伙食供给制、粮食供给制、基本粮草供给制和半粮草供给制四种。

1960年，实行"人人定量，指标到户，实物到堂（公共食堂），凭票吃饭，节约归己"的管理措施。

1966年前后，农村经济分配实行纯收入按劳动日计价分配。湖湾、岱松、尚锦村社员全年总收入扣去总成本，得纯收入，再将纯收入在国家（税金）、集体（积累）、社员（报酬）三者之间进行分配。社员报酬以可分配总额同总劳动日相除，得劳动日值。劳动者按实际劳动日数，计得全年报酬。

1983年，实行家庭联产承包责任制后，原由生产队统一核算分配，改为户、组、队、乡村企业等多种分配形式和多层次的合同结算。结算原则为信守合同，承包兑现，具体做法是核实产量和收支，按"交够国家的（税金），留足集体的（公积金、公益金、管理费、劳动积累），余下为自己所有（个人所得或全体村民所得）"原则进行分配。在结算中，同时落实村组干部的补贴，扶贫、军烈属优抚等有关政策。

湖湾、岱松、尚锦均属花果地区，因花果产量有大、小年之分，大年花果产量较高，小年花果产量减少，故村民收成有高有低，造成分配水平时增时减，有时甚至相差较大。

表6-4　　　　　1960—1970年新民、岱松、卫东大队社员分配水平情况表

单位：元

大队	1959年人均水平	1961年人均水平	1962年人均水平	1970年人均水平
新民	105	76.8	84	102
岱松	—	—	325	159.7
卫东	168	82.7	265	147.5

表6-5　　　　　1978—1989年湖湾大队（村）分配方案表

单位：万元

年份	纯收入	国家税金	上缴积累	社员（村民）分配	
				金额	水平（元/人）
1978	38.52	0.61	6.16	31.76	171.00
1979	65.69	0.72	12.89	52.08	286.00
1980	38.83	0.73	2.27	36.11	183.40
1981	66.93	0.75	8.03	58.16	311.67
1982	82.53	0.72	9.76	72.05	383.67
1983	102.47	0.72	4.50	97.25	528.00
1984	98.54	0.76	1.52	96.27	586.00
1985	181.46	0.95	—	168.89	994.00
1986	198.95	0.95	—	198.00	1162.00
1987	155.63	3.88	4.62	147.13	956.00
1988	166.72	3.89	—	162.83	1093.00
1989	153.6	5.84	—	147.76	1013.00

表6-6　　　　　1978—1989年岱松大队（村）分配方案表

单位：万元

年份	纯收入	国家税金	上交积累	社员（村民）分配	
				金额	水平（元/人）
1978	21.51	0.86	3.22	17.90	153.00
1979	49.00	0.99	0.79	37.40	332.00
1980	30.55	1.03	2.84	29.78	264.80
1981	37.43	1.00	3.79	32.64	282.80
1982	57.49	1.00	8.34	48.20	410.90

续表

年份	纯收入	国家税金	上交积累	社员（村民）分配	
				金额	水平（元/人）
1983	70.70	1.01	4.68	64.83	552.00
1984	78.16	1.01	1.20	75.95	747.00
1985	114.87	1.35	4.92	98.22	992.00
1986	130.7	1.35	—	129.36	1226.00
1987	113.52	3.69	2.37	107.46	1075.00
1988	66.84	3.67	1.34	61.83	742.00
1989	89.37	4.95	—	84.42	948.00

表6-7　1978—1989年尚锦大队（村）分配方案表

单位：万元

年份	纯收入	国家税金	上交积累	社员（村民）分配	
				金额	水平（元/人）
1978	34.29	2.37	4.35	28.21	161.00
1979	82.15	2.72	18.50	60.93	346.00
1980	45.51	2.77	4.59	40.34	231.70
1981	66.02	2.79	8.13	54.94	315.90
1982	112.19	2.79	18.79	90.61	512.80
1983	116.54	2.72	5.02	108.73	618.00
1984	111.90	2.72	23.50	105.68	673.00
1985	179.89	2.72	—	161.76	981.00
1986	184.51	3.70	1.24	179.59	1081.00
1987	139.59	7.18	3.37	129.04	785.00
1988	138.28	7.20	1.69	129.39	814.00
1989	152.78	9.25	—	143.53	943.00

表6-8　2003—2017年莫厘村农民人均纯收入统计表

单位：元

年份	农民人均收入	年份	农民人均收入
2003	3896	2011	14263
2004	6627	2012	14624
2005	7532	2013	18031
2006	8467	2014	26166
2007	9267	2015	31063
2008	10300	2016	34229
2009	10696	2017	36625
2010	12259		

第三节 农副业

莫厘村土地以山区丘陵为主，平地较少，农副业生产以果树、茶叶为主，粮油生产面积不多，仅湖边有少量低洼平地。改革开放以来，随着市场经济变化与发展，村里逐年调整产业结构，重点种植发展花果、茶叶，粮油生产逐年下降。1999年后，不再种植水稻、三麦、油菜，以茶叶、花果收入为主。

一、花果与茶叶生产

莫厘村果树栽培可追溯到唐代以前，从唐开始，洞庭红橘因其色泽红润、味道酸甜适口，寓意吉祥而作为贡品进贡朝廷，据说唐太宗李世民每年除夕，都要用洞庭红橘赏赐有功的文臣武将，以示吉祥。宋、元、明、清各个时期，莫厘村果树栽种面积因受自然气候的影响时增时减。民国期间，果树品种已有柑橘、枇杷、杨梅、梅子、杏子、石榴、白果等近20个品种。中华人民共和国成立后，果树品种不断调优，花果有洞庭红橘、白沙枇杷、乌紫杨梅、白蒲枣、银杏、石榴等品种。花果产量虽有大小年之分，由于改良品种，科学种植，总产量稳步增加。

湖湾、岱松、尚锦等村为东山柑橘主产区，1990年后，大批浙江、四川、江西等地的优质蜜柑运来，加上江浙沪地区冬季气候转暖，洞庭红橘冬天宜贮藏的优点消失，洞庭红橘价格大幅度下滑。1995年后，大多数村民调整种植结构，发展经济效益较高的茶叶、枇杷和杨梅等茶果，橘地被大面积改种碧螺春茶叶、枇杷、杨梅和桃、李等花果。

莫厘村为东山茶叶的重要产区，历史悠久，质量上乘。历史上，村中茶树与枇杷、杨梅、柑橘等果树混种，茶叶有花香果味特色，清末民初就被誉为名茶。中华人民共和国成立后，莫厘村茶树发展循序渐进，20世纪90年代后，随着市场经济发展，茶叶价格提高，村民种茶积极性高涨，茶树种植面积不断扩大，产量逐年增加，并逐渐产业化，碧螺春茶生产走上了一条良性循环的特色经营道路。2000年春，尚锦村率先在东山创办"古尚锦"茶坊，形成采、摘、炒、售一条龙生产。2017年，村中茶农一季碧螺春茶收入，2万左右的农户占50%以上，多的收入有5万元。

表6-9　　　　　　　　　　1978—1989年湖湾村花果面积统计表

单位：亩

年份	花果种类							
	枇杷	杨梅	橘子	梅子	白果	栗子	桃子	其他杂果
1978	88	165	583	5	51	14	46	55
1979	87	188	707	15	56	14	87	55
1980	87	188	707	15	56.4	14	87	35
1981	56	239	835	19	63	10	87	35
1982	56	239	835	19	63	10	80	30

续表

年份	花果种类							
	枇杷	杨梅	橘子	梅子	白果	栗子	桃子	其他杂果
1983	56	239	835	19	63	10	80	30
1984	56	239	829	19	63	10	80	25
1985	20	240	930	175	63	5	37	25
1986	20	240	980	175	63	5	37	20
1987	20	240	980	175	63	5	37	20
1988	70	255	1110	175	63	5	30	15
1989	70	255	1110	175	63	5	30	15

表 6-10　　　　　　　　　　1978—1989年岱松村花果面积统计表

单位：亩

年份	花果种类							
	枇杷	杨梅	橘子	梅子	白果	栗子	桃子	其他杂果
1978	69	170	263	31	10	10	75	19
1979	62	123	263	65	10	10	76	19
1980	71	143	328	71.6	10	5	97	19
1981	66	120	556	15	5	5	97	71
1982	66	120	580	15	5	5	100	71
1983	66	90	594	13	5	5	100	71
1984	66	90	594	13	5	5	120	60
1985	60	90	594	13	5	3	135	60
1986	60	90	596.7	13	3	3	135	60
1987	55	90	597	13	3	3	135	51
1988	14.5	134.4	716	25.7	3	2	55	51
1989	14.5	134.4	716	25.7	3	2	55	22

表 6-11　　　　　　　　　　1978—1989年尚锦村花果面积统计表

单位：亩

年份	花 果 种 类							
	枇杷	杨梅	橘子	梅子	枣子	栗子	桃子	其他杂果
1978	158	134	490	81	150	8	175	213
1979	150	134	493	81	150	8	170	229
1980	134	134	509	78	145	8	170	229
1981	70	134	525	78	120	5	170	227
1982	64	134	533	78	120	5	135	310

续表

年份	花果种类							
	枇杷	杨梅	橘子	梅子	枣子	栗子	桃子	其他杂果
1983	64	130	533	78	120	5	135	310
1984	64	130	533	78	100	5	135	310
1985	64	134	533	78	100	3	135	310
1986	64	134	533	78	100	3	93	310
1987	64	134	533	78	90	3	93	310
1988	64	134	533	78	90	2	93	310
1989	55	134	561	27	90	2	105	330

表6-12　　1978—1989年湖湾村花果产量统计表

单位：担

年份	花果种类							
	枇杷	杨梅	橘子	梅子	白果	栗子	桃子	其他杂果
1978	184	579	9789	105	248	16	1000	20
1979	458	1051	19215	113	164	15	406	81
1980	58	128	3331	68	463	16	558	89
1981	7	940	10374	84	411	10	232	41
1982	396	466	16392	95	522	10	490	30
1983	15	850	24000	78	210	8	306	30
1984	205	28	13500	113.4	635	8	500	20
1985	10	491	25000	65	450	8	340	20
1986	100	400	20000	84	700	7	418	20
1987	50	700	29700	80	400	5	600	15
1988	40	100	3500	50	900	5	250	15
1989	6	400	30000	50	350	5	400	15

表6-13　　1978—1989年岱松村花果产量统计表

单位：担

年份	花果种类							
	枇杷	杨梅	橘子	梅子	白果	栗子	桃子	其他杂果
1978	217	1849	6648	113	25	73	976	434
1979	520	2797	17152	312	20	84	914	108
1980	67	351	4366	211	25	94	1044	94
1981	5	2392	7306	304	20	56.5	532	604
1982	858	1412	12944	404	10	107	981	485

续表

年份	花果种类							
	枇杷	杨梅	橘子	梅子	白果	栗子	桃子	其他杂果
1983	5	1624	14500	265	10	33.7	550	323
1984	405	300	13000	300	8	120	400	419
1985	20	1500	15100	190	8	70	615	380
1986	230	1300	14400	395	10	150	900	500
1987	125	1500	16000	250	15	100	1000	420
1988	100	900	3000	450	8	100	1500	400
1989	50	300	30000	200	15	80	500	20

表6-14　　　　　　　　　　1978—1989年尚锦村花果产量统计表

单位：担

年份	花果种类							
	枇杷	杨梅	橘子	梅子	枣子	栗子	桃子	其他杂果
1978	229	1027	10268	369	833	9	2179	1254
1979	449	2424	28764	662	1375	27	2726	2349
1980	98	297	6285	347	734	29	3182	1014
1981	11	1975	13695	442	1042	13	716	1812
1982	949	1056	25779	576	955	40	716	2050
1983	11	1713	24864	418.6	729.7	12.9	330	1471.3
1984	400	100	22800	357	630	10	330	1352.5
1985	10	500	20000	300	800	18	500	1900
1986	200	1500	21500	470	900	18	524	1730
1987	50	1500	28000	280	644	18	500	900
1988	50	600	10000	300	970	18	600	650
1989	80	600	32000	300	580	10	400	390

表6-15　　　　　　　　1978—1989年湖湾村、岱松村、尚锦村茶叶面积统计表

单位：亩

单位	年份											
	1978	1979	1980	1981	1982	1983	1984	1985	1986	1987	1988	1989
湖湾村	330	330	330	218	218	218	218	28	26	20	20	20
岱松村	58	58	58	58	58	58	58	58	58	50	50	50
尚锦村	240	203	172	157	157	157	157	207	205	145.5	145.5	145.5

表 6-16　　　　　　1978—1989 年湖湾村、岱松村、尚锦村茶叶产量统计表

单位：担

单位	年份											
	1978	1979	1980	1981	1982	1983	1984	1985	1986	1987	1988	1989
湖湾村	3.54	2.74	2.9	3.2	3.72	3.6	3.79	3	3	4	3	1.5
岱松村	13.06	8.8	12.7	14	13.89	16.51	13	14	12	10	10	7
尚锦村	26.38	15.32	26	26	26.2	25.64	27	26.5	25	25	25	25

表 6-17　　　　　　2003 年湖湾村、岱松村、尚锦村花果茶叶产量统计表

单位：担

单位	枇杷	杨梅	橘子	枣子	栗子	桃子	杂果	茶叶
湖湾村	1855	850	6300	—	126	32	42.5	106
岱松村	1325	1360	4500	95	134.4	23.8	26	145.2
尚锦村	2120	1190	7200	355	159.6	25.2	31.5	188.8

表 6-18　　　　　　2004—2017 年莫厘村花果茶叶产量统计表

单位：担

年份	枇杷	杨梅	橘子	枣子	栗子	桃子	杂果	茶叶
2004	5500	3500	16000	420	200	80	100	450
2005	5550	3650	15000	450	210	75	120	470
2006	5600	3700	13500	480	200	72	115	490
2007	5750	3800	13000	470	220	70	120	510
2008	5900	3600	10000	450	210	65	125	530
2009	6300	3500	9500	460	220	62	128	550
2010	6800	3650	9000	470	215	60	130	570
2011	7200	3700	7000	450	220	55	132	590
2012	7500	3750	5500	460	215	52	135	595
2013	7800	3800	4500	440	210	50	138	605
2014	8100	3850	3500	420	220	45	140	610
2015	8500	3800	1500	415	225	42	142	615
2016	8800	3700	1200	410	220	40	145	618
2017	9500	3650	1000	415	225	35	148	620

二、粮油生产

湖湾、岱松、尚锦三个村粮油生产所占农业生产比重较小。20 世纪 70 年代，洞庭公社在东太湖畔围湖造田，湖湾、岱松、尚锦三个村参加围湖造田，分到围荡田种水稻，粮油种植面积增加，产量有所提高。1990 年后，东大圩、新塘圩农田调整为内塘养殖与花

果种植，水稻、油菜种植面积减少。1995年，三个村已无粮油产量，原有少量湖边滩地经改良后种植花果与茶叶，不再种植水稻、油菜。2003年，三个村合并之前，只有湖湾村沿湖有些荡田与平地种植水稻与油菜。

表6-19　　　　　　　1978—1989年湖湾村水稻面积、产量统计表

年份	1978	1979	1980	1981	1982	1983	1984	1985	1986	1987	1988	1989
面积（亩）	277.00	277.00	277.00	277.00	277.00	276.70	276.70	276.70	276.70	276.70	276.70	276.70
产量（万斤）	62.02	63.29	49.25	35.69	58.10	56.47	63.49	31.28	31.46	31.49	32.06	32.10

表6-20　　　　　1978—1989年湖湾村、岱松村、尚锦村油菜籽产量统计表

单位：万斤

年份	1978	1979	1980	1981	1982	1983	1984	1985	1986	1987	1988	1989
湖湾村	6.21	6.21	3.86	6.98	10.98	7.77	6.98	9.87	5.90	6.83	3.00	3.36
岱松村	3.01	3.01	2.13	2.15	0.37	0.03	0.15	0.38	0.31	0.31	0.31	0.31
尚锦村	3.09	4.58	1.67	1.67	1.67	1.67	0.01	0.01	0	0	0	0

表6-21　　　　　1995—2002年湖湾村、岱松村、尚锦村农业经济主要指标表

年份	湖湾村			岱松村			尚锦村		
	耕地面积（亩）	农业机械总动力（千瓦）	粮食总产量（吨）	耕地面积（亩）	农业机械总动力（千瓦）	粮食总产量（吨）	耕地面积（亩）	农业机械总动力（千瓦）	粮食总产量（吨）
1995	1748	450	193	896	800	—	1208	488	—
1996	328	450	203	896	810	—	—	488	—
1997	—	450	203.7	—	815	—	—	492	—
1998		707	150	—	480	—	—	884	—
1999	—	480	—	—	480	—	—	884	—
2000	—	482	—	—	350	—	—	750	—
2001	—	489	—	—	320	—	—	710	—
2002		489	—		320	—		730	—

第四节　工　业

1978年前，岱松村、尚锦村（大队）较为偏僻，交通闭塞，加上果茶等农副产品经济价值较高，几乎无村办企业。中共十一届三中全会召开后，《人民日报》发表"光辉灿烂的希望就在这里"的社论，鼓励农村发展社队工业（后改名乡村工业），东山镇的社办（公

社）和队办（大队）工业如雨后春笋般迅速发展。1978年后，湖湾村率先办起队办工业，接着，岱松、尚锦大队也相继办起多家企业。

一、村（队）办工业

1979年东山环山公路通车，给湖湾、岱松、尚锦三个村发展村办工业创造了条件。1990年，湖湾村办有企业4家，岱松村办有企业2家，尚锦村办有企业4家，企业与苏州、上海等地联营，生产的产品有钣金、阀门、塑料包装、橡胶制品、铝合金门窗、五金零部件、宝塔线等。

1997年，湖湾、岱松、尚锦三个村完成对村办工企业产权制度改革，采取多种措施，开辟民营工业区，较多个体民营业主投资企业，村办工企业得到发展。湖湾村工企业7家，年工业产值3732万元，利税156万元。岱松村工企业7家，年工业产值3262元，利税141万元。尚锦村工企业4家，年工业产值1661万元，利税70万元。

2003年，湖湾、岱松、尚锦三个村合并为莫厘村，第三产业发展迅速。2017年，莫厘村有工企业12家，个体工商户发展到99家。

表6-22　　　　　　　　1997—2002年湖湾村工业经济主要数据统计表

单位：万元

年份	工业企业个数（个）	工业总产值	产品销售收入	工业四项经济效益	利税总额
1997	7	3732	3447	462	156
1998	5	3469	3248	410	127
1999	5	6586	5561	816	220
2000	7	7636	6592	976	321
2001	7	7548	6481	965	315
2002	7	6939	5971	968	312
2003	13	6863	5137	771	339

表6-23　　　　　　　　1997—2002年岱松村工业经济主要数据统计表

单位：万元

年份	工业企业个数（个）	工业总产值	产品销售收入	工业四项经济效益	利税总额
1997	7	3262	3013	404	141
1998	5	4357	4113	520	147
1999	5	5050	4264	626	181
2000	5	5943	5310	759	257
2001	5	5880	5196	746	266
2002	5	5424	4667	756	243
2003	4	4756	4086	556	247

表 6-24　　　　　　　1997—2002 年尚锦村工业经济主要数据统计表

单位：万元

年份	工业企业个数（个）	工业总产值	产品销售收入	工业四项经济效益	利税总额
1997	4	1661	1534	206	70
1998	2	2692	2532	319	92
1999	2	3346	2825	414	130
2000	3	3458	2986	442	160
2001	3	3686	3099	454	165
2002	3	3753	3129	523	188
2003	9	4530	4007	517	253

二、民营企业

1997 年，村办企业转制为民营企业。2003 年 11 月，湖湾、岱松、尚锦三村合并成为莫厘行政村，村里扶植民营企业，增强招商服务意识，工业发展环境不断改善，工业经济得到发展。2017 年，共有民营企业 12 家，其中规模较大的有 4 家。

表 6-25　　　　　　　2004—2006 年莫厘村工业经济主要数据统计表

单位：万元

年份	工业企业个数（个）	工业总产值	产品销售收入	工业四项经济效益	利税总额
2004	46	26999	25900	2594	1241
2005	46	21011	19210	2791	1611
2006	19	11797	11410	2235	1081

表 6-26　　　　　　　2007—2017 年莫厘村企业经济主要数据统计表

年份	各类企业个数（个）	个体工商户数（户）	各类企业营业收入（万元）	村级可支配收入（万元）	农村经济总收入（万元）
2007	19	40	9750	85	13601
2008	19	42	5260	135	9758
2009	15	50	6033	135	10696
2010	15	50	4703	261	10540
2011	15	50	3699	153	9752
2012	15	50	4307	95	12268
2013	15	50	5300	90	13596
2014	11	62	—	—	320
2015	12	88	—	—	371
2016	12	93	—	—	388
2017	12	99	—	—	332

进入21世纪，莫厘村部分企业依靠自身积累和技术进步，规模迅速扩大。2012年，吴县市锦新药用塑料容器厂、苏州东山防腐仪表阀门厂、苏州东山塑料包装有限公司、苏州吴中区洞庭山天然泉水厂列入东山镇规模型企业。

吴县市锦新药用塑料容器厂，1995年产品转向医用塑料，获得国家医药管理局颁发的"药品包装材料生产许可证"。1998—2000年，该厂投入180万元，新建厂房1000多平方米，引进大型自动注塑机械等专用设备，生产各类药品食品包装瓶，产品销往北京、济南、南京、镇江、无锡、南通、苏州等市。

苏州碧螺泉天然食品饮料有限公司，建于1996年，投资523.5万元，生产三加仑瓶装水和500毫升小瓶装水，主销苏州、上海等大中城市，年销售300万元，先后获第三届中国国际食品及加工技术展览会推荐产品、中国市场知名品牌荣誉证书。2000年，被中国吴县环太湖世界特技飞行大奖赛列为唯一指定用水。

第五节 商 贸

翁巷商贸历史悠久，宋代时，席家湖头的社下里就为东山商贸区及货运码头。明代中期，以洞庭东山翁巷商人为骨干的"钻天洞庭"商人集团崛起，名列"中国十大商帮"之列。清初，古橘社建有"橘庄""敞云楼"等客栈。民国时，殿前菜场为东山最大的农贸市场。2003年后，境内形成的启园路商贸街，已成为东山镇东部经济文化中心。

社下里小镇 形成于唐朝，位于莫厘村中部席家湖头，为东山最早的商市及货运码头，在湖畔有酒楼、茶馆、客栈、果行、作坊等。唐代进贡朝廷的洞庭红橘从社下里港口下船，运往京城长安。唐代诗人张彤《奉和白太守拣橘》诗有"凌霜远涉太湖深，双卷朱旗望橘林"之句。南宋范成大游东山，留下过"社下钟声送客船"的名句。

"钻天洞庭"商人集团 形成于明嘉靖年间，主要为翁巷商人。清《太湖备考》与翁巷大族家谱记载，明末清初，洞庭东山有名的大商人中，翁巷村人占半数以上。

翁笾，号少山，年少挟赀，渡江逾淮，经商足迹遍及大半个中国。翁笾晚年归里，掷千金筑翁巷。

席端樊，号左源；席端攀，号右源。明成化年间，兄弟俩从翁巷出山渡湖闯荡，北走齐燕，南贩闽广，在清源、山左、中州、汉口、青溪等地都设有店铺。翁笾之子启明、启阳，孙彦升、彦博，席端樊之子本久、本广与席端攀之子本桢都是有名的大商人。

刘恂如，名恭保，清末至沪习金融，颇具成就，曾任上海协升、志庆钱庄经理与上海钱业公会会长。

严筱泉，名家锡，清末在沪创办严筱记米行以及万兴豫、宏兴豫等十余家杂粮行，商品行销全国各大都市，还在上海南市创办新昌码头仓库与长德油厂。

橘社客栈 清初东山商贸区，在翁巷金家湖头。金家和翁家在长涧与金牛岭两侧筑有橘庄、观涛阁、酒楼、粮栈、育婴堂、惜字场等设施。橘庄为清初东山较大规模的客栈，内有社西草堂及敞云楼等建筑。

殿前菜场　民国时东山主要小菜场之一，位于东新街殿前（今殿新村），建于1911年，占地2亩，内设南北菜廊5条，每条菜廊宽3米，上搭梁架并盖瓦，雨天亦可买卖小菜。分肉墩头、鱼虾和蔬菜区，东街与前山湖湾、镇西、渡桥、西泾、吴巷山等村人，每天都集中在殿前菜场交易。1999年，启园路东新农贸市场建成使用，殿前菜场停业。

启园路商贸街　东山镇东部经济文化中心，位于将军街东侧，莫厘殿新村与建新村之间，长500多米，街道南北两侧辟有菜场、酒楼、饭馆、茶庄、商店、银行、旅行社、电视广播站等近百家商业机构。

东新农贸市场　又名莫厘小菜场，位于商贸街西端殿泾港畔，连接将军街，2000年8月18日，东新菜场开始营业。该菜场占地3.2亩，建筑面积1627平方米，投资165万元。分蔬菜类、肉类、家禽类、鱼虾类四个交易区，摊位88个。

苏州春秋国际旅行社东山分部　位于启园路28号，建于1999年，建筑面积220平方米，设有总经理室、发展部、营销中心、票务部、同业中心等办公室，15名工作人员（导游），导游语涵盖英、日、德、法等国语言，业务连接国内40多家省市旅行社，2017年，承接业务量1500多人次。

苏州吴中珠江村镇银行　位于启园路18—30号，建于2016年3月，营业楼建筑面积1200多平方米，工作人员16名，其经营宗旨为"服务三农，支持小微"，被誉为东山人身边的银行。

第七章 旅游

莫厘村自古为东山游览之地，自然景观及名胜古迹遍及全境，清康熙三十七年（1698），翁澍《具区志》首列"东山十景"中，村域有"莫厘远眺""翠峰松径""仙峤枫叶""菱湖秋月"四景。莫厘峰、翠峰寺为宋明时东山著名旅游景点，明《震泽编》及清《太湖备考》《七十二峰足徵集》《洞庭记》载，自宋至明清，名人雅士游览莫厘峰、翠峰寺，留下的诗作有150多首。

2000年出版的《东山镇志》，重定莫厘峰、翁巷、殿前（东街）、滨湖、紫金庵、龙头山、杨湾、三山岛、陆巷九大风景名胜区，其中，莫厘峰、翁巷、殿前（东街）、滨湖景区位于莫厘村区域。

2017年年底，莫厘村的古村落保护修缮与美丽乡村建设齐步迈进，境内岱心湾、白马庙、丰圻三座太湖大桥的建成，以及殿新村、岱心湾、宋家湾、丰圻、石井等古村美丽乡村建设竣工，成为莫厘村新的游览亮点。

第一节　旅游资源

莫厘村旅游资源丰富，有莫厘峰、殿前、翁巷、启园、古橘社、岱心湾、丰圻、余山8个景区，30多处景观。形成莫厘怀古、殿前风情、翁巷探幽、社下春晓、岱丰三桥、余山鸣翠6大景区。

一、莫厘怀古

莫厘峰　东山主峰，俗称"大尖顶"。海拔293.5米，相传因隋代莫厘将军居此而名。明初已成为东山游览之地。从山脚雨花坞口，沿烧香路循山道（今辟防火通道）攀登约45分钟，即至山顶，上有巨石，可坐憩观景。山下支脉绵延伸展，峰峦起伏，法海坞、翠峰坞、纯阳坞、雨花坞等四坞围绕主峰，四坞均有山路可达莫厘峰。

登上莫厘峰顶瞭望，西面与洞庭西山主峰缥缈峰隔水相峙，北可眺望邓尉、穹窿、灵岩诸峰，东面连陆处，可见渡村、浦庄、横泾、木渎以至苏州。松竹满山，果林青翠，山下则为一派田园风光。环视八百里太湖浩瀚无边，大小群山，远近错落，若浮若沉，俨如天然水石盆景。俯视则果林、阡陌、山村、港道以及蜿蜒的公路尽收眼底，故"莫厘远眺"为东山"古十景"之首。

芙蓉峰　位于莫厘峰东侧，因山峰形如芙蓉花而得名，海拔240米。顶筑三座望越台，系吴越春秋古迹。相传春秋时吴王所筑，以瞭望越军动向。其处山势险峻，视野辽阔，可眺望南北两处太湖，尤其是可西望湖州、宜兴等古代越国方向。在芙蓉峰顶眺望山下翁巷、丰圻、岱心湾等村落，美不胜收。

二、殿前风情

将军街　位于殿新村南，殿泾港两侧，1999年重建。原名殿泾港。明清古街，因近处东街有一株千年古紫藤，据说南宋时曾缚过将军牛皋，故名"将军街"。该街道长约1000米，入口处有一座高8米，宽18米的花岗石牌坊，上书"将军街"三字，为新疆书法家协会副主席席时珞书。两旁立柱上镌刻"将军世上雄，力能搏猛虎"，为江苏省作家协会会员杨维忠创作。港河上新筑殿甜桥、双径桥、新港桥三座古色古香的石拱桥，古港两岸建有上百幢风格各异的仿古建筑。港岸两侧置有长达数里的石栏、石凳和石狮，港道两岸遍栽垂柳和红桃，形成一处新的景观。

启园路　又名殿前商贸街，为东部经济文化中心，位于殿新村与启园之间，故名启园路，长500多米。街道西端与东山镇东街接壤，筑有大型雕塑"碧螺姑娘采茶像"。雕塑形象为一位姑娘身背勾篮，手持茶芽，正在采茶，是东山镇镇标。街道南北两侧设有菜场、酒楼、饭馆、茶庄、银行、商店、旅行社、电视广播站等近百家店铺。

三、翁巷探幽

翠峰寺　位于翁巷北面翠峰坞中，建于唐代。翠峰寺原规模极大，建有天衣禅院、药师殿、藏经阁、远翠阁、大悲坛、微香阁、古雪庵等建筑，并有悟道泉、香花桥、饮月亭

（又名六角亭）、仙人洞等胜迹。唐白居易、宋范成大、李弥大及明沈周、吴宽、唐寅、文徵明、徐祯卿等名士先后游览过翠峰禅寺，并留有大量诗文。今唐悟道泉、宋始建的香花桥、明清石墙、古银杏树、紫泉等古迹保存完好。

纯阳殿 在翠峰坞北纯阳坞中，因清初筑有纯阳庙而得名。纯阳殿，俗称茅蓬，又名清凝道院，建于清康熙二十三年（1684），旁有元鹤楼。该庙东连翠峰古道，西临纯阳大涧，前为关帝庙。庙舍半露半隐，卧伏于山坞中，建筑风格与众不同。门额书"太湖别有洞天"，而殿额曰"七十二峰中胜境"。2001年，汤家场村民捐资重建恢复，中塑道教吕纯阳神像。纯阳殿前白龙泉为东山古代十大名泉之一，殿后西马坞为明清著名景观。明王鏊《登西马坞》诗云："一上高峰望五湖，云飞尽处是姑苏。人家隐隐烟中有，帆景依依天外无。"

双潭 在翁巷村中部。唐代席温卒后，墓葬中席（后更名翁巷），时墓地广数十亩，墓前掘照潭，潭中筑石梁，将潭一分为二，称双潭。今潭仍保持唐代原状，潭旁有150多年树龄古榉2株。双潭东侧为坪磐、翠峰路，北面三茅弄，南面凝德堂，西侧土山里、自流井等均为东山著名古迹。双潭东北面即为翁巷古建筑群，修德堂、古香堂、乐志堂、容春堂、同德堂、务本堂、松风馆、天香馆等明清建筑保存完好。

四、社下春晓

社下镇建于宋代初年，面积较大，在今金家河、启园、东山宾馆一带。

古橘社 位于翁巷金家河，宋代名社下里镇，为东山唐宋时水运码头。元初，彭城金氏迁居该地，建古橘社，保存有金牛岭、长涧、普安桥、普安井、观音堂、敞云楼等古迹与景观。长涧为元代金氏族长金德传率众所筑，全长约1.5千米，从纯阳坞奔流而下，经过古橘社流入太湖，沿涧石岸、小潭、石桥、古木众多，古色古香，美不胜收。以武康石为井栏的普安井，掘于元代，井水清冽甘甜，仍为村民生活汲水之井。敞云楼在橘社东村口，为翁氏橘庄主建筑，保存有前后两进。

启园 俗称席家花园，位于席家湖头太湖之滨，1933年，翁巷旅沪商人席启荪建，原占地10多亩，1996年，吴县市旅游局扩建至50余亩。其园特色为背靠青山，面向太湖，既融真山真水，又置假山假水。启园为东山唯一古典园林，也是吴中区重要景点。1990年元旦，开始对外开放，当年就接待游客20多万人次。1994年，东山宾馆建成后，启园成为宾馆的后花园。至2017年，已接待国内外游客近百万人次。（详见"古迹"章）

东山宾馆 位于翁巷席家湖头，背靠莫厘峰，面向太湖，1994年建，占地面积20万平方米。该地古称社下里，为东山最早的游览区。宾馆外围是花园式自然环境，内部为现代化设施。宾馆自上而下形成三层不同等级的花园别墅楼，山顶为最高档的绛云楼，亦即总统楼。中层建在山坡上，有豪华的"远影""晓月"楼，亦称部长楼。四周栽有各种果树，远眺近观，景色迷人。宾馆内有大小会议室11间，最大的会议室可容纳480多个座位。有大、中、小24个中西餐厅。二期工程建造的大型圆形餐厅，临水而筑，面积600平方米，可同时提供正宗苏式、广式菜肴。娱乐中心有桑拿室、美（英）式桌球室、模拟高尔夫球室、健身室、多功能舞厅及保龄球馆，室内有恒温冲浪游泳池、室外有灯光网球场。滨湖室外游泳池，面积2400平方米。沿湖边建有250米的廊吧，供游人观赏太湖风光。宾馆拥有各式歌舞厅7个。西侧小山坡上，建有体育兼娱乐项目——旱地雪橇，滑道全长617米，设有大小十多个弯道,高低错落达 35 米,最高时速为 50 千米/时。

五、岱丰三桥

岱心湾至丰圻的三座太湖大桥,即岱心湾大桥、白马庙桥、丰圻大桥,位于莫厘村境内太湖畔。三座太湖桥全长 1529 米,宽 7.5—14.5 米,2010 年竣工使用。三座太湖桥依山而筑,绕水而过,雄伟壮丽,成为东山太湖中的标志性建筑,加上三桥周边青山、古村、渡口、菱塘、荷池、小岛等山水、人文风光,形成三组游览胜景。

岱心湾大桥景观 位于在岱松村东面菱湖中,像一条九天彩虹,飘落在岱心湾至宋家湾之间山脚下。2010 年 1 月竣工,该桥全长 700 米,跨径 668.6 米,宽 14.5 米。共有 72 个桥孔,单孔跨径 9.3 米。钢筋水泥混凝土板拱桥,重力式桥墩、沥青桥面。两侧有 1 米多宽的人行道,两旁置花岗石雕,雄伟壮观,美不胜收。岱心湾大桥景观与东面的菱湖、西侧的翁家山、岱心湾古村形成一组游览胜境。菱湖是春秋时吴王携西施采菱之地,古人有"浪打菱湖拍岸过""谁唱吴宫采菱歌"之句。秋天桥畔风光无限,"菱湖秋月"为东山"古十景"之一。翁家山高峻险要,终年湖雾飘绕,胜似仙境,明嘉靖宰辅大学士申时行游览后题"仙峤浮空"四字,摩崖尚存。桥畔粉墙黛瓦,参差起落的民居与新颖漂亮的别墅相得益彰,亦为大桥增色。

白马庙桥景观 位于菱湖与金鼎湖之间,东起宋家湾,西至白马庙,远观似一条巨大的空中栈道悬架在山崖上。2010 年 1 月竣工,该桥全长 387 米,跨径 380 米,宽 7.5 米。共有 19 个桥孔,单孔跨径 20 米。钢筋水泥混凝土空心板梁桥,双柱式桥墩、沥青桥面,两旁置铁铸桥栏。高峻雄伟,甚为壮观,是三桥中最高的一座桥梁。金鼎湖传说是昔日吴王夫差偕西施乘船游湖,喝酒不慎掉落金杯之湖。旧传每至晴日黄昏,湖中泛起万道金光,与西山落日晚霞同辉,映在白马庙前的山崖上,壮观无比。白马庙建于明嘉靖年间(1522—1566),与庙后的石壁(回音壁)是唐代《柳毅传书》故事中,柳毅牵马和敲壁下龙宫传书的古迹。白马庙桥不远处即为余山岛,站在桥上展眼望去,村落、果园、峰岭近在咫尺,鸡犬之声隐隐传来,别有一番情趣。

丰圻大桥景观 位于丰圻至尚锦湖畔湖,似一条巨龙横卧在丰圻嘴到尚锦湾之间。2010 年 1 月竣工,该桥长 442 米,跨径 435 米,宽 14.5 米。29 个桥孔,单孔跨径 15 米。钢筋水泥混凝土板拱桥,重力式桥墩、沥青桥面,两侧有 1 米多宽的人行道,两旁置花岗石护栏。绕山而筑的丰圻大桥雄伟壮丽,伫桥可尽览西太湖畔山水及古村风貌。险峻的尚锦岭、突兀湖中的丰圻嘴、沿山青翠的果林、山坞里若隐若现的村舍、湖畔嬉水的鸭群以及遥遥在望的洞庭西山,形成一组丰圻大桥景观。尤其是险峻、雄伟、松林茂密的丰圻岭,似一条青翠的苍龙从莫厘峰巅倒挂入湖,使人惊叹大自然的伟力。

六、余山鸣翠

余山岛位于莫厘村东太湖中,风光秀丽,四季翠绿,名胜古迹众多,历史上有余山鸣翠景观。

西峰天池 位于西湾山顶石壁下,面积约 300 平方米,池水清澈甘甜,四季不盈不涸,周围林木掩映,藤蔓覆盖,植被丰富。旁有大小水池多个,如数颗晶莹的明珠缀在山头,形成一组西峰奇观。

明清古道 位于东湾与西湾古村,全长 2.5 千米,其中,西湾明代古道约长 1 千米,东湾明清古道约长 1.5 千米，两道古道均宽 2—2.5 米，用山石铺筑。路旁果木掩映，古民居半隐林中，明清风貌未变。

千年古榉 位于西湾湖畔，树龄约 1000 年，高 20 多米，胸围 700 多厘米，枝叶茂盛。树干下部中空，约百年前，在古榉树干下部中空处，长出一株沙朴树，高 5 米，与古榉同株而长，形成同根异种的植物奇观。

古银杏 位于东湾席姓小院中，树龄约 800 年，高 20 米，胸围 350 厘米，生长良好，年年果实累累。园前即为东湾古道，道旁保存一口宋代古井，井栏内绳印深凹，虽稍有破损，仍极为古朴。

古石鼋 位于西湾码头，青石质，头朝茫茫太湖，后为西湾古村。传说鼋是一种凶猛的兽类，吻短、体壮、腹大，贪吃而多拉屎。西湾石鼋在湖畔已蹲千年。据说古时石鼋专门吞食太湖对岸西山、叶山的财宝，把金屎银尿拉在余山，故余山明清时极为富足。后来西山人结伙潜入余山，悄悄把石鼋头砍掉，现石鼋头为后来补雕，但仍很逼真，几乎看不出补缀痕迹。

第二节 旅游项目

莫厘村具有独特的村域风情、浓厚的历史文化、丰富的民风民俗，旅游文化得天独厚。可归纳为莫厘峰岭游、名泉古井游、园林风光游、古村古宅游、寺庵庙祠游、果园采摘游、民俗风情游、余山湖岛游八类游览项目。

莫厘峰岭游 游览景点有莫厘峰、四角亭、芙蓉峰、望越坛、吟风冈、翠峰山、犀牛岭等。内莫厘远眺、翠峰松径及翁家山的仙峤浮空三处景观，列清初东山"古十景"之中。

名泉古井游 历史上东山著名的十大名泉，莫厘村境内悟道泉、天池、白龙泉、柳毅泉、海眼泉、石溯泉等六处古泉，大多保存完好。悟道泉、柳毅泉有明代吴宽、沈周、唐寅、文徵明等名人题诗。

园林风光游 启园为东山唯一保存完好的古园林，园内不仅有镜湖厅、五峰园、复廊、挹波桥、古码头等景观，且可观赏园内著名的五峰春晓、夏日荷塘、金桂飘香、菱湖雪色等美景。

古村古宅游 村内著名的明清古道——翠峰路，从莫厘峰下翠峰坞一直南伸至下席街，途经汤家场（上席村）、翁巷（中席村）、花园弄（下席村）等古村落，翠峰路两侧分布有 10 多幢明清古宅，可入宅了解吴地古民居典雅的建筑艺术。

寺庵庙祠游 从翁巷殿新村起步，可游东岳庙（张师殿）、殿前猛将堂、鹅潭头净志庵（小柳毅庙）、席家湖头猛将堂、金家河城隍庙、翁巷翁家祠堂、翠峰寺古遗址等。

果园采摘游 莫厘村一年四季，茶果飘香，季季有果，游客节假日居住在农家乐，可参观春天采摘碧螺春，参与采茶、拣茶与炒茶。夏季，参与采摘及品尝白沙枇杷、乌紫杨梅。秋日，参观银杏园、板栗园、洞庭红橘园，参与及感受果农丰收的喜悦。

民俗风情游 一年四季，莫厘村民俗活动不绝，农历正月猛将"出巡"、四月抬阁表演、五月城隍会、莫厘峰庙会、七月乞巧节、九月翠峰登高、十月冬至节、腊月里掸尘、送灶、搬碗等岁时习俗，以及结婚授茶、抬行嫁、三吹三打娶新娘、婚宴设巡抚台、猜拳、回门等婚俗极具地方特色，游客可观看莫厘农家独特的民风民俗活动。

余山湖岛游 渡湖游览余山岛美丽的自然风光、东西湾明清古村落，走近岛上数以百计树龄100—1000年的古木，了解村里人的生活习俗。

第三节 游览线路

游览线路分陆上游线和水上游线两大类。莫厘村名胜古迹较多，有莫厘峰线、殿前线、翁巷线、社下里线、岱丰三桥五条游线。余山岛地处莫湖与菱湖之间，自古以水运为主要交通方式，辟水上游览线路。

一、陆上游线

莫厘峰线 雨花胜境—还云亭—二尖顶（小莫厘峰）—百家堑—莫厘峰（自然风光、摩崖石刻、慈云庵、茶室）—芙蓉峰（三处吴越烽火墩）。

殿前线 张师殿（古庙宇、古银杏树、明清古碑）—殿背后（明代古弄、瑞凝堂、耕礼堂、慎馀堂）—将军街（殿泾港、东山镇雕塑、农贸市场）—启园路商贸街（酒楼、饭庄、茶馆、商店、旅馆）。

翁巷线 下席街（唐代古街）—花园弄（东园接驾过康熙）—翁巷（凝德堂、务本堂、益庆堂）—双潭（唐代古迹，周围有修德堂、古香堂、乐志堂、松风馆、天香馆等）—汤家场（南宋古村，有容春堂、尊德堂、尚德堂、翁家祠堂）—翠峰坞（悟道泉、香花桥、仙人洞、紫泉、古银杏）—纯阳殿（纯阳庙、翠峰天王殿、白龙泉）。

社下里线 东山宋代水运码头—金牛岭（元代村道、普安井、普安桥）—敞云楼（清康熙间大学士徐乾学设书馆纂修《大清一统志》）—长涧（元代修筑，涧旁有古桥、古石岸、古木）—席家湖港（唐代古港）—启园（镜湖厅、复廊、五峰园、转湖、御码头）等景观。

岱丰三桥线 岱心湾大桥（大桥雄姿、岱心湾古村、菱湖风光、仙峤浮空）—白马庙桥（岱湖山庄、白马庙、回音壁）—丰圻大桥（丰圻古村、海眼泉、天池、新四军办事处）。

二、水上游线

余山岛游 余山岛离东山1.5千米水面，从岱松村岱湖山庄乘坐快艇或游船至余山西湾码头，有千年古榉树、古石鼋、西峰天池、东湾古渡、宋代古井、古银杏等。

第四节 旅游服务

一、旅游机构

东山风景管理所启园管理站 1986年，启园被列为吴县文保单位。1987年，吴县文管部门进行整修扩建，使之恢复原貌，组建管理机构。1990年元旦起正式对外开放。现共有工作人员40人，其中，管理站人员30名。管理机构设在启园，所长陆旭东。主要管理启园、白马庙、轩辕宫、明善堂等景点保护与日常营运，全年对游人开放，属苏州太湖旅游发展集团股份有限公司。

苏州余山岛生态旅游开发有限公司 成立于2010年，工作人员8名，总经理王艺群，副总经理杨青，办公室设在莫厘村委会，主要职能保护管理余山古村的现有景点、景观，开发旅游产品，为余山岛旅游产业服务。

苏州岱湖锦农业旅游专业合作社 成立于2011年，社员101人，管理人员6名，办公地点设在莫厘村，社长杨青。主要职能是利用莫厘村生态环境、农业资源、区位优势资源，打造乡村旅游产业，增加村民经济收入。

二、旅游服务

莫厘村旅游服务业起步虽早（始于1985年），因村级经济较为薄弱，加上村民经商意识滞后，旅游服务业长期处于停滞状态。2000年起，随着陆巷古村、三山岛旅游业的崛起，莫厘村湖湾村、岱松村、尚锦村为东部至陆巷、三山的必经之路，旅游服务业迅速发展。2017年年底，村里办有旅行社1家，旅社、酒楼、饭店、茶吧等农家乐60多家，营业面积500平方米以上的农家乐20家。

岱湖山庄 又名龙骏家园，位于宋家湾村公路旁，临水而筑，营业面积约5000平方米，经营餐饮兼住宿。餐位280人，住房80间，床位160张。特色菜肴有红烧肉、太湖什锦鱼、鲜活炝虾、鲫鱼塞肉、虾仁莼菜汤等。

莫厘大酒店 位于启园路南侧，花园式酒店，营业面积2800平方米，设有中高档餐厅4个，餐位700人，其中，婚宴厅可容400个席位。特色菜肴点心有莫厘缸肉、三鲜五桂、豆腐太湖鱼头、油爆虾、南瓜蜂糕等。

聚福楼酒店 位于殿新村口，湖湾路北侧，营业面积2000平方米，餐位450人，其中，楼上包厢12间，可容120人。特色菜肴有碧螺虾仁、鲜活炝虾、红菱鱼片、冬笋山鸡片等。

桥文化农家乐 位于宋家湾公路旁，依山而建，营业面积1000平方米，经营餐饮兼住宿。餐位300人，住房15间，床位30张。特色菜肴有红烧甲鱼、太湖什锦鱼、汪牙莼菜汤等。

古尚锦酒楼 位于尚锦周湾公路旁，临水而筑，营业面积1000平方米，经营餐饮兼住宿，餐位200人。特色菜肴有太湖鲢鱼头汤、盐水虾、红烧汪牙等。

万顷楼饭店 位于尚锦村环山公路旁，营业面积900平方米，经营餐饮兼住宿，餐位250人，住房10间，床位20张。特色菜肴有山浪草鸡、盐水虾、虾仁莼菜汤等。

碧螺湾农庄　又名迎宾湖饭店，位于岱松宋家湾村，营业面积800平方米，经营餐饮兼住宿，餐位150人，住房20间，床位40张。特色菜肴有荷叶粉蒸肉、板栗烤排肉、腌笃鲜等。

湖景轩农家乐　位于宋家湾公路旁，依山临水，营业面积800平方米，经营餐饮兼住宿，餐位200人，住房8间，床位16张。特色菜肴有鲜活炝虾、山浪草鸡、枸杞蚬肉等。

临湖缘农家乐　位于尚锦小长湾环山公路旁，依山而筑，营业面积800平方米，经营餐饮兼住宿，餐位300人，住房11间，床位22张。特色菜肴有枸杞蚬肉、太湖什锦鱼、红烧湖鳗等。

望湖楼酒店　位于尚锦小长湾环山公路旁，依山而筑，可眺望太湖。营业面积700平方米，经营餐饮兼住宿，餐位300人，住房8间，床位16张。特色菜肴有鲜活炝虾、枸杞蚬肉、汪牙莼菜汤等。

宏业休闲会所　位于尚锦周湾湾环山路旁，营业面积650平方米，经营餐饮兼住宿，餐位200人，住房11间，床位22张。特色菜肴有鲜活炝虾、鲫鱼塞肉、虾仁莼菜汤等。

尚锦湾农家乐　位于尚锦村公路旁，依山临水，营业面积600平方米，经营餐饮兼住宿，餐位300人，住房5间，床位10张。特色菜肴有红烧甲鱼、盐水虾、田园时蔬等。

大喜欢农家乐　位于岱心湾村环山路旁，依山而筑，营业面积500平方米，餐位400人。特色菜肴有碧螺虾仁、荷叶粉蒸肉、板栗烤排肉。

山水间农家乐　位于岱心湾村环山路旁，营业面积500平方米，经营餐饮兼住宿，餐位50人，住房19间，床位38张。特色菜肴有红烧肉、鲜活炝虾、鲫鱼塞肉等。

湖庭院农家乐　位于尚锦丰圻村公路旁，依山临水，营业面积500平方米，餐位50人。特色菜肴有枸杞蚬肉、碧螺虾仁、荷叶粉蒸肉等。

逸琚十六舍　位于尚锦小长湾环山公路旁，依山而筑，营业面积500平方米，经营餐位150人。特色菜肴有鲜活炝虾、枸杞蚬肉、太湖什锦鱼等。

江夏居农家乐　位于周湾公路旁，依山而筑，营业面积500平方米，经营餐饮兼住宿。餐位160人，住房10间，床位20张。特色菜肴有鲜活炝虾、腌笃鲜、太湖两鲜等。

湖边农家乐　位于周湾环山公路旁，营业面积500平方米，经营餐饮兼住宿，餐位100人，住房7间，床位14张。特色菜肴有碧螺虾仁、腌笃鲜、碧波拌三虾等。

周湾里农家乐　位于周湾环山公路旁，营业面积500平方米，经营餐饮兼住宿，餐位100人，住房10间，床位20张。特色菜肴有鲜活炝虾、荷叶粉蒸肉、板栗烤排肉等。

我在等你　位于尚锦村公路旁，依山临水，营业面积500平方米，经营餐饮兼住宿，餐位120人，住房8间，床位19张。特色菜肴有腌笃鲜、鲫鱼塞肉、红菱鱼片等。

三、停车场

殿新村停车场　位于殿新村南镇村接合部，建于2010年，面积2000平方米，可停旅游车辆与村民车辆60辆。

启园停车场　位于席家湖头启园内，建于1996年，面积500平方米，可停车辆20辆。

岱心湾停车场　位于岱心湾村口，建于2016年，公路左右两侧共有60个停车位，可供旅游车辆及村民车辆停歇。

第八章　基层组织

1950—1957年,境内所属16个主要自然村,设湖湾、丰石、尚周乡农业生产初、高级生产合作社。1958年9月,洞庭人民公社成立,政社合一,分别改称新民、和平1大队,建立大队管理委员会。1961年3月,岱松从新民大队分出,建立岱松大队。1968年5月,和平1大队更名卫东大队。1969年3月,新民、岱松、卫东大队成立新民、岱松、卫东大队革命委员会。1975年3月,新民大队改称湖湾大队。1980年9月,卫东大队更名尚锦大队。1982年9月,湖湾、岱松、尚锦大队恢复管理委员会。

1983年9月,东山乡政社分设,湖湾大队改称湖湾村,岱松大队改称岱松村,尚锦大队改称尚锦村,均设立村民委员会和村民小组。

2003年11月,撤销湖湾、岱松、尚锦三村,建立莫厘村,设立莫厘村村民委员会。

1956年,湖湾乡建立中共支部委员会。1958年,建立中共新民、和平1大队支部委员会。1961年3月,建立中共岱松大队支部委员。1968年5月,中共和平1大队支部委员会改称卫东大队支部委员会。1975年3月,改称中共湖湾、岱松、尚锦村支部委员会。2003年12月,建立中共莫厘村总支委员会。2010年8月,组建中共莫厘村党委会,设3个支部委员会,党员172名。

2017年12月,中共莫厘村党委下设3个支部委员会,党员182名,其中,女28人。

20世纪50年代,陆续建立包括农民、青年、妇女、工会等群众团体组织。

第一节 莫厘村党组织

2003年10月前，莫厘村分湖湾、岱松、尚锦3个村党支部。同年11月12日，三村合并成立莫厘村村民委员会和村党总支，同时成立湖湾、岱松、尚锦三个党支部。2010年9月，莫厘村党总支更名为莫厘村党委，下设湖湾、岱松、尚锦三个党支部。

一、湖湾村党组织

1956年，震泽县东山区湖湾乡开始建立党组织，设书记1人。1958年，东山成立人民公社，湖湾乡更名新民大队（含新农民之意），党组织开始健全，建立大队党支部。1958年起，先后称新民大队、新民大队革委会、湖湾大队、湖湾村党支部，2003年11月，并入莫厘村党总支（2010年称莫厘村党委），下设湖湾村党支部。2017年，湖湾村党支部书记杨振华。

（一）中共新民大队支部委员会

1956年湖湾乡（含岱松）建立中共党支部，书记周惠华。

1958年2月，新民大队党支部，书记杨祖生，副书记宋纪生、杨祖林，支委刘传根、俞永林。

1960年11月，洞庭人民公社实行体制改革，撤大队建制，成立杨湾、和平、东山、新潦、渡桥、市镇六大管区，管区直辖生产队，生产队建立党支部。新民大队属市镇管区党总支领导，建有4个生产队（简称小队）党支部，其中，岱松生产队党支部书记滕根林、建新生产队党支部书记俞永林、太平生产队党支部书记宋纪生、殿新生产队党支部书记杨福林。

1961年9月，撤市镇管区，恢复新民大队建制，建立新民大队党支部，党员20名，书记杨祖生，副书记杨祖林，支部委员俞永林、宋纪生。

1963年8月，大队党支部有党员26名，书记杨祖生、副书记杨祖林，支部委员俞永林、宋纪生、刘传根。

1966年9月，"文化大革命"开始，大队党组织陷于瘫痪。

（二）中共新民大队革委会支部委员会

1968年4月，洞庭人民公社革命委员会成立。1969年9月，洞庭人民公社革命委员会整党建党领导小组，同意新民大队革命委员会整党建党领导小组恢复新民大队党组织，党员26名，书记杨祖生，支部委员俞永林、陈福才、宋纪生、刘传根。

1973年3月，新民大队革委会党支部改选，党员25名，书记杨祖生，副书记王阿六、汤泉荪，支部委员陈福才、宋纪生、席兴法、翁金凤。

1976年6月，新民大队革委会党支部改选，党员28名，书记蔡雪延，副书记杨祖生、王阿六、汤泉荪，支部委员陈福才、席兴法、翁金凤、汤福才。

（三）中共新民大队支部委员会

1979年6月，撤大队革委会党支部，建立新民大队党组织，党支部改选，党员39名，书记蔡雪延，副书记杨祖生、王阿六，支部委员汤福才、汤泉荪、陈福才、席兴法、翁金凤。

（四）中共湖湾村支部委员会

1983年9月，村级体制改革，撤销大队，设立行政村，建村党支部。湖湾村（1975年更名湖湾大队）有党员42名，书记蔡雪延，副书记杨祖生、王阿六，支部委员汤泉荪、汤福才、陈福才、席兴法、翁金凤。

1985年7月，农村基层党组织换届选举，湖湾村有党员32名，副书记汤泉荪（主持全面工作），支部委员王自新、汤巧根。

1987年6月，农村基层党组织换届选举，湖湾村有党员32名，书记汤泉荪，支部委员王自新、汤巧根。

1989年8月，农村基层党组织换届选举，湖湾村有党员33名，书记汤泉荪，支部委员王自新、汤巧根。

1991年10月，农村基层党支部换届改选，湖湾村有党员34名，书记汤泉荪，副书记王自新，支部委员杨德明、汤巧根、汤福康。

1995年10月，农村基层党支部换届改选，湖湾村有党员44名，书记王自新，支部委员汤巧根、汤福康。

1997年8月，农村基层党支部换届改选，湖湾村有党员45名，书记王自新，支部委员汤福康、汤洪生。

2000年7月，农村基层党支部换届改选，湖湾村有党员35人，书记王自新，支部委员汤福康、汤洪生。

表8-1　中共新民大队、新民大队革委会、湖湾大队（村）支部委员会书记、副书记更迭表

组织名称	职务	姓名	任期	备注
中共湖湾乡支部委员会（1956.3—1958.1）	书记	周伟华	1956.3—1958.1	
中共新民大队支部委员会（1958.2—1966.8）	书记	杨祖生	1958.2—1966.8	
	副书记	杨祖林	1958.2—1966.8	
		宋纪生	1958.2—1960.8	
中共新民大队革委会党支部（1969.9—1979.5）	书记	杨祖生	1969.9—1976.5	
		蔡雪延	1976.5—1979.5	
	副书记	杨祖生	1976.5—1979.5	
		王阿六	1973.3—1979.5	
		汤泉荪	1973.3—1979.5	
中共新民大队支部委员会（1979.6—1983.8）	书记	蔡雪延	1979.6—1983.8	
	副书记	杨祖生	1979.6—1983.8	
		王阿六	1979.6—1983.8	

续表

组织名称	职务	姓名	任期	备注
中共湖湾村支部委员会 （1983.9—2003.10）	书记	蔡雪延	1983.8—1985.6	
		汤泉荪	1987.6—1995.9	
		王白新	1995.10—2003.10	
	副书记	杨祖生	1983.8—1985.6	
		王阿六	1983.8—1985.6	
		汤泉荪	1985.7—1987.5	主持村支部全面工作

二、岱松村党组织

1961年，岱松从新民大队分出，建立岱松大队并成立中共党支部，先后称岱松大队、岱松大队革委会、岱松村党支部，2003年11月，并入莫厘村党总支（2010年更名莫厘村党委），下设岱松村党支部。2017年，党支部书记徐勇君。

（一）中共岱松大队支部委员会

1958年，新民、岱松合建新民大队，成立党支部。1960年11月，洞庭人民公社实行体制改革，撤大队建制，成立杨湾、和平、东山、新潦、渡桥、市镇六大管区，管区下辖直属生产队（简称小队）建立党支部，岱松生产队党支部书记滕根林。

1961年9月，撤市镇管区，岱松从新民大队分出，建立岱松大队党支部，书记滕根林。

1963年8月，岱松大队党支部，有党员18人，书记周龙生，党支部委员滕根林、滕裕茂、庄春生、周云妹。

1966年"文化大革命"开始，大队党组织陷于瘫痪。

（二）中共岱松大队革委会支部委员会

1968年4月，洞庭人民公社革命委员会成立。1969年9月，洞庭人民公社革命委员会整党建党领导小组，同意岱松大队革命委员会成立整党建党领导小组，建立大队革委会党支部，有党员19名，书记庄春生，副书记宋海福，支部委员滕裕茂、周仁林。

1973年3月，岱松大队革委会党支部改选，有党员20名，书记庄春生，副书记宋海福，支部委员滕裕茂、周仁林。

1976年6月，岱松大队革委会党支部改选，有党员21名，书记庄春生，副书记宋海福，支部委员滕裕茂、周仁林。

（三）中共岱松大队支部委员会

1979年6月，撤大队革委会党支部，建立岱松大队党支部，有党员29名，书记宋海福，支部委员吴绍伟、滕裕茂、周泉生、周仁林。

（四）中共岱松村支部委员会

1983年9月，村级体制改革，撤销大队，设立行政村，建岱松村党支部。有党员27名，书记宋海福，支部委员吴绍伟、滕裕茂、周泉生、周仁林。

1985年7月，农村基层党组织换届选举，岱松村有党员26名，书记宋海福，支部委员周泉生、张永福、徐洪林、周顺林。

1987年6月，农村基层党组织换届选举，岱松村有党员25名，书记张永福，副书记宋海福，支部委员徐洪林、周仁林、周泉生。

1991年10月,农村基层党支部换届改选,岱松村有党员25名,书记张永福,支部委员宋海福、周仁林、徐洪林、肖卫源。

1995年10月,农村基层党支部换届改选,岱松村有党员32名,书记张永福,支部委员肖卫源、周胜林。

1997年8月,农村基层党支部改选,岱松村有党员30名,书记张永福,副书记肖卫源,支部委员宋海福、徐洪林、周仁林。

2000年7月,农村基层党支部改选,岱松村有党员30名,书记肖卫源,支部委员张惠林、宋雪庆、周伟林。

表8-2 中共岱松大队、岱松大队革委会、岱松村支部委员会书记、副书记更迭表

组织名称	职务	姓名	任期
中共岱松大队支部委员会 (1961.9—1966.8)	书记	滕根林	1961.9—1963.7
		周龙生	1963.8—1966.8
中共岱松大队革委会支部 (1969.9—1979.5)	书记	庄春生	1969.9—1979.5
	副书记	宋海福	1969.9—1979.5
中共岱松大队支部委员会 (1979.6—1983.8)	书记	宋海福	1979.6—1983.8
中共岱松村支部委员会 (1983.9—2003.10)	书记	宋海福	1983.9—1987.6
		张永福	1987.7—2000.6
		肖卫源	2000.7—2003.10
	副书记	宋海福	1987.8—1991.9

三、尚锦村党组织

1958年,建立中共大队党组织,先后名和平1大队、卫东大队革委会、卫东大队、尚锦村党支部。2003年11月,并入莫厘村党总支(2010年称莫厘村党委),下设尚锦村党支部。2017年,党支部书记刘燕雯。

(一)中共和平1大队支部委员会

1958年成立人民公社,建立和平1大队党支部,书记李锦裕,支部委员夏胜甫、张传林、夏云娟。

1960年11月,洞庭人民公社实行体制改革,撤大队建制,成立杨湾、和平、东山、新潦、渡桥、市镇六大管区,管区下辖直属生产队(简称小队),建立党支部。和平1大队设3个生产队党支部,洪湾生产队党支部,书记徐培恩、周湾生产队党部,书记李利兴、丰圻生产队党支部,书记薛进甫。

1961年9月,撤和平管区,恢复和平1大队党支部,有党员11名,书记严福生,副书记夏胜甫、夏云娟,支部委员周荷生、李利兴、徐培林。

1963年8月,大队党支部有党员24名,书记费洪兴,副书记夏胜甫,支部委员徐培林、周荷生、李利兴、钱仁生、钱庆男、夏云娟。

1966年"文化大革命"开始,大队党组织陷于瘫痪。

（二）中共卫东大队革委会支部委员会

1968年4月，洞庭人民公社革命委员会成立。同年5月，和平1大队更名卫东大队。1969年5月，各大队成立革命委员会。同年9月，洞庭人民公社革命委员会整党建党领导小组，同意卫东大队整党建党领导小组成立大队革委会党支部，有党员26名，书记费洪兴，副书记周庆男，支部委员夏胜甫、周连才、徐培林、徐洪斌、夏云娟。

1973年3月，卫东大队党支部改选，有党员26名，书记费洪兴，副书记周庆男，支部委员夏胜甫、周连才、徐培林、徐洪斌、夏云娟。

1976年6月，卫东大队党支部改选，有党员35名，书记费洪兴，副书记周庆男，支部委员夏胜甫、周连才、徐培林、徐洪斌、夏云娟。

（三）中共尚锦大队支部委员会

1979年6月，撤大队革委会，恢复生产大队管委会。建立尚锦大队党支部，有党员43名，书记费洪兴，副书记周庆男，支部委员夏胜甫、周连才、徐培林、徐洪斌、夏云娟。

（四）中共尚锦村支部委员会

1983年9月，村级体制改革，撤销大队，设立行政村，建立尚锦村党支部（1980年更名尚锦大队），有党员45名，书记费洪兴，副书记周庆男，支部委员夏胜甫、周连才、徐培林。

1985年7月，农村基层党组织换届选举，尚锦村有党员40名，书记施惠生，支部委员徐培林、周明耀、夏伟斌、费东福。

1989年8月，农村基层党组织换届选举，尚锦村有党员42名，书记费东福，支部委员施惠生、周庆男、夏卫斌、周明耀。

1991年10月，农村基层党支部换届改选，尚锦村有党员41名，书记费东福，支部委员周明耀、施惠生、夏卫斌、周庆男。

1995年10月，农村基层党支部换届改选，尚锦村有党员43名，书记费东福，支部委员周明耀、周庆男。

1997年8月，农村基层党支部换届改选，尚锦村有党员47名，书记费东福，支部委员周庆男、周文洪。

2000年7月，农村基层党支部换届改选，尚锦村有党员43名，书记费东福，支部委员周文洪、赵炳富。

表8-3 中共和平1大队、大队革委会、尚锦大队（村）支部委员会书记、副书记更迭表

组织名称	职务	姓名	任期
中共和平1大队支部委员会 （1961.9—1966.8）	书记	李锦裕	1958.2—1960.10
	书记	严福生	1960.9—1963.7
	书记	费洪兴	1963.8—1966.8
	副书记	夏胜甫	1961.9—1966.8
	副书记	夏云娟	1961.9—1963.8
中共卫东大队革委会党支部 （1969.9—1979.5）	书记	费洪兴	1969.9—1979.5
	副书记	周庆男	1969.9—1979.5

续表

组织名称	职务	姓名	任期
中共卫东大队支部委员会 （1979.6—1983.8）	书记	费洪兴	1979.6—1983.8
	副书记	周庆男	1979.6—1983.8
中共尚锦村支部委员会 （1983.10—2003.10）	书记	费洪兴	1983.9—1985.9
		施惠生	1985.10—1987.8
		费东福	1987.9—2003.10
	副书记	周庆男	1983.11—1985.6

四、莫厘村党委（总支）

2003年11月，根据中共吴中区委、区政府的统一部署，东山原30个行政村撤并为12个行政村，成立12个村党总支。原湖湾、岱松、尚锦三个村党支部及村民委员会撤销，建立莫厘村村民委员会，并成立中共莫厘村总支委员会（2010年更名莫厘村党委），同时设立湖湾、岱松、尚锦三个村党支部。

2003年11月，莫厘村党总支有党员158名，王自新任党总支书记，肖卫源、费东福任党总支副书记，汤福康、宋雪庆、周文洪、席柏林、汤洪生、张惠林任党总支委员。下设湖湾、岱松、尚锦三个原行政村党支部。汤福康任湖湾党支部书记，宋雪庆任岱松党支部书记，周文洪任尚锦党支部书记。

2006年8月，农村基层党组织换届选举，莫厘村有党员162名，王自新任党总支书记，肖卫源、费东福任党总支副书记。汤福康、周文洪、张惠林、汤洪生、席柏林、周伟林任党总支委员。汤福康任湖湾党支部书记，张惠林任岱松党支部书记，周文洪任尚锦党支部书记。

2010年8月，农村基层党组织换届选举，莫厘村有党员172名，成立莫厘村党委，张惠玉任书记，汤洪生、张惠林任副书记，席柏林、周伟林、刘艳雯、钱浩君任党委委员。张惠玉兼任湖湾党支部书记，张惠林任岱松党支部书记，钱浩君任尚锦党支部书记。

2013年8月，农村基层党组织换届选举，莫厘村有党员184名，张惠玉任书记，张剑、钱浩君任副书记，杨振华、刘艳雯、张国良、徐勇君任党委委员。张惠玉兼任湖湾党支部书记，周伟林任岱松党支部书记，钱浩君任尚锦党支部书记。

2016年9月，农村基层党组织换届选举，莫厘村有党员185名，张惠玉任书记，钱浩君任副书记，张剑、杨振华、刘艳雯、张国良、徐勇君任党委委员。杨振华任湖湾党支部书记，徐勇君任岱松党支部书记，刘燕雯任尚锦党支部书记。

2017年3月，杨青任莫厘村党委书记。

表 8-4　　　　中共莫厘村党委（总支）委员会书记、副书记更迭表

组织名称	职务	姓名	任期	备注
中共莫厘村党委（总支）委员会（2003.11—2017.12）	党委（总支）书记	王自新	2003.11—2010.7	党总支书记
		张惠玉	2010.8—2017.2	党委书记
		杨　青	2017.3—2017.12	党委书记
	副书记	肖卫源	2003.11—2005.4	调镇里工作
		费东福	2003.11—2010.8	
		汤洪生	2010.8—2013.8	
		张惠林	2010.8—2011.8	
		张　剑	2013.8—2017.12	
		钱浩君	2013.8—2017.12	

第二节　村行政组织

2003年10月前，莫厘村有湖湾、岱松、尚锦3个村民委员会。2003年11月，三村合并成莫厘村村民委员会，村委会设在原湖湾村。2017年12月，莫厘村村委会由7名委员组成，钱浩君任村委会主任，杨振华、孔运任村委会副主任。

一、湖湾村行政组织

1953年5月，震泽县东山区成立湖湾、镇西、渡桥等8乡。1955年，成立湖湾农业高级社。1958年起，湖湾村行政组织先后称新民大队、新民大队革委会、湖湾大队、湖湾村。2003年11月，湖湾村行政组织并入莫厘村村委会。

（一）**新民大队**

1958年，农村成立人民公社化后，湖湾、岱松两个高级农业生产合作社合并，成立新民大队，驻地湖湾村，大队长杨祖林，副大队长俞永林、刘传根，妇女主任沈美珍，会计杨进财。

1960年11月，洞庭人民公社实行体制改革，撤大队建制，成立杨湾、和平、东山、新潦、渡桥、市镇六大管区，管区直辖生产队，新民大队属市镇管区，下设4个生产队（简称小队），建新小队长金桂昌，太平小队长陈菊生，殿新小队长杨炳奎，岱松小队长徐兴根。

1961年9月，撤市镇管区，新民大队分新民、岱松2个生产大队。新民大队大队长杨祖林，副大队长俞永林，民兵营长刘传根，妇女主任沈美珍，会计杨进财。

1963年11月，大队长杨祖林，副业队长宋纪生，会计杨进财，治保主任刘传根，妇女主任沈美珍。

（二）**新民大队革委会**

1969年5月，成立新民大队革命委员会（简称"革委会"），革委会主任王阿六，副

主任杨祖生，民兵营长王自伟，妇女主任翁金凤，会计杨进财。

1971年8月，大队革委会主任王阿六，副主任杨祖生，民兵营长王自伟，妇女主任翁金凤，治保主任席兴法，会计杨进财。

1975年9月，大队革委会主任蔡雪延，副主任王阿六、杨祖生，民兵营长王自伟，妇女主任翁金凤，会计杨进财。

（三）新民大队

1979年6月，撤大队革委会，恢复新民大队管委会，主任王自新，民兵营长王自伟，妇女主任翁金凤，会计杨进财。

（四）湖湾村委会

1983年9月，撤大队建制，大队按所处村，更为行政村名，设村村民委员会。湖湾大队更名湖湾村，第一届村民委员会成立，主任王自新，社长汤泉荪，会计杨进财，民兵营长汤巧根，调解员汤全兴，妇女主任汤五星。

1989年10月，湖湾村第二届村民委员会换届选举，主任王自新，民兵营长汤巧根，治保主任汤巧根（兼），调解员汤全兴，妇女主任汤五星，会计杨进财。

1992年10月，湖湾村第三届村民委员会换届选举，主任王自新，经济合作社社长杨德明，副社长王定如，民兵营长汤巧根，妇女主任汤五星，会计杨进财。

1996年4月，湖湾村第四届村民委员会换届选举，主任王定如，民兵营长汤巧根、治保主任汤全兴，妇女主任汤五星，会计汤洪生。

1999年3月，湖湾村第五届村民委员会换届选举，主任汤福康，民兵营长汤巧根，治保主任汤全兴，妇女主任汤五星，会计汤洪生。

2001年12月，湖湾村第六届村民委员会换届选举，主任汤福康，民兵营长汤巧根，妇女主任汤五星，会计汤洪生。该届村民委员会任期至2003年10月结束。2003年11月，湖湾村并入莫厘村村民委员会。

表8-5　　　　　　　　　新民大队、湖湾大队（村）行政领导人更迭表

行政组织名称	职务	姓名	任期
新民大队管理委员会 （1958.9—1966.8）	大队长	杨祖林	1958.9—1966.3
	副大队长	俞永林	1958.9—1963.10
新民大队革命委员会 （1969.5—1979.5）	主　任	王阿六	1969.5—1975.8
		蔡雪延	1975.9—1979.5
	副主任	杨祖生	1969.5—1979.5
		王阿六	1975.9—1979.5
湖湾大队管理委员会 （1979.6—1983.8）	主　任	王自新	1979.6—1983.8
湖湾村村民委员会 （1983.9—2003.10）	第一届村主任	王自新	1983.9—1989.9
	第二届村主任	王自新	1989.10—1992.9
	第三届村主任	王自新	1992.10—1996.3
	第四届村主任	王定如	1996.4—1999.2
	第五届村主任	汤福康	1999.3—2001.11
	第六届村主任	汤福康	2001.12—2003.10

二、岱松村行政组织

1958年，农村建立人民公社，岱松隶属新民大队。1961年，岱松从新民大队划出，单独成立岱松大队。先后称岱松大队、岱松大队革委会、岱松村。2003年11月，岱松村行政组织并入莫厘村村委会。

（一）岱松大队

1960年11月，洞庭人民公社实行体制改革，撤大队建制，成立和平、杨湾、东山、新潦、渡桥、市镇六大管区，管区下辖直属生产队（简称小队），岱松小队队长徐兴根。

1961年9月，撤市镇管区，岱松从新民大队分出，建立岱松大队，设管理委员会，大队长徐兴根，副业队长金桂昌，民兵营长张逸根，治保主任周家生，妇女主任陈根娣。

1963年8月，大队长庄春生，会计周龙生，人武部长张逸根，会计滕裕茂，妇女主任董招娣。

（二）岱松大队革委会

1969年5月，岱松大队成立革命委员会（简称"革委会"），主任庄春生，副主任宋海福，治保主任周仁林、人武部长徐洪林，妇女主任董招娣，会计滕裕茂。

1971年8月，大队革委会主任庄春生，副主任宋海福，民兵营长徐洪林，会计滕裕茂，治保主任周仁林，妇女主任董招娣。

1975年9月，大队革委会主任庄春生，副主任宋海福，民兵营长徐洪林，会计滕裕茂，治保主任周仁林，妇女主任董招娣。

（三）岱松大队

1979年6月，撤大队革委会，恢复岱松大队管委会，大队长吴绍伟，民兵营长周胜林，会计滕裕茂，妇女主任徐洪娣，治保主任周仁林。

（四）岱松村委会

1983年9月，撤大队建村，更名岱松村，设村民委员会。第一届村民委员会成立，主任吴绍伟，会计滕裕茂，民兵营长周胜林，妇女主任徐洪娣。

1989年10月，第二届村民委员会换届选举，主任宋海福，会计肖卫源、民兵营长周胜林，妇女主任徐洪娣。

1992年10月，第三届村民委员会换届选举，主任宋海福，经济合作社社长徐洪林，副社长庄二男，会计肖卫源，民兵营长周胜林，妇女主任徐洪娣。

1996年4月，第四届村民委员会换届选举，主任肖卫源，会计张惠林，民兵营长周胜林，妇女主任徐洪娣。

1999年3月，第五届村民委员会换届选举，主任宋雪庆，会计张惠林，民兵营长周伟林，妇女主任徐洪娣。

2001年12月，第六届村民委员会换届选举，主任宋雪庆，会计张惠林，民兵营长周伟林，妇女主任徐洪娣。2003年11月，岱松村村民委员会撤销，并入莫厘村村民委员会。

表 8-6　　　　　　　　　　岱松大队、岱松村行政领导人更迭表

行政组织名称	职务	姓名	任期
岱松大队管理委员会 （1961.9—1966.8）	大队长	徐兴根	1961.9—1963.7
		庄春生	1963.8—1966.8
岱松大队革命委员会 （1969.5—1979.5）	主任	庄春生	1969.5—1979.5
	副主任	宋海福	1969.5—1979.5
岱松大队管理委员会 （1979.6—1983.8）	大队长	吴绍伟	1979.6—1983.8
岱松村村民委员会 （1983.9—2003.10）	第一届村主任	吴绍伟	1983.9—1989.9
	第二届村主任	宋海福	1989.10—1992.9
	第三届村主任	宋海福	1992.10—1996.3
	第四届村主任	肖卫源	1996.4—1999.2
	第五届村主任	宋雪庆	1999.3—2001.11
	第六届村主任	宋雪庆	2001.12—2003.10

三、尚锦村行政组织

1958年，农村成立人民公社，开始建生产大队，先后更名和平1大队、卫东大队、卫东大队革委会、尚锦大队（村），2003年11月，尚锦村并入莫厘村村委会。

（一）和平1大队管委会

1958年，成立农村人民公社，和平第1农业高级生产合作社改称和平1大队，设大队管委会，大队长夏胜甫，副大队长周荷生，人武部长徐培林，妇女主任夏云娟，会计周根云。

1959年11月，大队长张传林，副大队长周根云、夏云娟，人武部长徐培林，妇女主任夏云娟（兼），会计周根云（兼）。

1960年11月，洞庭人民公社实行体制改革，撤大队建制，成立杨湾、和平、东山、新潦、渡桥、市镇六大管区，管区直辖生产队（简称小队），和平1大队下设4个生产队，洪湾小队队长顾祖兴，尚锦小队队长周志根，石井小队队长钱夫泉，丰圻小队队长赵巧福。

1961年9月，撤市镇管区，恢复和平1大队，大队长夏胜甫，副大队长周荷生，人武部长徐培林，妇女主任夏云娟，会计周根云。

1963年11月，大队长夏胜甫，副大队长周荷生，民兵营长周连才，妇女主任夏云娟，会计钱仁生。

（二）卫东大队革委会

1969年5月，卫东大队（1968年更名）成立革命委员会（简称"革委会"），主任费洪兴，副主任夏胜甫、周庆男，民兵营长周连才，妇女主任夏云娟，会计周克林。

1971年8月，大队革委会主任费洪兴，副主任夏胜甫、周庆男，民兵营长周连才，妇女主任夏云娟，会计周克林。

1975年9月，大队革委会主任费洪兴，副主任周庆男、夏胜甫，民兵营长周连才，妇女主任夏云娟，会计周克林。

（三）尚锦大队管委会

1979年6月，撤大队革委会，建尚锦大队管委会，主任费洪兴，副主任周庆男、夏胜甫，

民兵营长周连才,妇女主任夏云娟,会计周克林。

(四)尚锦村委会

1983年9月,撤大队建制,大队按所处村,更为行政村名,设村民委员会。尚锦村第一届村民委员会成立,主任周明耀,调解员夏云娟,民兵营长施惠生,妇女主任姚引娣。

1989年10月,第二届村民委员会换届选举,主任周明耀,社长施惠生,民兵营长周文洪,调解员夏云娟,妇女主任姚引娣。

1992年10月,第三届村民委员会换届选举,主任周明耀,社长施惠生,民兵营长周文洪,妇女主任姚引娣,会计周庆男。

1996年4月,第四届村民委员会换届选举,主任周明耀,民兵营长周文洪,妇女主任姚引娣。

1999年3月,第五届村民委员会换届选举,主任周明耀,民兵营长周文洪,妇女主任姚引娣。

2001年12月,第六届村民委员会换届选举,主任周明耀,民兵营长赵炳夫,妇女主任姚引娣。

2003年11月,尚锦村并入莫厘村村民委员会。

表8-7　　　　　和平1大队、尚锦大队(村)行政领导人更迭表

行政组织名称	职务	姓名	任期
和平1大队管理委员会 (1958.9—1966.8)	大队长	夏胜甫	1958.9—1959.10
		张传林	1959.11—1961.8
		夏胜甫	1961.9—1966.8
	副大队长	周荷生	1958.9—1966.8
		周根云	1959.11—1960.10
		夏云娟	1959.11—1960.10
卫东大队革命委员会 (1966.5—1979.5)	主　任	费洪兴	1969.5—1979.5
	副主任	夏胜甫	1969.5—1979.5
		周庆男	1969.5—1979.5
尚锦大队管理委员会 (1979.6—1983.8)	大队长	费洪兴	1979.6—1983.8
	副大队长	周庆男	1979.6—1983.8
		夏胜甫	1979.6—1983.8
尚锦村村民委员会(1983.9—2003.10)	第一届村主任	周明耀	1983.9—1989.9
	第二届村主任	周明耀	1989.10—1992.9
	第三届村主任	周明耀	1992.10—1996.3
	第四届村主任	周明耀	1996.4—1999.2
	第五届村主任	周明耀	1999.3—2001.11
	第六届村主任	周明耀	2001.12—2003.10

四、莫厘村行政组织

2003年11月,东山镇行政村撤并,撤销原湖湾、岱松、尚锦三个村民委员会,建立中共莫厘村委员会,驻地湖湾村。12月15日,莫厘村第一届村民委员会成立,由肖卫源、周文洪、周伟林、刘艳雯、汤洪生、张国良、赵炳夫7人组成村委会,主任肖卫源,民兵营长周伟林,妇女主任刘艳雯,会计汤洪生。

2007年11月,莫厘村第二届村民委员会换届选举,周文洪、周伟林、刘艳雯、汤洪生、张国良、赵炳夫6人组成新一届村委会,主任周文洪,民兵营长周伟林,妇女主任刘艳雯,会计汤洪生。

2010年11月,莫厘村第三届村民委员会换届选举,沈伟刚、刘艳雯、赵炳夫、张国良、盛丽红、张燕芬、沈爱珍组成新一届村民委员会,主任沈伟刚,民兵营长张剑,妇女主任刘艳雯,会计汤洪生。

2013年11月,莫厘村第四届村民委员会换届选举,沈伟刚、刘艳雯、杨振华、盛丽红、张燕芬、孔运组成新一届村民委员会,主任沈伟刚,副主任杨振华,民兵营长徐晓枫,妇女主任刘艳雯,会计张国良。

2016年11月,莫厘村第五届村民委员会换届选举,钱浩君、杨振华、孔运、盛丽红、张燕芳、徐晓枫组成新一届村民委员会,主任钱浩君,副主任杨振华、孔运,民兵营长徐晓枫,妇女主任刘艳雯,会计张国良。

表8-8　　　　　　　　　　　　莫厘村行政组织领导人更迭表

行政组织名称	职务	姓名	任期
莫厘村村民委员会 (2003.11—2017.12)	第一届村主任	肖卫源	2003.11—2007.10
	第二届村主任	周文洪	2007.11—2010.10
	第三届村主任	沈伟刚	2010.11—2013.10
	第四届村主任	沈伟刚	2013.11—2016.10
	第四届副主任	杨振华	2013.11—2016.10
	第五届村主任	钱浩军	2016.11—2017.12
	副主任	杨振华	2013.11—2017.12
		孔运	2016.11—2017.12

第三节　村群团组织

一、湖湾村群团组织

(一)贫下中农协会

1964年,社会主义教育运动中农村建立贫下中农协会(简称"贫协")。同年5月,新民大队贫协成立，杨庆银任贫协会长。1965年3月，杨庆银当选吴县贫下中农代表大会代表，出席该次先进会议。"文化大革命"中，贫协组织被造反派组织替代。1972年，恢复农村大队贫协组织，更名为贫下中农代表大会（简称"贫代会"），杨庆银任新民大队贫代会主任。1975年，恢复大队贫协组织，汤福康任贫协主任。1980年后，大队贫下中农协会不再存在。

（二）共青团组织

1959年，建立中国共产主义青年团新民大队支部，有团员56名，书记赵奎根。

1963—1966年，新民大队团支部有团员52名，书记王绍兰。

1966年，"文化大革命"开始后，大队团组织陷于瘫痪。

1971—1975年，新民大队团支部有团员32名，书记蔡雪延。1971年3月，蔡雪延出席共青团洞庭公社第七届代表大会。

1975—1977年，新民大队团支部书记杨维忠。1977年，团员89名，杨维忠参加共青团吴县第四次先进代表大会。

1978—1983年，湖湾大队团支部书记杨家良。1983年，团员77名。

1984—1985年，湖湾大队团支部书记杨新田。1985年，团员68名。

1986—1998年，湖湾村团支部书记汤巧根。1998年，团员34名。

1999—2003年，湖湾村团支部书记陈万林。2003年，团员35名。

（三）妇女组织

1958年9月，洞庭人民公社成立，新民大队建立妇女委员会，沈美珍任大队妇女主任。

1966年，"文化大革命"开始后，大队妇女组织停止活动。

1972年，大队重建妇女组织，新民大队妇女主任翁金凤。

1975—1982年，湖湾大队妇女主任翁金凤。

1982—2003年，湖湾村妇女主任汤五星。

二、岱松村群团组织

（一）贫下中农协会

1964年，农村社会主义教育运动中，大队建立贫下中农协会（简称"贫协"）。同年5月，岱松大队贫协成立，王万金任贫协主任。1965年3月，王万金出席吴县贫下中农代表会议。"文化大革命"中，贫协组织被造反派组织替代。1972年，大队恢复贫协组织，更名为贫下中农代表大会（简称"贫代会"），主任滕永年。1975年，岱松大队恢复贫下中农协会，主任滕永年。1978—1980年，滕永年连任贫协主任。1980年后，贫下中农协会不再存在。

（二）共青团组织

1961年，建立中国共产主义青年团岱松大队支部，有团员28名，书记王勤馀，副书记肖纪生。王勤馀参加共青团洞庭公社第五届代表大会。

1961—1964年，岱松大队团支部书记王勤馀。1964年，团员36名。

1964—1966年，岱松大队团支部书记吴颂鹤。1966年，团员36名。

1966年"文化大革命"开始后，大队团组织陷于瘫痪。

1971—1978年，岱松大队团支部书记吴颂鹤。1971年3月，吴颂鹤出席共青团洞庭公社第七届代表大会。1978年，团员34名。

1978—1982年，岱松大队团支部书记周胜林。1982年，团员29名。

1982—1999年，岱松村团支部书记周胜林。1988年，周胜林参加共青团东山镇第十届代表大会。1999年，团员26名。

1999—2003年，岱松大队团支书张国良。2003年，团员26名。

（三）妇女组织

1958年9月，洞庭人民公社成立，岱松大队建立妇女委员会，陈根娣任大队妇女主任。

1961—1963年，岱松大队妇女主任陈根娣。

1963—1966年，岱松大队妇女主任董招娣。

1966年"文化大革命"开始，大队妇女组织停止活动。

1972年3月，大队恢复妇女组织，1972—1978年，董招娣任大队妇女主任。

1978—1983年，岱松大队妇女主任徐洪娣。

1983—2001年，岱松村妇女主任徐洪娣。

2002—2003年，岱松村妇女主任张燕芬。

三、尚锦村群团组织

（一）贫下中农协会

1964年，农村社会主义教育运动中，大队建立贫下中农协会（简称"贫协"）。同年5月，和平1大队贫协成立，周毛五任贫协主任。"文化大革命"中，贫协组织被造反派组织替代。1972年，大队恢复贫协组织，并更名为贫下中农代表大会（简称"贫代会"），周毛五任大队贫代会主任。1975年，大队恢复贫下中农协会，周毛五任贫协主任。1978—1980年，周毛五连任大队贫协主任。1980年后，贫下中农协会不再存在。

（二）共青团组织

1959年，建立中国共产主义青年团和平1大队支部，书记严顺荣，副书记夏云娟，有团员34名。

1960—1966年，和平1大队团支部书记徐培恩。1966年，团员36名。

1966年，"文化大革命"开始后，大队团组织陷于瘫痪。

1971—1979年，大队团支部书记钱巧根。1971年3月，钱巧根出席共青团洞庭公社第七届代表大会。1979年，团员43名。

1979—1982年，大队团支部书记周惠文。1982年，团员46名。

1983—2002年，村团支部书记徐建强。2002年，团员40人。

2003年，村团支部书记刘艳雯，团员41人。

（三）妇女组织

1958年9月，洞庭人民公社成立后，和平1大队建立妇女委员会，夏云娟任大队妇女主任。

1958—1966年，大队妇女主任夏云娟。

1966年"文化大革命"开始后，大队妇女组织停止活动。

1972—1978年，大队妇女主任夏云娟。

1979—1983年，大队妇女主任姚引娣。

1983—2003年，村妇女主任姚引娣。

四、莫厘村群团组织

（一）共青团组织

2003年11月，建立共青团莫厘村支部委员会，张国良任团支部书记。

2003—2007年，莫厘村团支部书记张国良。2007年，团员102名。

2007—2010年，莫厘村团支部书记徐勇君。2010年，团员98名。

2010—2017年，莫厘村团支部书记孔运。2017年，团员89名。

（二）妇女组织

2003—2017年，刘艳雯任莫厘村妇女主任。

第九章 新农村建设

湖湾、岱松、尚锦三村均为明清古村，20世纪50年代前后，除翁巷、岱心湾两个村落名门望族较多，经济较为富裕外，其他自然村经济都较落后。村中房屋参差不齐，大部分农户住在简陋的平房里，村中道路大多是泥石路或泥路。医疗卫生条件差，教育设施落后，公共空间有限，基础建设发展缓慢。

　　20世纪80年代后期，农村经济得到较大发展，花果地区率先得到实惠，基础建设加快，村级干道、支路逐步铺设刚性化水泥路面。村民翻建新瓦房和新楼房，居住条件大为改善。90年代中期，村中供水、电力、医疗卫生等条件改善，创造了较好的居住环境。2000年后，环保工作摆上村委的议事日程，村容村貌发生一系列重大变化。2015年起，莫厘村美丽乡村建设迈开步伐，一批安居村、康居村、美丽村庄建成，提升了村庄品位和发展活力。

第九章　新农村建设

第一节　基础设施

2002年前，境内造房、筑路、供电、给水、通信等基础设施建设，由湖湾、岱松、尚锦三个村各自完成。2003年11月三村合并后，由莫厘村委会统一部署，率先制订村总体建设规划，尤其是村民建造房屋，须严格按照东山镇政府《关于东山古镇保护暂行办法若干规定》执行。中国传统村落翁巷村的建设，按2007年9月镇村两级政府编制完成的《苏州市东山镇翁巷村保护与建设规划》实施。

一、住宅

莫厘村16个自然村落，传统住房都建在山坞口、太湖边，依山而筑，傍水而建，中华人民共和国成立初，大多为平房。住房系山石墙、冷摊瓦、泥地皮，房屋简陋，质量较差。20世纪50年代，农民住房困难，以翁巷为例，有房居住的村民约占30%，其余农户均借住在大户人家的门屋、柴房、祠堂内。70年代末，农村经济开始复苏，村民建房逐年增多，普遍把老旧简陋的平房翻建成新瓦房。80年代中期，随着农村家庭联产承包责任制的推行，农民收入普遍增加。境内出现建房热，拆老屋建新房，继而又拆平房建楼房，造房起屋成热潮。住宅结构也发生变化，由原来的砖木结构发展成砖石混凝土结构。房屋布局发生变化，一般建造三上三下的两层小楼，有的在楼前或楼后，还建造厢房、花园等辅助建筑。房屋开间普遍为宽4米，进深6—7米，楼房檐高7米左右。基础提高，窗户面积增加，通风采光条件改善。一些经济较为富裕的农户，外墙使用贴面，内墙涂刷墙漆，地面铺设地板，卫生间贴瓷砖，安装盥洗设备。

90年代起，村民开始翻建楼房，房屋质量不断提高，绝大多数为混凝土钢架结构。据1992年东山镇农村翻建楼房资料统计，1990—1992年，三年中湖湾村建造楼房农户占全村总户数的65%，岱松村占全村总户数的68%，尚锦村占全村总户数的62%。2000年，湖湾村建楼房265幢，岱松村建楼房280幢，尚锦村建楼房150幢，村民基本都住进新楼房。21世纪初，莫厘村一部分先富起来的村民，率先开始建造别墅，房屋设计新颖，用料考究，外墙使用贴面，内墙涂刷高档墙漆，地面铺设红木地板，卫生间贴瓷砖，安装盥洗设备。2017年，全村1548户，楼房翻别墅的村民占60%以上，有265户村民到镇区或城里购商品房定居或小住。

村民住房面积发生变化，50—70年代，村民住宅简陋，祖孙三代合住在三间平房很普遍，人均住房面积不足15平方米。1978—1990年，一般每户建起一幢三开间两厢房住宅，人均住房面积30平方米左右。1990—2000年，人均住房面积在60—80平方米，有的家庭人均达100平方米。2001—2017年，人均住房面积在100平方米以上。

二、道路

1980年起，湖湾村、岱松村、尚锦村，凡村中浇筑道路，主道由集体出资浇筑，支道为村民筹资与村里补助出资浇筑，每平方米路面集体补贴10元。

环山公路湖湾—尚锦段　镇级公路，1975年，东山环山公路后山段完成路基。1976年，环山公路筑成通车，总投资50万元。后山段公路起自湖湾村席家湖头至杨湾大浜头，全长11千米。其中，湖湾—岱松—尚锦段，长5千米，公路较窄，汽车只能单向行驶。1995年，环山公路进行拓宽，从岱松码头至陆巷码头，全长14.7千米，其中，岱松—尚锦段长1.5千米。该路段原来山路崎岖，高低不平，多弯道。岱松、尚锦数千名村民奋战6个月，投入资金500多万元，将原来4米宽的路面，拓宽成9米，全部浇筑水泥路面，方便村民出行。

湖湾路 镇级公路，南北走向，从殿泾港桥至启园，全长2.5千米，从殿泾港桥北向至鹅潭头村黄家场（四号桥），再朝东经翁巷、金家河至启园，1973年修筑，属镇区间公路。为尚锦、岱松、湖湾村民至镇上交通要道，原为泥石路，2000年，浇筑沥青路面。

启园路 镇级公路，从殿泾港至启园，东西走向，途经鹅潭头、长泾港、席家湖头，长950米，宽22米，其中，两侧人行道各宽3米。1999年，镇里投入170万元，将该路从启园延伸至将军街。

雨花路 镇级公路，东西走向，又名北环路。1998年，东山镇修筑，从鹅潭头莫家坞口（四号桥）至雨花胜境（雨花坞口），长350米，宽9米。2002年，雨花胜境建成对游人开放，雨花路成为通往景区要道。

汤家场路 村路，南北走向。从翠峰坞口至翁巷坪磐（双潭），长1000米，宽2—2.5米，属翠峰路南段。原为砖道，为方便村民出行及车运花果，1998年，村里出资浇筑水泥路。

大菜园路 村路，东西走向。从汤家场村至长涧西，长250米，宽1—1.5米。原为泥石路，2000年，村民筹资浇筑水泥路面。

花园弄路 村路，南北走向。从翁巷坪磐南至下席街，长750米，宽2—2.5米。原为砖石路，为方便村民出行及车运花果，1998年，村里出资浇筑水泥路。

长生街路 村路，东西走向。从鹅潭头净志庵至西花园更楼，长250米，宽2—2.5米。原为小青砖铺筑，2000年，村里出资浇筑水泥路。

坊前路 村路，东西走向。从下席街东至建新村码头，长500米，宽2—2.5米。原为砖石路，2000年，镇里出资浇筑水泥路。

金牛岭路 村路，南北走向。因元时所筑。从环山公路湖湾段二号桥至观音堂，长200米，宽2米。原小青砖铺筑路面，1995年，村里出资浇筑水泥路。

长涧路 村路，东西走向。因元代疏浚筑砌长涧而名。涧溪从纯阳坞至金家湖，长2000米。其中，下游长涧路长200米，宽1—1.5米。1995年前后，村民筹资浇筑水泥路。

杨家湾路 村路，东西走向，从月华山庄（华严寺遗址）至环山公路，长100米。原为砖石路，1995年后浇筑水泥路。

岱心湾路 村路，东西走向，有前巷、后巷两条古巷，长350米，宽1.5—2.5米。前巷又称南巷，从环山公路至猛将堂，长200米。原为小青砖侧铺筑，20世纪50年代"出蛟（山洪暴发）"被冲毁，生产队集体铺筑山石道，1997年，改浇水泥路，2015年，浇筑沥青路面。后巷亦称北巷，被湖畔至猛将堂，长150米。原为青砖侧铺路，后改成水泥道，再浇筑沥青路面。

宋家湾路 村路，东西走向，南北两条古巷长350米，宽2—2.5米。南巷从大河头至外家园，长180米；北巷从西河头至榆树场，长170米。原均为黄石路面，后改成水泥道，2016年，浇筑沥青路面。

余山西湾路 村路，东西走向，从西湾至西峰天池，系明清故道，长600米，宽1.2米。

原为山石路,已严重破损。2015年,镇村出资整修拓宽,铺筑块石,恢复原貌。

余山西峰路 村路,东西走向,从西峰天池至东湾,长800米,宽1.2—1.5米。2015年,镇村两级出资新筑。

丰圻路 村路,东西走向,南北两条山路平行伸入山坞,长310米,宽2米,其中,南巷长160米,北巷长150米。原小块山石路面,为方便出行与挑运果子,1980年,村民筹资与村里资助浇筑水泥路。

石井路 村路,东西走向,有三条村道,从环山公路入山村至平岭山坡,长260米。其中,主道直巷长150米,两条次巷各长130米,宽2米左右。原为小块山石路,1982年,村民筹资与村里资助浇筑水泥路面。

尚锦路 村路,东西走向,分主、次两条村道,村口"古尚锦"下圈门至上圈门,各长100米,宽2米,原为黄石路面,1980年,为方便村民电动车进出,村民筹资与村里资助浇筑水泥路面。

小长巷路 村路,俗称永长巷,中间为主道,长120米,南北两侧2条主道长90米,宽1.5—2米。原为黄石路面,为方便村民出行与生产,1980年,村里出资浇筑水泥路面。

周湾路 村路,东西走向,西临太湖,东至周湾岭,一南一北两条村路,长300米。北巷为古道,长120米,南巷长180米,均宽2米,原为泥石路面,1980年,村民筹资与村里资助浇筑水泥路面。

洪湾路 村路,俗称洪湾巷,东西走向,从太湖边一直伸至山坞深处,长350米,宽2—2.5米。原为砖石路,为方便村民出行及挑运花果,1983年,村民筹资与村里资助浇筑水泥路面。

三、供电

民国初,湖湾、岱松、丰石等村无电,晚上村民点油盏头(豆油灯)照明,光亮弱,生活不便。民国中期,殿前街上有煤油供应,村人更换成点煤油灯,光亮仍不足。湖湾村紧靠东山镇,尚可购到煤油点灯,地处偏僻山区的岱松、尚锦等村,经常购不到煤油,仍然靠油盏头灯微弱的灯光照明。民国后期,汽油灯进入东山,村民每逢婚丧大事可到街上租用充气的汽油灯办事,但经常出故障,极不方便。1936年,翁巷村旅沪商人席启荪投资在渡水桥开办一小型发电厂,解决东山镇东街与翁巷村一带村庄照明,因抗战事发,东山沦陷而告停。

1974年9月,望亭发电厂电源接通东山后,湖湾、岱松、尚锦大队始有供电。但电力供应不足,村中经常停电,生产大队大多配备发电机自发电,停电时为村民照明。1985年,东山电力扩容,分四条线路输送,分别为针织线、东山线(镇区)、杨湾线、震东线,湖湾、岱松、尚锦大队所辖16个自然村属东山线供电。

20世纪80年代,各村配备电工,设置村级电房和供电设施。1996年,农村进行电气化、标准化建设,调整用电布局,改善用电设备,推广安装触电保护器。1998年,东山全镇电网改进,用电设施和电力由镇供电所统一管理,期间新增变压器,改造配用线路,设置路灯,湖湾、岱松、尚锦村家家换上新型电子式电能表。1999年,村内各主干道内安装路灯,方便村民夜间出行。同时,湖湾、岱松、尚锦三个村都建有大队供电房,配有较为完善的供电设备,有专人管理。

2003年后,莫厘村结合古村保护与村庄环境整治,加大对供电设施的投入。

2010—2017年,湖湾、岱松、尚锦原三个行政村中,设置3座变电所(配电所),以满足村民用电。新建的电力线路，采用空中架设和电缆埋设相结合，重要旅游街巷架设空线，并逐步改为地埋线。2015年，镇里投资40万元，完成岱心湾村三线入地，新增路灯27盏，村庄主要道路照明全覆盖。2016年，投入50多万元，完成殿新村、宋家湾村"挂灯布点"改造，增设路灯100多盏，方便村民晚间出行。2017年，村里投入60多万元，在境内公共空间增装路灯100多盏，达到全村主要支路路灯亮化工程全覆盖。

四、供水

中华人民共和国成立前，境内没有自来水，村民生活靠湖水及井水。尚锦6个自然村紧靠太湖，村民饮用水大多取自太湖畔的港水，每至夏秋之交，久旱无雨，山间井潭干涸，太湖水小混浊，饮后经常闹痢疾、肠炎，小孩生痱子、脖瘤明（头上长脓包），健康得不到保障。20世纪80年代初，镇村号召并补贴经费，鼓励村民在家前屋后开挖水井，生活饮用改为井水，村民健康状况大大好转。1985年，东山镇政府打深井，建自来水厂，主要供应市镇居民与湖湾等靠近镇区的农村。1993年，镇里在岱松村太湖边新建自来水厂，取太湖水源，经过滤消毒，用大管道供应镇区及周边农村，逐步向后山发展。2002年，湖湾、岱松、尚锦村都先后通自来水，入户率100%。

2015—2020年，莫厘村美丽乡村建设"给水工程"目标：村民用水和部分公共设施用水，人均综合用水量为每人300升/日，加上一些其他用水量，计算村总用水量为360立方米/日。水源取自太湖，镇自来水厂及区域供水管道集中供应，生活与生产用水采用同一套管网系统。各级管道沿村中主要道路形成环网，满足村民生活用水及室外消防用水。给水管道布置在村主要道路东侧与南侧，埋深约1米。2017年，村里投入20余万元，完成杨家湾、丰圻村供水管道改造。

五、通信

莫厘村固定电话标准按50门/百人计，固定电话容量约1600门。移动电话容量按60部/百人，计3014部。有线电视终端按60个/百人计，终端容量3014个。电话由东山镇区邮电支局负责，村内根据具体情况设置户外电话交接箱，由交接箱接入各用户点。有线电视由东山镇广播电视站机房接入，有线电视入户率100%。

翁巷核心保护范围及重要旅游景点周边通信线路采用地下光缆，其他区域通信线路采用架空线及地下光缆埋设。有线电视线路、宽带网络与电话线路及电信线路同管道敷设。村内通信信号沿湖湾路引入，各通信线采用同管道不同井，沿各村及街巷地下埋设。因村内部分街巷狭窄，弱电管线排管布置，电话线与有线电视线同位排管敷设，排管材料及敷设方式与电力电缆布置方式基本相同。至2017年年底，殿新村、岱心湾、宋家湾、鹅潭头4个自然村已实施并完成规划。

第二节 公共服务

莫厘村公共服务有社区服务中心、村医疗服务中心、便民中心，服务设施逐年完善。

一、社区服务中心

位于启园路北侧,镇东商贸街上,建于2013年,占地面积3405平方米,建筑面积4008平方米,投资700万元。该项目集社区服务与商务出租于一体,社区服务中心有党员、社会保障服务、医疗卫生服务、治保调解服务、文体、未成年人健康教育、生活便民服务等活动中心。党员服务中心设流动党员管理站、电化教育工作站、教育培训室、综合活动室、阅览室等"二站三室"。

二、村医疗服务中心

1968年,农村推行合作医疗制度,湖湾、岱松、尚锦三村有合作医疗站,开展门诊和出诊医疗业务,担任防疫、预防接种及血吸虫防治工作。1980年起,医疗站配备人员,协助村里搞计划生育工作。1985年,合作医疗站改名为农村卫生所。2007年,莫厘村社区卫生服务站优化组合,分别与陆巷村及东山地区人民医院合并。分别建立尚锦—陆巷村社区卫生服务站和莫厘村—东山地区人民医院社区卫生服务站。

尚锦—陆巷村社区卫生服务站,建筑面积330平方米,有挂号室、治疗室、化验室、观察室(设观察床位4张)、输液室、药房、妇幼保健计生服务室、康复室和健教室,并纳入城镇职工(居民)医疗保险和新型农村合作医疗定点机构。医疗设备有:血球分析仪(三分类)、便携式B超、尿分析仪、心电图机各一台。医疗中心有工作人员6名,其中执业医师1名,执业护士1名,执业乡村医生2名,检验师1名及药房工作人员1名。负责人为尚锦村医师夏兴根。

莫厘村—东山地区人民医院社区卫生服务站,借用该医院的设备和医务人员,建莫厘村社区卫生服务站,医疗条件更为完善,岱松村、湖湾两村村民随近至东山地区人民医院就诊。

三、便民活动中心

鹅潭村便民中心大楼 位于鹅潭头村湖湾路东侧,2017年建,二层,建筑面积700平方米,投入167万元,内有婚宴厅。

岱心湾便民中心 位于岱心湾村中部猛将堂前,建筑面积300平方米,原为岱心湾小学校舍,小学搬迁后,2015年,村里整修改造成便民中心,可放60多张桌子,容500多人用餐。

金家河综合活动中心 位于金家河,建筑面积450平方米。有老年活动中心、农家书屋等。

岱心湾活动室 位于岱心湾前巷环山路北侧,建筑面积120平方米,为党员活动及村民喝茶聊天处。

宋家湾老年活动室 位于宋家湾环山公路东侧太湖畔,建筑面积100平方米,建于2016年,供老年健身活动。

四、文体设施

殿前体育健身场 位于殿新自然村,面积30平方米,配置有室外健身路径及健身器材一套(3件),内有牵引器、太极推手、扭采器与健身栏。2016年,农村美丽乡村建设安居村时设置。

岱心湾体育健身场 位于岱心湾环山公路停车场南,面积300平方米,配置有室外健身路径及健身器材一套(10件),内有单杠、双杠、跑步机、牵引器、太极推手、蹬力器、扭采器、天梯等。旁竖"全民健身路径功能示意图",图文并茂,介绍健身路径主要功能及锻炼方法。2012年,东山文体服务中心资助。

宋家湾体育健身场 在宋家湾自然村南巷中部,面积50平方米,配置有室外健身路径及健身器材2件:双杠机与跑步机。2012年东山文体服务中心资助。

石井体育健身场 位于石井村环山公路旁站,面积150平方米,配置有室外健身路径及健身器材一套(9件),内有单杠、双杠、跑步机、牵引器、太极推手、蹬力器、扭踩器等。2012年,东山文体服务中心资助,每天中老年人参加体育健身锻炼人数较多。

周湾体育健身场 位于周湾自然村环山公路旁,面积120平方米,配置有室外健身路径及健身器材一套(9件),内有单杠、双杠、跑步机、牵引器、太极推手、蹬力器、扭踩器等。2012年,东山文体服务中心资助。

第三节 环境保护

20世纪80年代起,乡村工业迅速发展,湖湾、岱松、尚锦先后办起大明包装厂、铝合金制品厂、凤凰塑料厂、包装彩印厂、岱松鞋厂、太湖吸塑厂、自动化仪表阀门厂、锦新医用塑料容器厂、果脯厂等多家村办工业。为保护境内青山绿水,恢复原生态的自然环境,90年代末,根据东山镇环境保护与工业发展总体规划,村里有计划做好搬迁工厂、清淤河道、山林防火和卫生保洁工作,较好地保护了古村自然环境。

一、工厂搬迁

苏州锦新医用塑料容器厂,建于1990年,原名尚锦五金塑料厂。1997年,更名为苏州锦新医用塑料容器厂,位于尚锦村环山公路旁。2003年,在东山工业科技园征地35亩,新建标准厂房2.5万平方米。2006年10月,该厂从尚锦村搬入新厂房。东山防腐仪表有限公司,建于1990年,原名东山自动化仪表阀门厂,生产各类防腐仪表阀门,1997年,更名东山防腐仪表有限公司。该厂位于尚锦村环山公路旁。2003年,在东山工业科技园征地15亩,新建标准厂房8000平方米,2004年,搬迁入新厂区。东山塑料包装有限公司,建于1990年,原名东山太湖吸塑厂,1997年,更名苏州东山塑料包装有限公司。原位于岱松村前巷村,2003年,在东山工业科技园征地30亩,建标准化工业用房1.8万平方米,2002年,全部搬迁新工厂。

二、河道清淤

1990年起,镇村两级对境内河道进行过较大规模的清淤,取得一定成效。实施新农村建设后,河道清淤成为村里的常规工作。2015年,村里投入资金300多万元,再次对村内港河清淤及砌驳岸,成效显著。

1996年10—12月，对湖湾村段泄洪河进行疏浚整治，当年投入55万元。发动村民千余人，深挖河道淤泥，拓宽疏浚河道，在泄洪河湖湾段铺设楼板250米。1997年9月27日—10月28日，镇村两级对殿泾港湖湾段水系进行大规模疏浚，500米长的港道水全部抽干，清除淤泥杂物300多吨。两岸全部砌成2.5米高的黄石驳岸，岸边置石栏、石凳、石狮。

2000年，利用民资疏浚长泾港，清除淤泥120吨，在两岸砌驳岸200多米。2015年，疏浚岱心湾港，该港道长55米，港道清淤面积2000平方米，两岸砌驳岸。2016年，疏浚宋家湾港，该港道长120米，港道清淤面积3500平方米，两岸砌驳岸。2017年，疏浚整治鹅潭村鹅潭和西花园潭，清除淤泥30多吨，砌筑河岸50多米。

境内殿泾港、长泾港、金家河、泄洪河、杨家湾港、岱心湾港、宋家湾港、青龙头港、丰圻港、尚锦港、石井港、周湾港、洪湾港、余山东西浜等14条河港，1.5千米的水系都落实河长制与保洁员，14名河长由村两委会人员担任，14条河港聘请6位村民任保洁员，预防并监督废水流入河中，负责每天打捞杂物两次。每条河港码头或源头醒目处，竖立河长制公示牌，公示港河长度、保洁目标与河长姓名、电话。目标为"四个加强"，即加强水污染防治和水环境治理，加强水域岸线保护与执法监管，加强水资源保护与生态修复，加强长效管理及水文化弘扬。

三、山林防火

莫厘村有峰岭及未利用的山地面积2.65万亩，为东山镇及吴中区重要生态环境保护区域。村里成立防火工作领导小组，实行山林防火责任制，签订山林防火责任状，成立民兵应急分队，统一着装，统一配备防火器具，配备护林员，确保山林安全。

加强山林防火基础设施建设，2000年，新筑一条雨花坞口至莫厘峰顶山，长2500多米、宽6米的山林防火主通道，同时，在境内山林间修筑防火支道两条：一条从二尖顶至芙蓉峰，长1200米；一条从莫厘峰顶至岱松翁家山顶，长1500米。防火通道两侧种植防火树种，分段建造蓄水池，排灌泵站，铺设引水管网，提高护林预防和扑救能力。

建立专业护林员队伍，划分地段，明确责任。对村内主要入山路口，竖立醒目防火标识，落实专人常年看护：村内16个自然村划分为15个护林区，每个入山路口都有专业护林员看护：雨花路入山口（朱贵祖）、莫家坞四号桥路口（张福兴）、翁巷三号桥路口（夏根发）、翠峰坞古雪居山口（杨秋生）、纯阳坞入口（杨祥兴）、金牛岭二号桥路口（张志康）、东山宾馆一号桥路口（朱冬良）、杨家湾南山口（肖利忠）、杨家湾防火通道路口（张惠君）、宋家湾山口（徐仁妹）、尚锦白马庙山口（李建林）、丰圻嘴山口（刘雪华）、小长湾山口（周兴男）、洪湾山口（费明）、余山岛山区（席加民）。

山林防火与果林灌溉相结合，2015—2017年，完成鹅潭村莫家坞口至雨花坞逍遥楼850米水管道铺设，并筑山顶逍遥楼水库一座；铺设尚锦村山区平岭引水管道430米；更换岱松青龙头管道500米。

四、古木保护

莫厘村境内树龄150年以上的古木有20株，其中，树龄1000年以上1株：余山西湾古榆。树龄800年以上的古木1株：余山东湾银杏树。树龄500年以上古木4株：殿前银杏树、翠峰坞银杏树、凝德堂银杏树、建新村天主堂前银杏树。树龄300年以上古树5株：启园杨梅树、郑家宅银杏树、松寿堂柏树和黄杨。2007年起，村里对名树古木调查登记，建立档案,设立标志(古树名木挂牌)。对余山及翁巷6株树龄500年以上的古木,制定古树名木养护管理方案,落实保护责任单位和责任人,开展业务培训和指导。

2015年,村里又组织力量,对翁巷村境内树龄100年以上的古木进行普查,并现场拍摄图片,编号登记造册,共登记树龄150年以上的古银杏树15株,榉树、含笑、沙朴等其他古木8株,全部落实专人管理。余山村为湖中岛屿,交通闭塞,古树名木保存较多,除千年古榉与古银杏树外,岛上树龄百年以上的杨梅树、榉树、椴树、柏树、沙朴树有30多株,村里也落实森林防火员专责保护。

五、卫生保洁

成立由村党委书记为组长的爱国卫生工作领导小组,制定《莫厘村环境整治工作方案》,设立社区巡逻站、社区卫生服务站等日常机构进行管理。村中设专职卫生保洁员16名,对境内大街小巷进行保洁。16个自然村新建5座垃圾中转站,主要路段两侧及各自然村设置90多只小垃圾箱,每天清除垃圾3.5吨。垃圾日产日清,清运率100%。垃圾收集房全封闭,符合卫生要求。定期清理环山公路两侧杂草和沙石杂物,保持境内公路两侧常年清洁。2015年,投入50多万元资金,对村庄周边空地补缺绿化4000多平方米,全村绿化覆盖率达45%以上。配备村专职保洁员16名,负责自然村内30多条主要村道打扫工作。保洁员每天在包干区域打卫生两次以上,清理地上杂物与对村民及游人乱抛垃圾、随地吐痰等不文明行为进行劝阻。

第四节 美丽乡村建设

莫厘村美丽乡村建设,2015年3月起步,计划2020年12月完成。2017年12月,已完成岱心湾、宋家湾、殿新村、鹅潭头4个自然村的工程建设,投入资金2180万元。余山、金家河、建新、小长湾、尚锦、周湾6个村的建设工程已启动。

2017年底,莫厘村美丽乡村建设规划实施,已完成4个村,启动10个村,占总规划的65%。

农村美丽乡村建设分美丽村庄、康居村庄、安居村庄建设三个方面。美丽村庄建设有余山、丰圻、石井、尚锦、小长湾5个自然村,康居村庄建设有岱心湾、宋家湾、鹅潭头、金家河、杨家湾5个自然村,安居村庄建设有殿新、翁巷、汤家场、建新、周湾、洪湾6个自然村。目标是通过整治环境,整合村内土地资源,有效培育发展乡村旅游、传统工艺、特色种养等产业,提升村庄品位与发展活力,促进农民富裕及农村繁荣。

美丽乡村建设领导班子:组长杨青(村党委书记),副组长钱浩军(村主任)、杨振华(副书记),组员刘艳雯、孔运、钱雨嘉。聘请4名村民代表,负责协助项目推进、质量监督、现场清障等工作。

具体时间节点如下:

2015年12月,完成岱心湾康庄村建设工程。

2016年12月,完成宋家湾康居村、殿新村安居村建设工程。

2017年12月，完成鹅潭头、金家河康居村建设工程，启动丰圻、石井美丽村庄建设工程。
2018年12月，完成小长湾、尚锦、周湾美丽村庄建设工程。
2019年12月，完成翁巷、汤家场、洪湾康居村建设工程。

一、竣工村落

2017年12月，完成美丽乡村建设工程的有4个自然村，其中，康居村3个：岱心湾、宋家湾、鹅潭头，安居村1个：殿新村。

岱心湾康居村 该村位于莫厘峰东侧，2016年2月，启动康居村建设工程，2017年年底竣工，投入411.1万元。村内"三线"入地，铺设雨水管网700米。外墙装饰见新2.8万平方米。新筑道路1条，长100米，450平方米。修缮主路8条，2475平方米。新增路灯27盏，增建花坛3处，800平方米。建筑景观节点1500平方米。疏浚河道2条，2000平方米，两旁修筑石岸150平方米。新筑水冲式公厕1座，建垃圾中转站1处，增添垃圾箱20只。村口筑停车场1处，200平方米。新建与改造闲置用房334平方米，用于村民综合活动。村口安装监控1套。通过整治建设后的岱心湾自然村，达到"提升村庄品位、彰显村庄特色、培育产业发展、提高村民幸福指数"的既定目标。依山傍水的岱心湾村绿树掩映，湖水绕堤，粉墙黛瓦，村道修整，加上村旁太湖中崭新而壮观的岱心湾大桥，使之成为吴中区一处标志性的美丽乡村。

宋家湾康居村 该村位于莫厘峰东面，青龙头与宋家湾岭之间，2016年3月，康居村建设启动，2017年8月完工，投入400万元。整改房屋立面138幢，涂料刷白墙面1.39万平方米。新筑及修缮道路5条，长450米，1.93万平方米，主道浇筑沥青路面，支道浇筑混凝土路面。主道两旁新增及更新路灯56盏，设垃圾桶10只。道路两侧增设草坪、花坛，新增绿化面积366平方米，路边绿化带均用木栅栏围起，临路做块石垒砌。临太湖两个码头，长150多米，全部增砌与修筑驳岸，增建栏杆。村西辟建广场350平方米，建两层小楼一幢，建筑面积180平方米，置健身路径1套。康居村建设竣工后的宋家湾村面貌焕然一新，古村古道中充满现代气息，与村庄南北两端湖畔的岱心湾大桥、白马庙桥相得益彰，成为一处游览胜地。

殿新安居村 该村位于雨花坞口，属东山历史文化名镇的一部分。2016年11月，安居村工程建设启动，2017年2月竣工，总投资400多万元。殿新村位于东山镇村结合部，原村内道路破损严重，房屋新旧混杂，参差不齐，垃圾杂物堆积，缺少公共活动空间，整体风貌较破旧。工程竣工后，完成改造整修房屋立面150户，涂白见新墙面4.5万平方米。重筑与修缮道路3条，3500平方米，其中，张师殿至下席街长450米的殿前路，全部铺筑花岗石板，两侧铺砌小青砖路面。道旁新增路灯35盏，村内与外围主要道路照明全覆盖。村庄南入口、北入口、中部水塘、健身小广场、宅间小院、停车场等7处重要节点，道路翻新、立面粉刷、增设花坛、建造围栏、设立标牌。整治改造后的殿新安居村，村容整洁、道路修整、粉墙黛瓦、垂柳拂岸，既恢复古色古香的明清风貌，又使村落充满现代气息。

鹅潭头康居村 该村位于东新街与翁巷之间，2017年4月，康居村建设启动，12月竣工，投入958万元。该项目在原安居村庄的基础上，对村中房屋、道路、河道、水潭、驳岸进行整治，增设绿化、公厕、停车位、污水管道，提升村庄整体风貌。完成外墙立面改造及刷白墙面3.5万平方米，整修道路5条，6000平方米。道路两旁新增草坪、花坛，绿化面积400平方米，新增路灯40盏。村内增设垃圾中转站1座，垃圾桶10只。修筑驳岸500

平方米,利用西花园潭、鹅潭两个水潭,疏浚、开挖及增砌石岸,建成供村民纳凉、健身、娱乐的小游园两处。竣工后的鹅潭头康居村,形成一处环境优美、具有江南水乡特色的美丽村庄。

二、在建村落

2017年12月,莫厘村创建美丽村庄、康居村庄、安居村庄目标,除4处已完成的村落外,启动建设的有余山、金家河、席家湖、小长湾、尚锦、周湾6个自然村。

余山美丽村庄　该村坐落在太湖菱湖与莫湖之间,2015年,东山镇旅游公司与莫厘村共同制订《莫厘村余山岛保护与旅游开发规划》,该规划为2015—2020年,分水上交通建设、岛上道路建设、村庄整治、特色打造、项目实施、市场优势、经济和社会效益等7个方面。其中,与美丽乡村建设密切相关的有老宅墙体整修、村庄环境整治、村内道路改造、生活污水处理、岛内照明设施建设等。2017年年底,60户村民住房(古建筑)已全方位保护,修复西湾长1.2千米的明清古道,新筑西峰顶至东湾长1.6千米的石板路。村中增设垃圾中转站、垃圾桶等。

建新康居村　该村位于金家河口,2017年开始建设,投入502万元。主要建设工程有立面改造及外墙见新1万多平方米,恢复古道与整修村道4000平方米,增设路灯20盏,修复驳岸500平方米。新建老年活动室1幢,600平方米。增辟停车场1处,600平方米。此外,村内公共场所新增消防设施5套。2017年年底,完成1万多平方米外墙立面改造与见新。

席家湖康居村　该村位于太湖之畔,2017年开始建设,投入456万元。主要工程有房屋立面改造及粉刷见新5.55万平方米,新建与修缮道路7000平方米(其中浇筑沥青路面2500平方米,浇筑水泥道路3500平方米),增设路灯40盏,疏浚河道50平方米,新砌驳岸650平方米,建垃圾中转站1个,增设垃圾桶20只,增加绿化景观200平方米。2017年底,完成50%外墙墙面改造粉刷及50%道路污水管道排设。

小长湾康居村　该村位于莫厘峰北太湖边,2017年开始建设,投入255.9万元。房屋立面改造及粉刷见新2.8万平方米,新建与修缮道路3200平方米(其中浇筑沥青路面1200平方米,浇筑水泥道路2000平方米),增设路灯30盏,疏浚河道50平方米,修古码头1处,建垃圾中转站1个,增设垃圾桶20只,增加绿化景观200平方米。此外,更换井栏、增砌黄石围挡、新增标识标牌等。2017年年底,建设工程已完成50%。

尚锦康居村　该村位于莫厘峰西犀牛岭下,2017年开始建设,投入439.29万元。房屋立面改造及粉刷见新5.35万平方米,新建与修缮道路5500平方米(其中浇筑沥青路面2500平方米,浇筑水泥道路3000平方米),增设路灯40盏,增加绿化景观200平方米,疏浚河道40平方米,修复古码头1处,建垃圾中转站1个,增设垃圾桶55只。2017年年底,完成工程的30%。

周湾康居村　该村位于莫厘峰北平岭山下,2017年开始建设,投入524.77万元。房屋立面改造及粉刷见新3.68万平方米,新建与修缮道路4700平方米(其中浇筑沥青路面2000平方米,浇筑水泥道路2700平方米),增设路灯28盏,增加绿化景观150平方米,疏浚河道50平方米,修复古码头1处,建便民活动中心1幢,建垃圾中转站1个,增设垃圾桶55只。2017年年底,完成工程的30%。

第十章 社会 家庭 教育

莫厘村社会工作，分社会保障、社会公益、社会新风三个部分，体现出新时代优越的社会制度和莫厘村村民精神面貌。家庭一节，分家庭结构、生活两个方面，反映中华人民共和国成立近70年来，村民生活水平的变化及提高。20世纪90年代前，莫厘境内小学较多，1992年起，东山小学优化组合，村内小学逐步并入教育条件较好的东山实验小学和中心小学。

第一节　社会保障

1995年，莫厘境域社会保障工作加大力度，列入村委会工作日程。有农村基本养老保险和医疗保险、敬老尊老、扶贫帮困、助残助学等。尤其是扶贫帮困，2014年起，在上级民政部门的资助下，村里开源节流，加大对特困家庭和重残重病村民的救助，保障村中弱势群体的生活。

一、农村基本养老保险和医疗保险

2003年10月1日起，莫厘境域凡年龄男满60周岁、女满55周岁，527名老年村民均享受基本养老金，发放标准为每人每月120元，全部参加农村大病医疗保险。

2007年1月，农村基本养老金增加到每人每月130元。2009年4月，增加到140元。2010年1月，增加到180元。村里对男60周岁以下、女55周岁以下的村民，分年龄档次参加农村养老保险（简称"农保"）。2010年，莫厘村有185名村民参加农保，其中，81人转城镇居民养老保险（简称"城保"），占44.6%。2017年，莫厘村有700名老年村民领到养老退休金，其中，享受城保退休金84人。村中有4618人参加农村大病医疗保险，参保率达100%。为保障村民身体健康，享受医疗卫生事业改革成果，2016年起，村里每年出资组织男60周岁、女55周岁以上的老年人，到东山镇人民医院进行免费体检。2017年，莫厘村共700名老年人参加免费体检，其中，男245人，女455人。同时，为197名80—90岁以上的高龄低收入家庭老人办高龄津贴，为42名属优抚对象的村民办理医疗卡与优抚乘车卡。

二、敬老尊老

村里3户五保户，根据本人意愿，席美英送至东山镇敬老院生活；毛德兴、徐洪兴两位老人生活在家中，生活开支由村委会负担，并派专人关心生活。2003—2017年，连续15年重阳节，村里对80周岁以上老人进行慰问，发放重阳糕。2008年起，村里对年满90周岁的老人，每人每月发放50元尊老金，全年600元。2011年起，村里对年满80周岁的老人，每人每年发放50元尊老金。同时，将90周岁以上老人尊老金，增加到100元，全年1200元。对100周岁以上老人（翁巷村1人），每月发尊老金300元，全年3600元。2013年起，村里对年满75周岁以上的老人，年终送上100元尊老金。2017年，村里出资1.14万元，为80周岁以上老人办高龄津贴，共195人，其中，80周岁以上162人，每人50元，计8100元；90岁以上33人，每人100元，计3300元。还给664位65—75周岁的老人购买意外险，计19920元。

三、扶贫帮困

1995年起，湖湾、岱松、尚锦等村把扶贫帮困工作列入村委会工作的议事日程，村内特困户、残疾家庭人员，由党员干部结对帮困，不但解决他们的生活困难，还帮助他们发展生产，增加家庭经济收入。2007年起，村里在上级民政部门的支持下，增加扶贫帮困力度，对困难户生活费补助，每人每月从300元增加到500元。2007—2017年，共补助困难户生活费20.13万元。

2007年春节，对村中6户特困户家庭，救助生活费9.66万元；对42名生活困难户，经济补助9750元。其中，湖湾村13人，补助3300元；岱松村11人，补助2500元；尚锦村18人，补助3950元。

2009年春节，补助生活困难户50人，金额1.31万元。其中，湖湾村23人，补助6200元；岱松村11人，补助2900元；尚锦村16人，补助4000元。6月13日，吴中区副区长孙卓及区有关部门领导，走访杨小荣、宋洪生、夏巧根等3户困难家庭，了解他们的生活情况，并送上慰问金和慰问品。

2011年春节，补助生活困难户56人，金额1.55万元。其中，湖湾村21人，补助6300元；岱松村16人，补助4300元；尚锦村19人，补助4900元。1月24日，吴中区副区长孙卓及区有关部门领导，走访村中困难村民，发放慰问金。

2013年春节，补助生活困难户55人，金额1.88万元。其中，湖湾村22人，补助6700元；岱松村21人，补助5700元；尚锦村24人，补助6400元。12月19日，吴中区委常委、组织部长张炳华率区组织部、水利局、旅游局、科协负责人赴莫厘村，开展薄弱村扶贫帮困工作。

2014年起，村里对5户特残家庭进行重点救助，每月救助金额840—1350元。尚锦石井村夏某全家5人，有3个肢体残疾及聋哑人，属村里重点救助家庭，2016年，夏某全家每月救助金增至1458元，全年救济1.75万元。

2015年春节，补助生活困难户51人，金额1.59万元。其中，湖湾村22人，补助6700元；岱松村6人，补助2200元；尚锦村23人，补助7000元。8月18日，吴中区副区长周晓敏等领导至湖湾、岱松村，慰问生活困难村民。

2016年起，对村里9户低保家庭加大救济力度，岱松10组滕东卫家庭，月救助金额1702元。对28名重残人员每月救助380—1000元，湖湾汤家场村倪某，生于1983年，严重智障，每月救助1050元。救助低保边缘重病困难对象28人，每月每人500—1000元，月救济金额1.19万元。2017年春节期间，村干部走访34户生活困难户，送关爱金3.65万元，把党和政府的关爱送到生活困难的村民家中。

2017年春节，补助生活困难户58人，补助金额1.83万元。其中湖湾村22人，6700元；岱松村38人，补助金额1.09万元；尚锦村20人，补助金额7400元。5月18日，吴中区副区长周晓敏走访村中困难户，发放慰问品。

2017年5月18日，莫厘村湖湾5组杨某上街买菜突发脑出血，倒在地上不省人事。杨某身体有病，家境较为困难。同村青年张建忠、朱伟荣得知他的病情后，每人捐献4000元，把杨某送至木渎医院抢救，使其脱离生命危险。村中杨忠其、张卫良每人各捐2000元；王立明、杨兴盛、张全兴每人捐1000元，计1.5万元帮助杨某治病。

四、助残助学

2017年，莫厘村有残疾人135人，都得到镇村两级定期补助。20世纪90年代初，东山镇镇办好来日化厂、制胶日化厂、标准件厂、蓄电池隔离板厂为福利工厂，安排一部分有劳动能力的残疾人员进厂就业，时湖湾、岱松、尚锦3个村约有50%的残疾人被安排进厂工作，帮助他们自食其力脱离贫困。1990年起，村里对一部分失去劳动能力的残疾人进行定期补助救济，每年5月份的助残日，发动村民募捐资助残疾人员。2014年起，村里对52名特残、重残及因病生活特困家庭给予重点生活救助，每户每月300—1000元。2017年，村里有特残人员4名，每人每月救助750—1350元；重残人员35人，每人每月救助380—875元；低保与低保边缘家庭17户，每月补助550—1900元。

解决贫困家庭孩子读书困难，莫厘村党员干部与贫困家庭结对助学。2012—2017年，党员干部捐资助学1.96万元，其中投资建造东山新区实验小学1.8万元，捐助村中贫困孩子上学1600元。村干部与贫困家庭孩子读书结成帮困对子1对。

第二节　社会公益

莫厘村社会公益，有优抚、赈灾、救灾等。村中12名重点优抚对象，待遇逐年提高。赈灾、救济工作已成为村里的一项重要工作。

一、优抚

1951年，各村组织互助组，农忙季节为烈军属义务代种。1954年，对加入农业生产合作社的烈军属发放入社股金贷款，解决入社困难。1956年，新民高级农业生产合作社对烈军属实行优待劳动日制度。1960年起，对烈军属每户补贴工分。

1975年，新民、岱松、卫东大队军属，每年人均优待50元。1989年，人均优待700元。1990年，人均优待950元。1991年，人均优待1000元。1992年，人均优待1200元。1993年，人均优待1300元。1994年，人均优待1600元。1997年，人均优待1800元。1999年，人均优待2000元。2003年，人均优待5965元。2010年起，增加到人均优待2.16万元。2017年，莫厘村4名青年在部队服兵役，现役军人军属优待金每人每年2.72万元。

对8名在村复员退伍人员，2005年起，享受上级民政部门发放定期补助金，2005—2012年，每人每年补助500元，共补助3.2万元。2013—2015年，每人每年补助836元，共补助2.06万元。2016年起，村里按国家民政部门下发的标准，提高烈士家属、在乡参战人员、在乡残疾军人等重点优抚对象的优抚标准，人均每年4000元以上。2017年，莫厘村有12名重点优抚对象，其中因公牺牲烈士家属2名、在乡参战人员8名、在乡伤残或带病退伍军人2名，均享受国家民政部门规定的各项优抚金，每人每年补贴4463元。其中，每人月补贴1063元，春节等节日慰问金1400元、医疗补助2000元。2017年，全村12名重点优抚对象共抚助5.36万元。此外，每人还享受吴中区旅游景点免费游览等优抚。

二、赈济

2008年5月12日，四川汶川大地震，莫厘村党员干部共捐款1.98万元，支援灾区人民抗震救灾，重建家园；2010年4月14日，青海玉树发生地震，村里党员干部捐款1.44万元；2011年5月2日，甘肃舟曲发生泥石流，全村捐款3600元；2013年4月20日，四川雅安发生地震，全村捐款5800元，支援灾区人民恢复生产。

2012—2014年，莫厘村共产党员共捐爱心款1.08万元，其中，2012年捐3600元，

2013年捐3600元，2014年捐3600元，统一汇至苏州市民政部门，救助受灾群众和贫困家庭人员生活及子女读书等。

2017年12月，村干部每人捐款200元，共2800元，捐送吴中区慈善总会，开展帮贫济困、救灾救难、助残扶弱工作。

第三节　荣誉新风

莫厘村捐资筑路、舍财救人、鱼水深情、救死扶伤等文明之风代代相传，特别是近年来社会主义精神文明得到大力弘扬。

一、新风尚

捐资筑路　1946年8月，翁巷、殿前村席涵深、席裕昌、席光熙、金凤池、刘道周、周竟如、王杏生等21人，每人捐银洋15万元，其余附近村民每人捐款5—10万元，共捐银洋932.37万元，用于修筑殿泾港护栏与道路。其中，购置建筑材料94万元、匠工费631.12万元、小工费用132.25万元、筑矮栏45万元、修理文昌宫大殿30万元。

海难救人　1948年12月3日，招商局江亚轮由上海开往宁波，当晚9点在吴淞口外爆炸沉没，船上乘客争相逃命，一小时后，适有金源利机帆轮满载橘子驶过，该船主张翰庭系翁巷村人，正载东山洞庭红橘至外地销售，见此危情，把橘子全部抛入海中，发动全体船员救人，400多名旅客获救，后上海市政府赐予张翰庭"上海荣誉市民"称号。

舍己为友　1954年5月6日，新民社青年姚阿毛和孔子泉至新塘圩挑河泥，歇工后两人在渡水港畔洗脚，孔子泉不小心滑入港中。在旁的姚阿毛立即跳入港心相救，终于将孔子泉顶上岸，可姚阿毛自己筋疲力尽无法浮出水面，沉入港底，年仅27岁。

排难读书　1958年2月，新民社在湖湾小学开办农业中学，每周2天上课。余山岛赵福泉、席兴凤、金凤美积极报名读书。余山岛与东山相隔好几里湖面，每逢农中上课，3人先摇半小时船过太湖至岱松码头，再走六七里山路赶到学校上课。一天下大雨，太湖风大浪急，3人克服困难按时赶到学校读书。

修筑操场　1976年9月28日，新民大队团支部组织60多名团员青年，义务劳动一天，把莫家坞口四号桥前一块约600平方米的场地整平，辟建成一片操场，成为附近新民大队第1、第2、第3队的公共活动场地。每月东山镇电影院下乡放映电影，这片操场又成了电影场。

鱼水深情　1980年7月23日，新民大队青年汤巧根、汤兴发、宋利刚在山坞里发现一位中暑的解放军战士，脸色发白，说不出话来。3人急忙回家取了人丹、十滴水、开水和西瓜，喂给中暑的战士吃，战士才慢慢恢复神志。经了解，该解放军战士是某部的给养员，在前往卫东大队（今尚锦村）执行任务中，迷失方向，一连翻了好几座大山就是走不出去，最后体力不支，晕倒在茅草窝中。当时已是下午2点多钟，离卫东大队部队驻地还有好几里山路，3人轮流推车将其送到目的地。

救送老太　1983年4月5日清晨，岱松村青年宋建春上山采茶，发现一位老太昏倒在山路边。小宋上前一摸,老太前额尚温,鼻子里还有一丝气,他马上把老太背回家中。救醒后一问,得知老太姓汤,84岁,湖湾14队人,昨天下午到岱松村走亲戚,迷失了方向,误入山径,极度疲劳而昏倒路旁。了解情况后,在同村青年宋正林的帮助下,他们用车把汤老太送回家。

白衣天使 2013年2月23日,东山镇隆重举行"感动东山"年度人物颁奖活动,莫厘村夏兴根榜上有名。1967年,夏兴根从苏州卫校毕业后,回到家乡尚锦村工作,为乡亲们看病。他一把草药一根针,一只药箱一辆自行车,数十年如一日,风里来,雨里去,走村转巷,翻山越岭,哪村有病情就奔哪村去,为尚锦村1700多位村民看过病。尚锦村位于后山,有6个自然村,1990年前,交通不便,道路难行,到镇上医院看病不便,村民有个头痛脑热全靠夏兴根医治。有时他一晚上要被叫身起四五次,遇到病情重的病人,还亲自护送上大医院治疗。病人动手术,他陪同家属一起守在手术室外;病人脱离危险后,才安心回家。遇到家中经济困难的病人,他还多次给予免费治疗,在尚锦村行医46年,被村民誉为山村的白衣天使。

二、先进集体、个人

(一)先进集体

1958年,新民社第1、第2、第5、第9生产队,获"震泽县红旗生产队"称号。

1977年,新民大队团支部获"吴县先进团支部"称号。

1990—1991年,岱松村获"吴县文明单位"称号。

1996—1997年,湖湾村、尚锦村获"吴县市文明单位"称号。

1998—1999年,尚锦村"吴县市文明单位"称号。

2004年8月,莫厘村被苏州市精神文明指导委员会授予"2002—2003年度苏州市文明村"荣誉称号。

2005年12月,莫厘村获苏州市建设局授予的"苏州市创建整治先进村"称号。

2005年12月,莫厘村获江苏省精神文明指民委员会颁发的"2003—2004年度江苏省文明村"称号。

2008年11月,莫厘村获东山镇"2007—2008年度东山镇森林防火"先进集体称号。

2008年10月,莫厘村获江苏省环境保护委员会授予的"江苏省生态村"荣誉称号。

2008年10月,莫厘村获苏州市村务公开和民主管理领导小组授予的"示范村"称号。

2009年1月,莫厘村获"2008年度东山镇经济和社会发展"先进集体称号。

2010年10月,莫厘村获苏州市人民政府授予的"苏州市保护消费者合法权益工作先进集体"称号。

2010年12月,莫厘村获吴中区"2010年度退管工作先进村"称号。

2011年1月,莫厘村获吴中区宣传部、组织部颁发的"2009—2010年度先进基层党校"称号。

2011年12月,莫厘村获江苏省档案局授予的"江苏省机关团体企业事业单位档案工作规范"一星级标准。

2016年6月,莫厘村在东山镇2015—2016年全民健身系列比赛活动中,健身舞获大赛第二名。

（二）先进个人

宋子云，获1956年"江苏省劳动模范"（新民农业生产合作社）称号。

李利兴，获1959年"吴县先进生产工作者"（和平1大队）称号。

杨福林，获1959年"吴县先进生产工作者"（新民大队）称号。

滕根林，获1959年"吴县先进生产工作者"（新民大队）称号。

刘艳雯，获2008年"东山镇人口与计划生育工作先进个人"称号。

杨振华，获2014年"东山镇作风效能建设先进个人"称号，获2015年"东山镇经济和社会发展先进个人"称号，获2016年"东山镇优秀党员"称号。

徐晓峰，获2016年"东山镇武装工作先进个人"称号。

孔运，获2017年"东山镇党员服务之星"称号。

刘艳雯，获2017年"东山镇优秀党务工作者"称号。

第四节　家　庭

莫厘村村民大多为唐代及南宋前后从北方迁山移民，唐宋之际已形成村庄，始迁祖分别来自甘肃、河南、山西、陕西、宁夏等中原及西北地区，移民中有护驾的官兵，有南迁的商贾，也有随南渡大军逃难的百姓。他们定居莫厘村后，始以农耕为生，开荒种田、栽桑、植果，后出山渡湖经商，积累资本后又培养子弟读书，科举入仕，出山为官，明清以来多官商与商贾大族。

一、家庭结构

旧式家庭　一般祖孙三代或四代，大家庭共同生活。明清莫厘境域男性青壮年大多外出经商，较为富裕，村中大宅较多，豪宅深院居住着人口较多的大家庭，三世、四世同堂的大户不少。家长对家庭人员和经济有很大的支配权力，亦负有很大责任，尤其要对小辈的学业和成家立业负责。村域内旧时家庭中，妇女没有地位，一般出嫁至夫家，均在夫姓后加己姓。不少家族还立有族规、家训，作为家族人员应遵守的道德规范。

旧时域内家庭，重视购买田地，称其为"活产"；忽视房屋，称其为"死产"。因为土地是农民的生产资料，俗称"命根子"。旧时莫厘村有"暴富不造屋，暴穷不卖地"之谚，说的就是这个道理。

在旧式封建时代，农村陋俗比较普遍，莫厘村封建买卖婚姻盛行，男女婚嫁必遵父母之命、媒妁之言，造成许多婚姻悲剧。男女婚嫁注重门当户对，有的指腹为婚、攀娃娃亲、娶童养媳，还有换婚、抢婚、纳妾等陋俗屡见不鲜。若妇女早年丧夫，终身不改嫁，可为之树立贞节牌坊。旧时，莫厘村贞节牌坊就有8处，下席街村东，因清代筑有3座节妇坊而称坊前村。

现代家庭　中华人民共和国成立后，贯彻执行《婚姻法》，国家实行一夫一妻制，男女婚姻自择对象、自由恋爱。妇女家庭地位日益提高，夫妻共同劳动，经济共同支配，孩子共同抚养。男女一般自由恋爱或相亲，双方了解、感情升华后结婚。随着所有制的变化，村中家庭结构逐渐变小，1980年以后，虽仍三代共同生活，但一般为"二二一"家庭组合，即2个老人，2个中青年，1个小孩。也有与老人分开，小两口带1个孩子生活的三口之家。

20世纪80年代中期，农村实行家庭联产承包责任制后，一般男女青年结婚成立小家庭，随之承包产业按人头自行分开，各自劳作，经济收益也归各自所有。不少小夫妻除经营承包土地外，还进镇村企业或民营企业做工或经营服务业。2000年起，境域内青壮年有不少自行创业，在东山镇与苏州甚至上海创办民营企业。子女离家后，一般父母留在农村，靠经营承包地收入维持生活。父母年老不能劳动后，承包地分给子女，并由子女赡养。村里丧失劳动力的孤寡老人，由村里集体抚养，称"五保户"，即包吃、包穿、包住、包医、包送终，村委会供其吃住、穿着、医疗以及料理后事。镇里建办敬老院后，莫厘村孤寡老人送入镇敬老院安度晚年。

2015年起，国家实行"生育二胎"的人口政策，农村育龄夫妇部分生育二胎，不少成为四口之家。

二、家庭收支

收入　中共十一届三中全会后，农村实行家庭联产承包责任制，村民生产积极性高涨，人均收入增长较快。2000年起，随着党的富民政策在农村生根开花，莫厘村一、二、三产全面发展，村民经济收入五年翻一番，2017年，人均收入36625元，是2000年的5.47倍、2005年的3.86倍、2010年的1.98倍。

1982年，境域内的湖湾、岱松、尚锦三个村，人均收入478.5元。1983年，即实行家庭联产承包责任制的当年，人均收入579.3元，比上年增长21%。1988年，人均收入790.5元；2003年，人均收入（2003年湖湾、岱松、尚锦三村合并）5896元；2006年，人均收入8467元；2010年，人均收入12259元；2017年，人均收入36625元。人均收入逐年提高。

支出　村民衣食住行不断提高，2017年，日常生活消费人均达4680元，是1982年的25.5倍。除日常生活必需品与住宅外，耐用高档消费品包括电视机、洗衣机、电冰箱、电脑（宽带上网）等普及率全村达100%。2000年起，小轿车在农村悄然兴起，2017年，莫厘村有汽车、轿车811辆，平均每5.9人1辆汽车。外出旅游也在农村逐渐普及，村内每年外出旅游的村民（包括60周岁以上，村里出资组织外出旅游）1298人，占26.7%。

第五节　教　育

莫厘村名门望族多，历代重文重教，早在元明时就重视办学教子。清乾隆《太湖备考》载，明永乐、景泰年间，境域内杨家湾华严寺中办有学校。清中期，村中大姓捐资助学之风兴起，乾隆三十年（1765），翁巷村长泾港介福庵办学经费发生困难，鹅潭头村翁、席两姓捐果林及桑地10多亩，所收花息全部用于办学，合山子弟有志者均可入校读书，此义举得苏州府刻石立碑表彰。

清末民初，新学兴起，莫厘村办学尤盛，民国叶乐天《乡志类稿》载，1913—1949年，莫厘村湖湾、岱心、尚锦村先后办有中西女校、半日学堂、安定小学、岱心小学、丰圻小学、钟秀小学、振华女中东山分校、周湾初级小学、石井简易小学9所县立与私立小学。1946年10月10日，中央民族文化学院在翁巷慎馀堂桐荫别墅开学，设中文、中史、中医等系，国民政府教育部曾派高等教育使（督学）至该院慰问，并致祝贺。

中华人民共和国成立后，人民政府接管学校，教育得到很大发展，"文化大革命"期间，各校一度停课。1976年，学校恢复上课，根据当时情况，为方便农村孩子读书，村村办有小学，湖湾、岱松、余山、石井、周湾自然村都办过小学。

1978年后，拨乱反正，教育事业走上健康发展道路。1985年，教育体制改革，中小学基础教育由乡镇管理。镇村二级牢固树立"百年大计，教育为本"的思想，坚持科教兴镇战略，加大教育投入，优先发展教育，莫厘村的教育事业得到很大发展。1978年，湖湾小学重建新校舍，1981年，该学校升格为东山中心小学。1992年，东山中心小学易地重建，湖湾小学恢复原名。

莫厘村民国时期与中华人民共和国成立后创办的学校，为社会培养了一大批人才。1949—2017年，从莫厘村走出的30多名国家司局级干部和30多名正副教授，大多在钟秀、安定完小读过书。

一、中华人民共和国成立前莫厘学校

县立钟秀小学　1921年10月10日，乡董朱文豹与木渎袁培基倡办，校址在翁巷长泾浜积谷仓。始名钟秀女校，1928年2月，收归县办，更名县立钟秀小学。1938年1月28日，东山被日军占领，校具尽毁，学校停办。同年7月，由地方公益会筹备复校，更名私立钟秀小学。校长杨茂芬，江阴人，江苏省立第二女子师范学校本科毕业。

县立岱心小学　1935年创办，校址在岱心湾，学生为杨家湾、岱心湾、宋家湾村农家子弟。1938年，东山沦陷后停办，又称岱心短期小学。

县立丰圻小学　1935年创办，校址在尚锦丰圻村，学生为丰圻、石井、小长湾村农家子弟。1938年，东山沦陷后停办，又称丰圻短期小学。

县立石井简易小学　1939年建办，校址在尚锦石井村。始名周湾小学石井分校，1943年，改为县立石井简易小学。校长钱佐廷，由教员升任。一至四年单轨制。学期薪工2967元，教师、员工薪工2400元；办公费576元，由吴县教育局下拨。

县立周湾小学　1941年创办，校址在后山周湾周家祠堂内。该校由地方人士与雨花台僧释逸尘合办，定名私立周湾小学。1933年，因缺乏经费，呈请吴县教育局接收，改称周湾简易小学，校长范承斌。1941年，又改名周湾初级小学，校长吴成年。1941年，更名县立周湾小学，校长何三元，学期经费8040元，教师薪工7140元，办公费900元，由吴县教育局拨给。学生交书籍用品费，低年级27元，中年级49元。

私立中西女学分校　1920年创办，基督教监理公会东山牧师汪兆翔办，美国人娄丽兰任校长。学校总部在响水涧，在松风馆设翁巷分校。1926年，地方乡政局与同乡认捐接办，聘叶乐天为名誉校长。1929年，韩文伯继任，一度改为敬文小学，1936年停办。

私立席家湖半日学堂　1921年，翁巷沪商席云生、席微三、席玉书创办，呈吴县教育部门备案。设中东南西四区，地址在殿前、席家湖头等村。学校专收平民儿童，每天上课半日，书费与学费全免。始翁巷严吾馨为监督，后席微三继任，1926年停办。

私立安定小学　1926年，席氏义庄创办，校址在翁巷花园弄坊前村。校长李仲仪，名誉校长席裕昌。因限于经费，1941年停办。1947年，洞庭东山旅沪同乡会筹资复校。上海中共党员席玉年负责复校工作，他利用安定小学复校之机，安排多名中共党员至校任教，开展党的工作，学校面貌焕然一新。为普及农村教育，学校创办成人夜校与妇女补习班。利用教学之机，向群众传播进步思想。1948年9月，东山第一个中共党支部——东山支部在安定小学成立。中华人民共和国成立后，安定小学被政府接管，并与附近的钟秀小学合并，更名湖湾小学。

私立振华女子中学 1937年开办，校址在翁巷翠峰坞席家祠堂内。该校总部在苏州，1937年9月，学校从苏州迁至东山，先由校董张一麐到东山商量迁校之事，择翁巷翠峰坞唐武卫将军席温祠，赁作校舍，在该校上课肄业学生70余人。1938年，日军占领东山后，振华女中与莫厘中学先后停办。

二、中华人民共和国成立后莫厘学校

湖湾小学 位于翁巷坊前村（今建新），占地面积约2000平方米，其中，一部在坊前村，系3—6年级与幼儿园，有5间教室及前后操场；二部在下席街，系1—2年级，有4间教室。中华人民共和国成立初，在当地解放军的指导下，学校建立第一个少年儿童组织——东山湖湾小学少年儿童团。儿童团积极开展校内外各种活动，被评为"苏南教育先进集体"，校长吴瑞文出席苏南教育代表大会。第一任儿童团团长周静和。

"文化大革命"中，湖湾小学一部被拆毁，部分学生搬入薛家祠堂上课。1976年，新民大队在湖湾小学原二部校舍扩建学校，一部与二部合并，重建湖湾小学，第二年，新校舍竣工，1—6年级学生全部搬入新建的湖湾小学。该校占地面积3196平方米，建筑面积1377平方米，操场面积1450平方米。1977年，有6个班级，学生214人，教师10人。学校建有两排教学用房，建有自然实验室、图书室、音乐室等专用教室，教育教学质量得到进一步提高。1981年，因原东山中心小学与实验小学合并，湖湾小学升为东山中心小学。1992年2月，东山中心小学易地重建，湖湾小学恢复原名。

卫东小学 位于尚锦周湾，1968年，和平1大队（今尚锦）更名卫东大队，故名。原为私立周湾小学，中华人民共和国成立后政府接管。学校占地面积1331平方米，建有一幢两层教学楼，建筑面积891平方米，另辟运动场一片。设有5个班级，学生133人，教师7人。1995年起，学校建立微机室、图书室、活动室等专用教室，班级配备二机（录音机、投影仪）一幕（放映屏幕），学校的教育、教学质量名列东山辅导区前茅。1998年并入东山中心小学。

岱松小学 位于岱心湾村，1950年重建。1998年，学校占地面积532.8平方米，设1—6年级，7个班级，学生135人，教师8名。附设幼儿班大、小两个班。1998年9月，合并至湖湾小学。

余山小学 位于余山岛东湾猛将堂，建筑面积110平方米，1953年建办，开始设1—6年级，6个班级，后因学生逐年减少，减少至4个班级，先后有7名教师在余山小学教过书。1995年，余山小学并入岱松小学。

第十一章 物产

莫厘村山水兼备，资源丰富。山地经济林与果林面积8900亩，其中，果林面积3000多亩，盛产碧螺春、白沙枇杷、乌紫杨梅、洞庭红橘、银杏、石榴、板栗等名茶名果。湖岸线7.2千米，从席家湖头起，朝西至岱心湾、宋家湾、丰圻嘴，又折向南，经石井、尚锦、周湾、洪湾，与陆巷白沙村湖岸接连，呈"U"形绕莫厘峰北部山脚。湖中有"太湖三白（银鱼、白鱼、白虾）"与鳗鱼、塘鲋鱼、黄颡鱼、甲鱼、湖蟹、莼菜、莲藕、茭白等鱼类及水生植物，久负盛名，享誉中外。20世纪90年代后，随着气候和市场经济的变化，莫厘境内的土特产品也优胜劣汰，向着更有经济价值的方向发展，绝大部分传统的名优特产被保存下来，其品种、质量、产量都有很大的提高，尤其是茶果类与水产品类，在农村经济收入中有举足轻重的地位。

第一节　碧螺春

碧螺春为中国十大名茶之一，因产于太湖洞庭东西山，又称洞庭碧螺春。2010年，洞庭山碧螺春茶制作技艺被批准为国家级非物质文化遗产而加以保护。莫厘村为碧螺春的重要产地，1978年，湖湾、岱松、尚锦三个村产碧螺春茶323担。1980年后，因茶叶经济收入低于橘子等果品，茶园面积与产量下滑。1990年，三个村碧螺春产量降至79担。2000年起，碧螺春价格缓步回升，产量逐年增加。2001年，三个村产碧螺春110担。2005年，莫厘尚锦村率先成立古尚锦茶叶专业合作社，所炒制的碧螺春，质量上乘，价格高，并通过国家绿色食品认证。2017年，莫厘村茶园面积1236亩，产碧螺春茶叶173担。

一、生长条件

莫厘村位于东山镇东北部太湖畔，受太湖小气候的影响与调节，日照充足，雨量充沛，温暖湿润。村域内土壤肥沃，终年云雾蒸腾，宜茶树生长。碧螺春茶富含花香果味，与莫厘村的自然环境有关。在村域山坡湖畔栽种有数十种花果，峰岭山坞里生长着许多野花，一年四季，果花山花相继开放，茶园大多间作于果林之中，叶与叶相叠，根与根交融，果花山花的香味渗透到茶树的根叶与嫩芽中，形成碧螺春茶花香果味和饮后回甘的独特风味。

二、起源

碧螺春茶历史悠久，最早可追溯到汉初的"商山四皓"。秦末甪里先生、东园公、绮里季和夏黄公等四杰，因不满秦王暴政，隐于陕西商山，称"商山四皓"。约汉代，他们来到太湖洞庭山，培植采制一种"仙苔茶"饮用，该茶的制作工艺较为复杂，为碧螺春茶之始。宋代，仙苔茶又演变成水月茶闻名于世。明末清初，其茶又更名"吓煞人香"。据说有年春天，茶姑们采茶时适逢下雨，她们怕茶叶被雨水淋湿，把青茶藏入怀中遮雨，茶芽遇到少女的体温，发出一阵阵奇异的清香，人们惊呼："吓煞人香。"清王应奎《柳南随笔》载：康熙三十八年（1699），康熙帝第三次南巡太湖，巡抚宋荦从当地茶师朱元正处购得"吓煞人香"精品茶进贡，帝以其名不佳，赐名曰"碧螺春"。

三、采摘与炒制

碧螺春采摘于春分—谷雨阶段，分别称分前、明前、雨前。春分前采摘的嫩芽，称分前碧螺春。此时气温较低，茶树还没有长出叶芽，中华人民共和国成立前，分前茶极少。20世纪90年代后，开春后气温回暖早，茶芽生长快，分前茶产量倍增。

清明前采摘的茶芽较嫩，称明前碧螺春，3月下旬至4月初，日照延长，气温普遍升高，茶芽初展一芽一叶（俗称"一旗一枪"或"舌雀"），长约1.5厘米。嫩芽背面长出人肉眼看不见的茸毛，制成干茶后会出现一层"白毫"。清明后气温升高快，加上雨水增多，叶芽生长迅速，茶叶不够柔嫩，品质下降，采制的干茶即为炒青。茶芽采摘后，因每芽有小叶片，要及时拣剔，拣去茶芽质地较硬的小叶片（俗称"裤子瓣"），拣净一芽一叶，称"一旗一枪"，此时炒制的茶叶称"雨前碧螺春"，质量稍次于明前茶。

碧螺春的采摘与焙炒过程精细复杂,每斤碧螺春干茶有5—6万个嫩芽制成,一斤碧螺春干茶从采摘到拣剔,要经过多次手续才能入锅炒制。炒茶时,又要经过杀青、揉捻、搓团、显毫、起锅等多道工序。炒制一斤碧螺春,须一名技艺熟练的壮汉,在烧红的铁锅中,连续操作4小时左右才能完成,有工夫茶和工艺茶之称。

炒茶工艺复杂而繁重,由两人搭档进行,上灶炒茶,下灶烧火,先把铁锅烧红,待锅里冒起缕缕青烟后,才把拣剔好的嫩芽倒入锅中,炒茶人双手快速在锅中翻动及上下抖松,名杀青,又称扑青。杀青时火候越旺,炒出的碧螺春才能嫩绿如碧,色泽诱人。约半小时后,待青叶蒸发掉大部分水分,即进入第二道工序,揉捻。揉捻时炒茶手要用全身力气,在铁锅中把半干的茶叶,用手掌朝一个方向捻紧,使之成为一根根银针。约15分钟后,揉捻工序完成,进入搓团。搓团时,上灶炒茶师傅从锅中抓起一把把茶针,在手里反复搓合、滚成圆球,又不断拆开抖松,数十次循环操作,直到细芽变成一颗颗螺蛳状。显毫工序技术性极强,全靠炒茶手的眼观与手感技艺来显现白毫(即茸毛),上等师傅炒制的碧螺春,干茶起锅时,锅沿上会出现一层白白的"浓霜",白毫越多,品质越佳。

四、茶道特色

碧螺春一嫩三鲜,即茶芽嫩,颜色鲜、汤色鲜、味道鲜。先放开水,后掺入茶叶,嫩芽下沉伸展,清香可口,是碧螺春的特色。莫厘村数百年形成的碧螺春茶道,其内涵极为丰富,有高山流水、碧螺下海、雪花飞舞、白浪喷珠、凤凰三点头、翠云浮动、春染海底、闻香通关、润喉畅气及提神生津等十道茶艺表演。

五、冲泡方法

碧螺春的冲泡方法与众不同,其他名茶均先放茶叶,后冲入开水,唯洞庭碧螺春须先在杯中冲入约80℃的开水,后掺入干茶,稍时即把头开茶水倒掉,然后再冲入开水,即可饮用。忌用沸滚的开水冲泡,会把嫩芽泡熟发黄,品之无香味。品饮碧螺春,一般不超过三开,头开杯中水不过半,先将嫩芽慢慢舒展开。第二、第三开水可在杯里冲至七成,其色、香味最佳,三开过后茶汤就淡而无味了。

六、贮存

在古代,炒茶结束后,趁铁锅尚有余温,把碧螺春干茶摊放在牛皮纸上,然后放入锅中,借茶锅中的余温把干茶中的剩存水分烤尽,然后藏入锡罐里,长期保存。中华人民共和国成立后,茶农们经过多方实践,总结出了三种保存碧螺春行之有效的方法。

生石灰白纸吸湿法 先在铁皮箱或木箱的底部放置10—20厘米的块状石灰,石灰上面再用白纸平铺(忌用报纸铺垫,其油渍会掺入茶中,影响香味),使石灰不直接与经过包装的碧螺春接触,利于尽量减少茶香被石灰吸收。也可用塑料袋装,一般宜50—100克为一小包装,也可将装茶100—150克的铁筒、纸筒放入。其方法可保持碧螺春颜色不变。缺点是茶叶香气因一部分被生石灰吸收,香味稍差。

木炭吸湿法 方法仍为铁箱或木箱,底部先放置干木炭,在木炭的上面平铺白纸,纸上放置炒好的茶叶,其包装与上述方法相同。采用这种方法,基本可保持碧螺春的色、香、味不变。

冰箱冷藏法 将碧螺春用纸或筒装好,直接放入温度控制在4℃左右的冰箱内,四周全部隔绝。采用这种方法,可保持碧螺春、色、香、味纯真不变。但须注意冰箱内不能存放其他有气味的食品,尤忌腥臭味,否则气味很快渗入茶叶中,品之无味。

七、茶文化

碧螺春茶文化是吴文化的一部分,历史上备受文人的青睐和赞颂,留下不少与之相关的诗词书画。明清时,翁巷村翠峰寺悟道泉煮茶品茗最佳,明沈周、吴宽、唐寅、文徵明等名士,慕名来到翁巷村,品尝悟道茶后留下的颂泉颂茶诗数十首。

八、变化

莫厘境域及整个东山碧螺春茶,20世纪80年代后,在时代经济大潮的影响下,种茶与炒茶发生了巨大的变化和进步,但发展中也存在不少问题。从好的方面看,茶山大面积发展,茶园大量增产、碧螺春干茶产量年年增加,茶农增收,2017年,莫厘村茶农一季碧螺春收入超过1万元的占50%以上,收入超2万元的占30%以上。但存在问题也较多,亟须引起重视与改进。

一、大量开垦荒山,破坏植被发展茶园,使茶树失去果林的庇护而少花香果味,失去碧螺春的特色。

二、过分偏重经济效益,茶树普遍施用化肥,使叶芽粗壮,茶叶产量虽高,但影响碧螺春茶纤细的特色。

三、一年中多次喷打农药,茶叶中存残药,品质下降。

四、用煤气灶炒茶,虽易掌握火候,但与用传统铁锅,用干松针、茅柴烧火炒出的碧螺春香味有一定的差异。

五、炒茶时普遍戴手套操作(杀青),大大降低"杀青"时的手感和火候的掌控,影响"扑青"的质量。

附:打造碧螺春品牌　富了全村茶农

东山镇莫厘村古尚锦自然村,位于后山太湖边,背山面湖,环境清幽,是个以茶果为主的经济作物地区,2004年,全村有460户,1700人,2700多亩山地,其中,茶园面积1200多亩。2003年,人均收入7200元,名列东山镇前三名。尚锦村村民们说:"山有顶,水有源,我伲尚锦村人发的就是碧螺春名茶财。"

(一)调整种植结构　发展间作茶园

尚锦村原是个传统果区,村民经济收入主要靠柑橘。1988年,村里所产橘子每担(100斤)卖到200元,每斤1元,挑一担橘子到东山街上出售后,可换回一辆"长征"牌自行车。20世纪80年代,村中一般果农年橘子产量都在100担以上,积两年橘子收入,可购砖木等建筑材料盖一幢楼房。可世上没有摇不尽的摇钱树,1990年后,城乡各种物价成倍增长,而橘子价格年年下滑,1998年,每斤橘子0.5元,1999年,每斤橘子0.25元,还没有人要买,皇帝女儿一下变成丑小鸭。橘子不值钱,但全村一千多张嘴要吃饭,怎么办?一次,村党支部书记费东福路过平岭,发现山坡上有一亩新发展的茶园,绿油油的一大片,长势十分喜人。村民姚阿二一家正在采头朝新茶。姚阿二告诉费东福,这一亩新辟的茶园,经过他三年精心管理,去年收碧螺春30多斤,每斤卖300多元,年收入超过1万元。说者无意,听者有心,这个消息给费东福很大的启示。大量发展茶园面积,打响碧螺春品牌,就能增加收入，改变因橘子价格下滑导致村民贫困的被动局面。他一连走了三个生产队，调查了16家农户，凡是前几年新发展茶园的，年收入都在万元以上，是种橘子收入的3—4倍。经过集体讨论，村委会作出全村有计划、大面积发展茶园，调整山区种植结构的决定。考虑到有些村民一时无钱购买茶籽，村里还从村办企业中拿出一部分资金，购买茶籽，免费提供给茶农，全村上百户人家在自己承包果园的边隙空地上，新发展茶园50多亩。

任何新事物的成长都不是一帆风顺的，尚锦村在发展碧螺春茶园的过程中也遇到过挫折。2000年春天，村里通过各种渠道，设法购买到3000多斤茶籽，免费供应村民发展茶园。出乎意料的是，前来领取茶籽的村民不足半数。费东福跑了好几个村子，上门一打听，原来是有些村民对种茶能否赚钱不放心，说：种茶能致富，为啥村里党员干部不多种点？村党支部开会，要求党员干部走在前面，做种茶致富的带头人。这年春季，费东福起早摸黑，同妻子一起利用果园空地，新播种300斤茶籽，加上新垦的荒地，发展了一亩茶园。接着，村里30多名党员干部紧紧跟上，新辟茶园25亩。干部的行动就是无声的命令，第二年早春，全村一下子播种茶籽8000多斤，发展茶园200多亩。从2000年起，全村每年新增茶树面积300亩。2004年，尚锦村400多户村民，70%的农户一季碧螺春茶收入超过1万元，成为名副其实的碧螺春万元户村。

（二）建"古尚锦"茶坊　打响碧螺春品牌

茶园面积增加，茶叶产量提高，但茶农卖茶难的问题随之而来。为解决这一矛盾，2000年春天，尚锦村在东山镇率先注册成立"古尚锦"碧螺春茶坊。建办茶叶生产合作社，建造茶灶，培训炒茶师傅，开始规模型生产碧螺春精品茶，统一对外供应碧螺春名茶。茶坊一开始运作，村里就派技术员严把质量关，严格按照传统工艺炒制。茶坊统一收购青茶，集中挑拣一芽一叶（雀舌）嫩芽，挑选村中炒茶名师现场操作或指导。从杀青、抖松、揉捻、搓团、显毫起锅，道道工序精益求精。尚锦村货真价实的碧螺春，顿时在市场上身价百倍。2001年3月底，"古尚锦"生产的头朝碧螺春茶，每斤售价600元，比上年增加300元，比当年东山茶市出售的特级碧螺春每斤贵200元。一位上海客户赶到尚锦村，一下购买17斤特供名茶。这一年，村里茶农增加收入10万多元。

初试牛刀，大获成功，费东福劲头更足了。2002年春节刚过，村里又筹建起一座300多平方米的新茶坊，新砌起6座茶灶，像模像样经营起来。3月15日，茶坊头朝新茶开秤，村里向茶农收购青茶叶90斤，每斤连同拣剔计价80元，一般4斤半青头炒1斤干茶，特供茶每斤卖800元。这天茶坊炒制的20斤碧螺春干茶卖到1.6万元。吴中区对碧螺春原产地实行品牌保护后，更给古尚锦茶坊带来新的机遇。2003年，茶坊新砌茶灶14座，培训炒茶师傅20多名，还从外地招聘了50多名采茶女工，扩大茶坊生产和经营范围，形成生产、销售一条龙服务。

（三）提高名茶质量　致富村里茶农

2000年，古尚锦茶坊开办以来，5年中取得喜人成效，提高名茶质量，增加村民收入，也带动整个洞庭山碧螺春茶"东山再起"。近年来，因外地假冒碧螺春茶冲击，使洞庭山传统名茶碧螺春鱼龙混杂，真假难分，影响茶农的积极性，也使碧螺春质量有所下降。尚锦村生产的精品茶因道道工序严格把关，在茶市上获得极大声誉。尽管价格要比市场上高出许多，但顾客仍以能买到古尚锦生产的碧螺春为荣。至2004年春，东山碧螺、槎湾、陆巷等村也都先后办起茶坊，开始生产特制碧螺春精品茶。

产品质量提高，价格年年上升，茶农得到实惠。尚锦村茶坊每年开采后的头三朝碧螺春茶价格均走在各村前列。2002年，每斤售价800元。2003年，每斤售价1200元。2004年，每斤售价1800元。村里把碧螺春茶坊取得的经济效益，大部分返回给茶农。碧螺春刚上市的一周内，2002年，茶坊每斤青茶收购价80元。2003年，茶坊每斤青茶收购价180元，共收258斤，合计4.64万元，开采头一天，茶农就比去年头茶多收入1.58万元。第6村民小组姚宝根一家3口，2亩间作茶园，2004年，因早春气候偏低，青茶产量比2003年减少10%，但清明前的明前茶，收入已1.1万多元，预计全年可收1.6万元。7组李根娣老太在茶坊400多个拣茶工中年龄最大，她不愁吃，不愁穿，但坐在家中不动没劲，也报名到茶坊参加拣茶，每天可拣青茶3斤多，得工钱30多元，一个茶季拣茶收入400多元。全村400多名年龄60岁以上的老年妇女，整个春茶季拣茶收入以每人400元计，增收16万元。

载《苏州农业经济》2004年第10期

第二节　花　果

莫厘村是东山重要花果栽种区。明清时花果种植面积不断扩大，至民国初年，村中果树品种已发展到柑橘、枇杷、杨梅、银杏、石榴、桃、梅、李、杏等20多个品种，民间有"一年十八熟，四季花果香"的农谚。中华人民共和国成立后，随着种植、管理科技水平的提高，新品不断引进，20世纪50年代果树品种有60多个，80年代发展到300多个。90年代随着果区产品结构的调整，从国内外引进早熟、中熟、晚熟水蜜桃系列品种、日本大碑生李、美国布朗李等品种，2017年，全村果树面积3174亩，各种花果品种品系400多个，花果总产量20310多担。

枇杷　莫厘村枇杷栽种历史悠久，明王世懋《学圃杂疏》就有"枇杷出东洞庭者大"的记载。枇杷古名卢橘，清初翁巷村人翁澍所著《具区志》列"东山八景"，其中的"白沙卢橘"，即指白沙枇杷成熟时的景观。

村中枇杷有"白沙"与"红沙"两大品系，以"白沙"为主，品种有白玉、照种、青种、小白沙、早黄白沙、灰种、红毛照种、大种、鸡蛋白、细种、铜皮、荸荠种等。"红沙"品种有鸡蛋红、圆种红沙、红沙牛奶种、小红沙、浪罐头、鹰爪红沙等。照种是莫厘村传统优良枇杷品种，清末时槎湾贺照山始育而成，故名照种。按品系又可分为短柄照种、长柄照种、鹰爪照种3个品系，特点是：果形大、果肉厚而洁白，且早熟，在历史上该品种占莫厘村90%以上。90年代起，东山白玉枇杷问世，性能为抗逆能力强，树势生长旺，果大、早熟、肉白鲜嫩。该新品为槎湾村果农黄积玉在藏船坞内发现，剪枝嫁接而推广，得名白玉，今为莫厘村枇杷的主要品种。2000年年初，吴县果树研究所高级农艺师章鹤寿，从东山白沙村实生枇杷品种内选育出品质更优的冠玉枇杷，果型大，每只重50克，最大的重70克，味甜润，成熟期比照种早5天，2010年起，莫厘村果农中已有大量栽种。

枇杷树喜温暖向阳，村中枇杷大多种植在山坡上，低于杨梅而在柑橘之上。枇杷园内间作茶树及其他果木，冬季寒流袭来时，较为高大的乔木可抵挡寒风，使枇杷树安全过冬。枇杷树具有抗旱、耐冻、少病虫害等性能。枇杷隔冬开花，次年夏季果熟。枇杷苗生长很快，一年能萌四次芽，栽种三四年后就能结果，果子大小年明显，小年果实只有大年的三至四分之一。枇杷果实成熟后，皮薄而密布黄白色茸毛，采果时手不能碰到果子，须轻采、轻放、轻运，若采时碰伤果子，表皮即起黑色"榔头印"，采后不到一天果肉就为发黑，开始腐烂。

1978年，湖湾、岱松、尚锦三个村枇杷面积315亩，年产枇杷630担，占东山镇当年枇杷产量的11%。1980年起，柑橘价格不断攀升，枇杷园大量改植橘树，枇杷产量直线下降，1990年，三个村枇杷产量锐减至126担。2000年后，果品市场价格发生大幅度变化，柑橘从原来每斤最高2元，减至0.3—0.5元，枇杷每斤从原来4—5元，涨至20—30元。柑橘由热转冷，枇杷从冷转热，面积与产量不断回升。2017年，莫厘村枇杷面积1706亩，产量34120担，成为村内第一大果品。

柑橘 莫厘村传统果品，因其橘皮色红艳，历史上统称洞庭红，以早红、料红为主，他橘次之。每年农历十月采收，农谚云："洞庭橘红霜降边。"洞庭红橘历史上就有名，唐代时就被列为贡品。莫厘境域是东山主要柑橘栽种区，1950年前后，岱松、尚锦村就为东山柑橘主产区。

莫厘村历史上柑橘主要品种有：早红，当地又名大橘子，品种有细皮与粗皮两种，以细皮为优。朱橘，又称料红、朱红橘、朱砂橘、大红袍。料红系朱红的一个品系，其他地方没有栽培，为东山特产。福橘，又称漳橘、红橘、川橘、橘柑、绿橘等。橙子，品种有野橙、蟹橙等。野生橙树抗寒性强，曾被大量用作砧木，嫁接其他引进的优良柑橘品种。香橼，有粗皮香橼、癞皮香橼、细皮香橼等。粗黄皮橘，又名麻汤团、泡橘。甜橙，品系有圆橙、脐橙等。2017年，莫厘村柑橘主要品种有早红、料红、米橘、福橘、青红橘、黄岩早橘、黄岩本地早（又名天台蜜橘）、黄岩乳橘（又名南丰蜜橘）、粗黄皮橘（又名潮头蜜橘）、圆橙、脐橙、小红橙、代代、柚子、粗皮与细皮香橼、金橘等，以及90年代从外地引进的朋娜、塔罗血橙、吉田、清家、纽荷尔、白柳等新品。

从20世纪50年代起，湖湾、岱松、尚锦三个村柑橘经历三个不同时期的品种更新换代。第一时期，20世纪50年代至80年代，主要栽种本地柑橘。1986年，橘子最高价格每千克4元。第二时期，20世纪80年代末至90年代初，本地品系柑橘面积逐步减少，浙江无核蜜橘兴起，大量引进早熟品种温州蜜柑。1994年，温州蜜柑栽种面积达橘子种植总面积的三分之一，占柑橘总产量的二分之一。第三个时期，90年代后期，高接换种技术大量推广，并引进美国脐橙、日本天草等国外柑橘新品，具有本地特色的料红橘基本上都高位嫁接无核蜜橘。

1978年，湖湾、岱松、尚锦三个村柑橘面积1336亩，年产柑橘26637担（其中湖湾9789担、岱松6648担，尚锦10200担），占全镇柑橘总产量的40%。2000年起，村内柑橘面积大量减少，产量大幅度下滑。2017年，莫厘村柑橘面积556亩，产量2240担。

杨梅 莫厘村杨梅原呈半野生状态，山上百年以上老树很多，从分布情况看，翁巷、岱心湾、丰圻、周湾等村原有苍郁的树林，杨梅树很早就混杂生长在林中，南宋时北方移民迁入山坞，人居活动增多，树林受到大量砍伐，因杨梅的果实有较大的利用价值而被人保留下来。杨梅为莫厘村传统果品之一，早在明代前就有大量栽种，明王鏊《谢人送杨梅》诗云："高林乍摘杨家果，风叶修修玉露寒。染指忽惊猩血紫，钉筵争爱鹤头丹。"描写友人送杨梅情谊及故乡风物。村中栽种杨梅虽早，但因杨梅树生长缓慢，果子没有果皮保护，果熟时又恰遇江南黄梅雨季，大量果子被风雨吹落地上而霉烂，有"天收一半，人收一半"之谚。所以在历史上，杨梅发展远没有枇杷、柑橘等经济价值较高的果树快，只是从20世纪80年代起，湖湾、岱松等平缓山地开始栽种。

杨梅品种原有大叶细蒂、小叶细蒂、乌梅种、石家种、绿荫头、荔枝头、浪荡子、大核头早红、黄泥掌、树叶种、蚂蚁种等10多个品种，80年代，莫厘村引进桃红等杨梅新品。村中杨梅以大、小叶细蒂为主，占总产量的90%以上。其特点是：果形大、肉刺圆润、汁酸甜，成熟后呈乌紫色，称乌紫杨梅。

杨梅宜栽种在100米之上的山丘沙土上，种在平地与湖滨的只开花不结果。杨梅树耐寒、耐瘠，少病虫害，少量施肥亦能大量结果。杨梅成熟季节在6月中下旬至7月上旬，采摘只有10天时间，被称为"强盗花息（意为同强盗争抢）"。杨梅树高大而枝丫易断，每年采收杨梅季节，都有果农不小心从树上摔下来，有的成为终身残疾。2015年起，莫厘村果农受城市造楼搭建脚手架的启示，绝大多数果农购毛竹或旧钢管，在杨梅树四周搭建采果架，摔伤事故大大减少。

杨梅含有丰富的果汁，具果糖、果酸，鲜食能生津解渴，帮助消化。用白酒浸泡，食之有止泻的疗效。杨梅制成的果脯、果酒远销北京、南京、无锡等城市。

1978年，湖湾、岱松、尚锦三个村杨梅面积469亩，产量3455担，占东山镇杨梅总产量的20%。2000年，杨梅价格大幅度上升，2010年起，杨梅每斤售价10—20元。2017年，莫厘村种植杨梅1112亩，产量3650担。

银杏 莫厘村为东山银杏的主要产地之一，村中树龄百年以上的银杏树有30多株，其中，树龄500年以上的有10株。银杏树生长缓慢，栽种后须30年才能大量结果，所以俗称"公孙树"，意即祖父栽种孙子才能收获。该树雌雄分株，为异株异花授粉，因雄树不结果，历史上雄株极少种植，产量很低。1970年，在湖湾村蹲点的吴县果树研究所技术员张莲君，研究成银杏树挂花人工授粉，后又在雌树上嫁接雄枝，成倍提高银杏的着果率。

境内银杏在清同治、光绪年间有较大发展，是全国著名的优质产地之一。银杏品种有大佛手、小佛手、洞庭皇、大圆珠、小圆珠等，以大佛手为优，果壳薄、浆足仁满，香中带甜，最为上乘。银杏去外皮后果壳洁白，俗称白果，可剥壳出肉炒菜，也可捣碎冲汁，常吃会使肤色白嫩，延年益寿。

白果价格原一直低于橘子、枇杷、杨梅等果子，1990年起出口，价格不断攀升，1996年，每公斤白果可卖到60元左右，是橘子、枇杷价格的好几倍，湖湾、岱松村银杏大量发展。2000年后，白果价格逐渐下滑，2015年，每公斤白果卖20元左右。

1978年，湖湾、岱松、尚锦银杏面积51亩，产白果251担，占东山镇白果产量的11%。1996年，村中白果产量557担，为历史最高产量。2010年后，白果价格开始下滑。2003年，湖湾、岱松、尚锦三村合并，果区各家各户种植、管理与销售，产量已难以统计。2017年，每公斤白果只卖5—10元，果农采收一天银杏的收入还不如外出打工一天的收入，村中银杏大部分不再采收，产量约在20担。

梅 俗称梅子。莫厘村植梅历史悠久，梅树主要分布在湖湾、尚锦二村，以湖湾翁巷、莫家坞、纯阳坞为盛。1978年，湖湾、岱松、尚锦三村梅子产量587担，占东山镇梅子总产量的10%。1981年，东山从日本引进100株"南高"梅苗，境内也有种植。1985年起，青梅在国际上受青睐，加工成咸水梅后销往日本、东南亚及中国香港地区，促进了梅子的发展。1990年。村中梅子面积从原来的127亩，增加至228亩；产量从原来600多担，增加到1200多担。1995年起，梅子不再出口，价格不断下滑，大量梅地被柑橘、枇杷所代替。2003年起，梅子种植基本被淘汰。2017年，莫厘村果林旁的梅树只观花而不采收梅子。

栗 又称板栗，莫厘村传统果品，主要分布在翁巷、宋家湾、丰圻、周湾等村，品种有九家种、油毛栗、大毛栗、白毛栗、六月白、槎湾种、中秋栗、羊毛头、草鞋底等近10种。

1911年，东山板栗产量2370担，主要产于席周、丰石等乡。栗子树生长对土地、气候要求不高，管理粗放，有"干枣湿栗"的农谚，即栗子开花时接连下雨将影响着果率。1978年，湖湾、岱松、尚锦三村年产栗子98担。1980年起，东山栗子销往港澳市场，促进了栗子的发展，岱松村山区大量种植栗树。1990年，岱松村产栗子125担。栗树生度缓慢，产量较低，经济效益也不高，境内传统种植栗子的山地还是被橘子、枇杷、杨梅所替代。2017年，莫厘村栗子只有零星种植，年产量在30担左右。

枣 莫厘村历史上盛产枣子，品种有白蒲枣、秤砣枣、赤枣、水团枣、灵芝枣等六七个品种，以岱松、尚锦二村所产的白蒲枣为优。清《太湖备考》载："枣最佳者名'白露酥'出东山。"因该枣至白露成熟故名。《本草纲目》作"扑落酥"。莫厘村百年以上老枣树较多，分布在岱松、尚锦村。白蒲枣宜加工成蜜枣，金丝蜜枣为外贸出口佳品。

1956年，东山枣树面积228亩，产枣118吨，主产于后山尚锦村一带。1978年，湖湾、岱松、尚锦村枣子产量1470担，占东山镇枣子总产量的46%。1990年，全村枣子产量605担。2003年，湖湾、岱松、尚锦三村合并，枣子产量在200担左右。2017年，枣树在果林中只有零星保留，面积产量已不作统计，年产量100担左右。

柿 莫厘村柿子品种有牛心柿、铜盆柿、雪柿、扁花柿、油柿等，其中，以牛心柿、铜盆柿为优。牛心柿因形似牛心而得名，成熟后红而透明，皮薄核少，汁多味甜。铜盆柿因形似铜盆得名，果实扁圆而大，橙红色，肉厚味甜。柿树未嫁接而生的果子称油柿子，虽熟皮仍青黄，味如香蕉。每年6月间采柿，捣烂取其汁，称柿漆，是漆雨伞油纸的原料。1911年，东山产柿1140担，主要产自席周乡、丰石乡一带。1978年，湖湾、岱松、尚锦村柿子年产量345担，占东山镇柿子总产量的37.5%。1980年起，橘子价格攀升，柿树被大量砍伐后发展橘子。1990年，柿子年产量减至20担左右。2017年，莫厘村柿子仅村民家前屋后及庭院中零星种植，产量不作统计。

石榴 莫厘村传统果品，主要分布在岱松、尚锦一带，村中百年以上的老树很多。石榴栽种始于明代，因其除果实鲜食外，果皮又可作为土布染料及入药，清朝时得以大量发展。

石榴农历4—5月开花，色泽鲜艳。旧时莫厘村大户之家园内均种有石榴，寓意多子多孙。石榴寒露后成熟采收，有"寒露三朝采石榴"的农谚。村中石榴品种有小种、大红种、水晶石榴、老油头、铜皮、虎皮等七八个，以水晶石榴为优，果形大，果皮黄白色，带红晕，较薄而光滑，萼筒粗大，因子粒色泽之分，有白水晶、粉红水晶两个品系。莫厘村以水晶石榴为主。1990年来，不少果农在老树上高位嫁接引进的日本石榴新品，每只石榴可重500克以上，大的可达1000克左右。

历史上，莫厘村种石榴较多，20世纪70年代，柑橘大面积发展，石榴栽种面积下降，产量直线下落。1978年，湖湾、岱松、尚锦村石榴产量315担。1990年以后，因产量不高，石榴树被砍伐改种橘树，石榴产量归入杂果类统计。2000年，产量约50担。2000年后，城乡私家园林兴起，大量石榴老树被购买移栽他处。2017年，莫厘村石榴产量不作统计。

桃 莫厘村为东山主要栽桃区，品种有白凤、红花、白花、晚陆林水蜜桃等品种，其中，以白凤和晚陆林为优，汁多味鲜，营养价值高。除水蜜桃外，湖湾村还有四月桃、五月桃、紫血桃、早六林桃等硬肉桃品系。20世纪70—80年代，境内采收的鲜桃通过东山供销社销往江浙沪市场，是生产队主要经济收入。1978年，湖湾、岱松、尚锦三村产桃子4155担，占东山镇桃子总产量的31%。1990年后，桃子逐年被柑橘替代。1995年，三个村桃子产量减少到1300担。2003年，湖湾、岱松、尚锦三村合并后，桃子年产量村里已不作统计，

2017年，桃子产量有所回升，约100担。

第三节 水 产

莫厘村紧靠太湖，水产资源丰富，湖中鱼类等水产品有30多种，著名的有"太湖三白"（银鱼、白鱼、白虾）以及湖蟹、青虾、鳗鲤、塘鲋鱼、黄颡鱼、黑鱼、莼菜、莲藕等。

太湖银鱼 色泽似银，细嫩透明，又柔若无骨，与梅鲚鱼、白鱼合称"太湖三宝"，又同白鱼、白虾合称"太湖三白"。每年农历三月上旬起捕捞。

民间传说银鱼是美女西施玉体所变。东周末年，越灭吴后，西施被越兵加害沉入太湖，时有一群小鱼游来，西施借鱼还魂，变成洁白的银鱼，在吴越两国交界的太湖里，即夫家与娘家之间漫游。清明过后约一周，太湖中会突然冒出万千银鱼来，而半月后，银鱼一下会消失得无影无踪。太湖银鱼清康熙年间被列为贡品，品种有大银鱼、雷氏银鱼、太湖短吻银鱼和寡齿短吻银鱼4种。银鱼肉质肥嫩鲜美，含丰富的蛋白质、多种维生素与其他营养成分。太湖银鱼上市刚好枇杷成熟，有"洞庭枇杷黄，太湖银鱼肥"之谚语。每至清明前后，沿湖岱松、余山、尚锦等村港口，渔舟入湖捕捞银鱼。

太湖白虾 俗称"水晶虾"，又有太湖"白娘子"之称。每年农历五月中旬，杨梅采收时虾腺成熟捕捞。白虾壳薄，通体透明，晶莹如玉，但生命娇弱，离水即死。其白天潜入水底，夜间浮游上湖面，喜光亮。活虾半透明，死后通体变白。据传古太湖原腥秽不堪，鱼虾水族遭污染而混浊。天庭玉帝准太湖龙王之奏，倾天河之水荡涤太湖污泥浊水，虾族从中受到洗礼，将浑浊之体变得晶莹透明，成为湖中佼佼者。白虾营养丰富，虾肉中富含蛋白质、脂肪及钙、磷、铁等多种营养成分。每年6—7月间，白虾性腺成熟，雌虾腹部多虾籽，为捕捞佳季。莫厘村传统捕捉白虾方法独特，砍青松数捆，在湖中用松针与网具摆成虾浮松龙门阵，每日可捕捉到大量白虾。

太湖白鱼 又名银刀，农历九月初太湖开捕时捕捞。白鱼全身洁白，银光闪闪，体狭长侧扁，口上翘，俗名"翘嘴白鱼"。该鱼细鳞细骨，肉质洁白、细嫩，鳞下脂肪多，酷似鲥鱼，味可与江南四鳃鲈媲美，唐朝时入朝为贡品。据说明末清初，清兵攻入太湖，有个叫张大的义军头领在太湖里与清兵激战。清兵善射箭，但不善用刀，一箭射中张大右手，大刀掉到水中。张大从水中捞起刀来率众与清兵近身肉搏，等杀退清兵，一看手里握的竟是一条白鱼，故该鱼得名"太湖银刀"。白鱼属名贵鱼类，其习性起水即死，蒸熟后眼睛突出，鱼眼突得越高越新鲜。

湖蟹 亦称太湖大闸蟹，农谚云"西风响，蟹脚痒"，每年农历十月蟹腺性熟，最为美味。背壳坚隆凹纹似虎皮，腹青白色，腹下有脐，雄尖雌团，内有硬毛。蜕壳而长，秋后肥壮。莫厘村湖畔原沟渠中多太湖蟹，秋后湖畔随处可捉。20世纪60年代起，江苏省水产养殖部门曾在太湖中人工放养蟹苗，获得成功。1990年，村中渔民开始在太湖中围网养蟹，很有收获。莫厘村近处湖面，亦有人工网箱养蟹，秋季捕捉，以"九雌十雄"为最佳。

青虾 壳青中透亮，故名青虾，农历十一月捕捞上市。其虾生命力强，捕后还可水养，数日不死，易备鲜用。青虾可煮盐水虾，味最鲜美，亦可以油爆或制作成"炝虾"。鲜食多挤虾仁,制成虾圆、炒虾仁、虾仁汤等。虾籽味鲜美,制成虾籽酱油为上等调味品。莫厘村沿湖渔民除捕捞太湖青虾外,亦有内塘养殖,在鱼池中与鱼类混养青虾,其质亦优,可与太湖青虾齐名。

鳗鲡 又名湖鳗或鳗鱼,太湖中名贵鱼类。性悍,大而微扁,腹有二翅,扁尾无鳞,白腹黑背,皮多涎沫,肉多细刺。喜食各种动物内脏,湖中有死物,喜穿腹食其脏腑。鳗鱼蛋白质含量高,白煮红烧皆肥美。性寒有毒,不宜多食。旧时莫厘村沿湖渔民有畜捕法,用死畜用绳系之抛入湖中,插竹桩作标记,数日后捞入船中,以板压畜腹,鳗鱼顺水流出,即可捕之。

塘鳢鱼 俗称塘婆鱼,太湖中名贵鱼类。性呆板,游动迟缓,贴物而停。大头阔嘴,圆尾圆翅,细鳞黄黑斑,雄性色乌。一般鱼均不能鸣,唯此鱼可呱呱作声。性凶猛,以吞食小鱼虾为生,藏于湖畔石洞中为窝,渔民常在岸旁石洞中以手摸捕,或用瓦窝浜钓捕。春天农田油菜花盛开时最肥,称之"菜花塘婆"。该鱼肉质细嫩,清蒸、红烧、糖醋味均佳,性温补脾,食之可除湿疗疮。塘鳢鱼资源稀少,价格昂贵,莫厘村沿湖港口有售,2017年,1000克塘鳢鱼卖到400多元。

黄颡鱼 俗名汪牙,太湖中名贵鱼类。性悍,阔口扁头,口旁有细须,长短各两根。鳃下有两横骨,尖利无比,有毒,捕捉时不小心手被戳,疼痛难忍。无鳞,腹黄背有青黑斑,肉无细刺,身有黏液,夜间群游发生"轧轧"声。喜食小鱼小虾,肉细嫩,如清煮、红烧、做羹,味嫩如蟹肉。与莼菜同煮,称汪牙莼菜汤,为春季名菜。性平微毒,食之可消水肿,利小便。

黑鱼 境内太湖中名贵鱼类。性凶猛,尖喙有舌有齿,圆体圆尾,细鳞黑白斑点,额有七星纹。生命力极强,离水数日不死。肉质较粗,极具营养,如病人乏力,食之可恢复体力。黑鱼以吞食同类为生,若内塘鱼池中不小心混入几条黑鱼,旋把鱼苗食完,故黑鱼是内塘鱼类的大忌。太湖中野生黑鱼资源稀少,现人工繁殖黑鱼成功,故市场供应的黑鱼大多为人工养殖。

莼菜 村中传统名品。又称冰芽、水菜或水葵,因产于太湖,故名太湖莼菜。清明过后采摘,称春莼菜;秋分以后采摘,称秋莼菜。吴中食莼的历史可追到晋朝,历史上有"莼鲈之思"的典故,说苏州人张翰在晋朝做高官,想起家乡的莼菜鲈鱼的美味,乃辞官归里。东山食莼始于明代,《太湖备考》载:太湖采莼自明万历年间邹舜五开始采摘并食用,清帝康熙南巡至太湖东山,舜五孙邹弘志种莼四缸,作贡莼诗二十首并家藏《采莼图》献于康熙,使太湖莼菜声名鹊起。莼菜性喜温暖,营养丰富,茎叶中含有大量维生素C,有补血、润肺、健胃、止泻等效,最宜煮汤,色、香、味俱佳,被誉为江南名菜,加工装瓶后畅销海外。

莲藕 莫厘村湖畔浅滩沼泽,宜种莲藕,生长较多。夏季赏荷花,采摘莲蓬,秋天收秋藕,第二年春天可挖春藕。太湖秋藕宜鲜食,体粗圆,色洁白,质地细嫩,入口鲜甜、脆嫩,有"江南鸭梨"之誉。春藕宜熟食或加工成糯米焐熟藕,以及加工成藕粉。2000年以来,村中旅游业和农家乐蓬勃兴起,莫厘村沿湖荷塘大量发展莲藕,产量不断增加。嫩藕、红菱与糯米焐熟藕已成为民宿饭店餐桌上的名菜。

菱 秋季采摘,有野生与人工种植两种。品种较多,有元宝菱(俗称腰菱)、四角菱、圆角菱、红菱、沙角菱等。莫厘村地处菱湖畔,采菱历史悠久,早在春秋时期,吴王夫差就令人在菱湖种菱及携西施采菱。太湖菱生吃鲜嫩脆甜,熟食糯香可口。莫厘村湖畔有大量野生菱塘,秋天采收后当地村民在村口叫卖,成为一道亮丽的风景线。

第十二章 风俗

莫厘村名门望族较多，大多唐宋时迁来。他们带来先进的中原文化，与古老的吴地文化相融合，形成莫厘村独特的村落文化，有岁时习俗、生活习俗、生产习俗、建房习俗；有别具一格的方言、谚语与山歌、民谣及劳作时的夯歌、号子；有丰富多彩的民俗活动。

第十二章 风 俗

第一节 习 俗

岁时习俗从春节莫厘峰烧头香开始，有正月猛将会、四月出抬阁、城隍会、六月赏荷花、八月斋月宫，除夕前掸尘、送灶、搬年碗等活动，一年二十四个节气，月月都有民俗活动；生活习俗有婚嫁、生育、慰病；生产习俗有茶俗、果俗、蚕俗；建房习俗有镇石、破土、平磉、上梁、涂黑墙。

一、岁时习俗

春节 农历正月初一，新年之始，为村中最热闹隆重的节日。晨起开门，家家燃放爆竹。穿新衣，依次跪拜供于厅堂中神位及祖先遗像。小辈向长辈拜年。早餐吃糖汤、糯米粉做的圆子、年糕，寓意团团圆圆、高高兴兴。遇见亲友、熟人，相互作揖恭喜，各道吉利话语，以博好口彩。途中相遇亲友或熟人，相互拱手，口称恭喜。如有客人上门贺年，款待糖汤、瓜子、水果等，留吃年饭。若来客是长辈，以红纸包钱送给主人家的小孩，称"拜年钱"。

猛将出巡 农历正月初三，大猛将出巡，莫厘村殿前阿二、席家湖头阿六两尊大猛将被抬着在村中走街串巷，向村人贺年、道安、送财。沿大路人家，大门敞开，摆供桌，点香烛，摆满年糕、糖果及鱼肉等供品，待猛将神抬过家门时燃放爆竹，祈盼全家安康。

接财神 农历正月初五，财神爷生日，家家接财神，称为"献路头"。莫厘村启园路店铺半夜开门"接财神"黎明燃放爆竹开市，粗大金字蜡烛点在柜台招牌前，祈盼招财进宝、财源茂盛、生意兴隆。

刘猛将诞辰 农历正月十三，猛将神诞辰，殿前、建新、岱心湾、宋家湾、尚锦、周湾、洪湾等自然村猛将堂都点燃巨烛，放爆竹，极为热闹。从该日起，春节期间猛将神"出巡"活动结束，猛将堂不再天天开门，逢农历每月初一、十五，猛将堂才开门供香客烧香。

吃野粥 农历正月十六，备糯米、豆类、杂果煮粥，携锅备物，至山坞中垒石临时支锅煮粥，称之"烧野粥"。并对着鹊巢吃野粥，据说能避邪消灾。莫厘村对外开放旅游后，近年该习俗有所发展，每年正月十六日，不少城镇游客来沿湖农家乐吃野粥。

百花生日 农历二月十二，称"花朝"，又称百花生日。是日剪彩绸为带，系在庭院花木枝头，亦有粘裹纸条于枝上，谓之"赏红"。据说百花仙子喜红，若幸临农家庭院，院中季季花开，月月赏红。村中农家开始哺育瓜蔬种苗，是日下种，瓜苗茁壮。

清明夜 清明节前一天称清明夜，家家户户上山祭祖扫墓，俗称"上坟"。旅居外地的山村人，大多返回故里，在祖坟上培添新土、供上糕团水果等祭品，焚烧锡箔冥纸，悼念先人。用锄头在家前屋后轻翻泥土，称之"先在太岁头上动土"。据说这天"太岁"外出，动土无妨，若该日动土，日后动土家中平安无事。

立夏日 是日流行用大秤称人体重。在家架起大秤，老少均上秤称一下重量，可消灾、祛病、延寿。还要吃甜酒酿、腌鸭蛋、豆粒团和立夏尝三鲜（青蚕豆、蒜苗、荠菜），孩童胸前挂咸鸭蛋、大蒜头，其风俗年年岁岁，代代相传。

端午节 五月初五，俗称"端五"，即端午节。家家户户大门悬挂菖蒲、艾草、蒜头、桃枝。妇女头簪艾叶、榴花。吃粽子、饮雄黄酒，并将酒喷洒室中，据传可祛虫毒。孩子头戴虎头帽，寓脚穿虎头鞋，寓长大虎虎有生气。男女都佩辟瘟丹、雄黄荷包及用网络结袋的独瓣大蒜或樟脑丸，传能辟邪除秽。

夏至节 夏天来临，日长夜短，夏收夏种开始，忙着收油菜籽，落谷做秧田。农谚云"夏至杨梅满山红"，此时杨梅成熟，天气炎热，又值黄梅雨季，村人开始顶烈日，冒酷暑，淋梅雨，在峰岭山坞采收杨梅。此日傍晚，村道上人流不绝，村中农家大多送杨梅给亲戚朋友尝新。

荷花节 农历六月二十四，雷祖诞辰，老年妇女们至龙头山（莳山）进香。黎明起身，步行、乘车、坐船至龙头山，进莳山寺、生宿殿、蛇王庙进香烛。此时正值湖畔荷花盛开，清香四溢，仨山可观赏山下十里荷花。

乞巧节 农历七月初七，俗称"鹊桥相会"。村中妇女供瓜果、乞巧。乞巧的方法是取鸳鸯水（河水和井水）露置庭中，正午日中浮针，以别巧拙。如针浮上水面，以示该女心灵手巧，善做针线活；若针沉之水下，以示该妇笨手笨脚，女红欠佳。是日"吃巧果"，女孩捣凤仙花染指甲。

点地香 农历七月三十，当晚各家各户门前点插地香，名点"九四（狗屎）香"。相传元末张士诚名九四，占据苏州时对吴中百姓尚好，张士诚被朱元璋所败而亡，山人纪念他而烧此香。是晚儿童还把香遍插茄子、南瓜上，名曰"茄牛""南瓜牛"。

中秋节 农历八月十五，俗称"八月半"。节前亲友间互以月饼相馈赠。外出的人赶回家中与家人团聚，吃月饼，赏月亮。在月下供红菱、雪藕、石榴、柿子、白果等时令瓜果及月饼，于庭中焚香斗，点蜡烛，名为"斋月宫"。全家对月设宴以庆团圆，晚餐吃糖芋艿。

重阳节 农历九月初九，为"重阳节"，又称"老年节"，是敬老日，村人有重阳登高、吃重阳糕之俗。据说这一天登高可避灾祸，保平安，村人大多至莫厘峰、翠峰山、金牛岭、翁家山登高。吃重阳糕，糕上插三角形彩色小纸旗。

冬至节 村民最重此节，有"冬至大如年"之说。冬至前夜为冬至夜，小辈向长辈"辞冬"。冬至夜，家家祭祖先、祀灶神、吃冬至团和冬至糕。在外的子媳大多返回家中，向公婆等尊长"拜冬"，以示全家团聚之意。

送灶 农历十二月二十四，俗称"廿四夜"。搓粉做团子（廿四团），状似元宝，用盘装各色果品、糕团，在灶间燃烛焚香，送灶王爷上天。送灶时用饴糖为供，祈祷灶神上天说好话，下地保平安。

掸尘 农历十二月十五日数日内，选吉日打扫室内外卫生，称之"掸尘"。家庭主妇用稻草、竹梢叶绑在长竹竿上，驱掉宅内、檐下、院角的蜘蛛网、灰尘，彻底打扫家中卫生，洗刷门窗。

小年夜 农历十二月二十九，称小年夜。大多要理发、洗澡、祭祖、"搬年碗"。亲友间以猪蹄髈、青草鱼、糕点、水果等，互相馈赠问候，名"送年盘"。做糕团，烧年菜。妇女们至莫厘峰、龙头山、城隍庙、猛将堂等庙宇烧年香。

除夕 农历十二月三十，称"大年夜"，下午在厅前置供桌，摆香案。桌边围以绣帏，摆上供品，祭祀天神。傍晚家家吃年夜饭，酒菜丰盛，席间说吉利话。鱼称年年有余，肉圆、虾圆寓意团圆；蛋饺、青菜、黄豆芽，寓意元宝、长庚、如意。长辈以红纸包钱送孩儿，称"压岁钱"。除夕夜半以后，家家燃放鞭炮至新年黎明，称"守岁夜"。

二、生活习俗

（一）婚嫁

订婚 称之"定亲"或"攀亲"，如今称"定婚"。通常男方主动提亲，若女方同意，男方就请媒人（今称介绍人），约期"相亲"。双方中意后，选定吉日，请吃定亲酒。男方送聘礼，俗称"送小盘"；女方回盘，俗称"行盘"。旧时聘礼有毛料、绒线、金首饰（戒指、耳环等）。订婚后，男女双方开始走动，男称"毛脚女婿"，女称"未过门媳妇"。如今自由恋爱，双方看中，便可结婚。旧时，攀亲须门当户对，男才女貌；如今看重男女双方的家族道德品行和青年的人品、技能。

通路 选定结婚日期（称"好日"）的半年前，男家先送"通路"（通知女方婚期的礼金），使女方有一定的时间办嫁妆。结婚前一天，白天男方派人去女家抬嫁妆，俗称"行嫁"。其中，箱梯、甘蔗是必有之物，寓意"步步高""节节甜"。

迎娶 男家称讨新娘子，女家叫嫁女儿。男方雇用鼓乐队（旧时抬花轿，如今用轿车）去女家，离女家门口约半里路，迎亲领队开始鸣放爆竹。女家闻声，紧闭大门，屏息无声。几经男方恳求，门内提出要钱，称"开门钱"。亦有要烟、要糖的，热闹嬉笑一番。满足女家陪嫁亲戚（主要青年人、孩童）要求后，大门洞开。新娘梳妆打扮后出门，对在场亲戚长辈逐个道别。有母女抱头哭泣，谓之"哭发"，称吉利之举。女儿刚出门，女家随之把一盆水泼在大门口，意即"嫁出女儿泼出水"，寓意女儿出嫁后到男家去成家立业，创出一番事业来。

结亲 新娘娶到男家，当夜"拜堂"及祭拜祖宗，以及向公婆、长辈行礼。是夜新娘由小姐妹陪睡新房内，新郎则另睡他处，称"嫁郎先嫁床"。次日为结婚日，男方大摆喜筵，诸亲好友前来祝贺吃喜酒。新娘父母、兄弟光临男家，称"做新亲"。男家陪席称"陪新亲"。酒宴上行令猜拳，戏称"闹猛"。村中猜拳双方所呼猜的拳名称"宫廷拳"，据说源自南宋朝廷，拳名都很吉利，有一品到、二上庄、三元及第、四喜发财、五金魁、六六大顺、七巧大（来）、八仙早、九长寿、全福或全福全寿等猜拳名称。

回门 男方婚礼结束后，新婚夫妻第二天回娘家门，俗称吃"复脚"，也有新婚夫妇当晚至女方"回门"。吃罢回门酒，回到家中，小夫妇纳入正常生活，称"蜜月"。结婚一般要5天，有：落桌（摆桌子），近亲前来帮忙，招待吃饭；碰风，远亲上门吃喜酒；行嫁日，男家派人去女方抬行嫁，众亲戚前来送嫁或迎嫁。是日女方大宴宾客，然后送女儿出门；正日（结婚日），男方大宴宾客，新娘父母、亲戚至男家"做新亲"，老丈人朝南坐，左称"巡抚"，右称"记账"，发号施令，在婚宴上行使"猜拳行令"职权；最后是回门。

（二）生育

坐月子 产妇在月子里不能吹风，不沾冷水，不能受气，否则容易得病。亲朋好友大多在月子里用猪蹄、鸡蛋、糕点探望产妇。娘家送猪蹄、益母草、干菜、鸡蛋、红糖等给产妇食用。产妇吃鲫鱼汤、白笃蹄髈等催乳食物。

过六朝 亲戚送"奶水盘"，以猪蹄髈、鲫鱼、鸡蛋、云片糕等礼品相送。小孩生下第6天，称六朝，主人办"六朝酒"宴请亲友。亲戚朋友送六朝盘，主人以红蛋等回赠，今以超市所购高档食品和礼券回赠。

满月 小孩生下满一月，称满月。是日婴儿剃胎发，做剃头团子，分送左邻右舍。亲友给婴儿送剃头礼，有金银锁片、项链、手镯、脚镯等，主人办"满月酒"，宴请亲友。

抓前程　孩子一周岁左右，准备笔、铜钱、算盘摆桌上，让小孩随意抓一样东西，称"卦前程"。如抓到笔，寓意长大为读书郎；抓到铜钱，寓意长大会经商；抓到算盘珠，则寓意长大当账房先生。

斩绑脚绳　小孩刚开始下地学走路时，大人用菜刀在小孩脚前脚后及小脚中间斩一阵，称斩绑脚索。旧俗老人去世入棺或火化前，用一根细绳把死者遗体双脚绑紧。据说每人转世再生后，脚上的绑脚绳仍在，把绑脚索斩断，小孩就能很快学会走路。

（三）丧葬

穿寿衣　病者咽气前，请"四喜"替之脱去身上原来穿的衣裤，换上准备好的寿衣、寿裤、寿鞋。寿衣寿裤以红色丝织品为多。在门外烧纸钱，称送上路钱。

哭亲　亲人去世后，遗体移入正屋，布置灵堂。一面向亲友报丧，一面办理丧事。遗体在家中摆放三天三夜，每夜必有死者亲人哭亲，每隔1至2小时哭一次，这是因晚辈对长者感情难于割舍而哭泣。另一方面据说死者人死心不死，灵魂在家中游荡而无法散去，哭闹声将其阴魂驱散。现村中凡有丧事，一般均请乐队吹哀乐。

磕头　亲戚按辈分穿麻、白孝服以及白布扎头、束腰带。亲友和邻里吊唁，俗称"磕头"，今改为鞠躬。按关系远近和邻里交往疏密，送"代箔"（用白纸包现金代替送锡箔），也有送奠幛、花圈等。过去给丧家磕头，送"代箔"仅几串纸钱价格，今磕头钱越来越大，一般近邻100—300元，远亲300—500元，而近亲则1000—3000元不等，也有磕头钱上万元的，成为一种人际交往之中不小的负担。

吃素饭　死者入殓那天，雇佣鼓手吹唢呐、鸣长号。丧家备以豆腐为主的素饭，俗称"吃素饭"。如今素饭已改成丰盛筵席，有在家办"素饭"，亦有上饭店办"素饭"，其素饭之档次与婚宴几乎无啥区分。丧葬仪式，也不断演变，尤其是火化以后，简单易办。废白布孝衣，改用臂缠黑纱，骨灰盛盒，葬在公墓。

喝豆粥　送殡人群从墓地归家，每人持一枝点燃的棒香，回到丧事人家家中才能扔掉。事家备好大量赤豆粥和糖汤，送殡回来的人每人必喝一碗赤豆粥与糖汤，据说可祛除墓地可能遇到野鬼的邪气。

上新坟　扫墓，村人俗称"上坟"。上新葬之坟，一般在立春以后，全家出动至新坟摆上祭品，低声哀哭。虽旅居外地者，每年清明也必告假回乡扫墓。纸钱为圆形，刻印似铜钱，剪圆形后，叠以成串，称为"纸板铜钱"。或用锡箔折叠成元宝形状焚烧。

摆放坐台　亲人安葬的当天夜里，在堂屋中摆一八仙桌，摆放亲人的遗像，一盏微弱的豆油灯，称长明灯，据说可照死者在阴间行路。其台子俗称"坐台"。坐台一般摆放三年，今有七七四十九天"断七"后结束的，也有家中摆放"坐台"后，每天五更，子女要轮流在坐台上斋饭菜，默默悼念去世的亲人一番。

三、生产习俗

（一）茶俗

种茶　旧时下种前均先祭祀茶神，供鱼肉糕团，焚香跪拜，祈求吉祥。茶籽秋末下种，刨坑入土，上用小石块封盖。旧传茶姑娘为丽人，山神常暗夜戏之，使茶籽胚芽坏死，故需石块挡邪。实为东山秋末气候干燥，胚芽发育需大量水分，碎石盖塘，利于孕育茶芽。今茶农发展茶园均采用营养土枝叶扦插，成活率高，收效快。

采茶　碧螺春均为上午采，下午拣，晚上炒。清晨全家上山，小孩甚至婴儿也带至茶山。约早饭后，男人们下山干其他体力较强的农活，孩子们上学，茶山上大多只剩大娘大婶们。旧时有九采九不采风俗，今为七采七不采，即虫咬不采、风刮伤不采、叶芽过长不采、有锈斑不采、没有芯芽不采、小茶树不采、孕妇和适逢经期的妇女不采。采茶季节，村中茶农要聘请多个外地妇女吃住家中，帮助采茶。

拣茶 拣茶颇费工时，一斤青茶，几万个嫩芽须一一过手。过去每逢茶季，亲眷邻舍大多主动上门帮忙，数人围着台子，边说笑聊天，边拣剔茶叶。上年纪的大婶，戴上老花镜，喜端一长盘，放上青毛茶叶，携一小矮凳，坐在门口边拣茶边眺望野景，听喜鹊喳喳，很是惬意。谷雨前夕，叶芽变大，拣剔时要把嫩叶撕成若干小块，才能炒制。谷雨后茶叶质地变硬变大，采后用刀切小，制成炒青。今村中已成立多个茶叶合作社，专门出资请老年妇女拣茶，增加她们的收入。

炒茶 由两人搭档，一般男主上，在灶头上炒茶。女为下，在灶后烧火。先把茶锅烧得微红，泼水有呲呲声，然后把青芽倒入锅中，双手迅速在锅中翻动、抖松，称"杀青"。接着"揉捻"，把微干的嫩叶在锅中捻紧成螺蛳状。后为搓团、干燥、起锅。炒一锅干茶须45分钟左右，成品约125—150克干茶。今村专业茶叶合作社均聘请村中或外村炒茶高手，专门负责炒茶，大大提高碧螺春的质量。

卖茶 1—3级为高档茶，清明前采制的为上，称"明前茶"。偶有年份天气回暖早，春分前采制，称"分前茶"，最为珍贵。4—7级为中档茶，均称碧螺春。谷雨后采制的茶叶，称"炒青"。旧时无专门销售市场，村中地产碧螺春茶大多托人销往苏沪。因其数量稀少，碧螺春在社会上影响不大。20世纪90年代前，生产队集体采茶时，隔夜炒茶，一锅一摊（约125克），依次叠置于盘内，清晨挑至街上茶叶收购站，先过秤，后"开汤"，根据茶的内外形定出价格。茶山联产承包后，茶叶均由茶农自行销售，茶价随行应市，日涨日落。

（二）果俗

果农采果时，都背一种圆形竹编系细绳的勾篮，上树采果时套在脖子上，双手可灵活采摘，待篮中果子采满后，树下有妇女或小孩接篮，称传勾篮。在地形较高的山坡或峰岭上采果，要扛一架高6—9米的木梯，在果林中因地制宜，用一根长梯绳，一头系住木梯顶端，一头系在附近的树木、山石或草藤上，然后采者攀爬上6米以上高的木梯，四面悬空，双手灵活采果，其轻巧、平稳、胆大心细胜过舞台上表演的杂技演员。枇杷、杨梅等果子头天采回家后，装一小盘先敬灶阳公公。花果开采第三天，拣最好的果子，装一篮或几篮送亲戚尝鲜。杨梅、枇杷当天采当晚送。若送橘子，篮面上放几只金黄色的甜橙，称"金玉满堂"。逢年过节和家中先辈忌日"搬碗"（祭祀活动），祭桌上除大鱼大肉及菜蔬外，果盘中要按季节摆上果子，过年家中设"供桌"，红橘不可少，此果俗千年不衰。

（三）蚕俗

春秋两季，村中有"春蚕半年粮"之谚。养蚕前，敬蚕神，采"百草"与粽子水洗门槛，以祈盼蚕花茂盛。家中贴蚕猫图，防鼠害蚕。孵种时蚕娘身穿棉袄，将蚕种焐在胸口孵化，称"暖种"。养蚕后，闭门谢客，蚕房上套红纸印成的"蚕花榜"，告诫旁人。养蚕期间忌客人闯入，忌开油锅，忌食蒜韭，忌蚕室四周锄草，忌说"死"（死蚕只能悄悄拣出，不能言传）、"姜"（避僵蚕之讳）、"油"（避油蚕之嫌）、"葱"（以免犯冲），酱油、豆腐不能直呼其名。春蚕三眠后，用米粉制成实心无馅茧团蒸食，寓意收成到手。上茧龙（一种用稻草编成的草龙，供蚕爬上吐丝结茧）后，蚕家恢复串门，互相祝贺，称"望山头"。采茧后，蚕家门户洞开，称"蚕开门"。

四、建房习俗

镇石 村中建宅常择于御寒防暑的地形,前有平坦开阔地、略弯的河流为佳,无"冲"为上,有"冲"为下。箭形的河、笔直的路、露天粪坑、高大坟墩、屋脊的尾脊物对准大门为"冲",无法回避的就以物破解。

镇宅解冲之物有七:山海镇,一块长约1米,宽0.45米左右的石条,石上阴刻"山海镇"三个楷体大字,放置在路口、门前或左、右侧墙壁。石敢当,又名泰山石敢当,在条石上阴刻楷体大字,嵌砌屋角,对准弄口,也有嵌砌入墙头的中间。半爿磨盘,直径约1米左右,放置大门边墙头上。八卦石,在一块直径0.3米左右的圆形石上浮雕八卦图案,后砌在大门左边的前包檐墙头。黄老虎,在大门左边墙头上,用泥灰塑成老虎头,头顶塑"王"字,龇牙咧嘴,形象凶悍,涂以黄色,故称黄老虎。瓦老爷,陶制品,身长0.3米左右,面目和善,表情呆板。瓦老爷卫护村民住宅,据说他的地位低微,但神管不了,妖魔鬼怪怕他,能压邪镇宅保太平。照妖镜,原置圆形铜镜,今为玻璃圆镜,嵌在大门楣或脊枋上,当妖魔从照妖镜里见到自己狰狞的面目,可吓得逃走。

破土 旧时,村人相信太岁,太岁为土中之神,不得冒犯,否则就会遭灾。一年之中只有两天可以任意动土,一是清明夜,这天是太岁交接班的日子,太岁不在地下;一是大寒日,太岁封印不办事。自动土之日起,须每天挖一次泥,直至摆定宅基石脚为止,只要停工一天就前功尽弃。小户人家的破土奠基仪式较简单,动土前先斋祭太岁,祭时不用桌子,将猪头三牲等祭品放在屋基上,点上香烛,全家老小叩头,祈求太岁不要因为他们动土而降灾作难。接着东家向泥水匠、木匠发喜钱,始破土动工。泥水匠的第一铲土,铲少许泥土装进红纸包;木匠的第一锯,只锯一小段木梢,也用红纸包封好,一并交给东家,大多放在灶头上;若近处无灶头,拣一个干净、稳妥的地方藏好。过去大户人家斋太岁的仪式隆重,请道士到场念经,在地上铺毡毯,道士用米在毡毯上堆成烛台,撒出图案,以示对太岁的敬重。今村人建房破土动工已没有冗仪,只有烧香和说通顺好话的简单仪式。

平碌 即为摆放宅基墙脚和柱子接触的鼓墩石。匠人排好宅基后就平碌。平碌时,泥水匠按木匠划好的尺寸平定碌石的位置。平碌用碌板,相当于现在的水平尺,碌脚下放铜钱,称"太平铜钱"。平碌仅限两人,一人平碌,一人唱颂词。

甲:手拿碌板方又方,恭喜主家砌新房。
　　碌子做得圆整整,新造楼房排成行。
乙:今日碌板来安定,四时八节保安宁。
　　自我做来听我言,主家富贵万万年。

而后,东家给平碌匠人发喜钱,工匠们都争着乐意干此活。

上梁 新房上正梁之日,亲朋好友们送鞭炮和制作精巧的糕、团、面、馒头、粽子等,俗称"上梁盘"。上梁之前,正间厅堂梁柱上,包括要上的正梁,都贴红纸写"福星高照""三阳开泰""五福临门"等吉利语。上梁时,工匠领队爬在梁上,说吉利话,在爆竹、鞭炮声中,架上正梁,随即在梁上向下面分散掷糖果、糕点等,任孩童争抢,称之为"抛梁"。上梁仪式完成后,请工匠以及亲友吃面,晚上备丰盛酒席,称吃"上梁酒"。布彩,由木匠工头履行,把东家准备的饰物安放在明间的脊檩中间。叉梁,木工们把桁条提升上去,手里干活,嘴唱颂词。完工酒,新屋快结束时,主人备"完工酒",邀请范围较广,除亲友、工匠外,凡帮助造屋出过力的人和左邻右舍均在邀请之列。酒席要摆在新造的房子里,吃酒时猜拳行令，热闹一番，表示祝贺，寓意新屋落成后兴旺发达。时间越久，主人越高兴。

涂黑墙　新房落成后，最后一道工序是用煤把外墙全部涂成黑色，其作用是防风雨侵蚀。因东山地处湖中，村中房屋又大多位于湖边，四季风雨对房屋侵损很大，黑墙壁能避雨水。其俗山村代代相传，直至如今。一说东山地理位置较偏，旧时太湖强盗多如牛毛，常夜间上岸抢掠，因房屋墙壁涂黑而可免遭抢劫。

第二节　方言　谚语

莫厘村大族始祖大多为南宋移民，旧时远离市镇，交通不便，虽在吴语区，但与"吴侬软语"仍有一定差异，发音相对要"硬"一些。《吴县方言志》把全县方言划分成5个片，东山列入西南片。然而在东山由于地域、历史（迁入口音）等差异，也有比较明显的区别，有上山语、下山语、前山语、后山语、三山语、余山语6种东山小方言。莫厘村湖湾、岱松主要为前山小方言，尚锦为后山小方言。

一、方言

狭伲	我们
俚	他
侬	你
俚笃	他们
嗯	我
嗯自家	我自己
嗯笃	你们
才家	大家
太公、太婆	曾祖父、曾祖母
公公、好婆	祖父、祖母
亲爹、亲妈	姑父、姨父，干爷，岳父；姑母、姨母，干娘，岳母
爷叔、嗯娘	叔叔、婶娘
嬢嬢（"娘"读成"仰"）	称未嫁的姑母
大老	兄长
舅老	妻子的兄弟
小囡嗯	男孩
小丫头	女孩
麦栖	近视眼
吭淘成	数量多
笃悠悠	镇静、悠闲状
济躁	心情烦躁

忽显	闪电
发极蹦	十分着急
湖胶	太湖冰冻
奥灶	气候闷热，呼吸不畅
眼热	羡慕
假使道	如果
个歇	现在
老茄茄	老练
场化	地方
山浪人	东山人
网船浪	泛指渔家
葛搭、盖搭	这边、那边
阿搭	什么地方
轧苗头	察言观色
特脱	失落
脚馒头	膝盖骨
蛳螺	螺蛳
海菜	苋菜
舒齐	准备充分
赖倒	不讲卫生
看野眼	注意力不集中
霍肉	贴心
着乖	知趣
难杭	难受
吃斗	顽强
隐泻	隐蔽
茄门	不起劲
蓬尘	灰尘
结棍	厉害
屋里头	妻子
呆板数	肯定
夜快	傍晚
吃两来茶	小夫妻男女双方为家
苟子	锯子
阿宁	有没有
吮亲头	没有教养
横竖横	豁出去
照牌头	有把握
打中觉	睡午觉
咬耳朵	说悄悄话

死快哉	想象不到
后首来	后来
亲疙瘩	亲家之间闹矛盾
枇杷叶面孔	翻脸不认人
破船多揽事	自己力量不足而多揽事
兔子眼睛	红眼病
吃力	劳累
海还	自以为是
镬子	铁锅
适意	舒服
懊怅	后悔
九蛳螺	蜗牛
河鱼婆子	蝌蚪
百脚	蜈蚣
北瓜	南瓜
潋浴	洗澡

二、谚　语

三等白相人，独吃自家人。
眼泪簌落落，两关放不落。
驼子跌跟斗，两头弗着落。
盐罐头出蛆，石狮子变渣。
乌龟爬门槛，待看此一番。
狲狲戴帽子，像煞有介事。
出门看山色，进门看面色。
大懒差小懒，小懒差门槛。
有嘴说人家，呒嘴说自家。
相打吭好拳，相骂吭好口。
鸡啄西瓜皮，翻转橘子皮。
筷头像雨头，牙子像轧剪。
大雨隔背心，小雨落煞人。
天上云头鲤鱼斑，明日晒谷不用翻。
天上鱼鳞斑，大水翻过山。
乌云接日头，半夜雨稠稠。
有虹在东，有雨是空；有虹在西，出门带蓑衣。
上看初二三，下看十五六。
朝霞不出门，晚霞行千里。
月枷（晕）风，日枷（晕）雨。
乌头风，白头雨（指雷雨前）。
南风头，雨祖宗。

日西夜东风,明日好天空。
早阴阴,午阴晴;半夜里阴不到明。
晴不晴,看星星;满天星,明天晴。
若要晴,望山青;若要落,望山白。
日落胭脂红,无雨便刮风。
东北风雨太公,西南风热烘烘。
三朝雾露发西风,若无西风雨不空。
春霜不隔宿,连夜雨来洒。
小满枇杷黄,夏至杨梅红。
热极生风,闷极落雨。
夏寒多旱,夏雾多雨。
白露日格雨,到一处坏一处。
白露身弗露,赤膊像猪猡。
小暑不见日头,大暑晒开石头。
小暑一声雷,依旧返黄梅。
处暑十八盆,有一盆呒一盆。
早立秋凉飕飕,夜立秋热吼吼。
秋天怕夜晴,夜晴还要阴。
重阳无雨看十三,十三无雨一冬晴。
干净冬至邋遢年,邋遢冬至干净年。
雨雪年年有,不在三九在四九。
初三初四看明月,干干湿湿半个月。
蝼蛄唱歌,有雨不多。
欲知当年洪水大小,且看甲鱼埋蛋多高。

第三节　山歌　民谣

历史上流传在东山的民谣及山歌多达上百首,在莫厘村前后山一带亦多有流传。

一、山歌

山歌好唱口难开

山歌好唱口难开,樱桃好吃树难栽。白米饭好吃田难种,鲜鱼汤好喝网难抬。

一只山歌乱说多

一只山歌乱说多,油煎豆腐骨头多。太湖当中挑野菜,兔子笼里养老虎。瞎子张眼望苏州,大尖顶浪摸田螺。摸个田螺笆斗大,摆勒摇篮里面骗外婆。

高山头浪一群鹅

高山头浪一群鹅,一淘拔勒贼伯伯偷仔去,单单剩只蹩脚鹅。阿哥话,烧烧吃仔吧;

弟弟话，剩拔勒哥哥讨家婆。讨个家婆矮陀螺，八幅罗裙着地拖。上床要用蒲墩垫，下床又要丈夫驮。隔壁头娘娘俫麵取笑吾，葛格叫，做仔夫妻没奈何！

叫天子飞来节节高

叫天子飞来节节高，燕子飞来像剪刀。野鸡飞勒青草里，天鹅飞过太湖梢。蜻蜓飞出天要变，蝗虫飞临灾难到。蝴蝶飞到花丛里，布谷鸟飞来好种稻。

一个姑娘三寸长

一个姑娘三寸长，勒浪茄子底下乘风凉。拔勒长脚蚂蚁找仔去，笑煞仔亲婆哭煞仔娘。

一只梭

一只梭，两头尖，纺纱织布赚铜钱。小姑娘白相娘相伴，奴奴织布日夜忙。脚踏条，手把床，眼泪汪汪告诉郎。郎话俫弗要气，弗要恼，十年媳妇廿年婆，再歇廿年做太婆。

大麦种在东横头

大麦种在东横头，小麦种在西横头。豌豆开花紫微微，蚕豆开花黑心头。小姑娘今朝陪母庵堂去，换衣打扮巧梳头。弥勒佛见仔眯眯笑，俏师姑懊悔剃光头。

咿啊咿啊踏水车

咿啊咿啊踏水车，水车底浪一条蛇，游来游去寻阿摩。阿摩嘴里衔青草，青草开花胜牡丹。牡丹姐，要嫁人，石榴姐姐做媒人。大手巾，当门帘。小手巾，揩茶盘，揩得杯盏白似银。嫁个官人啥场化人？王家泾头王官人。

媒人瞒人害煞人

嫁妆里边一只红脚盆，淘米汏菜八隆冬。公勒元堂算婚账，婆勒灶屋骂山门。新媳妇，气煞快，登勒房里眼泪汪汪怨媒人。媒人许吾三座正屋四间厅，洛里晓得，歪歪倒倒一间牢棚两扇门，今后日脚哪能过，媒人瞒人害煞人。

一把芝麻撒上天

一把芝麻撒上天，肚里山歌万万千。南京唱到北京去，回来还好唱三年。

亲家母，吾来告诉俫

亲家母，俫弗要动气，请俫坐好仔，吾来告诉俫：俫得困吾来，叫俚淘淘米，水滩头浪弄烂泥。叫俚扫扫地，笤帚柄浪出把戏。叫俚烧烧火，火钳头浪爆白果。说说俚，火气比吾大。叫俚拎拎水，滴滴答答一屋里。叫俚买买油，油店里向搭讪头。叫俚买买线，走错仔店门买仔盐。叫俚小菜场买买菜，只管俚心里爱，拉勒篮里就是菜。亲家母，俫弗要动气，俫得困吾回转去，请俫好好仔教教俚。

虫名十二月山歌

正月梅花阵阵香，螳螂叫船游春场。蜻蜓相帮来摇橹，蚱蜢掮篙当头撑。

二月杏花处处开，蜜蜂开起茶馆来。梁山伯忙着冲开水，柜上坐着祝英台。

三月桃花朵朵红，来个茶客石胡蜂。接力黄谈起家常事，蝼蛄有病怕吹风。

四月蔷薇满墙开，蚕宝宝上山做茧哉。苍蝇困觉明朝还，蚊子夜里上市来。

五月石榴红彤彤，花蝴蝶躲勒当中。杨师太一叫活吓煞，吓得地鳖虫动也弗敢动。

六月荷花结成莲，织布娘登勒房里哭亲娘。唧蛉子细声来相劝，叫哥哥常蹲勒姐身边。

七月凤仙靠壁开，壁虎沿墙游过来。萤火虫提灯前头照，吓得田鸡跳起来。

八月金秋木樨香，蟋蟀夜夜偷婆娘。拔勒廊檐头蜘蛛来看见，结识个相好纺织娘。

九月重阳菊花黄，带兵打仗有蚂蟥。背包蚰蜒来督阵，千万蚂蚁尽阵亡。

十月芙蓉应小春，青壳田螺夜夜动坏脑筋。金钱乌龟拉皮条，香油虫出仔臭名声。

十一月里茶花开,红头百脚摆擂台。蛤蟆有点弗服气,灰骆驼卜笃跳上来。
十二月里蜡梅黄,跳蚤居然开典当。瘪虱强横做仔臭朝奉,老白虱上来当件破衣裳。

二、民谣

月亮高

月亮出来白相相,走进俫家凉棚里,凉棚里厢有只鸡。称称看,两斤半。烧烧看,两大碗。扯扯分分四小碗,公一碗,婆一碗,姑娘小叔合一碗。剩一碗,门角落里斋罗汉。罗汉弗吃荤,豆腐面筋囫囵吞。吞落吞,吞进一只死苍蝇。

萤火虫

萤火虫,夜夜红,屁股浪向点灯笼。飞到西,飞到东,飞到草窠里厢捉青虫。青虫捉弗着,倒拔勒触律刺痛脚。刺得痛,弗能动,只好蹲勒草窠里厢望天空。

野菜挑

阿大阿二挑里菜,阿三阿四做馄饨,阿五阿六吃得热腾腾,阿七阿八吃得弗肯剩,轮到阿九阿十呒没吃,哭出乌拉只好舔舔空缸盆。

排排坐

排排坐,吃果果,俫一个,吾一个,大家吃得笑哈哈。
排排坐,吃果果,爹爹归来带糖果,猜猜看:啥人家爹爹带得多?
排排坐,吃果果,姆妈欢喜吾,吃好仔饭来吃水果。

黄瓜棚

黄瓜棚,着地生,外公外婆请外孙。娘舅叫吾堂前坐,舅妈叫吾灶后蹲。一双筷,水淋淋。一碗菜,三两根。打碎仔外婆一只毛粗碗,三年弗上外婆门。等到哥哥讨嫂嫂,大红帷幄帖子请上门。

黄瓜棚,着地生,雪白圆子请外甥。外甥吃仔三两个,舅妈面上气鼓鼓,娘舅勒屋里掼家生。外婆阿喂阿喂话,弗要梗能样,同胞姐妹看娘面,千朵桃花一树生。外公翘起仔胡子弗管账,外婆盘勒门角落里哭一场。

摇摇摇

摇摇摇,摇到外婆桥。外婆桥上跌一跤,买条鱼烧烧,头弗熟,尾巴翘,吃仔快点摇。

摇摇摇,摇到外婆桥,外婆桥上瞧一瞧,瞧见外婆对吾笑,伸出手来拿吾抱,连连叫吾好宝宝,亦买团子亦买糕。拉吾小手屋里跑,叫吾歇歇力气坐坐好,忙得外婆弗得了。米来淘,菜来烧,清炖鲫鱼两头翘,咸肉菠菜线粉条。满碗白饭端正好,吃鱼吃肉自己挑,拿起调羹把汤浇。外婆眯眯笑,叫我吃饱肚皮快点摇。

年公公

年公公,啊里来?脚踏莲花浪里来。带点啥末事来?带点铜鼓砌铍来。敲敲看,咚咚哐,砌砌哐。

小弟弟

小弟弟,真有趣,一天到夜笑嘻嘻,明朝带俫街浪去,去看猢狲出把戏。要吃啥东西,伸出指头自家指。

唱只山歌啥人听

唱只山歌啥人听,唱只山歌拔宝宝听。宝宝顶聪明,听到山歌就安静。宝宝好记性,有只山歌最爱听,就是要唱《西游记》里厢只猢狲精。

骑马康康

骑马骑马康康,一骑骑到松江。松江,松江,好地方。今到松江,还是第一趟。

骑马骑马康康,一骑骑到太仓。太仓,太仓,是个好地方,北靠长江无限好风光。

骑马骑马康康,一骑骑到吴江。吴江地方,有个平望,太湖边浪,蛮有名望。

丫鹊尾巴长

丫鹊丫鹊尾巴长,愁柴愁米养姑娘。姑娘生来恶,将来嫁蚌壳。蚌壳空,嫁老翁。老翁死,嫁只猪。猪要杀,嫁秀才。秀才矮,嫁只蟹。蟹壳黄,嫁凤凰。凤凰飞,嫁只鸡。鸡要走,嫁只狗。狗要看门咬坏人,咬侬姑娘呒良心,让侬今生今世弗上门。

一个小宝宝

一个小宝宝,弗要吵来弗要哭。要吃白蒲枣,阿哥望仔山浪跑,阿姐拿仔棒来敲。一敲敲仔三栲栳,青个多来红个少,吃得宝宝眯眯笑。

摇摇摇,小宝宝

摇摇摇,小宝宝,摇侬到昆山水磨桥。水磨桥浪人弗少,轧落一个姑娘掉,救命救命拼命叫。摇船公公力气好,一把抓住姑娘腰,一拉拉上仔船艄。问声姑娘洛里人?百家湾里第三冏,门前有棵大榆树,门后有条小石桥,还有竹园萧勒萧,斫根竹头送拔侬,让侬摇船公公做好篙。

第四节 夯歌 扛调

莫厘村所建厅堂楼阁较多,民国末年,翁巷古村就有72幢古宅。造房承建工程的水木作坊不少,旧时村中有姚氏、王氏等建筑工场。万丈高楼平地起,夯实墙基极为重要,于是作坊中专门负责打夯的专业队应运而生,也形成了山村特有的"夯歌"。扛调,是村中数人或数十人在扛重物时,"冲(领)头"人领唱的号子,目的是起到统一步调、振奋精神、防止失误等作用。

一、夯歌

顾名思义,是在造房夯基时所唱的歌。20世纪80年代前,农村建房还是清一色的砖瓦,建房时要先夯实地基。一个圆形的夯柱重一百多斤,左右各装有一只弯形的捏手,底部分四个方向装四个铁环,系着四根绳子。打夯时有两名师傅把夯,四人拉绳。把夯师傅领唱一声,大家跟唱一句,手里用力拉起绳索,狠劲打下去,极有节奏,周而复始。把夯歌歌词大多随地取材,现编现唱,有常规、景物、协调、批评、颂扬等夯调,有时连天上飞过一只小鸟,脚下跳过一只青蛙,村头吹来一阵清风,都可作为把夯师傅创作歌词的题材。

常规调

把夯师傅唱:举起夯柱来打夯哟。

众人应唱: 哼唷。

把夯师傅唱:举得高,扯得平,打得准哟。

众人应唱：　　哼唷。
把夯师傅唱：打得哩千年不见太阳面哟。
大家合唱：　　弯唷弯仔哼唷。

把夯师傅唱：万丈高楼平地起哟。
众人应唱：　　哼唷。
把夯师傅唱：地基不牢高楼摇哟。
众人应唱：　　哼唷。
把夯师傅唱：欢欢喜喜一场空哟。
大家合唱：　　弯唷弯仔哼唷。

把夯师傅唱：狗头蛮石三角尖哟。
众人应唱：　　哼唷。
把夯师傅唱：来做夯石正正好哟。
众人应唱：　　哼唷。
把夯师傅唱：打得俚直往泥里钻哟。
大家合唱：　　弯唷弯仔哼唷。

景物调

把夯师傅唱：小燕子，穿花衣，年年春天来山村哟。
众人应唱：　　哼唷。
把夯师傅唱：衔泥筑窝生后代哟。
众人应唱：　　哼唷。
把夯师傅唱：吃掉害虫千千万哟。
大家合唱：　　弯唷弯仔哼唷。

把夯师傅唱：河里游来一对鱼哟。
众人应唱：　　哼唷。
把夯师傅唱：追来追去真亲热哟。
众人应唱：　　哼唷。
把夯师傅唱：就像那梁山伯来祝英台哟。
大家合唱：　　弯唷弯仔哼唷。

把夯师傅唱：小黄狗，汪汪叫哟。
众人应唱：　　哼唷。
把夯师傅唱：摇头摇尾迎主人哟。
众人应唱：　　哼唷。
把夯师傅唱：贼骨头进门不留情哟。
大家合唱：　　弯唷弯仔哼唷。

指挥调

把夯师傅唱：小小夯柱重千斤哟。

众人应唱：　哼唷。
把夯师傅唱：把作师傅要把稳哟。
众人应唱：　哼唷。
把夯师傅唱：四根绳子要拉紧哟。
大家合唱：　弯唷弯仔哼唷。

把夯师傅唱：西边阿三绳子松哟。
众人应唱：　哼唷。
把夯师傅唱：大家用力弗偷懒哟。
众人应唱：　哼唷。
把夯师傅唱：夯柱打歪要砸了脚上向哟。
大家合唱：　弯唷弯仔哼唷。

把夯师傅唱：齐用力，再加劲哟，
众人应唱：　哼唷。
把夯师傅唱：打得平，打得准，打得深哟。
众人应唱：　哼唷。
把夯师傅唱：好个哉，停一歇，吸袋烟哟。
大家合唱：　弯唷弯仔哼唷。

批评调

把夯师傅唱：村东有个王小二哟。
众人应唱：　哼唷。
把夯师傅唱：讨仔家婆忘记娘哟。
众人应唱：　哼唷。
把夯师傅唱：一代做给一代看哟。
大家合唱：　弯唷弯仔哼唷。

把夯师傅唱：村西有个三好娘哟。
众人应唱：　哼唷。
把夯师傅唱：凶得像只雌老虎。
众人应唱：　哼唷。
把夯师傅唱：左邻右舍见仔她避哟。
大家合唱：　弯唷弯仔哼唷。

把夯师傅唱：张家倌人李家女哟。
众人应唱：　哼唷。
把夯师傅唱：四体不勤混日脚哟。
众人应唱：　哼唷。
把夯师傅唱：众家致富他家穷哟。
大家合唱：　弯唷弯仔哼唷。

颂扬调

把夯师傅唱：一个篱笆三个桩哟。
众人应唱：　　哼唷。
把夯师傅唱：一个好汉三人帮哟。
众人应唱：　　哼唷。
把夯师傅唱：三个臭皮匠凑成诸葛亮哟。
大家合唱：　　弯唷弯仔哼唷。

把夯师傅唱：锦上添花花更美哟。
众人应唱：　　哼唷。
把夯师傅唱：雪中送炭心更暖哟。
众人应唱：　　哼唷。
把夯师傅唱：皇帝出门也要借路走哟。
大家合唱：　　弯唷弯仔哼唷。

把夯师傅唱：吃水不忘开井人哟。
众人应唱：　　哼唷。
把夯师傅唱：造楼不忘创业人哟。
众人应唱：　　哼唷。
把夯师傅唱：一代一代传下去哟。
大家合唱：　　弯唷弯仔哼唷。

二、扛调

扛调，是多人扛重物时哼的一种劳动号子。旧时莫厘境域大户人家山上都筑有陵墓，墓地小的占地数亩，大的占地数十亩或上百亩。大户之家出殡时的棺椁、墓地上的青石、墓旁移栽的大树，轻的百斤，重的千斤，全靠人力扛运上山，久而久之，形成一种劳动时哼的扛调。

扛调一般由"扛头"，即第一扛第一人领唱，指挥大家起扛、落扛、绕道、避险。一般望族坟地墓前的金门（大青石）重五六百斤，要10个壮汉分5档扛运上山，领队冲头唱扛调的人要身强力壮，头脑灵活，嗓门洪亮，扛调威震山谷，才能振奋精神。起扛开步后，众人的步调快慢全靠冲头人扛调声指挥与协调。要是道路平缓，冲头人感到有必要加快步伐，于是快速短语唱"哼嗨、哼嗨"，众人嘴里应着，立即加快脚步小跑起来，称"小点步"。要是前面遇到陡坡或山道难行，冲头人拉长声调唱："哼唷里个嗨来！"于是众人嘴里应着，立即放慢速度，走起慢步来。队伍走到山涧旁，冲头人会唱："左边有条山涧，当心里个踏空。"要是山溪流淌，山路较滑，冲头人又会唱："眼睛要看脚下，小心里个滑石。"路上要是有树枝挡道走不过去，冲头人又会唱："当心丫枝碰头，右边绕道走来。"大家一声声和着，心里有了防备，防止发生危险。

除集体扛重物时哼扛调，在挑担运肥上山、挑果子下山时也都会哼扛调，若挑担快步走，哼"哼嗨"，慢步走哼"哼唷里个嗨来"。每至枇杷、杨梅采收季节，山道上挑担的扛调声此起彼落，形成一道亮丽的风景线。

洞庭東山周氏支譜序一

洞庭東山高聳太湖之中自昔為
故名不甚顯宋室南渡縉紳士大
相率卜居而其名遂著於天下周
使周公諱望者平守江虛蹕南下
間有曰七子公者即公第七子也
山人年代久遠書缺有間遺事莫
敫山公者是為周氏發祥支祖子

第十三章　大族源流

莫厘村翁、席、刘、严、周、吴、汤、杨等大族，最早唐代迁来，大多在南宋建炎初年从北方迁居东山，居翁巷、汤家场、岱心湾、周湾等村落。明清《苏州府志》《吴县志》《太湖备考》等方志及东山大族家谱记载，唐代起迁居莫厘村一带的北方世族有10多家，他们带来中原的文明和先进的农耕技术，促进了莫厘村的发展。历经千年岁月，当年南下迁居莫厘村的中原世族，其裔孙在科举、文学、商贾等方面取得很大成就，有席氏、翁氏、刘氏、严氏、吴氏、金氏等，这些家族明清两代都撰有家谱，记载家族发展脉络。明清时迁居该村的张、宋、杨、施、王、沈、赵、费等家族也承上启下，为莫厘村的发展做出过较大贡献。

第一节 翠峰坞席氏

席氏唐代迁居翠峰坞,始迁祖为唐代席温将军。席氏定居翠峰坞后,始以农耕与经营矿业为生。明代崇祯十七年(1644),席温31世裔孙席昇诗称:"修竹扫尘青嶂合,苍松毓秀彩云中。扁舟得问鸥夷渡,脱却征袍作野翁。"席温三子筑宅翠峰坞,形成翠峰山席家村落。

上席村(明代称翠峰村),清中期因汤姓居多,更名汤家场村;中席村明嘉靖年间被翁氏所购,筑翁巷村;下席村(亦称下席街),2017年尚存。席温晚年皈依佛教,舍宅筑翠峰寺。北宋太平兴国年间,翠峰寺被佛教界号称"云门中兴人"的雪窦重显禅师看中,住寺说法讲经,传悟道泉有神龙出井隐树听经,翠峰寺由此名声大振,宋明时成为吴中游览胜地。

清末,东山席氏已分东山支、上海支、青浦支、常熟支、昆山支、南京支、虞阳支、济宁支等近10个支派,以上海及附近青浦、常熟、昆山等支为盛。太平天国战事暴发后,东山席氏转移到上海发展,形成中国经济史上有影响的金融世家。清末,东山席姓大多迁往上海,进入金融界,东山家中仅留少数守宅人员。2017年,莫厘村席姓人口78人,在全村大姓中排名第22位,居住在建新、翁巷、鹅潭头等村。

经商致富　席温临终告诫子孙:远离官场,以耕读为务,农商为生。后代大多以经商为业,在明清两代出了不少有影响的大商人。

席氏经商显名于28世席端樊、席端攀兄弟,家谱称左源公、右源公。兄弟俩从小在青浦学习经商之术,兄左源办事"饶心计",弟右源为人"忠信勤敏",兄弟俩取长补短,经商如鱼得水。父亲席洙病卒后,他们同心协力,派人"北走齐燕、南贩闽广",长途贩运江南的梭布、荆襄的土靛,经营不到二十年就累资巨万,名闻京师、齐鲁、江淮,成为"货塵百、艘百、轺车百、僮奴千指"而"所进数千万缗"的富商。从此,经商成为东山席氏的家风,历经数百年不衰。

席端樊之子席本广、席本久与席端攀之子席本桢,也都子承父业,成为明末清初名商。席本久在清源、山左、中州、汉口、清溪等地开有店铺,而席本桢商业经营更涉及大江南北、运河两岸,西抵汉口、襄樊,北达洛阳、临清,远及陕西、河北一带。席端攀迁居常熟的一支裔孙席琮也是当地著名的商人,曾与人合伙贸易淮扬徐泗间,经销布匹丝帛,三年而致富。席本桢之子席启图经商致富,为乡人谋福,鉴于东山妇女不会纺织,不但造纺车织送给远近贫户使用,而且特意雇人来东山教授纺织之术。为提高东山妇女纺织的积极性,席启图还在东山大设商铺,高价收购布匹。从此,东山妇女渐以织布为业,解除了许多家庭的贫困。

刻书印书　明末清初,席氏创办的扫叶山房书坊,至中华人民共和国成立,历300多年,为民间书坊中经营时间最长、刻书数量最多、社会影响最大的私家刻书机构之一。清初席启图刻有《畜德录》20卷,其弟席启寓曾任工部虞衡司主事,辞官回乡后以读书、刻书、藏书为乐,曾雕版印行《十三经》《十七史》于世,又耗费30年精力,刻成《唐诗百名家集》。康熙第三次南巡时曾驾临东山席府,席启寓进献《唐诗百名家集》,得到康熙赞赏,自此席氏及其所刻之书声名远扬。

席启寓玄孙席世臣，乾隆末年钦赐举人，曾参与审校《四库全书》。席世臣嗜古好学，家中多藏书，亦以刻书印书为务。他曾购得毛晋汲古阁《十七史》书版重印流传，在苏州阊门设扫叶山房书铺，所刻书版心多有"扫叶山房"字样，曾刻印《十七史》《四朝列史》《百家唐诗》等，"时贩夫盈门，席氏之书不胫而走天下"。

席世臣去世后，子孙仍继其业。咸丰末年，清军和太平军在苏州一带进行拉锯战，扫叶山房书版损失惨重，"凡经史诸版在苏垣者，十毁七八"。如当时书坊正在刊印的《旧唐书》书版，即因战火而毁于一旦，直到光绪初年，扫叶山房的经营活动才重新恢复元气。光绪年间扫叶山房把经营中心迁往上海，并率先引进石印、铅印等新技术，扩大经营规模和经营范围，先后在棋盘街（今河南中路）等地设立营业所，在松江及汉口等地设立分店，成为沪上一家很有影响的以古籍为主的出版机构。

金融世家　清末，东山席氏为躲避太平军战乱，开始向上海发展，形成中国近代史上有影响的买办世家。他们几乎垄断了上海各大外资银行的买办业务，对当时的上海乃至整个中国的金融都产生过影响，被誉为旧中国的金融世家。翠峰坞席氏发迹上海滩，始于37世席正甫。

清咸丰七年（1857），19岁的席正甫随兄席嘏卿一起从苏州到上海学生意，不久他们就自行创业，在沪地开办一家钱庄，因善于经营，年有进展。1866年，席正甫在舅舅沈二园的举荐下，当上英商汇丰银行的跑楼（副买办）。1874年，席正甫代表汇丰银行与清政府成功地签订200万两、10年期的"福建台防借款"。这笔贷款的成功，开创了汇丰银行政治贷款的先例，将该行从财务窘境中解脱出来。席正甫从此得势，既当上汇丰银行买办，又受到清朝大臣李鸿章和左宗棠的赏识。为获得巨额贷款，他们争相拉拢席正甫，李鸿章还特意上书朝廷，替他保荐官职，席正甫接受了二品衔红顶花翎，又捐了道台一职。1874—1890年，清政府向汇丰银行借款17笔，绝大多数是由席正甫一手经办，而汇丰银行则通过席正甫的上下沟通，业务也蒸蒸日上。

从1874—1904年，席正甫任汇丰银行买办前后约30年，继任者为长子席立功，1904—1923年，前后约19年。席立功再传给儿子席鹿笙，1923—1929年，前后任职约6年。自同治十三年（1874）至1929年，汇丰银行买办一职全由席正甫、席立功、席鹿笙祖孙三代担任。此外，席正甫的次子席裕昆，1908—1911年任营口大清银行经理。席裕昆的儿子席德熏曾任美商运通银行副买办。席正甫的三子席裕光，曾先后任美商宝信银行买办、户部银行上海分行副经理、大清银行上海分行协理。席裕光的儿子席德懋，历任华义银行买办和中国银行总经理。席裕光的另一个儿子席德炳，曾任上海中央造币厂厂长。席正甫的第四子席裕美曾任台维银行买办。席正甫的第五子席裕奎也历任大清银行汉口分行经理、英商汇丰银行副买办、日商住友银行买办、英商有利银行买办。

从19世纪70年代起，至20世纪30年代止，翁巷席氏家族（包括女婿在内）共有23人担任过13家外商银行买办，另外还有5人曾担任两家洋行的买办。在中国通商银行、交通银行、大清银行、中国银行、大陆银行、中央银行、江苏银行以及一些民营的银行中出任经理、副经理、襄理和其他高级职员。席氏家族将积累起来的巨资，自己开设或投资经营钱庄，有协升、久源、正大、裕祥等数家。席氏家族还在上海开办纱业、惠丰两家银行。

历史遗存　席家湖头位于莫厘村建新自然村。启园，俗称席家花园，东山古典园林，苏州市文物保护单位。瑞霭堂，江苏省文物保护单位。瑞凝堂、松风馆，苏州市文物保护单位。容德堂，苏州市控制保护建筑。此外，还有翠峰寺悟道泉、香花桥、山门古墙及席温墓照潭（双潭）等历史遗存。

附：《席氏家训》十二条

一、子孙俭身严行，家之光也，邦之望也。或有违祖训，敢纵逸，犯父母，仇兄弟，凌孤虐寡，伤风败俗罪之大也。族中如有为贼作盗者，必须全族汇合同宗者告之祖庙，痛治痛惩，无少姑恤。宜应尊重长者，以理谕之弗悛，而后举宗送官唯所究治。此条最为吃紧，故首之。

二、子孙读书成名荫庇全族，学成韬略宜力奉圣朝，孝之至也。其克勤克俭，劳苦成业者孝之次也。若鳏寡孤独，贫穷无靠，族之贤达者、富给者必倡议扶植之。其知书识字，出规入矩无他业之贫贱者亦必周恤之，或年壮无妻，年老无依，力竭无葬者，亦必资给之。然其不肖者、庸惰败业者不在此例。

三、丧亲之家随应时早葬，奉亲人安土，子之职也。倘或暴露，骸骨糜存，悔之不及。若贫困，抑亦体力弱而无力葬亲丘壑，情可愿也；若富而吝财，非禽兽耶。故特重言之，以为不葬亲之戒。

四、子孙无教近于禽兽，当聘老成硕德者率之，或延良朋胜友辅导之。如或养子不教，放任自流，寻花赌事，为父母者必痛抑之，督其改而后止，不然禽犊之爱必败其家也。

五、嫁娶当择德婚配儒门，置吾子女不失旧家风范而已，其或攀高附势，此奔佞也。或贪铜臭聘于市井小人，聘于衙快奸猾，聘于人奴下辈，日后生活维艰，贻害子女，悔之晚矣。

六、祖宗坟墓春秋祭扫，亲率子孙展拜，使认之何祖妣，何考妣，何昭穆之位，先祀祖亦训后也。祭时若吝恤小费，致使牛羊秽污可为孝乎？若夫古木森荫，丰草丛砌，先灵得倚庇宇也，如有不肖子孙私自剪伐，若同宗相效，何能衍庆千年，逐至坟墓削平，俄顷夷为平地，其罪毋恕。

七、有贵家富家凌逼债户，苛刻佃民，固勒重利，贪心残酷，良心丧失，而乃舍装佛塑像，建庙造塔，供养尼僧施舍之费，何不用于赡贫困之族，哀鳏寡之亲？或宠妻妾侍婢乐，与僧道往来而亲族之鳏寡贫困者陌路视之，良心不尤丧乎，名节不尤败乎？特设此为入邪者戒。

八、建祠祭祀不可惑怠也，为子孙者当准今配古参而行之。司马温公曰：王制大夫，士有田则祭，无田则荐，祭用牲，荐无牲也。大夫牲用羔，士牲用豚，庶人无常牲，春荐韭，夏荐麦，秋荐黍，冬荐稻。韭以卵，麦以鱼，黍以豚，稻以雁，取时物为相宜者用之，凡庶馐不逾牲，若牲以羊则不以牛羊为馐也，庶人不用牲设庶馐而已。此为士子于仕要矣哉。

九、春祭以三三为期，万物发生之始；秋祭以九九为期，万物宝华先成之候，一岁二祭，报本寻始君子诚重之也。至期必告报全族齐集祖庙，有爵公者服，无爵公者色服，务使班列严肃威仪整列。祭始祖而始祖以下之祖，或吾当身之祖不得与祭，今主之在庙者，俱从而附祭之。始祖考妣，各依世次分列左右，稍退半席祭之。若有大故，如婚娶、出仕之类，必宜告庙，各从其便，不必告报全族。

十、祭礼整洁太丰为侈，太俭为吝，陈设用熟食五品，蔬菜三品，时果五色，饼饵五色。合族三跪献进爵，不得令家人代祭，主手捧而上之，然后读祝文祭主，老疾不如仪，则令子侄代跪读祝文，其祝文曰："维年月日，嗣孙某名，某官，敢昭告于祖考，某官今因某事，物备牲馐酒礼，唯洁唯馨祭祀……"祝文完，便四拜兴毕，祭主一揖，饮福又一揖，焚楮帛三揖，后进酒整席，各按次序告坐，尊长为上。毋敢哗，毋敢醉酒。完后众同楫谢先祖，祭主而散，此之谓礼饮必报致也。

十一、庙祭之日，通族必期齐至，拜立班次各照名分年齿，礼贤达，尊长者，依次跪拜。有逾之不肖或不改，或罚之跪拜，甘服即止，若再不服不许与参祭。若元旦拜庙，止用果盒，来者即拜任其行，只恐是日事忙从省也。若女人来拜等，午后男客退尽，然后入司香烛，人自晓达著为止。

十二、祠庙之建，必宜合族同心协力，以宽舒为贵，后或颓败即合族之富给者鸠工集材，修理为贵，毋约吝惜。

第二节　翁巷翁氏

翁氏南宋时迁居中席村，明代更名翁巷。康熙七年（1668）刻印的《翁氏世谱》载："吾始祖都统承勋公因金人入寇，携弟承事公等扈驾南渡，率千人隐居于莫厘山，卜居于前山之翁巷，世称前山翁氏始祖。"从南宋起，翁巷翁氏以耕读为务，隐居山中。清代中期，东山一支翁姓迁居阳山、常熟、上海等地，分为三支翁氏。清代同治、光绪年间，曾任两朝帝师的翁同龢即为翁巷翁氏后裔。翁氏因外出从政、经商、行医等因素，民国后大多定居苏沪及海外。2017年，莫厘村翁姓人口4人，在全村姓氏中仅列第80位，居住在翁巷村。

经商发迹　翁氏定居东山后，世代务农，兼营小商。明朝中期，七世孙翁毅和儿子翁永福外出经商，家业开始振兴，成为东山商贾大族。翁氏发家带有偶然性，明弘治年间，翁永福在北京一带经营布业，有一次，他以少量的布匹与其他商贩换大批质量较差的丝绸，然后染成各种颜色，再运到都城去卖，想赚个好差价。正值朝廷犒赏军士需要大量彩绸，翁永福一下子获利百倍，成为富商。

翁永福的两个儿子翁参和翁赞，亦善于经商，经营得法，每到一地，总能获数倍利润。最后翁永福父子把经商的大本营定在山东临清。该地是明中期齐鲁之地的一处商业中心，可掌百货之情。他们又择人而任，经营规模大增，前后四十年，名满天下，海内无不知有翁春山（翁参之号）之名。经商发迹后，翁氏富而好义，回报社会。临清疫疾流行，死者相枕，翁参、翁赞兄弟出钱在城郭外买了一块地皮，帮助当地人置冢安葬，又建东岳行祠，建办学校，延请有德行的学者教导地方孩子，于是翁氏义声传遍齐鲁。回东山后，时值倭寇侵扰太湖沿岸，翁参又出家财招募乡勇，抵御倭寇，使东山免遭蹂躏。

闻名海内　翁参和翁赞都继承父业，经商发迹，于世有名，但真正成为巨富的还是翁参的儿子翁笠。翁参共生有五个儿子，翁笠为其长子。翁笠，字文夫，号少山，他与二弟翁豆和堂弟翁爵、翁鼎，都在清源（今临清）经营布业。在这一时期，翁家的经营规模达到鼎盛。翁笠率众兄弟在临清的要道处广设店铺，招集四方商人，各地前往经营者络绎不绝，生意极为红火。翁笠行商知人善任，经营规模大为扩大。又信誉卓著，当时在海内流传有"非翁少山（翁笠之号）之布勿衣勿被"之说，巨利滚滚而来，翁笠因有"翁百万"之称。翁笠去世后，嘉靖状元大学士申时行为之作传。

同时，翁笠几个弟弟和侄子也都善于经商。二弟翁隆在临清商家中，每提出一条建议，处理一件事务，均能使长辈惊叹其经商本领之高明。翁隆善于掌握各种信息，捕捉商机；知道贵贱吉凶的征兆，手下众伙计事无巨细，都以他的决策行事，每每获利数倍。翁筵的儿子启明、启阳，翁隆的儿子启端，翁爵的儿子启祥，也大多能继承并将父辈的事业扩大，使东山翁氏经商闻名海内的时代一直维持到了明末。

文苑科举 翁氏以商贾起家，后代则习儒业，涉科举。历史上出过多名进士与举人。翁万裕，字雄卿，崇祯十年（1637）武科进士，南京兵部副总兵。翁长芬，字江宁，清光绪二十九年（1903）进士，直隶知县。翁尊三，字问樵，清道光十一年（1831）举人，知县。通过其他途径入仕的有翁应玄，字孝先，明代南京兵部中营副总兵、参将。翁天章，字汉津，清代云南河西县知县。翁天游，字元雯，河南开封府同知。

翁氏明清两代亦多文士。翁澍，字季霖，博学多才，闻名于时。他花十年时间，著成十六卷《具区志》，为太湖地区第一本经济之学，清初名士汪琬为之作序。翁澍还是位藏书家，其家不仅藏书多，还收藏有许多书法名画，彝器古玉。翁浩，字元将，弱冠能文章，肆力于古学，读书成六馆之士。清康熙年间的翰林院大学士徐乾学，因慕翁浩之文名，奉圣旨带着一批学者，在其"橘庄"中纂修《大清一统志》，历时三年，被誉为海内盛事。翁栻，极喜古籍，康熙年间，陈世倌奉诏纂《康熙字典》，开书局于苏郡，其弟翁栻时已年近八旬，仍被聘为主事。翁珠楼，女，幼喜翰墨，好楼居，吟咏成帙，即以其居珠楼名之，是翁氏家族中的一位女诗人。翁大赏，字岩求，别号兰皋主人，喜种兰花，家植兰花均属珍品，各系兰花都作以诗，结集为《兰谱》。翁旭，精易学，著《松窗读易》《詹鲁集》。翁文梓，在音律上很有造诣，自著乐谱十卷，取名为《纫佩稿》。

园林宅第 集贤圃，明末翁彦升筑，位于具区风月桥之北，背山面湖，亭榭水石之胜甲吴中。内有开襟阁、群玉堂、来远亭等十多处景观，被誉为东山第一园林，崇祯举人陈宗之作《集贤圃记》。湘云阁，在翁巷坪磐上，翁澍之宅，园内古木交罗，名花奇石，左右错列，崇台高馆，曲廊深院，令人迷失东西。湘云阁全以湘妃竹铺地成纹，清初昆山名士归庄游翁巷，为之撰《湘云阁记》。橘庄，位于社下里，翁天浩筑，中有社西草堂、敞云楼等胜景。翁氏这三处园林均不存在，仅存遗址。

翁巷村建于明代，村内古宅原大部分为翁氏所筑。清初时翁氏已衰落，祖传的宅第有的因后裔无力修缮而坍塌，有的则卖于严氏、刘氏、葛氏等家族，20世纪50年代初，翁巷翁氏宅第剩半固堂、翁家祠堂、桂石轩、务本堂、裕庆堂、裕德堂、湘妃阁、锡传堂、灵甫轩9处。2017年，剩务本堂、古香堂、翁家祠堂三处。

附：《翁氏修身格言》

一念之善，吉祥随之；一念之恶，厉鬼随之。

乐莫如读书教子。

富时不俭贫时悔，闲时不学用时悔，安不将息病时悔。

安分以养福，宽胃以养气，省费以养财。

有余快必有余忧，不争小失而争大体，

先藏拙而后鼓勇，先算后而图前。

天下有二难：登天难，求人更难。

天下有二苦：黄连苦，贫穷更苦。

人间有二薄：春水薄，人情更薄。

人间有二险：江河险，人心更险。

知其难，守其苦，历其险，可以处世矣。

翁先声谨书

第三节　汤家场汤氏

汤氏南宋迁居莫厘村汤家场。始迁祖汤奕世，南宋建炎初迁居翠峰坞之南，即上席村。据清《东山汤氏家谱》载，奕世公南宋从中原迁山，居翠峰坞前，繁衍成族，名汤家场。清代起汤氏一支迁渡水桥南，称汤家扇；一支迁张师殿右，谓汤家弄。现莫厘村汤姓人口232人，在村大姓中排列第5位，主要居住汤家场、翁巷、金家河等自然村。

明清文士　历史上，东山汤氏出了多名诗人。汤濩，字圣弘，明末诗人。天资聪慧，广读各类书籍，喜欢钻研，对书中疑点追根溯源，学业大进。家中藏书万卷，晚年尤精易理，旁及天官、历算、星数、筮法、韵学等书。汤承彝，字禹传，清代文人，《七十二峰足徵集》收其诗12首。汤齐，字士先，号省斋，清代诗人，成年后遍游赵、魏、燕之地，走访文友，著书较多。

第四节　周湾周氏

周氏南宋迁居周湾，始迁祖周仁。清《洞庭山周氏支谱》载：洞庭山周氏有二支，周湾和杨湾周氏出汴梁，是宋大夫周敦颐之后。周敦颐，字茂叔，北宋人，曾任桂阳、南昌知府，以廉政清明著称，致仕后居庐山莲花峰下，有散文名篇《爱莲说》，歌颂莲花"出淤泥而不染"的品质，裔孙遂以"爱莲"为堂号。南宋初年，周敦颐裔孙周望任江浙宣抚司驻守平江，护驾南下。周望之子随父南渡，居周湾。2017年，莫厘村周姓人口527人，在村大姓中排列第1位，居住在周湾、洪湾、小长湾。

官宦门第　周氏明清两代从政为官者多达数十人，科举入仕的有周而淳，字若公，清顺治九年（1652）进士，官至户部主事，颇具政绩。周济，字玉汝，康熙二十四年（1685）武科进士，广西右翼镇左营游击。周道泰，字通也，康熙九年（1670）进士，县令。周官，字其人，清顺治十四年（1657）举人，上海县学正。周昌际，清乾隆六年（1741）举人，内阁中书。周邦翰，字季谦，清光绪五年（1879）举人，江西九江同知。此外，周湾周氏清代从政者还有周传敬，字吉铭，浙江候补同知，盐运大使。周德松，字鹤荣，安徽滁州直隶知州。周传煜，字念椿，浙江海宁州州判。周翔麟，字德彬，浙江富阳知县。周云龙，字亮生，安徽补用知县，候补府经历。

仁义传家　周氏以耕读传家，农商兼营。明初周氏开经始商于苏松，并逐步行商至江淮。四世孙周滨、五世孙周维椿及子周皓亭，往返于苏松与东山之间，均获大利。明永乐十年

(1412),周昌病逝,有千人奔丧。周昌曾孙周玿,字明富,幼随兄周璠商于淮楚,克勤克俭,家道渐裕。周玿致富后不忘贫困之人,对社会上施粥、施棺与修桥铺路等公益善举,他皆无私相助。周氏致富后在苏州、木渎等地建房屋、客舍,方便东山外出经商者住歇。十三世孙周滂,字养吾,清初经商于松江,海潮泛滥,无数农田、民房被溢,民皆啼号载道,周滂尽力赈济,家业为之一空。其子周统琨,字晋舞,亦至松江从商。康熙四十三年(1704),统琨自松返山,拾到20两白银票据,就在路边大榆树下静候失主,使银票物归原主。周效山另一支裔孙周昌,字孟文,幼有志操,好读书又勤快,后弃儒从商,贾于四方,足迹半天下。晚年归乡被邻众推选为粮长。他在管理里中粮税时,上不欺官,下不侵民。办事公开公正,老少无欺,百姓称颂。

第五节 橘社金氏

元代迁居金家河村,因村旁有古橘社,又称橘社金氏。清乾隆《橘社金氏家谱》载,元至元年间,宋少保金节安七世孙金德传,率族徙居东山翠峰坞口,辟建金家河村。金家河地处席家湖头,为东山古代商埠。宋时建有社下里镇。金氏迁居社下里后,拓宽长涧、筑普安桥、挖普安井、建金牛岭巷门,形成村落。后橘社金氏裔孙兴旺,名宦、名士、名商辈出,从清代中期起,橘社金氏因外出为官、经商、求学等原因,大部分裔孙离山迁居外地,2017年,莫厘村金姓人口91人,在全村姓氏中排列第18位,居住在金家河、汤家场。

明清义商 金氏经商始于明嘉靖年间。金炤,字桐溪,秀而敏,弱冠弃儒经商。金炤之孙金砺,幼有神童之称,但应童子试屡次失利,32岁补县庠生,后弃儒服贾,亦商亦文,为东山明代著名儒商。清初金植经商致富,凡乡间修桥铺路、兴修水利、赈济灾民等公益善举均慷慨解囊,康熙年间,金植被举为乡饮介宾(地方名贤),卒后刑部尚书大学士徐乾学为其撰墓志铭。金坤,早年管理农田水利之事,因身体常年受潮湿影响而残疾。他身残志坚,致仕回乡后经商持家,出资在地方创设积谷仓,以备荒年,后该备荒利民之举推广至整个东山地区。金孝和,乾隆年间贾于金陵,"居积累致赢余",在浦口江上创设飞艇,救助江上因遇暴风翻船溺水者,得活者甚众。金汝鼎,父母早亡,稍壮即弃儒经商,寄居外婆家帮舅氏席家理财。他对每笔交易,缕析得失,衡量利弊,随机应变。同时,他又常分遣商肆中人出走四方,使每笔交易皆能获利。他为舅家掌管商肆30年,大振其业而不蓄私财,因诚信经商而被载入史书。

诗人作家 金友理,字相玉,金坤之子,清代方志学家,《太湖备考》作者。他对明末思想家顾炎武提倡的"经世致用"学说十分赞赏,遍览太湖流域之书籍,收集有关太湖水道今昔变迁的方志、文献等资料,从事太湖流域历史文化与经济研究,历时3年,著成全面记述太湖地区历史、文化、地理、古迹、人物、水利、兵防的志书《太湖备考》。该方志共17卷,34个类别,内容丰富,条理清晰,文字简洁,弥补了《震泽编》《具区志》之不足,成为后人讲水利、治太湖、谈兵防的重要参考书。此外,金氏在历史上还出过不少有影响的文士和诗人。金燔,明代文士,著书多部。金植,清初诗人,著有《自娱草》诗集。金衡,博学多才,工楷隶,喜琴书画。还有金世章、金友焯、金士官、金友谟、金鹏等都是清代东山有影响的作家与诗人。

经商大族 清代末年，金家河金氏裔孙大多转向上海金融界，在沪地独资或合资开办多家银行、钱庄、典当，是清末民初上海金融界"洞庭商帮"的重要家族之一。金殿甫，在上海创办镇昌钱庄，卒后由其子金森继承。金森又拓展父业，在上海南市创办馀大钱庄，并任上海江苏典业银行经理与国信银行副理。金哲侯，金森之子，参与创办上海华义银行，任副理。金采生为金森仲兄，任过中国实业银行经理与上海四明银行经理。金凌云，上海德庆钱庄经理，还有金韵清、金玉麟、金少云等都是上海金融界有实力人物。

历史遗存 普安桥，筑于金家河长涧上，始建于元代，清康熙年间重建，至今保存完好，仍为村人进出的主要通道。普安井，俗称金牛岭井，元代公井，武康石质圆瓮形井栏及井壁保存完好，仍为金家湖村民洗物汲用。观音堂，乾隆年间曾开设育婴堂。此外，金氏明清在翁巷、金家湖所建宅第有寿萱堂、荣德堂、留耕堂、在涧草堂、观涛阁等宅第，均仅存遗址。

附：《橘社金氏家训》十五条

一、积金以遗子孙，子孙未必能守，此古人名言也。世人但知多积金币而于"德"之一字邈然不知。积成家业以遗不肖子孙，一旦仍复荡尽，究竟何益，切宜鉴戒。

二、古人云："积善之家必有余庆，积不善之家必有余殃。"又云："作善降之百祥，作不善降之百殃。"谓之曰：余庆、余殃、百祥、百殃者，言天道变化不测，如积善矣。作善者，或商贾不甚得利，读书不早登科，而大多顺达，心想事成。使其困苦之中益加努力，自身而子，自子而孙而曾而玄，当富贵福泽久而益昌，天岂果负于人耶？如积善矣，或商贾则在大获利，读书则早登科，天福离人，夫岂无意哉？使其骄纵悖戾，稔其毒而降之罚也。福善祸淫历历可证，莫谓天道微渺，遂生怠念，勉之勉之。

三、善事要认得其善者，吾心之生意也，故曰心如谷种，自有生意，今人相见就动问一向生意如何，若心刻薄则无生意矣。故君子只在心上做工夫，为臣尽忠，为子尽孝，为兄尽爱，为弟尽敬，为父知以义方教子。为夫知以善于化妻，待宗族以厚处，邪党以和，勿起于词讼，勿出入公门，不倚富欺贫，不恃强凌弱，凡百事从天理良心做去，则天无不祐之矣。故曰：天之所助者顺也。

四、读书原不专为举业，希图出身子弟中英敏可以上进者固应使之力学，不宜暴弃，即资性迟钝者，要教他明白道理，通达古今，庶知利害，学做好人，在商贾中亦自令人起敬。

五、延师训子此蒙养之要务，必得人品端方学问渊博者，可为子弟仪范，若止取口辩敏捷供给其费者，多半逢迎取容，欺东家而诿子弟，非唯无益，为害不可胜言，慎之、慎之。

六、处家以正道为主，世俗所惑者，毋得轻信三姑六婆，盖与三刑六害，同人家奸盗之事，往往起于此辈。若一概不许入门，庶得净宅之法。

七、轮纳钱粮百姓急，公之大节，况在今日帑藏空虚，催科逼迫，若不先纳必致受侮，胥吏反多杂费，语云："若要宽，先辨官。"此语至言也。

八、节俭为治家之要，一应婚嫁丧葬之事，必须量力而行，其中冗费断宜裁省，若只图好看必致举债加息，贻害无穷。

九、立身务要端严，"赌烟"两字断不可涉。虽作客江湖，当以养父母，蓄妻子，撑持门户为心上，要念念在心，则娼妓处荒淫自不忍为事矣，至如赌博乃贪心所使，人之品行无不于此败坏，家产无不于此荡尽，可不猛省而痛戒哉。

十、祖宗子孙之所自出入之本也，凡遇时节及忌辰祭祀，不可不虔，虽处艰窘，亦宜勉力尽其诚敬。语云："明水可以荐鬼神。"又曰："鬼神无常享于克诚。"若祭而不诚，虽罗列珍肴犹不祭也，愿为子孙者勉之。

十一、贫富自有分定，不可强求，人能稍读书，明些道理，不必妄为。但世日中，一切孰为轻，孰为重，孰为末，孰为本，孰为缓，孰为急，孰为虚文，孰为真实，孰为有补于身心，孰为无益于伦理，孰为可行，孰为可止，逐一斟酌，则富者必能长保其富，贫者布衣蔬食亦可以终其身，而不失为善人矣。古人云："学则富，不学则贫。"富也者，非积金币之为富也，言人无所不备也，君子立身每事务走正路，一言一动皆可以为人取法，此所谓无所不备，天下之富孰大于是。

十二、败坏风化，无如出会，台戏斗殴，争讼奸淫伦资，俱从此起，习俗既久，一时难化，但本身不宜于中作倡，其间或有明白者，可论以道理，使之潜消默夺则有补于风化不小矣。

十三、葬亲人，子之大事，死者以入土为安，故古有天子七月，诸侯五月，大夫三月，士逾月之礼，今吾山风俗有几十年未葬者，或望有力以荣亲而不举，或兄弟推诿而不举，或泥于风水必欲择吉地而不举，或丁眷众多拘于年庚而不举，往往亲殁终身不葬，委于子孙而犹不葬，至为水火漂焚。噫，此真祖先之大罪人也。

十四、酒以合欢，亦以取祸。凡朋友亲戚会饮，决不可沉湎。古人云：德将无醉。又曰：一献而宾主，百拜岂非虑，其纵恣猖狂而生祸哉。必也洗盏更酌，数巡即止，不致更深未休，夜半不辍，宾主有叫呶之失，僮仆有守候之苦，穿窬有抵隙之虞，则所全者大矣。

十五、兵犹火也，讼犹兵也，不息家其破矣，若万不得已，始可诉之官府，然或曲直稍分即止，不可将顺风船尽使也。凡有讼端切不可轻诉于人，其间或有巧言簧鼓煽惑两边反致不解，乡党中老成君子或与一谈，必有和平中正之语，其纷遂息而祸不作矣。

第六节　岱心湾吴氏

南宋末年，延陵吴氏57世吴天成，迁居岱心湾。东山吴氏为延陵季札之孙吴濮婪后裔，《洞庭吴氏家谱》载："季札长子随父适于齐，道卒，葬于嬴博之间，其子婪避乱，始迁东洞庭武山。"武山吴氏一支迁岱心湾后，繁衍成村，人才辈出。

明永乐二十二年（1424），岱心湾吴惠考中甲辰科进士，曾官广西桂林知府，为洞庭东西两山第一名进士。明崇祯末年，吴有性在翁巷淡淡斋著《温疫论》，为古代医学名著。明清及民国，翁巷吴氏大多因外出经商或为官而离山定居苏沪等地。2017年，莫厘村吴氏人口107人，在村大姓中排名第16位，居于翁巷、岱心湾。

吴惠及其家族　吴惠，字孟仁，明永乐二十二年（1424）进士，在桂林为知府十年，政绩卓著，把桂林府治理得夜不闭户，路不拾遗，人人安居乐业。宣德十年（1435），擢广东参政。清乾隆《苏州府志》载："惠性慷慨，疏财笃义，遇事敢为，居官三十载，田庐不改其旧。"明宣德间，岱心湾立有昼锦坊，宣扬他的德行。吴惠墓葬翁巷翠峰坞，大学士王鏊为之作墓志铭。子吴怀，字鸣翰，年轻时为诸生，与王鏊同窗读书于杨家湾华严寺中。工书能诗，兼能武事，有《东峰诗集》行世。吴惠女儿吴吉庭，是东山有史记载最早的女诗人。吴吉庭刚年满二八就嫁至西山蔡家,婚后不久即赋诗一首,托人带回娘家,有"紫泥诏下修承宠,白发年来且自宽"之句,此诗被选入明代诗集《香奁》中。吴吉庭丧夫早寡,亲授诗书于儿子蔡羽,终至教子成才。蔡羽官至翰林院孔目,成为吴中历史名人。吴惠次子吴恪、吴怀之孙吴庸都是明代东山有影响的诗人。

民国商人 清末上海辟为商埠后,东山大户人家纷纷赴沪经商,形成上海著名的"洞庭山帮"商人集团。民国初年,吴氏在上海金融、商贸、文化、古玩等领域,都出了不少有影响的人物。1922年,吴伯记、吴蘅孙与人在沪合股开设慎益钱庄。吴礼门,清末民初在上海开设敦馀绸布号,自为经理。吴兰生,沪地恒隆海味行经理。吴启周,上海古玩同业公会主席,还涉及绸缎、地产和金融股票等领域。吴步云,民国初年上海的文化商人,曾任东山旅沪同乡会第四、第五届会长,为同乡事宜出力甚多。

附:《吴氏族规》

得姓篇

昔太王迁岐山笃,生三子,长曰泰伯,次曰仲,让国季历,遂逃于荆,十九世至寿梦而吴延陵季子以国为姓,此得姓所始也。

五服篇

礼莫大于婚丧,恩莫重于君亲,今人但知之通丧,其五服轻重不闻焉,风俗之颓也。孟子曰:"君子之泽,五世而斩。"言其亲属五服之礼未可忽略。故同胞兄弟为一世,期年十二个月也。同堂兄弟为二世,其服大功,再从兄弟为三世,其服小功,五个月也。三从兄四世,其服披麻三个月也。四从兄弟为五世,其免。凡有事于宗族之家,临丧之际以笃亲,亲之义也。

继嗣篇

族内子孙遇无后者,或房帏愚见,遂抱血肉以蹈莒人灭曾之祸。宜论昭穆次序为嗣,名正言顺存殁皆安,不然日后争端而起,后患者无尽。若以己子与异姓为子,若抱异姓之子为己子,谱中不宜书之。

出赘篇

出赘为婿盛于秦俗。水源有本宜知,若忘己之宗,姬妻之爱,尤忘水之源、木之本,人不可为之。春秋祭扫,敬畏族祖不可忘。宜展己亲,追远孝,尽廉义,而自律矣,若不然归谱难悉载。

祭扫篇

山中冢墓俱在一方,祭扫为易,每至寒食即结鹁之妇、夏畦之佣,无不以一陌纸洒泣坟土,风俗近古此亦一端。迩来吾族之人间有流寓他乡,竟忘本土墓葬,今修此谱使远客者知坟墓所在,岁归展祀不亦善乎!

周急篇

周礼六行,孝友睦姻任恤,任者以力相任,恤者以财相恤。范氏义田权兴于此。吾宗人闻多贫乏不能自存,族中稍有力者当念展亲之义,量为周给,节缩华靡可为河润,不然宁侈无益之费而无视孤寡,薄俗固有之矣。愿吾后人戒之。

睦族篇

宗族既繁,子孙蠡集,礼仪虽难保无争,但勿因血气小忿即构大讼。如长幼有辞,必先责成族长论其是否,听归于理,即当冰释,无致闻官伤财害义结仇也。

读书篇

欲宗之昌赖贤子弟，何自而贤，可心读诗书。山中多营什，无视读书，虽有美材，然暴弃良可也。吾族为父兄者当子弟勺象之年，必驱之家塾，稽考学业，纵使艰于风云，亦得博知礼仪，若束脯者单寒难继力，能助者愿相资给，耗费不多，成全甚大，先人知之，族必昌盛。

辑谱篇

家之有谱，国之有史，名殊义同。史则善恶而万世知所警惕，谱则昭穆森列而子孙纲常朗鉴，披阅追史戒，谱之修辑其意如此。辑者辑其根本源流世次，修者修其生长继嗣绝续存亡。吾谱唐长庆四十世中祖濮孟初肇谱，然其书不传，自孟初至宋宣教间，世次始班班可考。宣教四子分安宁昌盛，各立小宗谱，乃益详。及嘉靖、万历代有迄来，又延长重修之，遵照宣教公宋谱欧阳公图例，从安宁昌盛四祖昭穆分修，昭谏流俗之弊，无自矣。

藏谱篇

藏谱尤不可忽，凡修一谱不知修访几年，跋涉几处，然后鸠财奇剧，校勘精严，凡有疏脱便须改作，所以头白有期，汗青无日，幸而成书，昧者辄视迂阔，致有毁坏，数典忘祖能列殃乎。故受而藏之不啻球璧，子孙展卷瞭然，知水之有源，木之有本，蒸尝之感油然于心，教孝教悌胥在是矣。

第七节　岱心湾刘氏

明嘉靖年间，刘氏从山西洪洞县大树刘村迁居岱心湾，为不忘其根，刘氏在家族聚居的巷门上方镌"大树名家"四字，在刘家宗祠大门上方挂"大树庄"三字匾额。刘氏世居岱心湾，迁山后以经商显达，明清时亦有从政从文之士。清初，刘氏有一支迁翁巷，为翁巷"翁席刘严"四大家之一。中华人民共和国成立后，刘氏后裔因各种原因，大多定居国内大中城市。2017年，莫厘村刘姓人口81人，在村姓氏中排列第20位，居住在岱心湾、翁巷。

刘恕与留园　刘恕，字蓉峰，清乾隆五十一年（1786）举人，官至广西兵备道，世居岱心湾，家世素封，祖上以商贾称雄闾间，建宅多处。刘恕41岁时就辞官回乡，购苏州金阊外花步里徐氏东园，并几乎倾其所有，扩建其园，名寒碧山庄。为寻觅奇石异峰，他"拮据五年，粗有就绪"，陆续聚购了奎宿、玉女、箬帽、青芝等十二峰，并请苏州名士潘奕隽为每峰配上诗句，装裱成卷，取名《寒碧庄十二峰》。刘恕设计建造的留园十二峰，除干霄峰为斧劈石外，余者皆为太湖石。其园初名"刘园"，后改名为留园，为世界文化遗产、全国重点文物保护单位，也是苏州市对外开放的一处著名古典园林。刘恕之子刘运铃、孙刘懋功，均承刘恕"石癖"遗风，收买奇石拓建园林，大量收藏名人妙墨，又延椒翁于家，商榷评论。同时为满足观赏冠云峰愿望，特请人画了《东园访石图》以摩玩，还别出心裁，在园之东面，邻近冠云峰处造了一栋小楼，取名望云楼，同友人在楼上赏峰。

金融大族　岱心湾刘氏多商贾之士，财富在东山名列第三。清末民初，上海辟为商埠后，刘氏出了一批有影响的商人及金融家。刘恂如，名恭保，咸丰年间弃儒从商，至沪上习钱庄业，勤慎自守，成为沪地金融界翘首，历任志庆、庆成、协升钱庄当首（经理），曾任上海钱庄公会会长。刘舜卿，名宏惶，清末辽宁营口商会会长。他七八岁时就能过目成诵，被称为神童，后因家庭变故而弃儒学贾。年刚而立，已升任为经理，一时誉满商界。成年后游秦晋燕鲁，足迹遍及天下，最后在辽宁营口经商成功，组织商帮协会，被推选为商会会长。继而他又同吴门贝氏在汉口、郑州等处创建棉花号，致力于振兴国内棉纱业。刘鸿源，名期源，早年赴沪，学习钱业，先后任上海通和、一大钱庄经理。刘道周，毕业于上海复旦大学，得文学士学位，曾任上海惠灵中学代理校长。1937年，他与复旦同学创办上海三轮车公司，任总务处长，后该公司改组为中国交通企业公司，刘道周任经理。

明清宅第 历史上刘氏在岱心湾与翁巷筑有乐善堂、九如堂、松寿堂、先桂堂、容春堂、树德堂等近20座明清古宅。现存的明清建筑有容春堂、裕德堂、树德堂、松寿堂。

第八节 翁巷严氏

金家河严氏古墓

清初，严氏从镇西安仁里花墙门迁居翁巷，严氏历史上亦官亦商，为出名宦、名商、名士较多的家族。安仁里严氏原居浙江鄞县，南宋建炎年间严氏四十八公者为平江路判官，因不慎毁册落职，安家洞庭东山。明代严果修家谱，因年代久远，把七世严伯成列为东山严氏始祖，称安仁里严氏。清代初年，严氏一支迁翁巷村，出过严福祖孙三代进士，严荣一门嫡系七代知府。台湾地区前领导人严家淦及全国人大前副委员长严隽琪都是翁巷严氏的后裔。清末民初，翁巷严氏大多赴沪经商及从事金融业，定居京沪宁及香港等城市，迁居国外的人也不少。2017年，莫厘村严姓人口27人，在村姓氏中排列第30位，居住在翁巷、花园弄、黄濠嘴一带。

科举仕宦 东山严氏科第兴盛，明清时期出了5名进士和26名举人，进士分别为明代严经和清代严威、严福、严荣、严良训。其中，严福、严荣和严良训祖孙三代皆中进士。严福清乾隆四十年（1775）进士，官至翰林院编修、上书房行走。长子严荣，乾隆六十年（1795）进士，先任浙江金华知府，后调任杭州知府，颇多政绩。严荣季子严良训，道光十二年（1832）进士，历任江西建昌知府、河南布政使护理、河南巡抚等。清代钱泳《履园丛话》记载，洞庭东山严氏在明末富甲于乡，顺治乙酉（1645）因赈济难民而倾家荡产，到14世严晓山时家业又兴隆起来。乾隆乙亥大饥荒，严晓山倡议捐谷米，同不少善士一起放赈，四更就起来，事事都是自己亲自动手，挽救了很多灾民的性命。一天晚上梦到有人对他说："你家在乙年种德，当在乙年得报。"到乙未年，严晓山的儿子严福中会元，入翰林。乙卯岁，福子荣入翰林，官至杭州知府。道光乙酉岁，荣子良裘又中举人。良裘胞弟良训后也中进士入翰林。

经商世家 明嘉靖年间，严滂因族中赋役重，人口多，入不敷出，家业中落，只得弃儒为商。严滂之子严棨承祖业，贾于齐鲁及荆楚之地，征贵征贱，家道复起。严棨之子严宇相，开始读书求举，想成名后养亲。见父亲终年在千里外经商，一日忽然醒悟，遂弃书从父经商，足迹遍及全国各地。严棨之孙严宇春，屡试不中，科考无望，渡江至金陵，商贾为生。他根据货物行情，时昂时低，获利甚丰，家业隆起。严宇春还将全国各地的稀有特产，从数百里外之金陵运回家，孝养双亲，闻者为之感动。而严氏另一支严宇和，万历年间因家道衰落，乃弃儒而贾，看天时，察地理，与物屈伸，不贪不惰，家境素封。明嘉万时期，是洞庭商帮在大运河沿途商贾最活跃的时期，翁巷严氏几代人都在那里商贾，均获大利。

清代翁巷严氏也名商辈出，道光、咸丰年间，严明台因家贫放弃举业，随兄至淮、徐间行贾，奔走江淮20年，拥赀归家，为宗族置办义庄。晚清时，严湘泉贾于沪渎间。严芝楣转物于淮泗间，后任招商轮船厂局董事30余年，成为巨富。翁巷严氏因从政和经商等事由，清代起开始迁居南京、苏州、南通、宿迁、嘉定、仪征、邳县、常熟、松江、奉贤等地，远迁山东、云南、湖南、贵州等地的人也不少。

民国初期，严氏在上海金融界大展宏图，是洞庭商帮的主力之一，有60多人为洞庭东山旅沪同乡会的永久会员。严怀瑾、严兰卿父子，分别为公茂洋行和敦裕洋行买办。19世纪后半期到20世纪，上海有九大钱庄家族集团，洞庭山严家即为其中之一。严氏家族开办或参股开办的钱庄有镇昌、协升等6家钱庄，总资本达几十万两白银。严兰卿曾一次就和唐廷枢、徐润、席正甫一起共出银45万两合办钱庄。严俊叔为英商老公茂洋行买办。严洁身为利华宝业银行副办。在金融工商业中，严锡繁创设中国商业银行，严敬舆创办东南植业银行，严挹谦任大陆银行襄理。严筱泉创有万兴豫、宏兴成两家粮号，为上海杂粮业巨子。严巨卿创设天生绸庄，经销美亚绸厂产品。严穗荪创办织大盛绸缎庄，并自任经理。

文化名士 翁巷严氏家族对中国近代文化，尤其是在翻译、漫画、书店方面有很大贡献，代表人物分别是严良勋、严绍唐和严俊期。严良勋，字子献，自幼聪明好学，遭太平天国战乱赴沪"废读改业贾"，后被选入上海广方言馆，习天文、算术、海国语文（外语），毕业后以首选入京师同文馆，给予内阁中书职衔，后充广方言馆都讲，精通英文，曾充当英文教习。同治十三年（1874）他曾翻译《四裔编年表》与《埏纮外乘》，两种书均由上海江南制造局出版。严绍唐，原名严家驯，始在上海永顺汽轮公司任售票员，1928年起，他爱上连环画，后结识著名的连环画家朱润斋，经常向他求教，艺术大进，开始以画连环画谋生。他擅长大套古典历史连环画的创作，自编自绘大量的连环画作品，如《西游记》《北宋杨家将》《三国志演义》等深受读者喜爱。他创作的连环画形象饱满，人物表情生动，线条流畅，被人称为"老牌严绍唐"。严俊期，香港万事通出版公司经理，先后在上海、广州、香港开设学林书店，出版销售中国出版中心上海所出图书。

明清宅第 严氏在翁巷村保存古建筑数量多，档次高。凝德堂被列为全国重点文物保护单位，修德堂、尊德堂被列为苏州市文物保护单位，同德堂、乐志堂、景德堂被定为苏州市控制保护建筑。建德堂、载德堂等被公布为第三次全国文物普查新增文物点。

第九节　太平村施氏

施氏清代咸丰年间迁居翁巷，因筑宅翁巷太平村，被称太平村施氏。东山施氏南宋迁山，原居镇西施港河头。《施氏祠碑记》载，南宋建炎年间，国子监学禄施轶与将仕郎学正施淮随高宗南渡，施轶护神主先到杭州，施淮在毗陵道遇金兵，被害于道中。后施轶和施淮两个儿子卜居于东洞庭之九龙山，名其地为施巷，建桥名施公桥。清咸丰年间，施氏有一支迁翁巷村，繁衍成族。2017 年，村中施姓人口 15 人，在全村姓氏中排名第 38 位，居住翁巷村。

历史名人　东山施氏在历史上也是名人辈出，名满吴中。在明清两代出过 1 名状元、2 名进士、3 名举人和 10 多名文士。施槃，字宗铭，为翁巷施氏远祖。明正统四年（1439），高中己未科一甲一名，是东山历史上的第一位状元，也是明朝开国后，苏州府的第一位状元。施大政，字中行，明代名士，天启年间参与撰修神宗、光宗两朝实录。施凤，字东岗，明代隐士。能文章，有德行，卒后正德朝大学士王鏊为之撰《高士高岗传》。施大用，字中立，明代诗人。凡遇古人经书，对当世有用均而录之，述著颇丰。施凤翼，清顺治四年（1647）进士，浙江上虞县知县。施昭庭，清康熙五十四年（1715）进士，江西万载县知县，具政绩，事迹入《清史稿》。

近现代名彦　施爵，字禄生。少孤，年 11 岁入学，读书两年后辍学。时太平军战起，他奉母命避居青浦。战事平息后，至上海习钱庄业，27 岁就独当一面，任钱庄经理。30 岁被招为上海招商局主事。民国初年，东山旅沪同乡会在上海成立，施禄生被推选为会长。热心于社会公益，主持并出资疏浚了横泾市河、浦庄河道等。长子施世成，字谱南，随父赴沪习金融，曾任钱庄经理，担任莫厘三善堂堂长数年，倡办诸多慈善事业。施志锐，14 岁随堂兄施禄生赴沪习典业，一年后又到钱庄当学徒，三年后升跑街（副理）。1914 年，任上海松江盐业公所会计，继升经理，在下席街建忆萱堂。

施姓宅第　清末民初，施氏从镇西施巷迁居翁巷后，先后建有益庆堂、丰庆堂、忆萱堂等宅第。益庆堂，位于翁巷太平巷，1909 年始建，1911 年竣工，有中、西两路建筑，中轴线上有门厅、大厅、照厅（花厅）、前宅、后宅等四进房屋，西路有书厅、书房、小客厅、灶间等。忆萱堂位于翁巷下席街，建于 1914 年，有门屋、圆堂、住屋三进，加上灶间、柴房、客舍等附房，有 30 多间房屋，建筑风格以传统为主，略带西洋色彩。宅中留有《忆萱堂记》碑，为主人施志锐亲撰，意为不忘慈母养育之恩。该记有

百岁桥尔雅堂施宅

1100多字,详细介绍忆萱堂建造原因与经过,为莫厘村古民居中唯一留有建屋历史的宅第。

第十节　鹅潭头杨氏

历史人物　杨氏清咸丰年间迁居翁巷花园弄、长生街、黄濠嘴一带,因村口有一小潭形如鹅蛋,名鹅潭头杨氏。始祖杨翰臣,原居无锡玉祁镇四知堂,为东汉名臣杨震之裔,以开镖局谋生,后避战乱携家迁东山。《黄濠嘴四知堂杨氏简谱》载:太平军与清军在无锡一带进行拉锯战,杨翰臣为保家室,被迫参加太平军。太平天国起义失败后,朝廷四处追杀太平军及后代。杨翰臣只身逃到太湖东山,隐姓埋名,以农耕及替翁巷大户人家抬轿为生。

杨翰臣生2子:伦标、伦方。伦标又生5子:正荣、正方、正昌、正明、正泉。伦方生2子:茂昆、茂林。后杨氏子孙昌盛,繁衍成村。20世纪30年代,无锡四知堂杨氏为续修家谱,派人到东山寻找杨翰臣后代。此时,鹅潭头杨氏传至第四代,人丁兴旺,已成一族。杨氏裔孙严遵翰臣公临终遗嘱:"切勿显世,切勿归宗,切勿与无锡有联。"其时已是民国年间,但深居湖岛的东山杨氏,误认为官府仍在追杀太平军后代,未敢至无锡玉祁认宗归谱。2017年,莫厘村杨姓人口349人,在村大姓中排名第3。居住于殿新、鹅潭头、翁巷,其中,鹅潭头村95%为杨姓。

经商家族　清末民初,杨氏在翁巷翁席刘严等大户人家经商之风影响下,青壮年亦多赴沪经商,由洞庭东山旅沪山人组建的洞庭东山会馆董事会中,杨秋卿任检察,杨继康为东山莫厘三善堂董事。1921年,杨信之参股在上海开设庆大钱庄。1924年,杨淞生与程霖生合股开设鼎元钱庄。还有黄濠嘴杨桂泉、杨锦章赴沪服务于沪地荣康钱庄。在当代,杨氏亦不乏商界名流。2006年11月7日,在港召开的"香港工业总会表彰大会"上,溢达集团主席兼行政总裁杨德敏女士,获本届杰出工业家奖。

第十一节　其他氏族

在历史上,莫厘村有影响的姓氏有:沈氏、叶氏、郑氏。沈氏,西晋初年迁居东山具区桥畔,后迁居殿新、岱松、余山等村,为西晋驸马沈坤一支裔孙。叶氏,北宋初年刑部侍郎叶逵建宅杨湾碧螺峰下,为吴县(东山)叶氏始祖,莫厘村叶姓旧居翁巷、建新、汤家场,为叶逵六世孙南宋南阳太守叶桯一支裔孙。郑氏,南宋初年迁武山,始祖为驸马郑钊,清中期迁居翁巷、下席街村,有馀庆堂、恒庆堂、善庆堂。2017年,莫厘村人口排名前10位的姓氏还有张、夏、王、徐、钱、宋、费等大姓。

张姓　2017年,366人,在村中排列第2位,居住在殿新、鹅潭头、建新、杨家湾、岱心湾,村中最早的一支张姓为殿新村张氏,宋初已迁殿新村,北宋开宝年间,村人张大郎舍地筑东岳庙，俗称张师殿，张大郎为莫厘村张姓之始。

夏姓　2017年，311人，在村中排列第4位，居住在石井与周湾。该姓原居洞庭西山，清中期迁居东山石井、周湾。

王姓　2017年，230人，在村中排列第6位，居住在翁巷、汤家场。东山王姓南宋建炎间从太原始居陆巷，清初迁汤家场，为太原王氏一支。

徐姓　2017年，212人，在村中排列第7位，居住在石井、洪湾。徐氏南宋建炎始迁李湾，莫厘村徐氏为湖沙徐氏一分支。

钱姓　2017年，199人，在村中排列第8位，居住在丰圩、石井、余山。宋时有吴郡人钱豫，字康功，隐居席家湖头社下里，筑双清亭自娱，后裔孙居后山丰圩、石井一带。

宋姓　2017年，182人，在村中排列第9位，居住在宋家湾村。宋姓南宋迁山，始祖迁一公，墓在杨湾湖沙里。1929年，李根源《吴郡西山访古记》有载。宋家湾宋氏为迁一公的一支裔孙。

费姓　2017年，159人，在村中排列第10位，居住在尚锦、周湾。费氏原居洞庭西山，清中期迁居尚锦、周湾。

第十四章 人物

莫厘村历史悠久，在明清两代，莫厘村大族裔孙或为官、或经商、或从文、或行医，唐宋元明清及民国，出了许多名臣与名商，在明清"钻天洞庭"商人集团中占有重要位置。该章人物较多，分人物传、人物简介、人物名录、人物表四个类目。因年代久远，志书与家谱上所记载的不少名人史料不多，有些人物生卒年不详。列传和简介人物及人物名录、表，以生年先后排列。

第十四章 人 物

第一节 人物传略

人物传略摘录于明清《苏州府志》《吴县志》《太湖备考》及民国《乡志类稿》等方志以及莫厘大族家谱。入选标准：大族始迁祖、明清府县乡方志上的"传记人物"、家谱所载为社会及乡邦发展有贡献的人物，参加新四军及抗美援朝立功人员，共95人。

席温（生卒年不详） 字厚君，唐翠峰坞人。祖籍关东，居安定（今甘肃境内）。唐乾符年间官至武卫上将军。广明元年（880），携三子南迁，隐居洞庭东山，造宅翠峰坞，东山席氏始祖。席温临终有"吾裔孙勿为官、勿出山"的遗训，故席氏后裔大多以经商为务，是明清"钻天洞庭"商人集团的主要家族。席温晚年皈依佛教，舍宅筑翠峰寺。席温祠在翠峰寺旁，今祠、寺均废。墓葬（衣冠冢）在翁巷坪磐，墓地原占地数十亩，前有照潭，今墓已废，双潭尚存。席氏至东山后，经千年繁衍，裔孙遍及全国各地及海外。

席常（生卒年不详） 字元庆，席温次子，唐翠峰坞人。唐末受朝廷征召，带兵征讨小勃律吐蕃，平寇有功，被封为骠骑左金吾上将军，赏洞庭东山锦绣花园土地360亩，翠峰山坞山地1600余亩，席氏三兄弟遂筑宅翠峰坞。建上席、中席、下席三村，形成面积300多亩的村落，唐宋时称"锦绣花园"。清康熙《席氏家谱》内上席席尚、下席席当数代后无载，今东山及海内外东山席姓均为中席席常裔孙。

翁承事（生卒年不详） 南宋翁巷人。建炎年间迁山，东山翁巷翁氏迁山始祖。翁氏居山后，买山筑圃，渔樵耕读，不求仕达，裔孙多商贾。明中期，东山富商有"翁席刘严"四大家之称，为"钻天洞庭"商人集团的第一大家族。清康熙年间，东山一支翁姓迁居太仓、常熟、上海等地，分为三支翁氏。翁巷翁家祠堂尚存。

汤奕世（生卒年不详） 南宋翁巷汤家场人。建炎年间迁山，东山翁巷汤氏迁山始祖。清道光二十年（1840），名士俞樾撰《汤氏家谱》序载："宋之南渡，中原板荡，军民随驾而迁。汤奕世携族居吴之西南东洞庭山，择山麓而居，农耕以给，繁衍成村，遂以姓谓汤家场。"明清后，汤氏分居张师殿有汤家弄、渡水桥南汤家扇。汤姓分布在翁巷汤家场、金家河、太平村、坪磐等村落，亦为翁巷大姓。

周仁（生卒年不详） 字效山，南宋周湾人。建炎年间迁山，东山周湾周氏迁山始祖。清道光十九年（1839），周奕钤续修《洞庭山周氏支谱》载："周湾周氏系出汴梁，宋大夫周敦颐之后。宋室南渡时，周敦颐之后周望，任江浙宣抚司驻守平江府，护驾南下。周望有四子，周仁、周伯两子迁居洞庭东山。"周仁定居周湾后，始以农耕为生，后裔亦农亦商，繁衍成村，散居周湾、洪湾、小长湾及前山等村。

金德传（1230—1296） 元金家湖人。元至元年间迁山，东山翁巷金氏迁山始祖。清乾隆元年（1736），金孝坤编纂的《橘社金氏家谱》载："宋元鼎革之际，有宋少保金节安六世金镥、七世金德传，迁居东山翠峰坞，辟建金家河村，名橘社金氏。"该处唐名社下里，是东山最早的古镇及水运码头。金德传率族人筑金牛岭、长涧、普安桥，形成村落，因村中原有古橘社，遂名橘社金氏。

吴惠（1400—1468） 字孟仁，明岱心湾人。永乐二十二年（1424）进士，为洞庭山历史上第一位进士。东山吴氏为延陵季札之后，原居武山（今吴巷村），南宋末年，吴氏 57 世吴天成，迁居岱心湾，四传至吴惠。吴惠科举登第，授行人（官名），奉使占城（今越南中南部），事毕返，升桂林知府。时义宁（今广西临桂）少数民族联抗明朝，朝廷准备派大军镇压，吴惠单车亲赴义宁，进行招抚，避免了一场血腥杀戮。他在桂林 10 年，颇有政绩，升广东参政。性慷慨，疏财笃义，遇事敢为。居官 30 年，田庐不改其旧。

吴怀（1448—1492） 明岱心湾人，吴惠长子，诗人。少时与王鏊同读于杨家湾华严寺中，风流俊逸，诗文清丽，喜书法，尤精小楷，并兼武事。学问与鏊不相上下，然科举屡试不中。弘治五年（1492）八月，王鏊主试应天乡试，吴怀再次参考，仍未中举，郁郁而亡。王鏊返乡探望，得知其卒后极为内疚，题其遗像云："於乎东峰，天之生才，将必有为，有才如君，卒以不试。君之为诗，高视寰中……忽览遗像，泪若迸泉。"

翁参（1493—1573） 字良预，号春山，明翁巷人。义商。自小读书，通晓大义，不喜科举，爱交游四方。弱冠即治装远游，至齐鲁、海岱一带经商。明正德年间，翁参在山东清源一带经商致富，倾囊赈灾，救济当地贫病灾民，安葬死者，义声传遍齐鲁。嘉靖年间，日本倭寇流窜太湖，烧杀东西洞庭山，翁参散家财，招募乡勇，捍御东山，使山中父老乡亲免遭倭寇之祸。吴县令上奏朝廷，旌其庐。

吴庸（1495—1559） 字仲思，号平斋，鸣翰之孙。明莫厘岱心湾人，诗人。出身书香门第，家中藏书万册。从小好学，与"吟坛"葛鸣玉为中表兄，两人日相切磋，学业大进，名闻里中。

翁永福（生卒年不详） 明翁巷人。翁氏八世孙，东山早期商人。明正德年间，翁毅、翁永福父子在燕地经营布业。后翁永福以山东临清为经营中心，"达百货之情，审叁伍之变，权本末之宜，择能人而任"，经营规模大增，奠定了翁氏经商的基业。其子翁参、孙翁笾均为明末有影响的大商人。

席洙（1516—1582） 字子文，号怡泉，明翁巷上席人。商人、隐士，《居家杂仪》作者。以居积起家，多年经营，颇具资产。与一般商人不同的是，他有了一些家产后，安心读书，修身养性。县志称其"孝友醇谨，达观身世，喜读书自乐"。明万历年间，他集数年之力，完成《居家杂仪》一书。该书又名《席氏家训》，有修齐、教训、婚礼、家事、商旅、戒约、慈让、初丧、司葬等条目，上下两卷，计 121 条。翰林院学士姚弘谟、太仆寺卿两台督学徐广等官员为之作序。

翁笾（1525—1607） 字文夫，号少山，明莫厘翁巷人。翁参长子，明代著名商人，为"钻天洞庭"重要代表人物。明嘉靖至万历年间，海内有"非翁少山布勿衣勿被"之称。翁笾经商发迹后，携赀归山，建翁巷（从中席坪磐至南面更楼，约长百米），巷两侧宅第厅堂有 20 多幢，宅宅相连，弄弄相通。东山旧时富户"翁席刘严"四大家，翁氏居首位。嘉靖初，翁笾出资筑席家湖石塘三十余丈，挡住太湖西来之水，以保障翁巷村东不受洪涝。翁笾去世后，明嘉靖状元宰辅申时行为之作传。

金燔（1539—1616） 字伯献，明翁巷橘社人。诗人。祖上世代经商，咸雄于赀。弱冠折节读书，与四方名士交游，以诗闻于五湖间，吴凝父咸重之。所居筑亭跨涧上，流水声不绝，常聚友人在涧上饮酒吟诗。

席端樊（1566—1646） 席端攀（1570—1638） 兄端樊，字公超，号左源；弟端攀，字公援，号右源，皆明翁巷村上席人，著名商人。端樊年 17 岁，父死，兄弟俩协力同心，运筹握算。遣人北走燕齐，南贩闽广。明末辽左、京师、临清、徐州、南京、长沙等地，都有席氏经营的绸布店号，其中，湖南各地的绸布经营，几乎全由东山席氏等洞庭商人所垄断。席氏兄弟在外地开设布店、染坊，把苏松农村收购的布匹，运到长沙漂染加工，从中谋利。他们"无客不招，无胜不览"，不到20年，累资巨万，成为东山历史上继翁少山后的大商人。后齐鲁大祲，道殣相望，兄弟俩全力赈济，救活万千人。席端攀43岁归东山，出资在乡里修桥铺路，帮贫济穷，行善于里人。端攀虽腰缠万贯，却旁无姬妾，其与妻白首相老，终身相守。

吴有性（1587—1675） 字又可，明翁巷人。我国17世纪著名瘟疫病医治专家。崇祯十四年（1641），南直隶各省瘟疫流行，许多医家均把瘟病当伤寒症来治疗，结果误丧数以万计患者的性命。吴有性经过临床仔细观察，发现瘟疫之病因，是一种不能见、闻、触到的"疠气"，即从口鼻而传入的一种传染病。因而创立了"疠气"病因学说。著书《温疫论》，对温病学说的发展贡献很大。该书刻印传世后，医学家广为翻印，影响深远，康熙年间传至日本。翁巷鹅潭庙《净志庵碑》中有"族长吴有性立"等字。

翁彦升（1589—1622） 字升之，号亘寰。明翁巷人，光禄寺寺丞。弱冠工博士学，读书常至达旦，然屡举不中，后捐授光禄寺署丞。时边事有警，朝议招天下英杰，以解边危。彦升准备上"筹边十策"，被名士陈继儒阻止。辞官归里后，在莫厘南湖畔购地数十亩，筑集贤圃。该园又名"湖亭"，规模宏大，景观极多，有开襟阁、群玉堂、来远亭等十景。凭栏远眺，景色壮观，被誉为"少伯湖中第一山"。明陈宗之撰《集贤圃记》，董其昌、陈继儒、王世仁等名士常受邀饮酒优游其间，留下了许多诗作。

金汝鼐（1592—1623） 字调元，号观涛。明翁巷橘社人，为东山恪守信用、名垂史册的诚实商人。幼丧父母，家境贫困，稍壮即弃儒经商。曾寄于外婆家，帮助娘舅席氏理财。舅系巨商，江湖商贾中多熟人，又熟娴经商之道。汝鼐勤奋好学，精明能干，为人本分，舅氏独知金甥可信可任，待之胜于众人，并命商肆中人尽听其指挥。他善于经营，能随机应变，获大利。金汝鼐经商以诚信为本，为舅家掌管商肆30年，不因席舅信任而多取一分钱，被誉为古代诚信经商的典范。

汤濩（生卒年不详） 字圣弘，一字昭燮。明翁巷人。天资敏悟，学业专精，于书无所不读，寻源究委，探微索隐，不肯放过一字。弱冠补博士弟子员。家中藏书数万卷，丹黄评骘，日以为事，与金陵丁菡生、黄俞邰订交，十日一集，互为主客。晚年尤精易理，旁及天官、历算、量数、筮法、韵学等书。

席本广（1598—1642） 席本久（1600—1679） 兄本广，字宏伯，号驭宇；弟本久，字仲远，号惕庵，皆明翁巷人。席本广早年为贡生，曾游太学，后授光禄寺署丞，但他没有去做官，而是奉父命，掌管家财，行贾各地，周游四方。他每到一地，必访名山大川，高贤隐侠，喜与文士往来，切磋学问，交谈时事。席本久少时随父、兄四处经商，亦善于经营。他在青浦为诸生时，广结文友，学问大进，但科考屡屡失利，后由监生充贡生，曾得一职，未赴任。哥哥本广早逝后，他挑起重担，支撑起席氏家业。清兵南下，席家在"清源、山左、中州、汉口、青溪诸业，十亡八九"。从此，他摒弃所业，淡然处世，家中钱财大多周济他人。顺治九年（1652），府、县两级并举席本久为乡饮介宾。

席本桢（1601—1655） 字宁侯，明翁巷建新人。席右源之子，太仆寺少卿。明末大商人，"钻天洞庭"商人集团重要人物。少承父业，曾挟货"北走齐燕，南贩闽广"，艰苦创业，足迹遍及大半个中国。"家富于财而好行其德"，崇祯末年，江南发生饥荒，继而又瘟疫蔓延整个苏松地区。席本桢目睹惨状，发库中金8000两，委人去湖北的襄、樊等地购米，运贮苏州救灾。他原想把米平价出售给灾民，但米价虽然便宜，却仍无人购买。

这时本桢感到"饥民无钱，安能购米"，于是毅然如数赈济灾民。他派人在苏州一带灾区，对灾民按户计口，又计口授粮，吴中得活者达几万家。继又把粮食运到"货殖之地"的金陵、临清、济宁等有灾情的地方，悉同吴中一样赈济。《太湖备考》载：自山城以达青龙，弥望数千里……皆席氏救得以活。朝廷授以文华殿中书，加太仆寺少卿，于地方建坊旌表。卒入祀苏州沧浪亭名贤祠。

翁万裕（1601—1679） 字容卿，号震生，明翁巷人。崇祯十年（1637）武进士。南京兵部副总兵。祖上经商，家境殷实。万裕从小喜武，少年时遍游海内名山大川，拜师学艺，练就一身好功夫。明朝末年，中原动荡，朝廷举武科在城中贴谒招募天下壮士退敌。翁万裕赴京揭皇榜从军，逢朝廷开武科，考中武进士，授以南京兵部中营副总兵、参将，领兵出关御敌，屡败清兵。后其才不得施展，不久即借病致仕归里，以诗书自娱。

翁应玄（生卒年不详） 字孝先，明翁巷人。南京兵部中营副总兵、参将。应玄身材魁梧，武艺出众。崇祯末年，他随族人在江淮经商，见国家有难，慨然走京师，揭皇榜从军。出倾家之财，募敢死之士出关御敌。一月间得万人相随，率军从大沽出师，乘狂风扑向敌阵。翁应玄策马横槊冲在前面，飞将军如从天而降，清兵溃败，首战大获全胜。继而翁应玄带兵乘胜追击数十里，把清军赶至漠北，解了边危。晚年剃发入山，在寺庙中了却残生。

金植（1627—1691） 字天立，号卓庵，清翁巷橘社人。商人、隐士。少攻举子业，有名于时，然屡试不中，遂弃文经商。尤敦孝友大节，浙江严显亭、阳羡陈其年、长洲汪琬皆慕其才，造庐与之定交。禀异才，能五官并用。与席本桢系姻亲，慕其才而委之经商重任。能两手握算盘，目视册籍，口授各执事宜。不久归里，筑观涛阁，以诗书自娱。热心里中公益，捐资颇多，被延为乡饮嘉宾。

翁天游（1630—1699） 字元雯，号心斋，清翁巷古香堂人，河南开封府同知。早攻举子业，富而能学，诗文皆清隽。以岁贡授内阁中书舍人。政事之余，喜游名山大川，皆留有诗作。家中集贤圃被誉为"洞庭第一园"。山中有石工胡某，萌利心而怂恿富室徙其园于内地，名园毁为墟。天游仕归，观其墟而泪下。未几，石工之子以姻礼谒其所，天游怒摔其礼于阶下，乡人称之。

翁天章（1631—1698） 字汉津，彦升之子，清莫厘翁巷人。云南河西县知县，有惠政及廉名，任满南归时万人相送。归时携云南大理石数片及孩儿莲一株，栽于父彦升所筑集贤圃中。晚年生活窘迫，将其园售于安定席氏，园中一太湖石娟秀如画，天章竟卧之石上，曰"我卖宅不卖石"，用巨绳束石架木越墙而运出。孩儿莲、太湖石几经辗转，现置于雕花楼小花园中。

席启图（1638—1680） 字文舆，号啸滨。清翁巷人。席本桢长子，岁贡生，候补内阁中书。继父志，施德乡里，增广父亲所置义冢、义田，赈冻馁，育婴孺，助嫁娶，施医药，修学宫，均慷慨解囊。又以山中妇女无业，置机杼，教以纺织，解贫家之困。卒后葬周湾，汪尧峰为其撰墓志铭。

翁澍（1640—1698） 字季霖，号胥母山人，天游之弟。清翁巷古香堂人。《具区志》作者。少时学诗于吴伟业。博学多才，闻名于时，但不求仕进。康熙二十八年（1689），撰写刻印《具区志》十六卷。家藏书甚富，历史学家吴晗所撰《江浙藏书家史略》中，亦介绍了翁澍之藏书。

翁天浩（1649—1693） 初名永熙，字元将，天章之子。清翁巷人。儒商。弱冠能文，肆力于古文学，读书成六馆之士，后弃文从商，在翁巷东社下里筑社西草堂，其敞云楼为全庄最胜之处。性慷慨，好交友，与昆山名士徐乾学友善。清康熙二十九年（1690），徐乾学奉旨纂修《大清一统志》及《明史》，居翁天浩敞云楼启馆修书三年，书成康熙赐"光焰万丈"四字之额。徐乾学返京，天浩随之赴京至书馆效力。

席启寓（1650—1702） 字文夏，号治斋。清翁巷花园弄人。席本桢次子。从小读书，后为监生，康熙二十一年（1682），由县令积赀得部郎，后补工部虞衡司主事。他上任后严明纪律，"坊陌为之肃清"。四年后，启寓为奉养母亲，毅然辞官返山。康熙南巡东山，驻跸于翁巷席启寓家东园，启寓得康熙召见。博览儒籍，亦爱读道家之书。工诗，亦喜藏书、刻书。东山席氏扫叶山房第三代传人，辑《唐诗百名家全集》100种，204卷。

金砺（生卒年不详） 字元台。清翁巷橘社人。生而颖异，7岁时就能书写斗大的字，运笔有老成风格，并能吟诗作画，有"神童"之称。及长，师从石门吕氏深造。与陆家书、朱伯庐结为道义交，常聚在一起，质疑问难，探讨学问。他悟性极高，又肯钻研，常语出惊人，有独到见解，时人皆器重。其文根柢"六经"，能贯穿"八家"，作文不趋时人，不肯一字拾人牙慧，常为一字之妙苦思数天。亦自命清高，不与时人合拍，故一生不得志，以青衿终其身。书法不拘一家，而于篆、隶尤见功力。

席永培（1656—1717） 字世存，号养初，清翁巷人。候补州同知，儒商。父士琨在上海青浦一带有典业。康熙十三年（1674），永培离山赴青浦朱家角经营祖业。收购棉布，开设典铺，财源茂盛，成为当地富户，并筑宅定居。因其母亲居东山，经常往来于东山、朱家角之间。随着年岁增大，永培把青浦家业交三子祜铨、四子祜钧管理，自己则回东山翁巷安居晚年。后青浦席氏繁衍成族，把席永培定为青浦席氏始祖。

席永恂（1665—？） **席永恪**（1667—1711） 兄永恂，字汉翼，号念莪，例选国子监助教。弟永恪，字汉廷，号思宋，考授内阁中书。皆席启寓之子，清翁巷花园弄人。兄弟俩一生向学，专心学问，颇具成就。名士陆陇其休官归里后，曾被延请至席家施教，师生情谊颇深。陆氏病卒后，留下许多著作，兄弟俩为先生陆氏校刊刻印《三鱼堂集》《古今尚书考》《四书大全》等10部。性慷慨，乐施舍。康熙四十六年（1707）、四十七年（1708）江南大灾，饥疫交作，兄弟俩出粟赈济，向粥厂、药局捐资，不遗余力。又修葺文庙，建造育婴堂，乡里咸颂其德。

翁志琦（1670—1738） 字式金，号琢山，清翁巷人。康熙五十六年（1717）举人，浙江青阳县教谕。翁圻次子，天赋异才，文章举笔立就，句多奇警。弱冠应童子试，拔补吴江县庠生，一时知名之士均与之结交。中举后选县训导，未授职。生平遍游燕齐楚闽等地，喜结交友人，且重承诺，为人豪爽。作诗不拘一家，学诗专以少陵为准绳。

金坤（1673—1746） 字天恒，号远斋，清翁巷橘社人。金友理之父，自强不息，乐善好施，热心社会公益。13岁丧母，父卒，待继母如亲母。性敏达，博览群书，谈古今成败，具有卓识。叙得州司马，效力营田水利，不幸废左手及足，非扶掖不能行，仍热衷乡间公益。东山孤峙湖中，自给不足，民食全靠舟济，凡遇风涛，常断粮。金坤仿朱子社仓之法，与志同者在橘社合建积谷仓，以备荒年。此举受到徐中丞赞赏，并劝诸乡亦建社仓。卒后内阁学士沈德潜为之撰《金坤传》，道光《苏州府志》"独行"载其事。

翁栻（生卒年不详） 字又张，清翁巷人。文士、藏书家。少从金耿庵游，酷嗜古书籍与书法，凡山中藏书及徐乾学家所藏宋元钞本，皆借之阅抄，并注题识。康熙间，相国陈世倌奉诏纂《康熙字典》，开书局于苏郡，延知名之士分校刊刻，翁栻受聘董其事。

席鏊（1699—1779） 号景溪，席永恂第六子，清翁巷人。天资聪慧，7岁能文，8

岁能诗，曾在名士陆陇其门下学文。雍正二年（1724）举人，授内阁中书。席鏊性情孤傲，不屑于官场应酬往来，更喜把精力投注于诗文书法之中。其书法遒古，诗文清隽。

金友理（1710—1787） 字相玉，清翁巷橘社人。《太湖备考》作者。敏而好学，有卓识，讲学论古，发人所未发。年轻时颇崇"经世之学"，对水利与有关国计民生之事尤为关注。曾遍览太湖流域之书籍，收集有关太湖水道今昔变迁的方志、文献等资料，历时3年多，著成刻印17卷，34个类别的方志《太湖备考》。成为后人讲水利、治太湖、谈兵防的重要参考书。

严选（1717—1755） 字万青，号晓山，清翁巷坪磐人，义商。严氏世居东山安仁里，清初移居翁巷村。他富而好义，热心公益。顺治二年（1645），其父赈济难民倾其家，后严选经商家业又裕。乾隆十九年（1754），岁大祲，严选倡捐谷米，同诸善士放赈，四鼓即起，始终理其事，至家业衰微，后经商复振家业。

席珥（生卒年不详） 字贡珍，号贡湖，席本桢裔孙。清翁巷花园弄人。康熙五十年（1711）举人。谨友谊，重真情。祖上世代商贾，家境殷实，中举后仍读圣贤之书，并延名师课诸子，攻举子业。收集洞庭东西两山诸名家诗，著成16卷，名《湖山灵秀集》。子席陆艺，字菽筛，落籍浙江，雍正七年（1729）举人，浙江钱塘县学正。

席夔（1726—1792） 字谔庭，晚号浣香居士。清翁巷人。书法家，曾任山东夏津、汶上等县知县。汶上县有处地方决口灌城，席夔亲绘水利图，请疏浚，又建乐利闸以蓄泻。在夏津时，河涨决堤，席夔冒着风雨，亲上河堤，堵塞决口，保全地方。他还教化当地民众种稻纺织，均取得良好效果。乾隆二十六年（1761），席夔考绩报循良之最。席夔多才多艺，工诗、善草、隶。子席世维，字筠亭，浙江永嘉知县、杭州西海防同知，居官视民如子，离开永嘉县时，民众千人攀车辕追送。

严福（1738—1792） 字景仁，一字爱亭。清翁巷人。乾隆四十年（1775）进士，授翰林院编修，充任四库全书馆校对官、武英殿国史馆。乾隆四十四年（1779），被派往河南任乡试正考官，录取后来成为名臣的杨维榕等70名学子，被朝廷"号为得士"。乾隆四十六年（1781），他任教习庶吉士，两年后充上书房师傅，专门在皇帝书房里侍奉左右。严福在上书房恪尽职守，极为勤奋，抱病以奉公，使病情日益加重，病逝在京师任上。

刘恕（1759—1816） 字行之，号蓉峰、寒碧主人、花步散人。清岱心湾人。清乾隆五十一年（1786）举人，广西柳州、庆远知府、右江兵备道。苏州留园第二位主人。刘恕家世素封，祖上或官或商，均有业绩。他中举后，即到广西为官，任过知府、道台等地方官员。嘉庆四年（1799），刘恕辞官回乡，归里后购苏州金阊外花步里徐氏东园，并几乎倾其所有，修筑寒碧山庄，始称刘园，号吴中名园之冠，清末更名留园。

严荣（1761—1821） 字瑞唐，号少峰，严福之子。清翁巷人。乾隆六十年（1795）进士，翰林院编修。嘉庆四年（1799）授浙江金华府知府，次年，调任杭州知府。在浙江两任知府任上，严荣均谨度支，慎讼诉，以实心行实政，是位百姓称颂的好官。浙中盐法积弊，严重影响国家财政收入，他对"盐枭"进行严厉打击，使之积逋一清。浙西岁俭，他上奏朝廷免去灾区百姓的赋税，并派员到广东一带购米以充民食，且旁邑皆仰给。西湖是杭州的著名风景区，又是附近千顷良田重要的灌溉水源，但从清代起长期得不到疏浚。时已葑草积淤，湖水发黑，水流不畅。严荣请拨运库中暂闲的银款，亲自督阵，组织民工浚疏，亦使下游民田得利。

刘懋功（1804—1866） 刘恕之孙，清岱心湾人。书画家、园艺家。祖父刘恕苦心经营寒碧山庄二十年,建造园中大量景观。嘉庆二十一年(1816),祖父刘恕病故,刘懋功承其祖"石癖"遗风,为满足观赏冠云峰之愿望,特地请人画了《东园访石图》以摩玩。还别出心裁在园之东,邻近冠云峰处造一栋小楼,取名望云楼,供友人在楼上赏峰。

严徵祥(1806—1863) 字季芳,号怀瑾,清翁巷人。清商人,木渎严氏始祖。弱冠至苏州、木渎经商,大获成功,在苏州与木渎开有多家钱庄、糟坊、粮店,晚年携家迁居木渎。购木渎钱氏花园。该园清乾隆年间礼部侍郎沈德潜所筑,严徵祥仰慕前贤,更名羡园。还在木渎创设善济堂、代赊堂等慈善机构;同时又出资修桥铺路,施粥济贫,赊欠棺木等。1920年,出资创设木渎电厂、成立救火会,1937年,创办私立城西中学。妻朱氏,卒于光绪二十八年(1902),享寿达百岁,被奏请奉旨旌表,建百岁坊于木渎山塘街支祠。

席元乐(1809—1850) 字品方,号兰坡,清翁巷敦大堂人。商人。祖上大多为商贾,以典当、钱庄等金融业为务。道光初年,席元乐承祖业至昆山,在城内经营多办典当,生意兴隆。道光二十二年(1842),上海通商开埠,席元乐即赴沪经商,为开埠之后到申城最早的几位东山商人之一。席元乐四子,素煊(嘏卿)、素贵(正甫)、素荣(缙华)、素恒(缙延),都成为中国近代金融史上有影响的人物。

严家承(1812—1887) 字开之,号蔚生。清翁巷人。道光十七年(1837)举人,知县。性厚志正,淡泊名利。两袖清风,居官清廉,自奉俭约。中举后分发浙江候补知县,历署奉化、象山县知县。刚到奉化时,政务极乱,遗留案子百余件,积牍如山。他日坐大堂,耳听手到,夜晚挑灯办案,常熬至深夜,月余而数年积案一空。在象山他发动兵民修营垒,编团练,筹饷械,诘奸宄,慎防守,官民同心协力,使象山民无失所。70岁致仕告归,因为官清廉,无甚厚蓄,归后生活困难,在阳湖书院教授为生。

沈二园(1815—1879) 字鹤年,清岱心湾人。上海新沙逊洋行首任买办。年年赴沪经商。1872年,英商在上海创办新沙逊洋行,沈二园任第一任买办,包揽了该行所有沪上进口业务。后其子沈志成、孙沈延龄,祖孙三代均成为新沙逊洋行的买办,达35年之久。清末其家庭在上海的遗产达500多万两银子。

杨翰臣(1831—1902) 清翁巷鹅潭头人,杨氏始迁祖。原籍无锡玉祁镇杨氏四知堂,开镖局,以替富户押送货物为业。清咸丰年间,避太平军战事,携家迁居吴县东洞庭山二十六都遵礼乡黄濠(牙)嘴一带定居。祖居位于净志庵(俗称鹅潭头庙)尼姑弄东侧。生伦标、伦芳二子,正荣、正方、正昌、振麟、振禄等七孙,后子孙昌盛,成为莫厘村大姓。

席嘏卿(1833—1918) 名素煊,字缙云,清翁巷敦大堂人。著名商人。长期从事钱庄营业,自己还办过钱庄。在他的影响下,三个兄弟均任外商洋行或银行的买办。后来席氏祖孙三代共11人,加上几个女婿,共14人,先后在6家英商银行、2家美商银行、2家日商银行及法、意、俄各1家银行充任买办,席嘏卿功不可没。

席正甫(1834—1904) 名素贵,号正甫,翁巷敦大堂人。上海汇丰银行第二任买办,亦为清末民初上海"洞庭山商帮"的关键人物。同清廷大员李鸿章、左宗棠、盛宣怀、袁树勋结成换帖弟兄。中日甲午战争失败后,清廷国库空虚,席正甫从中牵线,办妥了清廷向外商银行的政治贷款,其中,

席正甫

上海汇丰银行和德华银行合作借给清廷的一笔巨额贷款就有3200万英镑。席正甫名利双收,被清廷赐予二品顶戴,赏穿黄马褂,成为名副其实的"红顶买办"。

严徵禄(1839—1905) 字书宾,号芩甫。清翁巷建德堂人。江西吉安府县丞。精琴棋书画,又喜交友,在吉安任上,终日门客不断,结交的文人墨客遍及江浙赣三地,同浙江赵之谦交情深厚。赵为清中后期最有影响的书画家、篆刻家之一,曾为严徵禄画有工笔重彩全身像,并留有题款。同治十三年(1874),严徵禄母亲去世,他回家守孝后再未入仕。

席素荣(1844—1914) 字缙华,席元乐第三子。翁巷敦大堂人。早年随兄长一起进沪地典当学生意,性格机警、沉稳,办事独立性强。二哥席正甫当上汇丰银行买办后,他也曾去汇丰工作了一段时间。1875年,英商设立德丰银行,聘席素荣任德丰买办。1889年,出任英商有利银行买办。1903年,又出任华俄道胜银行买办。1907年,又将这一职务传给了他的大侄子席锡蕃。

严良勋(1845—1914) 字子猷,翁巷人。泉州知府。幼即聪敏好学,后被选入上海广方言馆,应试为诸生。继入京师同文馆,加中书衔。光绪元年(1875),擢郎中。光绪十二年(1886),授福宁知府,在任列课士为首务,以变其习俗。光绪二十八年(1902),调署汀州,男女老幼送行者遮道。岁余调补泉州,旋又调权福州、福宁,缉盗贼,弭械斗,名绩尤著。良勋出守海隅20年,尽心尽职,深受士民赞赏。

周传经(1848—1910) 字培因,号庚五,周湾人。直隶候补知府,盐运大使,天津大沽口船坞总办。经营盐业发迹,成为巨富,光绪三十年(1904),在殿前古石巷购地建承德堂。该宅规模宏大,街南筑有老宅,街北再建新宅,占地3000多平方米,保存有中轴线上四进8幢建筑,两边还有备弄,前后左右有天井和花园。2005年,承德堂被公布为苏州市控制保护建筑。长子昌岐,字伯文,太学生,直隶补知县。

施禄生(1849—1928) 名亦爵,号洛笙,翁巷坪磐人。少孤,早年弃儒行贾。27岁入钱庄,继自行执业,创办钱庄。30岁为上海招商局主事(局长),办事干练周密,见重于时。与名士袁昶友善,订文字交,唱酬集刊。热心社会公益,任洞庭旅沪同乡会会长时,开浚横泾市河、浦庄河道,创立新会馆,出资出力尤多。

周邦翰(1856—1904) 原名德闲,字文川,号季谦,清周湾人。光绪五年(1879)举人,历江西广信府兴安县及上饶知县。十年俸满后,保送江西九江同知及饶州府知府,在任有惠政。1916年,编纂《洞庭东山周氏支谱》。

席锡蕃(1863—1933) 名裕康,号慰根。翁巷敦大堂人,席嘏卿之子。曾任多家外商银行买办,在上海金融界享有较高声誉,1927年,成为上海总商会会员。席锡蕃事业有成后,热心社会公益,他带头募捐银洋1.25万元,倡建洞庭东山会馆。1911年,他在祖茔支祠前筑支祠前通樗湾路,以便行人。1915年,斥巨资在席家湖头建安定塔。此塔为七级浮屠,高五丈多,下层可供参观。

席子眉(1865—1897) 名裕琪,字佑廷,席端樊后裔,清翁巷人。父席素敏,以经商为业,敦厚孝友。子眉自幼随父习贾,成年后又到上海经商。他交游广,喜爱文化事业。清同治十一年(1872)英国人安纳斯脱·美查与人合股在上海创办《申报》,聘请席子眉任华经理(买办)。他与当时政界、商界、文化界人士建立了广泛的联系,使《申报》推销顺利,业务日臻隆盛。他还协助美查出版《点石斋画报》,筹划印刷《古今图书集成》等。清光绪二十三年(1897),席子眉中风病故,弥留之际,推荐其弟席子佩继任《申报》华人经理。

第十四章 人 物

金采生（1869—1912） 翁巷橘社人。金融实业家。弱冠赴沪习金融，入钱庄当学徒，后自行开设钱庄，曾任中国实业银行经理、四明银行经理，干练有为，蜚声于时。对于公益慈善，素具热忱。历任洞庭东山旅沪同乡会第十七至十九届常务委员，兼任同乡会刊物《莫厘沪报》主编。

席立功（1869—1923） 名裕成，席正甫长子，翁巷敦大堂人。生于金融世家，1904年，继父业任上海汇丰银行第三任买办。1905年，席立功代表汇丰银行贷款100万英镑给清政府，1913年，由汇丰银行为首的五国银行团，经席立功之手，又贷款2500万英镑给当时的袁世凯政府，所换的条件是中国政府将全部盐税收入存入汇丰银行。席立功还在沪参与建办多家钱庄，1904年，与严蟾香、万梅峰合资开办久源钱庄。1906年，与人合股开办的正大钱庄。1908年，与严蟾香等合办裕祥钱庄。

严家炽（1873—1952） 名良乃，字孟繁，翁巷乐志堂人。清末由吴庠生选授吏部司务，历任广东九江同知、韶州知府和广州知府。中华民国时期又先后任广州国税厅筹备处长，广东、湖南、江苏财政厅长。1916年，出任粤省财政厅司长兼国税厅筹备处长，时广东因连年战争，粤境百姓困苦。他上任后进行大刀阔斧的税制改革，处理了一批偷税逃税的奸商，很快改变广东财税积弊。任江苏财政厅长时，与清末状元张謇过往甚密，在《张謇存稿》中，收录有张謇致严家炽书函16封，内容为国计民生与江苏财政问题之探讨，亦多友情问候。

严筱泉（1874—1948） 名家锡，翁巷人。上海杂粮业巨擘，曾被选为上海粮食公会董事。弱冠闯荡江湖，自行创业，遍历江、浙、沪等地，练就坚强意志，积聚经营之道与为人处世的经验。清末在沪创立严筱记米行，代理苏浙一带米商在沪经销粮食。因他把握市场脉搏，抓住发展机遇，加上善于经营，很快使业务蒸蒸日上。资本壮大后，又在上海创办万兴豫、宏兴豫等10余家粮杂行，业务遍及全国各大都市。晚岁在松江农村购田350亩，托管于当地慈善机构，每年租金收入全部无偿资助育婴堂。

席微三（1878—1950） 名素铎，翁巷容德堂人。从小习典当业，勤于经营，家境富裕。富而好义，乐于助人。朋友做生意，需要担保，他热心为朋友当保人，有几次因此而受到牵连，但他泰然处之。对同乡公益事业四处奔波，筹款捐资，乐此不疲。曾任上海三善堂、惠旅养病院、惠然轩公坛等处董事。对社会慈善公益的中国红十字会工作，如普善山庄、联养善会等慈善诸事，他均热心参与。1929年，陕西大旱，赤地千里，席微三受中国济生会上海惠生社委托，亲往灾区放赈，历尽艰辛，完成任务。

席启荪（1879—1943） 名裕昆，翁巷人。他早岁至沪习钱业，先后任上海鼎盛、鼎元、荣康钱庄经理。1933年，他在席家湖头购买占地10亩的叶家浜旧址，掘湖垒山，仿无锡蠡园，建造花园。其园历时三年竣工，耗资以当时币值达10万银圆。园内主建筑有四面厅、转湖、五老园和复廊等。他还购置柴油轮，首辟内河东山至苏州的航线。置裕丰、裕商等轮船，辟外湖航线，苏州、东山单放来回，以方便山人外出。

翁友生（1881—1954） 字思恺，号建君，翁巷人，同盟会会员，军医。1902年，结识蔡元培，入爱国学社学习。1904年冬，蔡元培等在上海成立光复会，翁友生经会长蔡元培介绍，首批加入该会，被派往日本学医。1905年8月，在日本首批加入同盟会。1910年回国后，被派往北洋陆军第十一师师部任军医。四年后，因工作出色，被冯玉祥提拔为军医院院长。孙中山广州受伤后，翁友生前往医治。北伐战争后，任武汉后方医院院长。抗战胜利后定居苏州。

刘恂如（1883—1935） 名恭保。翁巷人。上海协升、志庆钱庄经理，上海钱业公会会长。弱冠赴沪，入钱庄当学徒，勤苦好学，后自行执业，开设钱庄。一生致力于金融业，家业殷实。清末在翁巷上席建有占地3000多平方米的容春堂，俗称一百零八间。热心社会公益，乐于瞻族济贫，修桥铺路、疏浚河道等善事。曾负责督建东山安定塔、新庙戏台、殿背后土山路及曹坞沈家祠堂等。

席德懋（1892—1952） 字建侯，席正甫之孙，翁巷敦大堂人。1912年，自费赴英国留学，获商学硕士学位。1917年，学成归国后，先任意商华义银行经理。不久，与留学美国归来、任上海中央造币厂厂长的弟弟席德炳，合营国际汇兑业务，颇具成绩。席德懋与宋子文同过事，后来他的女儿嫁给宋子文的弟弟宋子良，席、宋两家成了姻亲。国民党南京政府成立后，经财政部长宋子文推荐，席德懋进入国民党中央银行，先后任汇兑局局长、中央银行业务局总经理、中国银行总经理。后定居美国。

席德焖（1894—1950） 字鸣九，翁巷敦大堂人。早年赴美国留学，获哥伦比亚大学矿科硕士学位，曾任美国托麦斯钢铁公司技师。回国后，历任安徽当涂铁矿矿长、南京秣陵关勘矿事务所主任、汉冶萍公司材料课课长、江苏财政厅秘书等职。1946年，任善后救济总署苏宁分署副署长。后移居海外。

席德炳（1894—1968） 字彬儒，席德懋之弟，翁巷敦大堂人。早年赴美留学，入麻省理工学院，获工科学士学位。继赴英国，入伯明翰大学读书。第一次世界大战爆发后，与哥哥席德懋一起回国。历任北京政府财政部秘书、北京清华学校工程师、江海口内地税局副局长。1931年，任江汉关监督，继任江汉工程局局长、中央造币厂厂长。1933年，国民政府财政部废除规元银，统一改用中央造币厂铸造的银圆，席德炳在实施新币的过程中，表现出卓越的才能。后至美国定居。

严宇丞（1894—1977） 名良栋，字培馨。翁巷人，中医。18岁拜扬州中医耿耀庭为师。1928年，返东山在翁巷村家中开办中医诊所。1955年，加入东山联合诊所。1956年，被吸收为县属医院内科中医部中医。对中医伤寒、妇科颇具钻研，看病有独到之处，仅靠两个指头搭脉，就能诊断出病情病症，并对症下药，使患者病愈。尤其是对农村中常患的伤寒，其所配中药，服三帖后就能见效。从医60年，不断总结前人用中医中药治病的经验，治疗伤寒和妇科等常见病，取得很好的疗效。

席季明（1898—1948） 名德耀，翁巷敦大堂人。上海钱业公会总经理，钱业公会常务委员。早年毕业于国立北京大学，获硕士学位。毕业后回上海创设惠丰钱庄。1932年，又与人组建惠丰储蓄银行，并任经理。1933年10月，第九届上海钱业公会召开，席季明当选主席委员。1942年5月，与纱业同人闻兰亭、唐志良、席少荪等发起筹建上海纱业银行，席季明被聘为经理。1948年，同家人外出途中遇车祸，不幸蒙难，年仅50岁。

刘云（1899—1957） 字慕宇，岱心湾人。早年毕业于苏州东吴大学，国共合作时投笔从军，入黄埔军校第一期，不久调大元帅大本营机要科负责工作。1926年，加入中国共产党，后脱党。北伐前后，曾任国民革命军秘书长、留守主任、第八军旅党代表、政治部主任、淞沪警察厅政治部主任等职。抗战前后，先后任甘肃省民政厅长，江苏省反省院院长等职。抗战胜利后，刘云暗渡长江，会见中共有关领导，接受任务，搜集情报和做国民党上层的争取工作。两次遭国民党当局逮捕，历尽拷打折磨，终未变节。中华人民共和国成立后，刘云分别在江苏省文史馆与省政府参事室工作。

严二陵（1901—1981） 名隽森，翁巷敦仁堂人。上海岳阳医院中医主任医师。精于岐黄之术及中医经典著作，熟悉历代各医家学说，加上肯钻研，博采众方，形成自己独特的中医学派。1923年，上海瘟病盛行，严氏用"轻可去实"的医道，救治许多危难重症病人，与当时沪地名医石筱山、顾小岩，同被誉为上海南市"中医三鼎"。1952年起，他在上海"五门诊"任职就诊，擅长治疗肝病，医术高超。曾先后为于右任、李济深、黄炎培、沈钧儒、蔡元培、梅兰芳看过病。

严家淦（1905—1993）　字静波。翁巷乐志堂人。1926年，毕业于上海圣约翰大学。1931年，任京沪、沪杭甬铁路管理局材料处处长。1938年，任福建省政府委员兼建设厅厅长。1947年，任台湾省政府委员兼财政厅厅长。1950年，调升台湾经济部门负责人。1963年，任台湾行政部门首长。1975年，蒋介石病故，接任成为台湾地区领导人。

严家显（1906—1952）　严家淦之弟，翁巷乐志堂人。学者，教育家、农学家。1931年，毕业于南京金陵大学，入燕京大学研究院学习，获理学硕士学位。后赴美国明尼苏达大学深造，获昆虫学博士。学成归国，先后任武汉大学、广西大学教授。1940年，他至福建省永安县黄历村创办福建省立农学院，并亲任院长。1944年，受聘复旦大学农学院院长。抗美援朝时，任解放军军事医学科学院昆虫系主任。时美军在朝鲜战场搞细菌战，严家显报名赴前线，以应对美军细菌战，惜病故而未成行，年仅46岁。次女严隽琪，全国人大十二届常委会副委员长，曾任民进中央主席。

夏桐生（1908—1960）　石井人。进步粮商，新四军开辟东山抗日根据地联络人。1944年，夏桐生至无锡马山经营粮食，结识新四军代表徐亚夫。是年秋，徐亚夫以看病为名至东山实地侦察，住夏桐生家，并通过夏摸清东山敌伪军兵力。11月中旬，新四军太湖支队一个主力连突袭东山，消灭了盘踞东山的敌、伪顽军，在石井村建立太湖县东山区，为东山第一个人民民主政权。新四军北撤后，夏桐生被国民党当局逮捕，关押在苏州监狱。1946年国共签署协议，国民党承诺释放政治犯，才被释放。出狱后他流亡上海，直至中华人民共和国成立。

张瑞生（1911—1993）　小名阿四，建新人。1944年，在东山参加新四军，任机枪手。1945年10月，随军北撤。解放战争中参加淮海战役、解放上海等战斗，多次负伤，立功3次。中华人民共和国成立后，张瑞生转业至上海纺织厂工作。

席正林（1914—2000）　翁巷花园弄人。香港万兴隆行董事会主席、万兴隆企业有限公司董事长。早年至香港经商，1952年，创办万兴隆公司。1950年起，香港大搞城市建设，越海隧道和地铁等各大工程中所需的钢材、水泥，一半以上由万兴隆供应。接着，他经营的建材又延伸到日本、德国、巴西等国家。席正林热衷社会公益事业，曾出资在香港仁济医院第二中学建"席正林语言室"。1972年，发起成立香港秦代徐福研究会，任理事长。1990年，任香港仁济医院董事局第23届主席。1996年，席正林被聘为苏州市政协（港澳）委员。

席素明（1915—1998）　字钧钦，翁巷人，教授级高级工程师，中华人民共和国第一代仪表专家。1938年，毕业于苏州东吴大学物理系，入雷士德工学院攻读电气装备。1952年，调入上海大华仪表厂担任检验科科长。1955年，调入长春第一汽车制造厂工作。1956年，苏联撤走全部专家后，他同厂技术人员共同努力，"一汽"照样完成了按期生产300辆解放牌汽车的任务。第一个五年计划中，席素明回到上海"大华"担任总工程师，亲率技术攻关小组，研制出自动平衡电桥、原子能测量度仪等一系列工业仪表，填补了国内空白。

宋子云（1915—1984）　岱心湾人，江苏省劳动模范。世代果农，种橘能手。20世纪50年代中期，他在新民（岱松大队尚未划出）农业高级合作社橘树管理中起模范作用，使橘子丰收。1956年11月16日，宋子云出席江苏省林业劳动模范代表大会。

汤季宏（1916—2002） 翁巷人，上海出版局党组书记、副局长，中国大百科全书出版社上海分社社长。1938年，他在上海参加学生救亡协会。1939年，加入中共地下党，进入上海知新书店与大众书店工作。其间，秘密与苏中新四军1师联系，参加及负责从上海到根据地的物资采购、运输等地下工作。1944年，汤季宏因叛徒出卖，在上海被日军逮捕，遭受日本宪兵的严刑拷打，始终坚贞不屈，后来经组织营救出狱。出狱后，进入华中建设大学财经系学习。中华人民共和国成立后，历任国家出版总署华东新闻出版局出版处处长、上海市出版局副局长和党组书记等职。1978年，任中国大百科出版社上海分社临时党组书记和社长。2002年，负责完成出版74卷《中国大百科全书》。

席苹（1918—2006） 女，翁巷人。从小失去父母，11岁时被一姓胡姓商人领养，带到北京，入香山慈幼院女生部读初中。1932年9月，席苹在北京某中学加入中国共产主义青年团。1937年3月，进入抗日军政大学学习，毕业后分配在边区政府托儿所当秘书。1938年4月，入延安鲁迅艺术学校第一期，同年11月，在边区关中师范实习时加入中国共产党，至延安中央医院任文化教员，后一直在解放区医药卫生系统工作。中华人民共和国成立后，席苹先调至中央卫生部生物制品研究所任副技师、秘书等职，1953年调到广州市卫生局工作，任党委办公室主任兼党委组织部部长等职。

翁人彦（1920—2012） 曾用名翁曦，翁巷人。江南抗日义勇军战士。1939年7月，参加"江南抗日义勇军"部队（简称"江抗"），为"江抗"独立第1支队政治部工作人员，同年加入中国共产党。1940年，任常熟县委青年部部长。1941年夏，"忠救军"胡肇汉部背叛革命，县长陈鹤牺牲，翁人彦化名翁曦，担任阳澄县代县长，领导抗日反顽斗争。曾参加"江抗"第18旅江渭清旅长指挥的儒家桥战斗，重创胡肇汉部。7月下旬，日伪勾结对抗日根据地大举"清乡"，太仓县委书记周斌牺牲后，党组织又派翁人彦去接任太仓县委书记。后形势日益恶化，党组织遭到严重破坏，翁人彦突围离开太仓，回到上海。中华人民共和国成立后，翁人彦进入中国人民银行上海分行工作，1985年退休。

席忆椿（1921—1985） 翁巷人。从小至沪学艺，后至常州谋生，先后在常州国际照相馆、荧光灯泡厂等单位工作过。退休后回东山老家安度晚年。父亲早年去世，母亲从小对其教育甚严，除背诵《四书五经》等功课外，督他天天练习书法，寒暑从不间断。幼年从欧字入手，稍长，小楷以《乐毅论》为宗，大字习颜真卿《东方朔画赞》与苏轼《醉翁亭记》等帖书。融多家法帖而自成一格，内有苏王遗韵，亦见颜筋柳骨，字形变化上极有特色。一生中所抄录的书法名家诗文书札多达数十万字。出版有《席忆椿遗墨》。

许一凡（1921—2007） 名明煦，别号陇塬归客，殿新村人。江苏省书法家协会会员，《莫厘游志》作者。1952年，响应国家号召，赴甘肃庆阳地区安家落户，入该地区人民银行工作。1962年，获甘肃省先进工作者（劳动模范）称号。1985年，调至甘肃平凉地区农牧处财务科工作。1987年，出席全国农业系统"双增双节"座谈会。1988年，被评为农牧渔业部优秀财会人员。早在青年时代，许一凡就爱好写作与文史收集工作，20世纪40年代，他利用业余时间，跑遍东山名胜古迹，完成用散文笔法写作的《莫厘游志》，连载在1947—1949年出版的《莫厘风》杂志上。

殷勤（1923—1989） 又名玉琪，翁巷人。新四军战士。1944年9月，无锡马山新四军干部徐亚夫为开辟东山抗日根据地，以看病为名，到东山侦察敌情，住石井小学，与青年教师殷勤接触。同年11月，经徐亚夫介绍，殷勤加入革命队伍，接受侦察东山敌情的任务。接着，他参与新四军主力袭击驻扎在东山的"忠救军"和伪警察所，建立新四军洞庭办事处。抗战胜利后，随新四军北撤，于途中加入中国共产党。解放战争中，参加接管济南中央银行、上海中国银行等工作。中华人民共和国成立后，殷勤先后任北京中国银行总行工会主席、中华全国工会财务部保险部处长、河南七一矿矿长（师级）。1983年离休。

  张其林（1924—2006） 小长湾人。1944年，在东山参加新四军。曾参加东山俞坞伏击日伪军的战斗。随新四军北撤后，编入解放军华东野战军和三野7兵团23军，在解放战争中先后参加淮海战役、渡江战役，立二、三等功8次。中华人民共和国成立后，转业至上海工厂工作。1956年回乡务农，后落实政策回上海工厂工作，1984年离休。

  严庆清（1925—2012） 翁巷村人。山东工业大学教授。1949年，毕业于大同大学电机系，入上海华东人民革命大学学习，毕业后分配到山东工学院电机系任教。1981年，加入中国民主同盟。1981—1983年，任山东工学院副教授、电力系基础教研室主任。1983年9月，山东工学院更名为山东工业大学，严庆清任山东工业大学教授。同年，当选为山东省人大常委会委员，民盟山东省委副主委。是山东省第六、第七届人大常委会副主任。第八届全国政协常委。

  席德梁（1927—1973） 小名四官，翁巷人，席启荪之子。1944年，在东山参加新四军。父亲席启荪为上海鼎成、鼎元、荣康诸钱庄经理，家境殷富，曾在东山席家湖头筑启园。席德梁离开家庭，参加革命。解放战争时，任部队营级干部。中华人民共和国成立后，转业至地方工作。

  范金根（1928—1981） 翁巷人，1952年11月，参加志愿军，赴朝作战，在志愿军某部侦察连任侦察兵，荣立一等功1次，三等功2次。1953年6月，侦察班潜入敌军阵地侦察时被敌军发现，遭到敌军围攻。战士们全部牺牲，范金根在水草中潜伏七天七夜，完成了侦察任务，荣立一等功。1957年，退伍回东山工作，曾任东山石灰厂副厂长。

  汤绍源（1932—1999） 殿新村人，核工业部教授级高级工程师，享受国务院特殊津贴。1951年，考入北京大学数学系，毕业后分配到中国核工业总公司从事核工业研究。1984年10月16日，获"纪念我国第一颗原子弹爆炸成功二十年"纪念章。汤绍源在科研工作中获奖多项，1987年，"航弹壳体薄壳结构设计"获国家科委发明三等奖；1990年，"高压超低漏率隔膜阀"获国家科委发明四等奖；1990年，"预应力板的短脉冲动力分析和实验研究"获核工业总公司（部级）科技进步三等奖。

第二节 革命烈士

  1945年1月，中共苏西县委在东山石井村建立抗日民主政权——新四军洞庭办事处，办事处成立后，发动地方青年积极参军，成立太湖县总队武工队（简称新四军太湖游击队），东山共有45名青年参军，莫厘村刘懋巨、张伯东、李永兴、费德生、宋志涛、钱祖根、殷勤、席德梁、夏玉根、张岳林、张其林、张介长、姜阿四、张瑞生等14名青年参加新四军太湖游击队。在抗日战争和解放战争中，有6名战士为民族解放献出宝贵的生命。在抗美援朝中，莫厘村赵谨荪、姚伟民牺牲或失踪在朝鲜战场上。

刘懋巨（1919—1942）　又名盛祥、庆祥，笔名刘新实，岱心湾人，烈士。苏南澄锡虞中心县县委委员、敌工部长。1938年，刘懋巨在沪加入中共地下党，1939年3月29日，经上海地下党批准，刘懋巨化名史雨生，奔赴江南抗日根据地参加新四军，在苏州娄门外太平桥一带做敌后游击区工作。1940年8月，"江抗"在常熟成立苏州县抗日自卫会，刘盛祥任秘书长。1942年4月，刘盛祥任澄锡虞县委委员，兼敌工部长。10月，他奉命从苏北送文件南下，巧妙地将文件藏入一袋田螺中，乘小舟过长江，闯过敌人多道哨卡，10月23日到达无锡东亭镇。24日下午，他与包原昌、陈凤威、张卓如会面，传达县委文件。因他们停放在后门小港中的船只被日伪军发现，刘懋巨在突围时不幸牺牲，年仅23岁。中华人民共和国成立后，无锡市人民政府将四位革命烈士的遗骨安葬在惠山脚下烈士陵园内。

费德生（1920—1946）　小名费小狗，尚锦人，烈士。1945年，在东山参加新四军，后随军北撤，任新四军6师46团战士。1946年，费德生在解放战争中失踪。1979年8月，追认费德生为革命烈士。

宋志涛（1921—1946）　宋家湾人，烈士。1945年，在东山参加新四军，后随军北撤。1946年5月，宋志涛在解放战争如皋战斗中牺牲。

钱祖根（1921—1949）　尚锦村人，烈士。1944年，在东山参加新四军，后随军北撤，任新四军苏浙军区太湖中队战士，在北撤途中失踪。1962年10月，追认钱祖根为革命烈士。

李永兴（1922—1946）　又名李阿大，小长湾人，烈士。1944年，在东山参加新四军，参加俞坞伏击日本侵略军的战斗，圆满完成前山清泉浴室锄奸任务。1945年8月，日本宣布无条件投降后，李永兴随部北撤，任新四军6师47团机枪班班长，1946年，在解放战争涟水战役中牺牲。

张伯东（1922—1949）　又名张忠达，小长湾人，烈士。1944年，在东山参加新四军。父亲张子平为新四军委派的洞庭办事处东山区区长，张伯东配合父亲、堂哥张景芳（办事处科长），在东山开展抗日宣传、发动青年参军和禁烟（鸦片）等活动。1945年10月，张伯东随军北撤，任新四军24军民运部战士。1949年10月，张伯东在解放战争渡江战役中牺牲。

赵谨荪（1934—1952）　尚锦村人，烈士。1952年参加志愿军，赴朝作战，在志愿军东北500团机枪连任战士，机枪手。1952年6月，牺牲于朝鲜战场。1962年11月12日，吴县人民政府发给家属烈士证。2014年12月18日，中华人民共和国民政部发给家属烈士证书。

姚伟民（1934—1951）　曾用名姚补兴，岱松村人，烈士。1951年，参加志愿军，赴朝作战，同年在朝鲜战场上失踪。1962年10月，吴县人民政府发给家属烈士证。

第三节　人物简介

中华人民共和国成立以来，莫厘境域内出了许多教授、研究员、主任医师、高级编审、省级以上作家、书法家、画家以及江苏好人、省级以上劳动模范，因不少人员散居全国各地或国外，无法与之取得联系，只收录23人。

金尚俭 生于1921年,翁巷金家河人。上海《解放日报》高级编审、国际部主任,离休干部。1935年,进入上海商务印书馆当练习生。1939年,加入中共地下党。1940年,参加地下党编辑出版的"简报"。中华人民共和国成立后,任上海《劳动报》编辑。1958年,调入《解放日报》工作,任记者、编辑,后调入报社夜班编辑部,任副主任。

严孝修 名家泷,生于1928年,翁巷建德堂人。上海交通银行常务副行长、上海中国投资银行行长,高级经济师,享受国务院特殊津贴。出身东山金融世家,16岁至上海庆成钱庄学生意。1947年,考入中国交通银行,并于翌年在沪加入中共地下党。中华人民共和国成立后,先后任中国投资银行上海分行副行长、行长及交通银行董事、上海分行管理委员会常务副主任等职。1995年离休后,被聘任为交通银行咨询委员会委员,交通银行实业总公司董事长。

陆耀桢 生于1931年,翁巷馀家湖人。西安交通大学教授,享受国务院特殊津贴。1953年,考入上海交通大学动力机械系。1954年,加入中国共产党,任该校党总支副书记。1957年,大学毕业后留校任教。1960年,随校迁往陕西,在新组建的西安交通大学任教,任副教授、教授。先后有数十篇科技论文在国家重点刊物上发表。其"数字式示功仪的设计与应用",获1988年国家科学技术进步三等奖。

罗桂林 生于1932年,翁巷金家河人。福建医科大学副校长,研究员。1950年,毕业于东山中学。1951—1954年,在江苏省防疫大队工作,任秘书。1954年8月,考入福建医科大学(原福建医学院),毕业后留校任教,先后任秘书、副主任、副校长。获研究员高级职称。长子罗涛,福建省农业科学院所长,研究员。

席与耀 生于1933年,建新人。南京河海大学教授,博士生导师,享受国务院特殊津贴。1953年,毕业于华东水利学院。1956年,大连工学院研究生毕业,分配至华东水利学院(今河海大学)任教。先后任系主任、研究所所长、教授,1990年起任博士生导师。主要研究港口工程,发表论文数十篇。"广东核电站港口和取排水口"设计方案,为国家节约工程投资约2亿元,1989年,获国家能源部科技进步一等奖。1991年,获交通部"七五"科技攻关有突出贡献专家称号。1992年,江苏省科协授予席与耀"江苏省优秀科技工作者"称号。

施福恢 生于1934年,翁巷太平村人。中国农业科学院上海兽医研究所研究员,享受国务院特殊津贴。1960年,毕业于上海复旦大学。1963年,该校研究生毕业,分配到中国农科院上海兽医研究所工作,从事血吸虫病防治,长达40多年,颇具成绩。他主持的国家"七五""八五""九五"重点攻关项目以及1995—1997年三年专项科研基金课题和863研究课题,先后获得1995年农业部科技进步一等奖、1997年国家科技进步二等奖。

刘绚云 女,生于1934年,翁巷汤家场人。上海第二医科大学附属瑞金医院教授、主任医师。1956年,毕业于上海第二医学院,分配至上海第二医学院附属瑞金医院工作,任小儿内科临床医师,为"新生儿疾病"专家小组成员。负责儿童保健工作数十年,对儿科常见疾病诊治,尤其是对小儿消化道、新生儿疾病与儿童保健,如厌食、儿童营养等病治疗积累了丰富的临床经验,探索总结出一套行之有效的防治方法。

翁思永 生于1936年,翁巷务本堂人。山东大学机械系教授。1961年,毕业于山东工学院机械系,后留校任教。先后任该校机械系副教授、教授。1987年,翁思永设计的"速印机分纸器"达国内先进水平,获国家专利。1989年,主编出版《画片几何及机械制图》教材。1994年,主编出版《工程制图》教材。1993年,论文《增强创新意识,提高学科水平》

获全国普通高校优秀教学成果二等奖。1987—1994年，先后两次获山东工业大学"优秀教师"荣誉称号。

王益康 生于1936年，翁巷坪磐人。上海外国语大学副教授、上海外国语教育出版社社长，享受国务院特殊津贴。1955年，苏州农校毕业，自学考入上海外国语学院俄文系，毕业后留校任教。1960—1962年，被派往苏联列宁格勒大学语言系进修。回国后任上海外国语大学俄文系讲师、副教授等职。1994年，享受国务院政府特殊津贴。1989年，任上海外语教育出版社社长，出版中外图书1300多种，总印数超过1亿册。1994年，获上海外语学院教育一等奖。1995年，被评为上海市教卫系统优秀共产党员。

席时珞 生于1936年，翁巷敏仁堂人。全国书法家协会会员，新疆书法协会副主席。1949年，考入西北银行学校，毕业后分配至西北人民银行工作。从小热爱书法，初学唐楷，继习帖从柳体转向颜体，数十年寒暑苦练，创出自己鲜明而有特色的艺术风格，无论楷体还是魏碑体，均令书坛瞩目。作品多次参展。在新疆天池及河南、福建、甘肃等省留有他大量书法碑刻。南京《阅江楼记》全文达一千多字，银钩铁划，大气磅礴，亦为席时珞书法作品。1999年，获新疆"德艺双馨文艺百佳"荣誉称号及"天山文艺奖"。

严佩贞 女，生于1937年，翁巷修德堂人。上海市第一人民医院中医科主任、教授，享受国务院特殊津贴。1961年，毕业于上海中医学院，后分配至上海第一人民医院工作，师从著名中医夏理彬、张镜人学医。逐步晋升为副主任医师、主任医师。长期担任上海高层领导的保健工作，为外宾病房中的医科会诊医师。她对消化系统疾病的治疗，尤其是对萎缩性胃炎的研究颇具成果，多次获上海市卫生局、全国卫生部及国家科委的科技成果进步奖。

严家定 女，生于1937年，翁巷同德堂人。上海海运学院副教授，管理系主任，享受国务院特殊津贴。1961年，毕业于上海交通大学造船系，后留校任教。先后任助教、副教授及管理系主任等职。从教36年，为本科生、硕士研究生开设船舶原理、船舶设计等课程近10门，指导硕士研究生多名。治学态度严谨，1980年《航海》杂志第二期《海阔凭鱼跃》一文，介绍"辛勤的园丁严家定"的先进事迹。1978年，被评为"上海市三八红旗手"。1986年，获交通部全国交通系统教育先进教师称号。

陆德如 小名大德，生于1937年，翁巷汤家场人。中国人民解放军第二军医大学教授，博士生导师，享受国务院特殊津贴。1956年，考入上海复旦大学，毕业后分配至北京中国科学院微生物研究所工作，从事细菌遗传研究。1976年，赴瑞士日内瓦大学分子生物学系进行博士后工作。回国后，开展对可移动遗传因子研究，发现了一些前人未知的可移动遗传因子新特征，其论文在国际顶级杂志《细胞》上发表，为中国大陆学人在该杂志上发表的第一篇文章。其科研成果曾获中国科学院科技进步一等奖，国家科技进步二等奖。

陆德复 又名小德，生于1938年，翁巷汤家场人。陆德如之弟，中国科学院地质地球物理研究所副研究员。1963年，毕业于南京大学，分配至中科院物理研究所工作，从事对地质和地球物理的研究。发表有《苏州发展史》《地质与资源》《含金矿分布规律》等论文。长子陆松涛，毕业于清华大学。美国甲骨文公司工程师。

叶文虎 生于1939年，翁巷坊前人。北京大学教授、博士生导师，第九届、十届全国政协委员，北京市政协副主席。1962年，毕业于北京大学数学系，并留校任教。在任助教期间，开始对环境科学进行研究，在过山气流、阵风、大气污染扩散规律等方面，均取得出色成绩。组建环境规划与管理研究室，率先在国内招收培养该方面的硕士研究生，使这一学科在国内得到发展。1991年,获国务院颁发的"突出贡献"专家证书。1992年,获国家教委科技进步一等奖。1995年,获国家教委、环保局"全国环境教育先进个人""优秀环境科技工作者"称号。

金志权 生于1941年,翁巷花园弄人。南京大学计算机系教授。1960年,考入南京大学数学系,后留校参加当时高校首台调试成功的103计算机工作。1978年,南大数学系成立计算机系,他调入该系从事教学科研工作。先后任讲师、副教授、教授等职。1990—1993年,在香港树仁学院任教。主持及参与多项国家六五、七五和九五科技攻关项目,其中,"分布式数据处理ZGL1",获1987年国家教委科技进步二等奖;"分布式系统软件技术的研究",获1989年国家教委科技进步一等奖。出版著作多部,发表论文60多篇。

王国梁 生于1943年,殿新村人。中国美术学院教授,博士生导师,国家一级注册建筑师,享受国务院特殊津贴。1965年,毕业于东南大学建筑系,并留校任教。1997年,调至中国美术学院任教。长期从事建筑与环境艺术教学,建筑与环境设计、水彩画创作以及相关理论的研究。出版专著2部、教材2部,发表学术论文数十篇。主持完成国家自然科学基金课题2项,获国家优秀教育成果二等奖1项,省级优秀教学成果一等奖2项,部级优秀教材奖1项。2003年,获浙江省"三育人"先进个人称号。2004年,获"全国(100名)有成就资深室内建筑师"称号。

朱耀南 生于1945年,殿新村人。中国兵器工业部(今中国兵器工业集团总公司)教授级高级工程师,享受国务院特殊津贴。1963年,考入华东化工学院(今上海华东理工大学)。1968年,毕业后分配到第五机械部(兵器工业部)所属的国营308厂工作,专门从事"特种工艺"的划板抛光、照相划分、真空镀膜及水准泡制造等工序的研究。多次获国家和省部级科技进步奖。"七七式坦克炮长潜望镜防霜镜",获1981年兵器工业部科研成果一等奖。"国防工业'三七'工程膜系",获1987年国家机械部科技进步一等奖。"多头小离子源和束辅助蒸发新工艺研究",获1992年国家科委科技进步二等奖。

夏兴根 生于1946年,尚锦村人。2015年被评为"江苏好人"。1967年,夏兴根毕业于苏州卫校,回到家乡尚锦村,立志为地处山区缺医少药的乡亲们看病。尚锦大队有6个自然村、1700多户人家,因地处山区,交通不便,缺医少药。他一把草药一根针,一只药箱一辆自行车,数十年如一日,风里来,雨里去,走村转巷,翻山越岭,为乡亲们治病。遇到家里经济有困难的病人,他还经常给免费治疗。遇到重危病人,他还亲自护送上大医院,同家属一起守在手术室外,病人脱离了危险,他才安心回家。

翁思再 生于1948年,翁巷敦大堂人。上海《新民晚报》高级记者,驻北京记者站站长。央视百家讲坛主持人、华东师范大学东方文化研究中心研究员。毕业于上海华东师范大学,入新民晚报社工作,历任记者、编辑、文艺部副主任、驻北京记者站站长、特稿部副主任、文汇电影时报副主编等职。其作品多次获中国新闻奖、全国晚报新闻奖、上海新闻奖。是京剧评论家、研究家,兼任中国戏曲学会理事、上海戏剧家协会常务理事。

杨维忠 生于1949年,翁巷鹅潭头人。江苏省作家协会会员。1971年参军入伍,曾在部队营、团、军部从事通信报道工作多年。复员回地方后,长期在东山从事教育、文化和文史研究,著作颇丰。1990—2017年,出版长篇小说、散文、诗歌集25部,合计1000多万字。散文《农家婚纱轻轻飘》,获1996年全国报纸副刊优秀作品奖。小说《宝书风云》获1998年江苏省报刊优秀作品二等奖。散文《永恒的婚礼》《二姐进城》《二嫂嫁媳》《茶农借娘》《老妻穿裙》,获1996—2000年江苏省报刊优秀作品三等奖。长篇纪实文学《王鳌传》获苏州市 2015 年"五个一工程"奖。

第四节 人物名录

莫厘村书香门第多，有良好的家风及经济条件，裔孙崇尚读书，因而科举入仕及从事文学、艺术的人较多。入名录标准：古代进士、举人，知县以上官员，方志、家谱所记载的名商；近现代教授、研究员，获副高职称及以上人员，省级以上作家、书法家、画家。名录中共有科举（进士、举人）及第或从政者 50 人，从商者 68 人，其他作家、诗人、书画家、医学家等 39 人，教授、研究员等 40 人。

此外，莫厘村有新四军战士及入伍、退役和转业军人 187 人，其中，参加新四军 12 人；1950—2017 年，入伍、退役、转业军人（包括参加抗美援朝志愿军者）175 人。

2013—2017 年，全村有高校毕业生 107 人。

一、科举（进士、举人）及第者、从政者

序号	姓名	生卒年	简历	所属自然村
1	席 温	不详	唐武卫上将军，唐末迁居东山翠峰坞	翁巷
2	席 常	不详	唐骠骑左金吾上将军，席温次子	翁巷
3	翁承事	不详	南宋承事郎。迁居东山中席，后裔孙筑翁巷	翁巷
4	翁应玄	不详	明南京兵部中营副总兵、参将	翁巷
5	吴 惠	1400—1468	明永乐二十二年（1424）三甲十二名进士，广西桂林知府	岱心湾
6	史 昱	不详	明景泰元年（1450）举人，江西南安府教授	岱心湾
7	翁彦升	1589—1622	明光禄寺寺丞	翁巷
8	翁万裕	1601—1679	明崇祯十年（1637）进士，副总兵	翁巷
9	翁天游	1630—1699	清河南开封府同知	翁巷
10	翁天章	1631—1698	清云南河西县知县	翁巷
11	席启图	1638—1680	清候补内阁中书	翁巷
12	席启寓	1650—1702	清工部虞衡司主事	翁巷
13	席永恂	1665— ？	清国子监助教	翁巷
14	席永恪	1667—1711	清内阁中书	翁巷
15	翁志琦	1670—1738	清康熙五十六年（1717）举人，浙江青阳县教谕	翁巷
16	席 珏	1686—1744	清康熙五十年（1711）举人	翁巷
17	吴 钊	1690—1727	清雍正元年（1723）二甲八名进士，翰林院编修	翁巷
18	吴 鳌	1699—1760	清雍正二年（1724）举人，内阁中书	翁巷

第十四章 人 物

续表

序号	姓名	生卒年	简历	所属自然村
19	席陆艺	不详	清雍正七年（1729）举人，浙江钱塘县训导	翁巷
20	席祜智	不详	清雍正七年（1729）举人	翁巷
21	席夔	1726—1792	清山东夏津、汶上等县知县	翁巷
22	席世维	不详	清浙江永嘉知县、杭州海防同知	翁巷
23	席世绵	1736—1802	清乾隆二十七年（1762）举人，内阁侍读、御史	翁巷
24	严福	1738—1792	清乾隆四十年（1775）二甲五名进士，翰林院编修	翁巷
25	刘恕	1759—1816	清乾隆五十一年（1786）举人，广西柳州、庆远知府	岱心湾
26	严荣	1761—1821	清乾隆六十年（1795）二甲三十七名进士，杭州知府	翁巷
27	金恺	1769—1828	清雍正七年（1729）举人	翁巷
28	翁尊三	不详	清道光十一年（1831）举人，知县	翁巷
29	席煜	1769—1819	清嘉庆六年（1801）二甲一名进士，南书房行走	翁巷
30	严良裘	1787—1855	清道光五年（1825）举人，云南丽江知府	翁巷
31	严良训	1791—1852	清道光十二年（1832）二甲十六名进士，广东按察使	翁巷
32	严家承	1812—1887	清道光十七年（1837）举人，浙江奉化、象山知县	翁巷
33	严家畴	1818—1890	清广东雷州知府	翁巷
34	周世渝	1826—1879	清浙江候补知县	周湾
35	周德松	1826—1844	清安徽滁州知州	周湾
36	严福保	1830—1891	清咸丰五年（1855）举人，湖北竹山知县、均州知州	翁巷
37	杨翰臣	1831—1902	清无锡知县	鹅潭头
38	严徵禄	1839—1905	清江西吉安县丞	翁巷
39	席永勋	不详	清户部员外郎	翁巷
40	周传煜	1840—1894	清浙江海宁州州判	周湾
41	周翔麟	1844—1892	清浙江富阳知县	周湾
42	周云龙	1845—1912	清安徽补用知县，候补府经历	周湾
43	周传敬	1848—1910	清直隶候补知府，盐运大使	周湾
44	周邦翰	1856—1904	清光绪五年（1879）举人，江西上饶知县、九江同知、饶州知府	周湾
45	严庆琪	1869— ？	清云南东川知府	翁巷
46	刘金省	不详	清刑部主事	岱松
47	翁长芬	1873—1934	清光绪二十九年（1903）进士，江宁县知县	翁巷
48	严家炽	1873—1952	清广东巡警道、广州知府	翁巷
49	刘云	1899—1957	黄埔军校一期，江苏省文史馆秘书，省政府参事	翁巷
50	严家淦	1905—1993	台湾地区前领导人	翁巷

二、从商（钻天洞庭）者

序号	姓名	生卒年	经商地区及业绩	所属自然村
1	翁机	不详	明商人，渡江到淮扬泰邳等地经商，翁氏经商始祖	翁巷
2	翁永福	不详	明商人，在北京一带经劳布匹，奠定翁氏经商基业	翁巷
3	周仁	不详	明商人，周湾周氏经商始祖	周湾
4	翁参	1493—1573	明商人，永福长子，曾客游荆襄，商贾20年，家业兴隆	翁巷
5	翁赞	1496—1560	明商人，永福次子，商于江淮间，积锱铢无算	翁巷
6	翁笾	1525—1607	明商人，翁参长子，有"翁百万"之誉	翁巷
7	翁𪊧	1527—1600	明商人，翁参次子，能文善贾，商贾于清溪，尤好施与	翁巷
8	翁爵	1528—1588	明商人，翁赞长子，贾清源，致富后热心社会公益	翁巷
9	翁鼎	1530—1586	明商人，翁赞次子，读书明大义，携赀客清源	翁巷
10	翁启明	1555—1620	明商人，翁笾长子，善商贾，以千金委士，能知万货之情	翁巷
11	翁启祥	1556—1625	明商人，翁笾长子，客清源，操百万利权，金钱满床头	翁巷
12	席端樊	1566—1646	明商人，青溪乡饮宾	翁巷
13	翁启阳	1569—1595	明商人，翁笾次子，贾于清源，家财累万，热心社会公益	翁巷
14	席端攀	1570—1638	明商人，端樊之弟，富而好义，倾家资赈济及佐军	翁巷
15	金汝鼐	1592—1623	明商人，诚心经商的典范，事迹载康熙《苏州府志》	翁巷
16	席本广	1598—1642	明商人，北至齐燕，仕官商贩，客居青浦	翁巷
17	席本久	1600—1679	明商人，少时随父、兄四处经商，善于经营，客青浦	翁巷
18	席本桢	1601—1655	明商人，席端攀之子，赈灾有功，授太仆寺少卿	翁巷
19	周滨	1647—1709	清商人，贾于松江，木渎、东山均筑有大宅	周湾
20	席永培	1656—1717	清商人，弱冠赴青浦，收购棉布，开设典铺，成为当地富户	翁巷
21	金坤	1673—1746	清商人，经商致富，仿朱子社仓之法，与在橘社谋建积谷仓	翁巷
22	周维椿	1692—1732	清商人，客游荆襄，商贾20年，资产饶裕，家业兴隆	周湾
22	严选	1717—1755	清儒商，贾于松江、青浦，以砚台一方传家	翁巷
23	严徵祥	1806—1863	清商人，东山木渎严氏始祖	翁巷
24	刘期源	1808—1869	清上海通和银行经理、一大公司经理	岱心湾
25	席元乐	1809—1850	清商人，早年经营典当，上海通商开埠，即赴沪业金融	翁巷
26	严明台	1811—1869	清商人，商贾致富，咸丰间赈灾致家业荡尽，经商复起	翁巷
27	沈二园	1815—1879	清商人，上海新沙逊洋行第一任买办	岱心湾
28	席素煊	1833—1918	席元乐长子，英商麦加利银行、汇理银行司账	翁巷
29	席素贵	1834—1904	清末上海汇丰银行第二任买办，上海"洞庭山浪帮"的重要人物	翁巷
30	金森	1835—？	江苏典业银行经理、国信银行副理	翁巷

第十四章 人 物

续表

序号	姓名	生卒年	经商地区及业绩	所属自然村
31	席素荣	1844—1914	席元乐第三子。英商德华、有利、华俄道胜银行买办	翁巷
32	施禄生	1849—1928	清末上海招商局主事，热心社会公益	翁巷
33	吴伦鉴	1851—1918	清末上海敦裕洋货号经理	殿新
34	严良桂	1863—1921	清末开设上海裕祥、久源、协昇钱庄	翁巷
35	席锡蕃	1863—1933	清英商麦加利银行、俄商华俄道胜银行、法商中法工商银行买办	翁巷
36	严良樾	1869—1910	清商人，开办苏州苏纶纱厂、利用纱厂	翁巷
37	金采生	1869—1912	清末上海中国实业银行经理、四明银行经理	翁巷
38	席立功	1869—1923	清上海汇丰银行第三任买办，席正甫长子	翁巷
39	席裕麟	1869—1929	清末上海普益代办公司总经理	翁巷
40	席裕昆	1869—1930	清营口大清银行经理，席正甫次子	翁巷
41	金 森	1870—1938	清江苏典业银行经理、上海国信银行副理	翁巷
42	席裕光	1871— ?	清英商宝信银行买办，户部银行上海分行副理。席正甫第三子	翁巷
43	严国贞	1872—1918	清上海轮船招商局福州分局主事	翁巷
44	严国伟	1873—1939	民国上海招商局执事	翁巷
45	严家锡	1874—1948	民国上海杂粮业巨擘，曾被选为上海粮食公会董事	翁巷
46	严良灿	1874— ?	民国商人，投资开设上海协昇、裕祥钱庄	翁巷
47	席存堃	1876— ?	民国商人，创办上海杨庆和发记金店	翁巷
48	严家灼	1877—1952	民国上海外商礼和、老公茂、谦和洋行买办	翁巷
49	席素铎	1878—1950	民国商人，在上海开有多家钱庄，热心社会公益	翁巷
50	严良鉴	1879—1939	民国商人，在上海大盛绸缎局，任经理	翁巷
51	席启荪	1879—1943	上海鼎盛、鼎元、荣康钱庄经理，筑启园（席家花园）	翁巷
52	刘恂如	1883—1935	民国商人，上海协昇、志庆钱庄经理，上海钱业公会会长	翁巷
53	席德潘	1884—1929	民国商人，上海英商汇丰银行第四任买办	翁巷
54	席菊如	1885—1975	民国商人，上海南市区南货店、正丰糖行经理	翁巷
55	席德鋆	1886— ?	民国商人，中国银行上海分行副经理	翁巷
56	严良乃	1890—	民国江苏银行上海总行经理	翁巷
57	席德懋	1892—1952	民国中国银行总经理	翁巷
58	席素恒	1894—1906	上海新沙逊洋行第二任买办，大房地产商，人称"沙逊阿四"	翁巷
59	席德烱	1894—1950	安徽当涂铁矿矿长，汉冶萍公司课长	翁巷
60	席德炳	1894—1968	民国江汉关监督，中央造币厂厂长，席德懋之弟	翁巷
61	席德耀	1898—1948	上海纱业银行总经理、钱业公会常务委员	翁巷

续表

序号	姓名	生卒年	经商地区及业绩	所属自然村
62	严良荣	1899—1969	上海大陆银行襄理	翁巷
63	严家彬	1900—1967	上海利华宝业银行副理、新大股票号董事长	翁巷
64	邱石如	1902—1968	英商麦加利银行买办	翁巷
65	夏桐生	1908—1960	米商,帮助新四军建立东山抗日根据据地	石井
66	席元勋	1910— ?	交通银行上海静安支行经理	翁巷
67	席正林	1914—2000	香港万兴隆企业有限公司董事长、董事会主席	翁巷
68	席德元	1933—	香港德隆五金材料公司董事长	翁巷

三、其他作家、诗人、书画家、医学家等

序号	姓名	生卒年	职业（社会身份）	所属自然村
1	吴怀	1448—1492	明诗人、作家,吴惠长子	岱心湾
2	吴恪	1451—1516	明诗人、作家,吴惠次子	岱心湾
3	吴庸	1495—1559	明诗人、作家,吴怀之孙	岱心湾
4	席洙	1516—1582	明方志、家谱作者	翁巷
5	汤濩	不详	明诗人、作家、藏书家	汤家场
6	金鹏	不详	明作家、诗人	金家河
7	翁美	不详	明诗人、音乐曲艺作者	翁巷
8	翁旭	不详	明诗人,精"易"学	翁巷
9	金燔	1539—1616	明作家、诗人	金家河
10	吴有性	1587—1675	明医学家、文士,《温疫论》作者	鹅潭头
11	金植	1627—1691	清诗人、书法家	金家河
12	翁士式	1634—1695	清文士,参辑《康熙字典》	翁巷
13	翁澍	1640—1698	清方志作家,《具区志》作者	翁巷
14	翁天浩	1649—1693	清诗人、名士,捐馆助徐乾学修《明史》《大清一统志》	翁巷
15	翁文梓	1652—1705	清文士,懂音律、善制乐曲	翁巷
16	刘昭文	1656—1715	清诗人、名士	岱心湾
17	席世臣	不详	清藏书家,扫叶山房主人	翁巷
18	金砺	不详	清学者、诗人、书法家	金家河
19	金友谟	1705—1776	清书法家、精印谱,辑《太湖备考》	金家河
20	席蕊珠	不详	清女诗人,性灵派诗人袁枚的女弟子之一,《辞海》有载	建新
21	金友理	1710—1787	清地理学家、方志《太湖备考》作者	金家河
22	翁广平	1760—1842	清学者,书画家、藏书家	翁巷
22	翁雒	1790—1849	清花鸟画家,广平之子	翁巷

续表

序号	姓名	生卒年	职业（社会身份）	所属自然村
23	席元禧	1833—1875	清书法家，精刻印、小篆	建新
24	席淦	1845—1917	清数学家、国子监学正	建新
25	席朴	不详	花鸟画家，收藏颇富，家松风馆	翁巷
26	翁友生	1881—1954	孙中山侍卫医生，抗战时任武汉后方医院院长	翁巷
27	严宇丞	1894—1977	精中医中药，东山人民医院老中医	翁巷
28	翁瑞午	1899—1961	翁绶祺之子，工诗善画、精昆曲，通中医推拿	翁巷
29	严隽森	1901—1981	上海岳阳医院中医内科、妇科主任医师，著名中医	翁巷
30	俞亢泳	1905—？	作家、翻译家	建新
31	汤季宏	1916—2002	上海市出版局党组书记，中国大百科全书出版社上海分社长	金家河
32	席苹	1918—2006	作家，延安鲁迅艺术学校一期学院	建新
33	许一凡	1921—2007	江苏省书法家协会会员	殿新
34	席忆椿	1921—1985	书法家，尤善书写小楷	鹅潭头
35	席时珞	1936—	中国书法家协会会员，新疆书法家协会副主席	鹅潭头
36	夏兴根	1946—	"江苏好人"，乡村医生	尚锦
37	杨维忠	1949—	江苏省作家协会会员，散文作家	鹅潭头
38	汤桂英	1962—	苏州吴中区文化馆教师，国家二级演员	金家河
39	杨东海	1974—	国家一级注册建筑师，擅书法	翁巷

四、教授、研究员等其他高级知识分子

编号	姓名	性别	生卒年	职称、职务（包括退休前）	所属村或堂
1	严二陵	男	1901—1981	上海岳阳医院中医内科、妇科主任医师	翁巷敦仁堂
2	严家显	男	1906—1952	福建农学院院长，教授，复旦大学农学院院长	翁巷乐志堂
3	席素明	男	1915—1998	上海大华仪表厂高级工程师，检验科科长	建新
4	金尚俭	男	1921—	上海解放日报社高级编审	翁巷古橘社
5	席德基	男	1921—	上海人民银行高级经济师	翁巷移谷堂
6	严庆清	男	1925—2012	山东省人大常委会副主任，工业大学教授	翁巷乐志堂
7	严孝修	男	1928—	上海交通银行高级经济师，副行长，享受国务院特殊津贴	翁巷建德堂
8	严家辉	男	1929—	上海出入境检验检疫检局高级工程师	翁巷修德堂
9	席与棠	男	1930—	中国机械工业部教授级高级工程师	建新
10	席裕栋	男	1931—	上海科技大学教授	翁巷花园弄
11	陆耀桢	男	1931—	西安交通大学教授，享受国务院特殊津贴	建新
12	叶庆云	女	1931—	江苏省审计厅高级会计师、全国注册会计师	翁巷敦大堂

续表

编号	姓名	性别	生卒年	职称、职务（包括退休前）	所属村或堂
13	严家栋	男	1931—	上海高级党校校长，教授	翁巷坪磐上
14	罗桂林	男	1932—	福建医科大学副校长，研究员	建新
15	汤绍源	男	1932—1999	核工业部教授级高级工程师，享受国务院特殊津贴	翁巷德润堂
16	席与耀	男	1933—	南京河海大学教授，博士生导师，享受国务院特殊津贴	建新
17	施福恢	男	1934—	中国农科院上海兽医学研究所研究员、享受国务院特殊津贴	翁巷益庆堂
18	刘绚云	女	1934—	上海市瑞金医院儿科主任、教授	岱松传经堂
19	翁世耀	男	1936—	中国铁路物资总公司总经理、教授级高级工程师	翁巷务本堂
20	翁思永	男	1936—	山东大学机械系教授	翁巷务本堂
21	王益康	男	1936—	上海外国语在学教授，享受国务院特殊津贴	翁巷古香堂
22	席与铃	男	1936—	新疆日报社主任编辑	建新
23	邱克湘	女	1937—	南京审计学院图书馆馆长，研究员	翁巷凝德堂
24	翁思盛	男	1937—	福建省委党校教授	翁巷务本堂
25	严佩贞	女	1937—	上海第一人民医院中医科主任，教授，享受国务院特殊津贴	翁巷修德堂
26	严家定	女	1937—	上海海运学院教授，享受国务院特殊津贴	翁巷同德堂
27	陆德如	男	1937—	中国人民解放军第二军医大学教授，博士生导师	翁巷汤家场
28	叶超群	男	1938—	吴中区广播电视大学高级讲师，教务处主任	翁巷敦大堂
29	陆德复	男	1938—	中国科学院物理研究所研究员	翁巷汤家场
30	叶文虎	男	1939—	北京大学教授，博士生导师	翁巷坊前村
31	周禄元	男	1939—	杭州电子科技大学高级实验师	莫厘周湾
32	严隽钰	男	1941—2013	国家电力公司南京自动化股份有限公司教授级高级工程师	翁巷建德堂
33	金志权	男	1941—	南京大学计算机系教授	翁巷花园弄
34	王惠明	女	1941—	东山中学高级教师	翁巷余庆堂
35	朱福明	男	1942—	东山中学高级教师	翁巷坪磐上
36	王国梁	男	1943—	中国美术学院设计系教授，博士生导师，享受国务院特殊津贴	殿新三仁堂
37	席时桐	男	1945—	上海交通大学教授，博士生导师	建新
38	朱耀南	男	1945—	中国兵器工业部教授级高级工程师，享受国务院特殊津贴	殿新怡耕堂
39	严隽琪	女	1946—	全国人大常委会副委员长，上海交通大学机械系教授、博士生导师	翁巷乐志堂
40	翁思再	男	1948—	上海新民晚报社主任编辑	翁巷务本堂

五、参加新四军人员

序号	姓名	生卒年	参加新四军年份	职务与牺牲时间	所在村
1	张瑞生	1911—1993	1944	新四军某部机枪手,参加解放战争,多次负伤,立功3次。1950年,转业上海纺织厂工作	湖湾
2	刘懋巨	1919—1942	1940	中共澄锡虞县委委员,兼敌工部长,1942年牺牲于无锡东亭,年仅23岁	翁巷
3	费德生	1920—1946	1945	新四军6师46团战士,1949年在解放战争中失踪,1979年追认为烈士	尚锦
4	宋志涛	1921—1946	1945	新四军某部战士,1946年6月在解放战争中牺牲	岳松
5	钱祖根	1921—1949	1944	新四军苏浙军区太湖中队战士,在北撤途中失踪,1962年追认为烈士	尚锦
6	李永兴	1922—1946	1944	新四军6师47团机枪班班长,1946年在涟水战役中牺牲	尚锦
7	张伯东	1922—1949	1944	新四军24军民运部战士,1949年在渡江战役中牺牲	尚锦
8	殷 勤	1923—1989	1944	新四军某部战士,1950年后转业地方工作,任河南七一矿矿长(师级)	翁巷
9	张其林	1924—2006	1944	新四军某部战士,1956年转业,在上海工作	湖湾
10	张介长	1925—	1944	新四军某部战士,后任团参谋长,1950年转业地方工作	尚锦
11	席德梁	1927—1973	1944	新四军某部战士,解放战争时任营级干部,1950年转业地方工作	尚锦
12	张岳林	1929—	1944	新四军某部战士,1950年转业地方工作	尚锦

六、入伍、退役、转业军人(1950—2017年)(以入伍时间先后排列)

序号	姓名	出生年月	入伍时间	退役时间	职务及履历	所在村
1	徐 荣	1931.5	1950.3	1958.1	参加抗美援朝,乙级伤残荣誉军人	尚锦
2	范金根	1928.3	1952.3	1957.1	参加抗美援朝,志愿军某部侦察兵	湖湾
3	王自卫	1938.6	1952.3	1957.1	参加抗美援朝,志愿军某部通讯班长	湖湾
4	龚杏生	1930.3	1952.11	1957.1	参加抗美援朝,志愿军某部战士	湖湾
5	周惠民	1932.2	1953.1	1957.1	参加抗美援朝,志愿军某部战士	尚锦
6	赵谨义	1935.7	1953.1	—	参加抗美援朝,1984年授上校军衔(师级)	尚锦
7	叶荣生	1935.5	1953.1	1957.7	参加抗美援朝,志愿军某部班长	湖湾
8	张巧根	1934.3	1955.3	1958.1	军事学院副班长	湖湾
9	王绍兰	1935.7	1955.3	1958.1	某坦克营3连班长	湖湾
10	杨宝林	1935.8	1955.3	1960.1	某坦克部队炮长	岳松
11	张乐君	1936.1	1955.4	1958.4	部队文职	尚锦
12	周兰兴	1936.3	1956.2	1958.4	空军预备学校战士	尚锦

续表

序号	姓名	出生年月	入伍时间	退役时间	职务及履历	所在村
13	徐培林	1934.11	1956.3	1960.4	空军第二预备学校班长	尚锦
14	徐文敏	1938.5	1956.3	1964.9	某部队战士	尚锦
15	周连才	1936.2	1956.3	1960.1	某部队班长	尚锦
16	周巧林	1935.7	1956.3	1961.9	某部队班长	尚锦
17	李伟昌	1940.1	1959.3	1965.2	某部队班长	尚锦
18	吴福林	1940.9	1959.8	1961.8	某部队战士	湖湾
19	王兆春	1939.1	1960.1	1964.1	海军部队战士	湖湾
20	沈国兴	1941.1	1960.8	1968.1	某部队副班长	尚锦
21	杨祖发	1941.2	1963.2	1968.2	某部队战士	湖湾
22	周仁德	1944.3	1963.3	1968.2	某部队班长	尚锦
23	费补殿	1944.1	1964.1	1969.3	某部队班长	尚锦
24	汤泉荪	1944.4	1964.1	1969.3	某部队班长	湖湾
25	钱富德	1943.1	1964.3	1968.3	某部队副班长	尚锦
26	张国良	1945.8	1964.3	1968.3	某部队副班长	湖湾
27	宋海福	1943.1	1964.3	1968.3	某部队副班长	岱松
28	金泉生	1946.3	1964.3	1968.2	某部队战士	湖湾
29	周仁林	1946.11	1964.12	1968.3	某部队战士	岱松
30	汤锦根	1943.1	1964.12	1969.3	某部队战士	湖湾
31	朱雪利	1942.1	1964.12	1969.4	某部队战士	湖湾
32	周同才	1946.6	1965.1	1969.6	某部队战士	尚锦
33	严惠义	1946.3	1965.1	1970.2	某部队战士	尚锦
34	姚长玉	1944.3	1965.3	1969.3	某部队战士	湖湾
35	滕纪男	1943.1	1965.3	1968.9	某军医院战士	岱松
36	苏阿四	1946.8	1965.3	1969.3	某部队战士	湖湾
37	周友勤	1945.4	1965.3	1970.1	某部队战士	尚锦
38	夏正林	1946.1	1965.8	1969.3	某部队战士	尚锦
39	周洪春	1945.3	1965.9	1969.3	某部队班长	尚锦
40	徐仁林	1947.2	1965.9	1969.1	某部队战士	岱松
41	倪桂荣	1945.9	1965.9	1969.1	某部队战士	湖湾
42	杨福根	1947.8	1965.9	1971.3	某部队班长	岱松
43	夏惠林	1949.6	1968.3	1970.1	某部队战士	尚锦
44	钱长生	1950.2	1968.3	1970.1	某部队战士	湖湾
45	夏平力	1948.8	1968.3	1971.3	某部队战士	尚锦
46	周富德	1948.8	1968.4	1973.3	某部队副班长	尚锦

续表

序号	姓名	出生年月	入伍时间	退役时间	职务及履历	所在村
47	王春贤	1949.7	1968.4	1973.1	某部队战士	岱松
48	席加民	1948.1	1968.4	1973.1	某部队副班长	岱松
49	张根兴	1949.2	1968.4	1973.1	某部队战士	湖湾
50	杨金根	1951.8	1968.4	1973.1	某部队战士	湖湾
51	宋其林	1947.12	1969.4	1975.2	某部队战士	岱松
52	周玉林	1951.9	1969.4	1977.4	某部队副班长	尚锦
53	周连福	1950.11	1969.4	1977.4	某部队班长	尚锦
54	杨夫根	1947.11	1969.12	1974.2	某部队班长	湖湾
55	王自新	1948.5	1969.12	1974.2	某部队班长	湖湾
56	杨全林	1947.2	1969.12	1974.2	某部队班长	湖湾
57	毛维根	1948.9	1969.12	1975.3	某部队班长	岱松
58	张惠明	1948.2	1969.12	1975.3	某部队战士	尚锦
59	周明耀	1952.3	1969.12	1975.2	某部队班长	尚锦
60	夏锦洪	1949.1	1969.12	1975.2	某部队战士	尚锦
61	夏惠炳	1949.1	1969.12	1976.3	某部队班长	尚锦
62	吴绍伟	1947.8	1969.12	1976.3	某部队班长	岱松
63	周俭男	1948.11	1969.12	1977.4	某部队班长	尚锦
64	杨维忠	1949.4	1970.12	1975.3	某部队班长	湖湾
65	李伟勤	1951.6	1970.12	1975.3	某部队副班长	尚锦
66	滕正荣	1950.12	1970.12	1975.3	某部队班长	岱松
67	滕金林	1949.4	1970.12	1975.3	某部队班长	岱松
68	倪其林	1950.12	1970.12	1975.3	某部队战士	尚锦
69	汤巧根	1950.7	1970.12	1975.3	某部队班长	湖湾
70	汤福康	1951.5	1970.12	1975.3	某部队战士	湖湾
71	席龙兴	1950.12	1970.12	1976.3	某部队副班长	尚锦
72	滕洪纪	1949.7	1970.12	1976.3	某部队战士	岱松
73	夏惠力	1952.2	1972.12	1977.3	某部队战士	尚锦
74	吴三荣	1953.6	1972.12	1979.1	某部队战士	湖湾
75	周金德	1951.1	1973.1	1977.3	某部队班长	尚锦
76	汤全兴	1951.7	1973.1	1977.3	某部队副班长	湖湾
77	汤根全	1953.1	1973.1	1977.3	某部队战士	湖湾
78	施惠生	1954.1	1973.1	1978.4	某部队战士	尚锦
79	徐兴龙	1953.9	1973.1	1978.4	某部队战士	岱松
80	沈仁兴	1954.1	1974.12	1978.4	某部队副班长	湖湾

续表

序号	姓名	出生年月	入伍时间	退役时间	职务及履历	所在村
81	王春荣	1955.1	1974.12	1978.4	某部队战士	湖湾
82	钱建生	1953.1	1975.1	1980.1	某部队战士	尚锦
83	周健男	1955.9	1975.1	1980.1	某部战士	尚锦
84	杨全兴	1957.12	1976.2	1982.1	某部队班长	湖湾
85	赵炳富	1957.1	1976.3	1980.1	某部队战士,参加对越自卫反击战	尚锦
86	周惠安	1956.5	1976.3	1988.1	某部队战士	尚锦
87	费小平	1960.6	1977.1	1983.1	某部队战士	尚锦
88	姚进勤	1959.11	1978.3	1983.1	某部队战士	尚锦
89	周义林	1958.4	1978.4	1984.1	某部战士	岱松
90	杨剑玉	1958.6	1979.1	1983.1	某部队班长	湖湾
91	周胜林	1958.4	1979.1	1981.1	某部队战士	岱松
92	庄伟民	1959.5	1979.1	1984.1	某部队班长	岱松
93	周文洪	1961.11	1979.11	1985.1	某部队班长	尚锦
94	张建忠	1961.6	1979.11	1985.1	某部队副班长	湖湾
95	庄万华	1961.1	1980.1	1984.1	某部队班长	岱松
96	滕海福	1962.7	1980.11	1984.1	某部队战士	岱松
97	朱建春	1961.2	1980.11	1985.1	某部队班长	湖湾
98	夏森林	1962.4	1980.11	1985.1	某部队班长	尚锦
99	刘小康	1962.12	1980.12	1993.12	某部队班长	尚锦
100	席柏林	1962.2	1981.11	1985.1	某部队班长	尚锦
101	周伟林	1962.1	1981.11	1985.1	某部队班长	岱松
102	胡锡平	1963.1	1981.12	1984.8	某部队班长	尚锦
103	汤卫荣	1962.8	1982.1	1985.1	某部队战士	湖湾
104	邵高峰	1964.11	1982.11	1988.11	某部队战士	湖湾
105	周惠林	1963.12	1982.11	1986.1	某部队战士	尚锦
106	汤建生	1965.12	1983.1	1987.1	某部队战士	湖湾
107	费永仁	1965.11	1984.1	1988.1	某部队班长	尚锦
108	周 林	1965.9	1984.1	1988.1	某部队班长	岱松
109	夏建明	1965.1	1984.1	1989.3	某部队战士	尚锦
110	吴建平	1966.12	1984.1	1989.3	某部队战士	岱松
111	张建国	1964.7	1984.1	1989.3	某部队班长	尚锦
112	张建中	1967.11	1985.1	1990.3	某部队班长	湖湾
113	周小明	1965.6	1985.1	1990.12	某部队战士	尚锦
114	吴志杰	1966.4	1986.1	1990.12	某部队班长	湖湾

续表

序号	姓名	出生年月	入伍时间	退役时间	职务及履历	所在村
115	蔡建昌	1968.6	1986.1	1991.12	某部队班长	湖湾
116	徐繁民	1968.9	1986.1	1991.12	某部队战士	岱松
117	周雄伟	1969.11	1987.1	2003.3	某部队干事	尚锦
118	刘啸	1969.4	1987.1	1991.12	某部队战士	岱松
119	丁永生	1969.9	1987.1	1992.12	某部队班长	湖湾
120	夏明浩	1970.11	1989.3	1992.12	某部队战士	尚锦
121	黄洪克	1970.1	1989.3	1992.12	某部队战士	湖湾
122	杨宇文	1972.7	1990.3	1993.12	某部队班长	湖湾
123	滕国荣	1971.1	1990.3	1993.12	某部队战士	岱松
124	徐建明	1972.1	1990.12	1993.12	某部队副班长	湖湾
125	李卫华	1972.11	1990.12	1994.12	某部队班长	湖湾
126	俞时良	1971.9	1990.12	1994.12	某部队下士	湖湾
127	周雄健	1972.1	1991.12	1994.12	某部队战士	尚锦
128	朱金荣	1971.8	1991.12	1994.12	某部队战士	尚锦
129	宋华荣	1974.11	1992.11	1996.11	某部队战士	岱松
130	吴志福	1973.7	1992.12	1995.11	某部队战士	湖湾
131	费燕新	1972.11	1992.12	1995.11	某部队班长	尚锦
132	钱利康	1974.2	1993.12	1996.11	某部队副班长	尚锦
133	蔡浩亮	1976.7	1994.12	1999.11	某部队战士	湖湾
134	龚学铭	1975.11	1994.12	1997.11	某部队班长	尚锦
135	汤惠华	1974.1	1994.12	1997.11	某部队战士	湖湾
136	杨明	1975.12	1995.12	2004.3	某部队中尉	湖湾
137	杨继承	1977.2	1995.12	2010.7	某部队连长	湖湾
138	王强	1977.2	1995.12	2006.3	某部队中尉	湖湾
139	张东来	1977.11	1995.12	1998.12	某部队班长	尚锦
140	席育宏	1978.4	1996.12	2001.11	某部队班长	岱松
141	周继忠	1977.11	1997.12	2000.12	某部队战士	尚锦
142	夏旭文	1979.2	1997.12	2000.11	某部队副班长	尚锦
143	俞建清	1978.5	1997.12	2000.11	某部队战士	湖湾
144	张雪峰	1978.1	1997.12	2000.12	某部队班长	尚锦
145	钱浩强	1980.12	1998.12	2000.11	某部队战士	尚锦
146	李兴华	1978.9	1998.12	2000.11	某部队战士	湖湾
147	朱国良	1981.5	1999.12	2001.11	某部队班长	湖湾
148	陈健	1982.6	2001.12	2003.11	某部队战士	湖湾

续表

序号	姓名	出生年月	入伍时间	退役时间	职务及履历	所在村
149	费兆华	1981.1	2001.12	2003.11	某部队战士	尚锦
150	赵晓东	1981.12	2002.12	2002.12	某部队战士	尚锦
151	周国强	1982.11	2002.12	2004.11	某部队战士	尚锦
152	张春燕	1983.8	2002.12	2004.11	某部队战士	湖湾
153	周宇飞	1982.1	2002.12	2004.11	某部队战士	尚锦
154	周冬裕	1983.12	2003.12	2005.11	某部队战士	岱松
155	宋雄华	1983.1	2003.12	2005.11	某部队战士	岱松
156	陈琪	1984.2	2003.12	2005.11	某部队战士	湖湾
157	汤永耀	1985.9	2003.12	2005.11	某部队战士	湖湾
158	周迎东	1985.12	2003.12	2005.11	某部队战士	尚锦
159	杨玉平	1980.11	2004.6	2011.12	某部队班长	岱松
160	张剑	1983.11	2004.11	2006.11	某部队战士	湖湾
161	周敏	1986.1	2004.11	2006.11	某部队战士	岱松
162	吴磊	1987.3	2005.12	2007.11	某部队战士	岱松
163	杨志伟	1987.7	2006.12	2008.11	某部队战士	岱松
164	王文龙	1988.4	2007.12	2009.11	某部队战士	岱松
165	金伟刚	1988.5	2007.12	2009.11	某部队战士	岱松
166	张雨林	1988.5	2008.12	2010.11	某部队战士	湖湾
167	肖良峰	1988.1	2008.12	2010.11	某部队战士	岱松
168	张成	1990.4	2009.12	2011.11	某部队战士	尚锦
169	夏凌	1991.1	2010.12	2012.11	某部队战士	尚锦
170	蔡豪	1993.7	2010.12	2012.11	某部队战士	湖湾
171	肖致君	1990.1	2011.12	2013.11	某部队战士	岱松
172	钱雨嘉	1993.8	2011.12	2013.11	某部队战士	尚锦
173	王伟	1985.4	2012.8	2015.12	某部队战士	湖湾
174	徐更祥	1993.1	2012.12	2014.11	某部队战士	湖湾
175	赵晨阳	1994.2	2012.12	2014.11	某部队战士	尚锦

七、大学生（2013—2017年）

序号	姓名	性别	毕业高校	毕业时间	所在自然村及村民小组
1	费月秋	女	江苏城市职业学院	2013	尚锦6组
2	钱文秀	女	苏州卫生职业技术学院	2013	岱松3组
3	周燕雯	女	南京钟山职业技术学院	2013	岱松1组
4	朱慧珺	女	南京应天职业技术学院	2013	湖湾3组

续表

序号	姓名	性别	毕业高校	毕业时间	所在自然村及村民小组
5	张慧兰	女	江海职业技术学院	2013	湖湾7组
6	钱晔斐	女	苏州大学	2013	尚锦1组
7	孙伟岸	男	南京应天职业技术学院	2013	湖湾2组
8	庄倩雯	女	山东工商学院	2013	岱松11组
9	庄亚晨	女	苏州科技学院	2013	岱松9组
10	丁夏	男	南京晓庄学院	2013	湖湾3组
11	姚燕彬	女	南京财经大学红山学院	2013	湖湾6组
12	钱维清	男	淮海工学院东港学院	2013	尚锦1组
13	徐首勋	男	苏州科技学院天平学院	2013	岱松3组
14	杨煜蕾	女	苏州科技学院天平学院	2013	湖湾11组
15	滕怡雯	女	江苏技术师范学院	2013	岱松2组
16	周煜萍	女	南京师范大学泰州学院	2013	尚锦8组
17	朱美玲	女	南京师范大学泰州学院	2013	湖湾1组
18	席忠梁	男	江苏城市职业学院	2013	尚锦8组
19	夏晓霞	女	南京铁道职业技术学院	2013	尚锦8组
20	姚佳慧	女	南通体臣卫生学校	2013	尚锦5组
21	吴瑜	女	盐城师范学院	2014	岱松8组
22	钱冬旭	男	上海师范大学	2014	尚锦1组
23	费晨艳	女	宿迁学院	2014	尚锦7组
24	朱一蕾	女	苏州大学	2014	湖湾14组
25	滕夏颖	女	苏州旅游与财经高等职业技术学校	2014	岱松10组
26	肖霞	女	苏州城市职业学院吴中分校	2014	岱松13组
27	孔琦	女	苏州农业职业技术学院	2014	岱松11组
28	徐鑫	男	苏州建设交通高等职业技术学校	2014	湖湾11组
29	钱瑜君	女	苏州城市职业学院吴中分校	2014	尚锦4组
30	陈艳	女	江苏信息职业技术学院	2014	湖湾12组
31	李燕	女	江苏财经职业技术学院	2014	湖湾1组
32	徐晓飞	男	苏州工业职业技术学院	2014	湖湾11组
33	周成威	男	苏州工业园区职业技术学院	2014	岱松5组
34	朱海威	男	紫琅职业技术学院	2014	湖湾14组
35	宋梅艳	女	苏州卫生职业技术学院	2014	岱松10组
36	李婧	女	苏州大学	2014	湖湾1组
37	周海琪	男	苏州工业园区职业技术学院	2014	尚锦1组

续表

序号	姓名	性别	毕业高校	毕业时间	所在自然村及村民小组
38	蔡雨雁	女	南京财经大学	2014	湖湾7组
39	费若怡	女	南京信息职业技术学院	2014	尚锦9组
40	周 君	女	沙洲职业工学院	2014	岱松2组
41	沈蓉贝	女	东吴外国语高等师范学校	2014	尚锦10组
42	钱晨红	男	南京信息工程大学	2015	尚锦2组
43	钱亚琦	女	南京林业大学	2015	尚锦3组
44	滕文洁	女	苏州大学应用技术学院	2015	岱松6组
45	杨洁怡	女	苏州科技学院天平学院	2015	湖湾5组
46	蔡 昕	男	苏州科技学院	2015	湖湾5组
47	周 琦	女	江苏城市职业学院吴中分校	2015	尚锦8组
48	赵无双	女	苏州工艺美术职业技术学院	2015	湖湾7组
49	孔毅超	男	苏州科技学院天平学院	2015	湖湾7组
50	周 超	男	苏州建设交通高等职业技术学校	2015	岱松8组
51	钱 洁	女	江苏城市职业学院吴中点	2015	湖湾5组
52	周 睿	男	苏州旅游与财经高等职业技术学校	2015	尚锦8组
53	周升晟	男	苏州建设交通高等职业技术学校	2015	尚锦8组
54	钱章懋	男	苏州建设交通高等职业技术学校	2015	尚锦3组
55	周 武	女	苏州职业大学	2015	尚锦10组
56	丁益敏	女	苏州工业园区职业技术学院	2015	湖湾2组
57	周翔炜	男	苏州经贸技术职业学院	2015	岱松2组
58	徐 烨	女	苏州农业职业技术学院	2015	尚锦2组
59	赵亚男	女	苏州农业职业技术学院	2015	尚锦11组
60	夏凌强	男	常州工程职业技术学院	2015	尚锦11组
61	赵 懿	男	江苏城市职业学院吴中分校	2015	湖湾7组
62	周芊妤	女	苏州职业大学	2015	岱松6组
63	孔 玥	女	常州卫生高职业技术学院	2015	湖湾2组
64	徐晓飞	男	重庆长江师范学院	2016	湖湾11组
65	钱旻琪	女	西安交通大学利物浦大学	2016	尚锦4组
66	汤文飞	女	苏州科技学院	2016	湖湾16组
67	杨奇昊	男	东南大学成贤学院	2016	岱松11组
68	杨 雯	女	南京师范大学	2016	湖湾1组
69	张晨源	男	江苏师范大学科文学院	2016	湖湾4组
70	倪顺亮	男	淮海工学院东港学院	2016	湖湾14组

第十四章 人　物

续表

序号	姓名	性别	毕业高校	毕业时间	所在自然村及村民小组
71	刘颖烨	女	苏州科技学院天平学院	2016	湖湾12组
72	吴　钰	女	南京理工大学紫金学院	2016	岱松8组
73	张　玥	女	苏州科技学院天平学院	2016	湖湾8组
74	周新宇	男	南京师范大学泰州学院	2016	尚锦7组
75	夏怡雯	女	南京邮电大学通达学院	2016	尚锦4组
76	夏敏杰	男	南京铁道职业技术学院	2016	尚锦11组
77	孔秦怡	女	江苏城市职业学院吴中分校	2016	湖湾6组
78	汤黎斌	男	江苏城市职业学院吴中分校	2016	湖湾13组
79	赵姚奇	男	江苏城市职业学院吴中分校	2016	湖湾2组
80	陆　冰	女	江苏城市职业学院吴中分校	2016	岱松5组
81	费静霞	女	江苏城市职业学院吴中分校	2016	尚锦9组
82	王　颖	女	江苏城市职业学院吴中分校	2016	湖湾9组
83	李赟周	男	江苏城市职业学院吴中分校	2016	尚锦6组
84	陆新瑜	女	苏州卫生职业技术学院	2016	湖湾9组
85	吴　意	女	苏州卫生职业技术学院	2016	湖湾9组
86	滕碧蔚	女	江苏健康职业学院	2016	岱松8组
87	徐　懿	男	苏州卫生职业技术学院	2016	尚锦8组
88	杨海峰	男	常州轻工职业技术学院	2016	湖湾8组
89	杨冰颖	女	苏州工业园区服务外包职业技术学院	2016	湖湾8组
90	严子英	女	南京交通职业技术学院	2016	尚锦2组
91	王诗洁	女	苏州卫生职业技术学院	2016	湖湾8组
92	朱翊峰	男	南京师范大学	2017	尚锦11组
93	汤君艳	女	淮海工学院	2017	湖湾12组
94	严路萍	女	江苏第二师范学院	2017	尚锦2组
95	杨洁晨	男	苏州大学	2017	湖湾5组
96	杨　瑜	女	运城学院	2017	湖湾4组
97	杨雨晴	女	南通大学	2017	湖湾9组
98	金穗晨	男	南京航空航天大学金城学院	2017	尚锦9组
99	杨晓东	男	苏州城市职业学院吴中分校	2017	湖湾3组
100	吕　帆	男	苏州旅游与财经高等职业技术学校	2017	湖湾9组
101	陈逸清	男	苏州幼儿高等师范学校	2017	湖湾3组
102	王佳华	女	苏州幼儿高等师范学校	2017	岱松11组
103	钱雅君	女	苏州建设交通高等职业技术学校	2017	尚锦3组

续表

序号	姓名	性别	毕业高校	毕业时间	所在自然村及村民小组
104	张毅淳	男	南通职业大学	2017	湖湾 13 组
105	吴 勋	男	苏州工业园区服务外包职业技术学院	2017	湖湾 3 组
106	陈懿琪	女	苏州卫生职业技术学院	2017	尚锦 4 组
107	张逸鑫	男	江苏农牧科技职业学院	2017	岱松 6 组

第十五章 著述 诗文

据《震泽编》《具区志》《太湖备考》《乡志类稿》《江苏艺文志·苏州卷》《苏州民国艺文志》《苏州当代艺文志》等著录，明清及近现代，莫厘村出作家、诗人155人，出版诗文集200多册（本），这些著述分别藏于北京、上海、南京等地图书馆、档案馆、方志馆。当代莫厘村出教授、作家近百人，出版专著及作品200多部。

第十五章 著述 诗文

第一节 著述

收录莫厘村历史上及当代诗人、作家、教授所刻印、出版的专著200多册。古代收录的著作以诗集为主，当代除收录文学作品外，有较多科普与大学教材。明清著书以卷计，历史上有不少专著因未注卷数，只录书名。

朝代	作者	书目	引录书籍
明	吴 惠	《海行日记》《桂林郡志》	《太湖备考·书目》
明	吴 怀	《东峰集》《唐诗正声》	《太湖备考·书目》
明	吴 恪	《东涧集》	《太湖备考·书目》
明	吴 庸	《平斋集》	《吴县志·艺文考一》
明	席 洙	《居家杂仪》	《吴县志·艺文考一》
明	吴有性	《温疫论》	《太湖备考·书目》
明	席端攀	《居家五戒法》	《东山席氏家谱》
明	金 燔	《涧户集》	《吴县志·艺文考一》
明	翁应玄	《幻草》	《吴县志·艺文考一》
明	席 榮	《来仙集》	《东山席氏家谱》
明	席本久	《传心摘要录》	《吴县志·艺文考一》
明	席本桢	《古今格言类编》《明诗脉》《读卮言》《篡训》	《太湖备考·书目》
明	席应选	《翠微集诗词》	《太湖备考·书目》
明	席 琮	《迎晖馆集》《唾壶吟》	《太湖备考·书目》
清	翁大赏	《兰谱》	《吴县志·艺文考二》
清	翁大贵	《采芝吟》	《七十二峰足徵集》
清	心 净	《古雪草》	《七十二峰足徵集》
清	金 植	《自娱草》	《太湖备考·书目》
清	翁 栻	《钓采吟》	《太湖备考·书目》
清	翁天游	《振绮类篡》《古香堂存稿》	《太湖备考·书目》
清	金 衡	《澄庵集》《绿筠书屋诗选》	《太湖备考·书目》
清	翁 澍	《胥母山人诗集》《具区志》《江南春词》	《吴县志·艺文考二》
清	翁 旭	《松窗读易》《詹鲁集》	《吴县志·艺文考二》
清	席启图	《畜德录》《正心篡要》《击壤草堂诗稿》	《太湖备考·书目》
清	金 砺	《瞻云阁集》《求是集》	《太湖备考·书目》
清	翁 浩	《焚馀草》《杏雨词》	《吴县志·艺文考二》
清	金世章	《陶庵集》	《太湖备考·书目》

续表

朝代	作者	书目	引录书籍
清	翁文梓	《纫佩斋稿》	《太湖备考·书目》
清	翁 美	《家山逸响》	《太湖备考·书目》
清	翁志琦	《蜗庐诗存》	《太湖备考·书目》
清	金友焯	《默斋诗》	《太湖备考·书目》
清	金友谟	《仙居集》	《太湖备考·书目》
清	席启寓	《唐诗百名家全集》《冶斋诗甲乙集》《顾非熊诗集》《姚鹄集》	《太湖备考·书目》
清	席永铿	《茗香集》《秣陵游草》《葵村复稿》	《太湖备考·书目》
清	席永恂	《性理钞》《诗文》《幽居诗》《陆学质疑》	《太湖备考·书目》
清	席永恪	《欧舫集》	《太湖备考·书目》
清	翁国相	《杏花诗》	《翁氏世谱》
清	席 玕	《湖山灵秀集》《摅怀稿》	《太湖备考·书目》
清	席 鏊	《竹香诗稿》	《太湖备考·书目》
清	席绍夔	《澹香吟》《风雨吟草》	《乡志类稿·艺文》
清	席绍雄	《筠溪稿》	《七十二峰足徵集》
清	席绍葆	乾隆《辰州府志》	《太湖备考·书目》
清	席世能	《醒世日记》	《乡志类稿·艺文》
清	席世亮	《双桂轩诗集》《真义汇参》	《乡志类稿·艺文》
清	金 恺	《漱雪草》	《吴县志·艺文考二》
清	金友理	《太湖备考》《湖程纪略》	《吴县志·艺文考二》
清	刘 恕	《牡丹新谱》《茶花说》《挂漏篇》	《吴县志·艺文考二》
清	金 鹏	《蓻溪草堂诗稿》	《吴县志·艺文考二》
清	严良训	《池上庐稿》	《吴县志·艺文考二》
清	刘懋功	《传经堂收藏印谱》	《吴县志·艺文考二》
清	严家畴	《兰言馆诗》	《洞庭严氏族谱》
清	严良彦	《聊以自娱稿》	《乡志类稿·艺文》
清	严福保	《艺兰书屋文集》	《乡志类稿·艺文》
清	席裕淦	《孤矢启秘图解》《抱漆居士诗稿》《同文算学课艺》	《乡志类稿·艺文》
清	严吾馨	《读左鉴古录》《愚庵诗文草》	《乡志类稿·艺文》
清	严庆祺	《迻东铜务纪略》《温病辨证撮要》	《洞庭严氏族谱》
清	翁旭詹	《渔樵语阐》《松窗读书》《墨吟》	《乡志类稿·艺文》
清	严良秋	《冰鸥馆诗存》	《乡志类稿·艺文》
清	严 寅	《聊以自娱稿》《介翁诗集》	《乡志类稿·艺文》
清	刘 炳	《吴中胜迹诗五十首》	《吴县志·杂记》

第十五章 著述 诗文

续表

朝代	作者	书目	引录书籍
清	严溁	《感恩废吟图自序》《荐莫感蓼图题辞》	《洞庭严氏族谱》
民国	俞亢咏	《莫姆全集》（编译）	《乡志类稿·艺文》
民国	翁先声	《洞庭翁氏世谱》	《翁氏世谱》
当代	席忆椿	《席忆椿遗墨》（书法集）	《东山艺文志》
当代	严庆清	《农村电工学》（译著）《发电厂及电力系统电气设备》	《东山艺文志》
当代	严孝修	《金融人生》	《东山艺文志》
当代	严家辉	《农药残留分析手册》《进出口商品检验方法》	《东山艺文志》
当代	席与棠	《论用可控硅整流器低电压大电流装置》	《东山艺文志》
当代	汤绍源	《航弹壳体薄壳结构设计》	《东山艺文志》
当代	刘谦桢	《无限忠诚》（主编）	《东山艺文志》
当代	刘绚云	《儿科学》《实用儿科学》《临床理论与实践（儿科分册）》（参编）	《东山艺文志》
当代	翁思永	《画片几何及机械制图》（主编）《工程制图》（主编）	《东山艺文志》
当代	席时珞	《席时珞书法集》	《东山艺文志》
当代	翁济华	《国产航空胶片的性能和使用中应注意的问题》《对航空胶片在室外进行直接装片的探讨》	《东山艺文志》
当代	王益康	《小说〈牛虻〉作者伏尼契的晚年生活》《苏联人的婚姻与家庭》	《东山艺文志》
当代	陆德如	《可移动遗传因子》《伤寒、鼠伤寒重组口服疫苗的构建》《基因工程》	《东山艺文志》
当代	严佩贞	《中国中医秘方大全》（参编）《上海历代医方集成》（参编）《慢性胃炎的经验总结》（参编）	《东山艺文志》
当代	邱克湘	《试论图书馆审计文献资料建设》	《东山艺文志》
当代	王国梁	《水彩画选》	《东山艺文志》
当代	朱耀南	《国际光学表面激光损伤阈值测试方法》	《东山艺文志》
当代	翁思再	《余叔岩传》《余叔岩研究》《京剧丛谈百年录》《余叔岩与孟小冬唱腔集》《大唐贵妃》（剧本）	《东山艺文志》
当代	杨维忠	《东山风情》《名人与东山》《东山民间故事集》《东山春秋》《东山古诗四百首》《东山名彦》《东山古建筑》《东山乡野趣事》《王鏊传》《王鏊诗文选》《莫厘王氏人物传》《古诗吟杨湾》（以上编著）《东山大族》《东山艺文志》《东山进士》《东山教授》《陆巷村志》《杨湾村志》（以上主编）《洞庭东山志》《东山镇志》（以上参编）	《东山艺文志》

第二节 《莫厘风》期刊

《莫厘风》是洞庭东山各校旅沪同学联谊社（简称东联社）在上海公开出版发行的刊物，创刊于1946年7月1日，1949年4月14日，出版最后一期而停刊，前后共出版32期。该刊物的编委、作者，大多为翁巷村翁席刘严等大族在沪地钱庄、典当、工厂谋生的进步青年，主编金尚俭，发行人席玉年、严孝修都是翁巷村人。莫厘峰为东山主峰，该杂志取名《莫厘风》，时因东山半岛偏僻落后，封建意识浓厚，编者想用一股新风吹开家乡闭塞之门。

《莫厘风》杂志每月在沪公开出刊，除在上海发行外，主要运往东山发行，刊物以小议大，从地方到社会，以至国家大事，无所不谈。每期均有不少击中时弊的尖锐文章，故在上海同乡和东山教师、学生、店员、商人中拥有大量读者。《莫厘风》从第三卷第八期起，配合解放战争形势，改为4开小报形式，从月刊改为半月刊，文章更具战斗性。1949年，在第八期刊载《战争与和平》短评中，刊登《北平和平解放》及《新四军在东山石井村的革命活动》等文章，受到鼓舞，不少东山进步青年读后参加革命队伍。

1978年，东山文化站站长姚培宣恢复出刊《莫厘峰》刊物，并把刊名《莫厘风》改成《莫厘峰》，前后出刊12期，后停刊。1986年，文化站站长孟昭明再次恢复出刊《莫厘峰》杂志15期，后停刊。2012年，东山历史文化研究会副会长杨维忠在苏州海通文化传媒公司总经理沈庆年的资助下，恢复出刊《东山莫厘峰》杂志半年刊，杂志内容及装帧水平都有很大提高，每期1000本，主要寄给北京、上海、南京等地的"老东山"，受到欢迎。2017年年底，已出刊10期。

第三节 选 诗

莫厘峰、翠峰寺、岱心湾、余山岛、丰圻等景观，明清时就为东山游览胜地，翁巷村翠峰坞，从宋代起就为太湖著名景点，文人墨客游者甚众。苏州、吴县及东山明清方志上，收集赞颂莫厘峰、翠峰寺、丰圻的诗歌，多达250多首，村志中收录的也有50首，现择录部分。

翠峰寺
［南宋］范成大

来从第九天，橘社系归船。
借问翠峰路，谁参雪窦禅？
应真庭下木，说法井中泉。
公案新翻出，诸方一任传。

橘 社
[南宋] 范成大

社下钟声送客船，凌波挝鼓转苍湾。
横烟袅处鸡豚社，落日浓边橘柚山。
八表茫茫孤鸟去，万生扰扰一舟闲。
湖心行路平如镜，陆地风波却险艰。

过翠峰寺
[南宋] 李弥大

山浮群玉碧空沉，万顷光涵几许深。
梵刹楼台嘘海蜃，洞天日月浴丹金。
秋林结绿留连赏，春坞藏红次第吟。
拟泛一舟追范蠡，从来世味不关心。

芙蓉峰
[明] 蔡 昇

一朵金芙蓉，云根在土久。
伊谁能折之，擘山巨灵手。

岱心湾饮大参宅题留
[明] 吴 信

一

寻水寻山闲里忙，行歌行笑老仍狂。
禹穴鲛人冰雪躯，水晶络臂锦裆襦。
昨朝忽见南湖市，来买一双明月珠。

二

野老春闲日采芝，药囊馀唊有松脂。
杖藜偶入南山去，学得仙人一着棋。

登莫厘峰
[明] 王 鏊

微雨发春妍，东风花外软。
良朋约佳游，遥指莫厘巘。
平生山水心，老脚肯辞茧？
壶觞纷提携，曲磴屡回转。
小憩山之腰，秘境渐披藏。
紫翠盖幢翻，青黄绣裀展。
须臾造其巅，四顾目尽眩。
太湖小汀滢，风帆时隐现。

吴门俯可掇，越峤杳难辨。
摩挲旧题名，斑驳半苔藓。
日斜下山椒，眢尔迷近远。
问途值樵夫，失脚悔已晚。
悬崖刖伶俜，绝壑窥涩澳。
苍茫认前村，山寺吠鸣犬。
解衣得盘礴，仰视坐犹喘。
韩公镌华岳，正自恐不免。
登高弗知厌，持用戒轩冕。

望莫厘峰
[明] 王世贞
已凭藜杖恣攀缘，兴尽还胜入剡船。
远水蒸霞开色界，空林答响奏钧天。
莲花倒挂双帆影，橘柚寒收万井烟。
最是莫厘堪聘望，吴门匹练为谁悬？

悯松歌
[明] 王鏊
洞庭古寺名翠峰，山门夹道皆长松。
苍皮鳞皴根诘屈，风动十里闻笙镛。
团栾下荫翠羽葆，夭矫上耸苍虬龙。
不知当年谁手植，云是宋家三百年前之旧物。
每当赤日坐其下，时有清风吹鬓发。
因思古人不可见，重是甘棠无翦伐。
兹来忽见怪且惊，倒卧道途纵复横。
可怜堂堂十八公，尽与官家充践更。
神呪鬼越竞遮护，崖摧壑陷难支撑。
我伤佳树因久立，封植有怀何所及？
颠僵力与风雷争，昏暗如闻龙象泣。
龙象泣，何所为？县官催租如火急。
伊昔秦王法最苛，犹有封爵来山阿。
如何今日值劫数，大斧长锯交扢呵。
深山更深无避处，岂若社栎长婆娑？
年来征税总类此，谁采野老民风歌？

登西马坞
[明] 王鏊
一上高峰望五湖，云飞尽处是姑苏。

人家隐隐烟中有，帆影依依天外无。
俯仰两间双短鬓，往来千古一蓬庐。
仲淹自是多忧者，廊庙江湖恐未殊。

宿华岩寺
[明] 王 鏊
归来每向招提宿，心若闲云着处安。
已到家山无去住，偶闻人世有悲欢。
烟霞自古通禅观，草木还应识宰官。
少小来游今白发，几回欲去更盘桓。

题翁园
[明] 陆瑞麟
莫厘飞瀑下金堤，假道名园洞口低。
雨后湍急明月峡，春分徐涨浣花溪。
流觞胜事山中继，枕石高风世外栖。
是处楼台工结构，绕轩活水此难齐。

翠峰游
[明] 唐 寅
自与湖山有宿缘，倾囊刚可买吴船。
纶巾布服怀茶饼，卧煮东山悟道泉。

游翠峰寺
[明] 文徵明
空翠夹舆松十里，断碑横路寺千年。
遗踪见说降龙井，裹茗来尝悟道泉。
伏腊满山收橘柚，蒲团倚户泊云烟。
书生分愿无过此，悔不曾参雪窦禅。

过翠峰寺
[明] 徐祯卿
香灯闲照古堂虚，日午桐阴上井迟。
尝橘客求藏瓮法，煮茶僧乞啜泉诗。
听经犹剩当年鹿，好事谁摹宿草碑？
陈迹半销何处问，令人空忆翠峰师。

饮洞庭山悟道泉

[明] 吴　宽

碧瓮泉清初入夜，铜炉火暖自生春。
具区舟楫来何远，阳羡旗枪瀹更新。
妙理易传醒酒客，佳名谁与坐禅人？
洛阳城里多车马，却笑卢仝半饮尘。

悟道泉

[明] 沈　周

彭亨一器置堂前，思此泠泠久缺然。
借取白云朝帻瓮，载兼明月夜同船。
小分东涧聊知味，大吸西江亦喻禅。
纱帽笼头烟绕鬓，煎茶有法是卢传。

咏柳毅泉

[明] 葛一龙

山根一泓碧，中有龙君居。
柳生落第客，传得泾阳书。
事去井还在，徘徊空照影。
不见风鬟人，居人乱垂绠。

席家湖嘴

[明] 袁宏道

野树澄秋气，孤篷冒晚晖。
渔舟悬网出，溪叟载盐归。
山叠鹦哥翠，浪驱白鸟飞。
暮来风转急，吹水溅行衣。

集贤圃

[明] 范景文

少伯湖中第一山，山中另有一人间。
园开透水峰峰出，花断成蹊树树湾。
海气满前楼阁敞，书灯彻夜酒杯闲。
还闻光禄神仙去，不待千年化鹤还。

冬日过洞庭亘寰亲翁招饮开襟阁

[明] 王世仁

芙蓉飞玉缀丹丘，碾出凌空十丈楼。
幔卷湖光银欲冻，窗含树色翠交流。

杯中竹叶浮深夜，笛里梅花落素秋。
归路不知何处是，半钩残月挂扁舟。

柳毅井
[明] 吴时德

橘树无踪证往年，寒泉村落尚依然。
青鬟罢汲犹相聚，闲坐银床语旧缘。

题白马庙
[明] 吴鸣翰

沦谪清湘苦忆归，传闻千载竟多违。
销沉金钿人何处，荒尽梧桐迹已非。
山色尚疑鬟黛小，庙花犹梦雨香微。
仙郎为此增惆怅，减却春风玉一围。

龙女祠
[明] 葛一龙

黛绿鬖鬖烟雾鬟，月明何处弄珠来？
桐花落尽闲门掩，空对徐侯一片山。

吟风冈
[明] 吴时德

纵目凌千仞，山寒落日西。
诗户怀雅颂，蕨老慨夷齐。
古渡波涛迥，荒村草木迷。
莫云衣未振，高卧白云低。

游吟风冈
[明] 张　本

青天半入石嶙峋，云里风和三月春。
满径桃花自天地，狂吟时有谪仙人。

余　山
[明] 张正春

西北洪涛天际收，一拳横截界中流。
山家得姓传高士，水国分封纪列侯。
若备户庭尊莫里，居然襟带小诸浮。
此中泛泛多佳艇，足给玄真物外游。

古雪居访诗僧

[清] 汪 琬

岛可居虽僻，能客款户人。
风松喧似雨，秋霭淡于春。
隙地寒蔬浅，虚庭细草均。
长明灯下榻，寂寞自凝尘。

春仲东园社集

[清] 席 玗

风光骀荡日初长，裙屐名流集胜场。
静爱看棋临石室，闲拼纵酒学高阳。
禽声巧和筝成曲，花气浓熏翰墨香。
好续西园旧骚雅，清诗未许效齐梁。

古雪居留题

[清] 陶 澍

古翠标峰妙墨留，禅房深处径通幽。
窗连树色云生案，涧泻涛声雨入楼。
远有明湖窥一角，来从绝顶豁双眸。
匆匆莫笑无鸿影，一夜青山借枕头。

游古雪居

[清] 彭玉麟

运甓勤馀宝墨留，我来憾晚漫寻幽。
轻烟细雨笼双屐，山色湖光吸一楼。
黄果芳甘酥病齿，紫泉清冽沁诗眸。
莫厘未许游踪到，天遣痴云压上头。

柳毅井

[清] 吴伟业

仙井鹿卢音，原泉泻橘林。
寒添玉女恨，清见柳郎心。
短绠书难到，双鱼信岂沉？
波澜长不起，千尺为情深。

过席允来山居

[清] 吴伟业

碧梧门巷乱山边，洒扫虽频得自然。
石笋一林云活活，药栏千品雨涓涓。

养花性为先人好，种树经从伯氏传。
社酒已浓茶已熟，客来长系五湖船。

海眼泉
[清] 吴　曾

深沉一勺碧渊渊，谁凿坤舆着底穿？
定是水源通万里，故教峰顶出双泉。
泛来只合舟如芥，填处难容石似拳。
把取漫期珠满掬，鲛人清泪不轻圆。

海眼泉
[清] 叶　松

山半开松径，行人过可扪。
千层通海脉，两穴倚云根。
共阅炎凉态，平分雨露恩。
源源曾不竭，潮汐理相存。

游橘社
[清] 姚承绪

谁假空桑一宿缘，蹇修好为牧羊传。
洞庭缥缈还家梦，橘社凄迷故国天。
不遇定知同弃妇，有情原未碍游仙。
柳郎祠畔轻舟过，留澄人间玉女禅。

归探天池
[清] 余弘道

酒渴有馀兴，来探第一泉。
山空寒印月，云净冷涵天。
荒僻谁曾问，幽清自合传。
夕阳催客去，回首望苍烟。

咏棋盘石
[清] 叶　松

棋局依然世局非，烂柯人定几时归？
仙家游戏还多事，胜负之间起杀机。

余侯山
[清] 徐　崧

莫厘犹不见，极望雾漫天。

山小经商远，村孤筑舍坚。
到家停贾舶，迷路问渔船。
不是因风便，何由过麓边？

菱　湖
［清］吴　庄

浪打菱湖拍岸过，桑田九许委洪波。
只今种水愁无地，谁唱吴宫竞采歌？

题翁子东洞庭山馆
［清］屈大均

东西两洞庭，吾爱莫厘青。
往日鸱夷子，回舟此翠屏。
君今胥母往，门对太湖肩。
旦夕怀仙意，长歌入杳冥。

翁季霖山园即事
［清］归　庄

暂将游履驻山房，端坐还教老眼忙。
园叟带霜收橘柚，家童临水饲鸳鸯。
行庭花石皆奇玩，开箧图书有古香。
春草亭中笔墨暇，围棋一局酒千觞。

宿洞庭东山翁氏山楼
［清］归　庄

澄波万叠千竿竹，延眺层楼景色宽。
过雨山疑经沐见，穿云月似隔帷看。
渚莲暗堕红衣冷，水鸟惊翻翠影寒。
心事欲抛抛未得，无言倚遍短长阑。

春日步席氏园
［清］许　浚

今日天气好，在若慰我贫。
芳园虽逶迤，敢惜步履勤？
名花得自看，何必识主人？
行行久凝玩，眼耳一为新。
悠然天宇间，俯仰多所欣。
桃源路绵邈，往者劳问津。
我无汲汲志，乐与木石邻。

江湖震鼙鼓，毋贱陇亩民。

紫　泉
[清] 谢元淮

一泓涵静碧，何处流声喧？
潺潺伏地底，潜通别有源。
下出汇井渫，泠泠不可浑。
即兹堪悟道，折担已钝根。

法华庵
[清] 张大纯

本然飞锡地，金碧梵王家。
莫被法华转，须知转法华。

金牛岭
[清] 薛　雪

雨后看山面目真，峰峰如沐黛痕新。
尤怜岭下清溪水，一路潺湲似送人。

登六角亭
[民国] 王守梧

竹路幽深甚，山行曲折迷。
方疑到岫北，却在岭云西。
六南感堪憩，林峦一望齐。
山鹃归去意，故作送春啼。

安定塔
[民国] 玄　丁

席家湖上铃声急，小北湖中白浪翻。
漫问风涛安定否？斜阳孤塔冷无言。

将军墓
[民国] 玄　丁

千秋华表将军墓，翠柏苍松夕阳馀。
自是东山称大族，追源一脉溯唐初。

启园吟
[民国] 玄　丁

席家湖外杨家湾，百亩新园迤逦开。

斗起层楼疑殿宇，平铺云石作阶石。
长堤一带栽新树，堤内凿池深几许？
嶙峋石骨砌栏干，曲折回廊避风雨。
枕流凝土架环桥，园桂双耸接电燎。
山气遥通金岭脉，波光近映太湖潮。

第四节　选　文

莫厘村历史上多景观，文士游览后留下的文章较多，主要以游记为主。历史文献中亦有对一些重大事件的记载，如康熙巡视东山小憩翁巷席园，石井新四军洞庭办事处，安定小学第一个中共党支部——东山支部等。本节中还收录少量重要人物的传记及墓志铭。

登莫厘峰记
[明] 王　鏊

两洞庭分峙太湖中，其峰之最高者，西曰缥缈，东曰莫厘，皆斗起层波，矗逼霄汉，可望而不可即。成化戊戌，予归自翰林，文吴县天爵过予于山中，相与穷溪山之胜，行至法海，仰见异峰。僧进曰：是所谓莫厘者也！文振衣以升，众皆继之。或后或先，或喘或颠，至乎绝顶而休焉。天若为之宽，地若为之辟，西望吴兴，渺渺一白有若云焉。隐见天末，或曰：卞山也。北望姑苏、横金一带，人家历历可数。有浮屠亭亭，曰：灵岩、上方也。东望吴江，云水明丽，帆影出没，若有若无。盖七十二峰之丽，三万六千顷之奇，皆一览而在。曰：大哉观乎！相与席地行觞，踞石赋诗。久之，暝色四合，微月破林，湖光顽洞，崖壑黯黯，乃相与循旧路而归焉。语有之：不登高山者，不知天之高也；不临深溪者，不知地之厚也。莫厘犹尔，况所谓泰、岱、恒、华者哉！予以是知学之无穷也，故记之。

民国《吴县志》

重建东岳行宫记
[明] 吴　惠

东岳有行祠其来尚矣，今吴县洞庭东山之行祠，则创自宋开宝中，相传为里人张大郎感于神人，舍地以成之也。逮其裔孙碧泉、升甫遂加广焉。厥后自至顺以来，至国朝洪武中，祠宇渐圮，予高祖仲器暨里人席伯启等又增修焉。永乐癸卯，吴景辉等复葺，旧加饰。自是历年既多，殿庑栋宇颓腐日甚，而庙貌萧然。今大郎之后若张文贯，其外族若金道真、金玄通、朱文昌暨吴氏景辉、孟实金以为神福以及民亦久矣，乌可不作而新之，乃相与合谋赁工市材。乡之好善者翕然捐货，以相厥事，而祠之前后堂殿门庑、黝垩丹漆神像咸焕若鼎新，其规模则有加于前。经始于正统八年九月九日，成于十年十月十八日。呜呼！物之废兴固有定数，然非遭遇丰亨豫泰之日，待其人成之，则未至如斯之盛也。且天下五岳泰山为最，故其祠遍天下，匹夫匹妇咸知所以敬。若景辉诸士生际盛时，其意岂但以昭答神贶资福于一乡而已哉。盖将祝皇图于悠久，期太平于无穷也。景辉等尝走书北京，请予为文，适予出守桂林，道故乡，因书以记之。

正统十年岁次乙丑夏六月吉日，赐进士出身、中顺大夫、广西桂林府知府、里人吴惠撰。

清康熙《具区志》卷九

席氏听涛居记
[明] 吴文之

山居之乐水韵尤胜，听声佳于玩色，听涛宜于临湖，临湖之居者又胜也。然山居多无水溪涧沼沚声之细也。巷栖岩处安得皆临湖，舟行溪立听之暂也，故惟临湖之居为胜。若席君之听涛，具有众美者欤！君世家包山之麓，席湖之上，潇洒出尘，雅契于水，以听涛自娱。盖可谓迩焉，而不劳廓焉，而非细久焉，而相忘者畴昔之岁。余访君席湖之上，鱼悬镜中，鸟飞云外，黛蓄膏停，沉沉无声，幽怀畅逸，自谓尽乎水之乐矣。君曰："尔玩也，非听也！"言未既，封姨击，湖神泣，水如突，云如织，迅雷欲轰，飞雪上急，倾耳听之，心怡神释。向之听也，果劣乎其玩也；兹之听也，实超乎其玩也。有洋洋咸英之雅，无靡靡郑卫之音，爽然自失矣。余实与闻之，然暂也，非久也。其听声之佳，惟临湖之胜，小次山之悬水。随楚客观涛，山居之乐君悉有之，而子非所与也。

民国《席氏宗贤像赞》

少山公墓志铭
[明] 申时行

自余归田游洞庭，登莫厘诸峰，访文恪故里，始穷东山之胜，盖山栖而素封者两家，曰翁、曰许。余因许太学裕甫识隐君，隐君年垂八十，仪观修伟，恢然长者也。越数年而隐君圽，其孤启明、启阳以其宗给谏完虚君状，谒余铭其墓。按隐君讳笾，字文夫，别号少山，姓翁氏。其先世谱佚不传，宋建炎朝有官承事郎者，以其族从南渡散处海虞、临安，而身自居洞庭之东山，十传为福，福生参，号春山，隐君之父也。母吴氏。春山公家世农业，间出为小贾，又倦游。隐君既称家督则慨然曰："夫力穑者规什一自赡耳，废君转逐庸，讵不三五而龊龊守穷山者，吾叩囊底智足使连欐击钟，终不余力而让财矣。"乃挟赀渡江逾淮，客清源，清源百货之凑，河济海岱间一都会也。隐君治邸四出临九逵，招徕四方贾人至者缧属，业蒸蒸起，已察子弟僮仆有心计强干者，指授规略，使贾荆襄、建业闽粤、吴会间，各有事任，大都遂时频仰权子母为出入，而又时时戒之，无朘求、无罔取、无杂良楮，人人遵用其教，所至常获倍息云，而隐君躬自菲薄啬嗜忍诇为家人，率诸少年禀受筹策数千里，如目睹皆自以为不及也。隐君少尝业儒，故好儒，老而不衰，所延致家塾课子弟者，并一时贤俊人称好士。为里中任剧役及修治堤堰以护田塍之，为湖齿者捐金，以葺寺宇之颓废者，圜扉湫隘则请别创棘室，讼击轻刑者，以故大得义声于里中。会岁荒为有司议平粜，议称贷，议设糜以饲饿者，所活甚众，有司尝称其好义。有兴创辄檄，隐君董其役。时方缮治学宫，建玄妙观，祝厘殿宇，修复北寺浮图经始落成，费半而功倍，虽取办公帑，而隐君数以家财佐之，不令人知，上官闻而嘉奖，令有司给冠服表其间。隐君受而椟之，不数御也，其逡巡德让如此。隐君内行甚饬，事亲孝处，昆弟怡怡白首，宗族亲党婚姻丧葬之资，皆仰给焉。贷不能偿者，常焚其券，时以片言解纷，御侮靡不洒，然心服其材,谓有过人者,然不一试而仅露其奇于刀锥之末,故虽以寿终而人犹痛惜之。隐君生嘉靖乙酉四月十有六日,卒万历丁未五月二十二日,年八十有三。

清《洞庭翁氏世谱》卷七

集贤圃记

[明] 陈宗之

余寓东山,游集贤圃者数矣,往返数四回,徨忘术至不能已。其处圃固翁光禄所构,其仲子汉津与余善,屡属余记。会城居,卒未果,今夏至山斋,汉津复邀余至圃中,回旋下上,徙倚竟日,因次其略以公同志卧游。圃始于万历西戌间,俗所名湖亭是也,长堤数百步,从浩渺澎湃中筑址,苇荻猎猎,暑月挟霜气。系一石桥入门,折右数步为开襟阁,戾莫厘、衮武峰,西瞩莳山,浮黛晔泖。东则具区潆洄,灵岩、尧峰诸远岫出没其中,葛洪炼墩正与阁相值。来虹去鸟,风帆灭没,月夕澄波,雪晨冻壑,荡胸送抱真成一快,此则圃之最旷,游履所日至者也。下开襟阁有构形如亭子,自此至群玉堂,八窗玲珑,居圃中央,垒山环之。按群玉乃列仙册,府藏书之处义,或取此取径西涉,则石桥兀耸,下临碧潭,迤路樱桃、海棠间植,抵来远亭,绕亭丛桂森森。复有三角亭,琉璃巧构,晶莹类雪,其下石洞窅靓莫测,名曰:飞香径。稍前豁然开朗,从朱桥渡而西,修竹数千个,琮琤瑟戛,有屋三四楹,名一叶居,半借竹坞,半跨水栖,迟此中雅堪避暑。系此渐往而北,仄穿山罅,有如石梁者,然下有木莲一株,亦属名产。牡丹台苞葩霞翘,藉玉兰、碧梧为幄,此俱在群玉堂背也。蹑石小上薄寒香斋,古梅驳藓,虬松离错。斋后一小轩,湖之东北可眺。斋旁亦饶檀栾,漪漪馆在焉,馆内有积秀阁,阁不甚敞而幽邃楚楚,中列良书茗具。蜂脾时哗乳雀成垒,此则汉掩关咿唔处也。圃之西北偏既讫群玉堂,南对则有荷池,乃与西石洞外朱桥处相连。池东有亭可资纳凉。北有土神祠。循是陂而前,其屹然高攀峙群玉之前者为主峰,其外支峰累累俯仰,缘以牙松须鬣甚古。其下则洞壑嵌空,白石磷磷,水泉吞吐与太湖通。此又非西石洞名飞香径者同派,亦有楼榭可揽湖光。回廊右旋,则又与开襟阁相属矣。唯群玉堂前差广一泓,澹涵四周俱通,长杨成列,唅喁万头。圃之极北连冈皆土坊培堘,种茶数亩,有茗可采。圃之极西,橘柚桃梨,缭以短垣,有果可俎。此其附庸于圃而籍为外藩者。大率此圃之胜奥旷幽适,各极其宜,雕砌而今历二十余年,石绣木瘿,渐成自然……一则得其地,城中购一石,汗牛耶许仅乃得之,凿石浚沼,势如刺山望泉,而此以湖山为粉本,虽费匠心,其大体所资多出天构;一则得其时,当万历之季,物力宽饶,故得斥其资治,此若遇今日山穷水涸,岂能阆诡坚亘若尔?时与既相得,而所守或非人,即午桥、平泉等为沧桑……光禄虽赍志未竟,而有子克述其业,以底于昭融,良称厚幸。古人一簪履必藉贤子孙以传,况夫堂构之巨,图书之渊,其轻也哉!则此园有可恃以不朽,而不系乎穹然之宫,郁然之树也。汉津旨余言,遂笔其语为记。

清《洞庭翁氏世谱》卷九

重修广福翠峰禅院记

[明] 张献翼

太湖中多山,其最巨者曰洞庭。其东十里而遥,又山相距而差小,其胜略等,人称东山以别之。其尤胜处,往往有禅寺据之。寺有广福翠峰者,在莫厘东南麓,当两山对峙,郁然苍翠。又山有九坞，九坞之水，合流循寺门而行。松根石罅，水声潇潇，殊为幽僻。地形胜而栋宇雄丽，屹然一名蓝若，俗氛所不能至，而佛院之所融摄也。岁久，废兴皆莫能考，其创造相传席将军宅而舍以建焉。唐天宝间，雪窦禅师于此阐经说法，致神龙出井而听。其高足弟子天衣妙契禅旨，尝亲汲爨为众僧都养；寺右忽涌异泉，既甘且冽，名之为悟道泉。宋淳熙戊申元建塔，迪功郎盛章为之落成。予唯自孙吴国江左，苏之有寺，盖自此始，萧梁踵其后，故都好佛愈甚，一时穹庐广庭遍于中南。今试询其肇建之代，无非赤乌天监而已，历年既久，半亦成墟。兹寺复于成化间，修于嘉靖中叶，葺于万历初年，虽志成恢复，力欲图新，然作辍相循，罔克有济。至山中翁叟遵仰嗟愿，起颓为壮，易坏为美，补缺为完，工不为劳，财不知费，先鼎缮大雄殿，而天王殿次之，高广深阔，一如昔制，凡所像设，无一不备。值席君某相与董成，君盖席将军之裔，善承先志者也。仍构堂以安清钵，筑室以严净居，东西表乎两山，前后焕乎二殿，种种庄严，咸臻嘉丽，不唯缁表，大生欢喜，乃山为寺而秀，泉为寺而美，人之迹为寺而胜，巍然为东方一大丛林矣。寺僧复初育，檀越思请职其事。余叹曰："世之有力者不肯为，与为之而弗底绩，并未足数，今得翁、席两叟，庶合支遁买山肯构之意欤！"始于万历甲午春日，毕于戊戌中秋。记之日为庚子七月七日。

民国《莫厘游志》

净志庵碑记

[明] 佚 名

古云树德莫如滋种，福必期广，欲其滋与广也。必有毅然不息之操，屹然不拔之业，而沉可垂之永远，与天地相终始也。然非贞心节性，禀旬天成者，其能感动人心，使之辐辏而就绪乎？兹有法名净志者，育于席，适于吴，孝敬之名自幼著闻，至四旬寡而无嗣，即思大士，香山现身惟是苦心修行而成，于是弃却鸠鹭，择一清净安身立命之所。适有席处老妪基房切邻吴墓之侧，曰是可以隐身修习传道，后来信女为法徒矣。藜食不变味，缟衣不易新，行住尘卧惟与菩萨如如信心而已，因此檀越慕赴皆玉珈象也之傅，或输环珮，或贷妆料，恢置基于渐集幽人之居，只恐老逝而徒孙不晓世守，便坏佛门大礼，失檀越之本心，况为善与众如共士行，犹且难之，其开信善舍愿于后，授记徒子徒孙，苦心苦行，守吾法门于不朽。

崇祯十七年六月甲子日，吴县二十六都一图里长翁杼、席淳，族长吴有性、吴云路等仝立。

鹅潭庙《净志庵碑记》碑

东山记

[明] 汪明际

余之游，先翠峰，次至山居，登莫厘颠，从脊而下，游法海寺，自新庙前还。翠峰寺在万松之中，路极盘曲，青松夹道，干修枝密。山空人稀，壑深路奥。日薄无风，其松自韵，仰接其来，俯送其往，肃肃穆穆，徐而又疾。其路阴寒，山僧下来，皆带云烟之色。时从松顶日景下漏散布石上，寺旁银杏色黄而明耀人目。山居在寺后，径益邃，路益辟。有小阁架溪上，雨过泉流，当有妙响，恨不一听之也。翠峰为席温之故宅，而寺则雪窦之讲坛也。法海在山坞中，从山顶望之，丹扉绀殿，隐隐可数。及拾级而进，则长条垂户，浓绿拂槛，几不知有寺。古桧数本，肤理虬结如绳，枝干枯荣相半，苍古奇诡，云亦异代物。新庙前林壑尤美，树色酣纵，丹黄紫绿，上下摇缀，可以坐卧数日也。莫厘峰望之不甚广，而登之则山谷迤逦，或聚若茄房，或施若箕张，或复若衣裾，或孑若釜覆，为突为坻，皆可见也。葛震甫，山中韵士也，为五七言诗，有王孟风致。时具酒舣以待，呼舟子放船湖中，月光射波上，白色可埽。而苍然者山，浩然者水，澹然者月。嗒然颓然者二三子之相对。十五日，风日更丽，命童子携卧具酒肴拏舟渡缥缈峰，峰即包山也。舟行从东山之东，沿山而北，前出其西，文冈蔓麓，参差布列，银杏黄半而未匀，橘柚绿奇而可染，荡桨其下，即经年月亦不厌也。

明《吴中小志》

巡　幸
［清］金友理

　　自古王者省方无非事者，而一游一豫又皆有恩惠以及民。数典而诵夏谚，慨乎有馀慕焉。我朝康熙三十八年，恭逢圣祖仁皇帝南巡淮甸，阅视河工，遂历江浙，谘诹水利，太湖亦蒙临幸，驻跸东山，恩蠲菱湖坍荒粮额，湖山承宠，童叟腾欢，诚千古未有之遭逢也。谨志巡幸，以冠卷端。

　　康熙三十八年四月初四日，上幸太湖，准吴县百姓奏水东地方产去粮存。上问扈驾守备牛斗太湖幅员广狭，对："周回八百五里。"上云："为何《具区志》上止五百里？"对："积年风浪冲坍堤岸，故今有八百余里。"上问："去了许多地，地方官为何不奏闻开除？"对："非但水东一处，即如乌程之胡溇、长兴之白茅嘴、宜兴之东塘、武进之新村、无锡之沙湾、长洲之贡湖、吴江之七里港，处处有之。"上云："朕不到江南，民间疾苦焉得知道？"

　　康熙三十八年，圣驾南巡，驻跸苏州。四月初三日，起更时传旨明日往东山。初四日巳刻，出胥口，下太湖，行十馀里，渔人献馔鱼、银鱼，叫渔人撒网，又亲自下网，获大鱼二尾。皇上大悦，命赏渔人元宝。抚院同按察司先到山，少顷有独木船二只拨桨前行，御舟到岸，而随从之船与抚台船只未到，宋抚院备大竹山轿伺侯，启奏过，皇上升舆，云："倒也轻巧。"时有耆老百姓三百余人执香迎接，又有比丘尼跪而奏乐，皇上云："可惜太后没有来。赏他元宝。"其时提督张、抚院宋、侍卫二十馀人、翠峰寺僧超揆，步行轿前。先驱引路者，倪巡检、陈千总也。驾幸席启寓东园，皇上问："席何官职？"奏云："工部虞衡司主事。"皇上问："为何不做官？"奏云："告养亲在家。"进茶，进《百家唐诗》四套、兰花二缸。皇上问超揆："你住处在那里？"奏云："此去还有三里路。"皇上云："不去罢。"即命起驾，乘马而行，吩咐侍卫唤百姓们看，又吩咐众百姓不要踏坏田中麦子。其时菜子已结实成角，皇上命取一枝细看，问宋抚院："何用？"对云："打油。"又分付赏老人元宝。登舟，唤超揆站船头上。开船到余山面上，有水东百姓告菱湖嘴坍田赔粮，收纸付宋抚院办理。是日更深到城。明日驾幸浙江。

清《太湖备考》卷首

湘云阁记
［清］归　庄

　　洞庭东山翁氏为著姓，而元闻兄弟以文雅称。余自丁酉秋来山中与之交过，其居古木交罗，名花奇石左右错列，崇台高馆，曲廊深院入焉，而迷东西。其尤绝者为湘云阁，盖板屋而铺以竹，斑然可爱。元问曰："此吾先子之遗构也，欲藉文字以表前人之志，幸礼之。"余诺而未果。今年夏秋又至元闻所，于是再登其阁，凭窗而望，连峰矗其前，太湖萦绕之，山川云物之奇，林木之茂盛，聚落烟火之繁盛，一览而尽得之。阁中鼎彝书画，三代秦汉之法物，宋元以下之名迹，粲然布列，目鉴手玩，应接不暇。因语元闻兄弟，阁之内外是之胜，诚一山之最矣。若夫尊府君取湘妃竹之意，谓何为其华美欤，为世所贵欤？天下多良才，何必是吾知之矣！虞舜南巡至苍梧而崩，二妃留湘江之浦，恩慕悲哀洒泪著竹，竹为之斑，其种历数千年不变。李白乐府辞曰："帝子泣兮，绿云间随风波兮，去无还恸器兮。"远望见苍梧之深山，湘水去苍梧二千里，远望则有之，安得见哉？

今尊夫君身居吴会，去苍梧八千里，九疑云气瞻望而不得见，倘亦有思慕之心，故取湘竹以寄其遐思欤。翁氏世以赀雄于山中，虽其力所自致，顾非国家熙洽，休养涵育，使四民各安其业，享其利，何以致此！然则望之，不见思慕从之，不可谓之迂也。元闻兄弟以前人所创不敢忘，则登斯阁者，忠孝之心油然生焉，岂特为游赏之胜而已哉？己亥中秋昆山归某记。

清《洞庭翁氏世谱》卷九

《具区志》序
[清] 汪琬

古扬州之境逾淮距海，襟带吴楚，封域最广。而《周礼·职方氏》所表为州之薮浸者，曰具区、曰五湖，则指太湖一水而言，与他州迥异。何也？东南虽号泽国而水之大者莫逾此，湖故以太称焉。中流名山若洞庭东西、若马迹者尤为诸峰之冠，入乎其中即有平畴广陌，穹林薆落，环湖而家者不胜算也，仰焉升高则岩壑之秀丽，云霞之变幻，皆在眉睫之间；俯焉而瞩，远则波涛之出没，沙禽水兽之上下，高帆大樯之往来，隐见皆在襟焉之下。至于鱼虾之利，橘柚李梅果实之珍，莲芡芋栗菰莼之富，甲于三吴，为商贾所辐辏，舻衔肩负，络绎而不绝。加诸巨长德名儒胜流与夫士女之卓荦，老释之奇诡，耀史册而炜彤管者后先相望，虽名为湖山一隅，而实则与都会比，非小国寡民之所能几也，是诚不可以无志。然而前之为书者出于草创，往往略焉未备，最后震泽一编，犹不免乎依据蓁杂捃摭缉漏，于是东山翁子季霖奋曰："士君子不由户庭知天下，况吾生长其地而可使淹没不著哉！"乃慨然发凡起例，上参《山海经》，下究太史公、郦道元以来诸书，旁及图经地记稗史别集之属，左右采获，积以岁月，其或未悉者举凡山邮旅亭、僧坊肆壁、荒区野冢、殁碑断刻，父老之所传闻，缁衲之所记忆，迩则策杖以求，远则拏舟以访，搜剔讨论，靡有缺遗。既成示余，余爱其典雅详实成一家言，遂应季霖之命序而行之。季霖博学知名，家多藏书，尤善五七言歌诗，所交率当世贤士大夫，其长固不尽于此书，而此书亦非籍余言然后传者也。康熙己巳十月三日长洲汪琬序。

清《具区志》卷首

东山节烈祠碑记
[清] 王奕仁

皇帝御极之二年，诏直省府州县各建忠孝节烈祠一区，以表微阐幽，风励世俗；又命礼部定议，凡妇女青年矢志至五十岁以外故者，并许题请旌奖。于是封疆大吏、郡邑贤守宰,莫不悉心采访,据实奏闻;岿然绰楔,遍树宇内,而通都大邑,祠宇聿新,烝尝严肃;深闺贤媛,遂得与孝子忠臣并垂祀典,于以发潜德之光,而使匹夫匹妇咸知重守义而耻失节。盖转移风俗之盛典,实亘古所未有也。洞庭东山在苏郡西南隅,居民数千家,环以太湖,风俗淳古敦朴,而山川清淑之气并钟毓于闺阁中。其不幸称未亡人者,无不秉礼守义,终始不渝;甚至未嫁守正与夫死辄以身殉者,亦时时有之。盖妇节之显于东山,较他郡邑为更多。而山去郡且百里,既多舟楫风涛之阻,或又有艰于力而不能奉主入祠者。乡先生农部席公与其令子贡湖倡率绅士,将建祠山中,以推广皇仁,岁修祀事。适制府查公、提督高公各以公事至,遂合词吁请,两公以为可,且给扁额用树风声。于是缙绅士庶踊跃捐赀,择地湖口,立表定位,选工饬材,栋宇崇焕,垣墉峻整,经始于雍正三年二月,至八月而告成。乃访求懿行,其远不可考者姑置勿论。惟是国朝数十年间,节烈炳然可光志乘者,凡得一百六十余人,咸制主入祠,春秋奉祀,永永勿替,猗欤盛哉!惟我皇朝教化沦浃,恩泽覃被,度越前古;而贤公卿奉扬德政,不遗山泽之远;乡士大夫又能急公好义,使巾帼芳徽不终湮没,皆足以模范千秋,感动当世,岂特山中人叹息以为希有之事哉?仁世家于山,滥厕史馆,例得叙次节义之事。向者持节黔南,亦曾留意察访懿行,每憾僻远之乡必多遗漏,为表章之所不及。兹以予养归里,深喜我乡有此盛事;且祠之内所妥侑而享祀者,大半吾之姻戚宗党也,于仁亦与有荣施,故不敢辞其请,而拜手为之记。

清《太湖备考》卷十三

注:东山节烈祠,在翁巷下席街。

席本桢传

[清] 尤 侗

席本桢,字宁侯,吴人,住洞庭东山。祖父用积居起家,本桢少负才略,读书治史,春秋通大义,尝曰:"圣贤以博施济众为仁守。"一先生之言无为也。当崇祯末,比岁大祲,饿莩载道,本桢大发橐中金,挽襄樊之粟贮之中吴,以次平其值。既而叹曰:"民尚安得值,唯有赈耳。"于是户书其口,口计其食而分给之,吴人之得活者几万家。本桢度力尚有馀,凡所货殖之地,若金陵、若临清、若济宁,皆赈之。如中吴当是时国方被兵,司农告匮,有司唯征输是问,而本桢以一诸生食中吴、东齐二千里之饥民,凡发粟万,捐白金二万,闻者莫不惊叹,巡抚上其事,天子以为忠,即家授文华殿中书兼太仆寺少卿,建坊以旌之。本桢感上恩且愤朝臣无肯捐身家为国出死力者,上书愿助国家讨贼,请悉输所有以佐军。时军事益急,上日以捐输望臣下,特贵本桢如汉卜式,所以布告天下风百姓者久之,海内漠然不应,即贵戚世臣皆争匿财,袖手坐视。本桢领乡寺空衔,无所建白。仰屋窃叹而时事已末可为矣。弘光南渡,尝副节使移封唐藩于临汝,临汝人哗不纳,本桢宣诏讽谕之,卒帖服。事竣归隐山中,教戒乡人子弟,严斥埭峙候粮众奉约束惟谨,东山独不被兵,本桢之力也。其他为德于乡、立义庄、义塾,月以朔望次日颁粟里之贫羸者,津梁甃道,复陂置闸,注药给榇,收胔掩骨,所费不赀,典守者以为忧,本桢笑曰:"此等金钱今日乃为吾有耳!"盖因时方倾乱不欲厚自封殖,亦其好善天性然也。子孙皆守家训,能大其家。

清《席氏世谱》卷二

第十五章 著述 诗文

橘社金氏祠堂碑记
[清] 王世绳

君子将营宫室,宗庙为先,古公之卜周原也,首曰"作庙翼翼";而《新宫》之诗亦曰:"似续妣祖,筑室百堵,西南其户。"而后及鸟革翚飞之堂、殖殖哕哕之室,言有序也。鲁修閟宫而作颂以张之,孔子犹有取焉,此无他,人道亲亲,亲亲故尊祖,尊祖故敬宗,敬宗故收族,收族故宗庙严,宗庙严则重社稷、爱百姓,以至于百志成而礼俗型,莫不由此,故圣人重之。三代以还,宗法亡矣,庙于何有?士大夫暴贵,至不能举其祖先之名字,即有世次秩然,要亦省松楸荐鱼菽而止耳。其有定享尝之仪、备昭穆之制,以庶几于敬宗收族之义者,百不一二也。此岂力之所不得为欤,抑财之绌欤?彼且挥斥金钱,治园亭,美台榭,以厚自娱乐,而祖宗栖神之地,直以为族人之公事,奈何损己囊以营此不急者为?此其忘本蔑先,薄俗可鄙,而仁人孝子之所以疚心也。今橘杜金君天济、天愉,倡其族人作家庙,以奉其始迁祖传二公之祀。既属余弟宝传为之记,而丽牲之碑阙焉,复令其族子自韬征词于余。余嘉其行古之道,而足以维末俗也。当春秋吉蠲之日,率其族人,肃衣冠以拜于祠下,述祖德而训之,若东斋涧户之以诗文名家者,荆玉之赈饥御乱为德于乡者,桐溪之著训、卓庵之作谱以亢其宗者,皆宜百世祀也,皆没而可祭于祠也。为子孙者,服先畴,食旧德,积学修行,以迪前人光,于是乎在而家庙之作,其功岂不伟哉?我王氏自文恪公以来,与金氏为世亲。余兄弟岁时省墓,必经橘社。异日过从,尚能作为诗歌,以继《绵》与《斯干》之咏,为金君传此盛举。故忘其不文,而文其丽牲之碑如此。

清《太湖备考》卷十三

注:橘社金氏祠堂,在金家河村。

重修席家湖嘴碑
[清] 席素恒

席家湖嘴者,始于我族诸先辈。维时族人率多居此附近,因湖滨筑堤,以障沙涛,其堤身象形似嘴,乡人遂以湖嘴称,并即归之席姓,盖由来已数百年矣。惟是积久失修,嘴头巨石,尽没湖心,中复低陷旁欹,残阙累累,几乎跬步维艰。辛丑春,余自沪返里,舟歇此嘴,目睹前状,思有以扶先泽于不坠,因力任捐修,由匠目汤荣卿经承斯役。于是鸠工庀材,垦土累石,就所倾圮,次第施工,阙者补之,残者易之,颇者平之,坠者起之,其有原植木桩,稍涉朽或形屡弱者,尤不惜材力,务易坚好,以巩基址。由是全嘴上下,悉臻完善,砥平一律,尽复旧观,诹吉于光绪二十八年壬寅正月兴修,至是年仲夏凡五阅而讫工。……素恒重修并撰记。

民国《莫厘游志》

重修六角亭记
[清] 麀茵

古雪居创自席氏。席氏为吾山望族,其先太仆公富而好礼,朝野敬之。是居系公之孙树屏席公读书处也。其中树木屋石,位置天然,错致有落,一泉涓涓曰紫泉,味甘且冽,掬饮沁心脾。泉外巍然一阁,度以额曰薇香。薇香阁之外,有亭翼如,数其角数六,人呼之为六角亭。然《太湖备考》所载饮月亭条下，注明在东山翠峰坞，席户部永勋筑。谨按永勋即树屏席公之名，则是亭当以饮月呼之。是居既有诸胜，故远近之名公巨卿暨骚人雅士探胜而至此，辄以佳制相唱和，高积几半身，而陶文毅公澍、彭刚直公玉麟两公之诗之联，尤脍人口，盖文字以人而重也。然年久失修，予生也晚，洎余屐齿所至，觉岿然者日就索然，翼如者已难自如，以耳之所熟，证之于目，胥不获吻合，唯闻山禽之飞鸣上下，与夫霜风之撼木吼石，若怨若号，若歌若诉，而紫泉之流之声，复鸣咽激聒，一若与木石风禽相吁嗟而太息，为何为者耶？殆有今昔之感欤。

宣统纪元，有树屏席公之裔孙裕麟，号玉书者，见之郁虚若不胜感，亟出巨资独任修葺，为余言及。余曰："是居之幸也，亦游人之福也，子将统是居而新之乎？抑择所好而修之乎？"玉书曰："是居之一草一木，一瓦一椽，一泉一石，凡载于斯土者，皆祖宗之遗泽也，余何敢择而修之，曰若者吾所好，若者非我所好乎？虽然，今余之急欲与修者，却注意于俗所谓之六角亭耳？"余曰："是必有说，请言其故。"玉书曰："其中诸胜，虽皆得名公巨卿骚人雅士之文章润色，须是以传，然得遇圣眷垂志不朽者，是亭之所遇独优，予不见亭中恭镌'印心石屋'四字，系宣宗成皇帝御笔所赐书者乎？"余如憬然悟。

又观《太湖备考续编》杂记中载有"翠峰坞山腰有六角亭。道光十年江督陶文毅公澍以勘河至东山，登翠峰，憩斯亭，赏其幽胜，奉宣宗御书所赐'印心石屋'四字，镌横碣嵌置亭壁"之文，益不禁肃然起敬曰："吾失之矣，吾知之矣。"是举有极重之关系两大端在焉：盖尊王也，崇祖也。修所当修，急所当急。昔曾子述孔氏之言曰："知所先后，则近道矣。"玉书其庶几近乎！不然，吾山之胜不独古雪居，古雪居之胜不独是亭，而必先修是亭者，凡以为尊崇王祖起见也，夫岂可与寻常之修复古迹同日语哉！又岂可谓玉书游历东瀛，东瀛颇重古迹，故归而萌此修复之念也哉。余敬玉书之尊崇得宜，而尤望其由近及远，日扩夫亲亲仁爱之量，与太仆公之好行其德，后先相辉映焉，故秉笔而乐为之记。宣统纪元岁次己酉，莫厘鹿茵拜撰，海陵小文范述淹敬书。

清《重修六角亭记》碑

启园旧事

汤仁贵、王季才、居维周、严星洲、葛伯素口述，杨维忠整理

东山启园是一座民国年间造的园林，因系席启荪私人出资建造的园第，故名席家花园。席启荪曾任上海荣康钱庄经理，后来因经营不善而钱庄倒闭，他的债务团把花园拍卖给杨湾商人徐子星。

启园的旧址名"一家浜"，原先是太湖边上农民种稻、养鱼的地方，席启荪以较低的价格从农民手中买进，又临湖挖池填土，建于20世纪30年代，从开始到落成，约三年时间，按当时的币值计算，整个造价约10万银圆。这座花园面临太湖，风景绝佳，当时园内奇花异草繁多，闻名苏沪一带，建国前凡到东山来的游客，都要想进这座花园里游览一番。

园内主要建筑有座"四面厅"，又称"镜湖厅"，站在楼窗前眺望太湖，就像看一面镜子一样。建造四面厅的木料，是东山当时的首富沈延龄馈送。沈在上海南京路新新公司后面有不少地产，为了翻建新屋，将"逢吉里"旧宅拆掉的木头送给席启荪建造花园。该花园建造前，席启荪曾多方请名匠设计造园图纸。当时东山长泾浜头姚建祥筑坊最有名，四面厅

就是姚建祥承建的。该厅造好后,席启荪请名士给主楼题名"镜湖厅",后来他事业失败,未将匾额挂上。

四面厅共上下两层,大楼靠山临水,端庄雅致。凭栏远眺,青山倚背,绿水铺前,楼房与大自然的景观融为一体,可添游兴。四面厅东面筑有"五老峰",有不少"真竹假笋",其中有一只石笋很名贵。小园内地上全用小石块铺成各种图案,四周种有许多花木,有含笑、山茶、牡丹、桂花、红枫、蜡梅、铁牙松等。行人穿行其间,感到清幽悦目。据说月夜游园,这个地方更觉媚人。

园中堆假山、挖转湖、掘荷池、铺鹅卵石等工程是邵福根承包。转湖半绕四面厅,四周花木扶疏,湖水从太湖中引进来,清漪荡漾。湖边的假山洞虽小,也颇曲折有致。所堆筑的假山,虽没有异峰突起,却也玲珑曲折,有疏有密,形态各异,并有名种动物形象。最具特色的有"独角牛头""狮子头"等。四周花草浓密,树荫遮掩整个湖面,即使在盛夏酷暑,仍觉凉气袭人。一到春天,百花齐放,群芳争艳,缤纷满地,景色更加引人入胜。复廊不长也不曲折,却有"传经堂"内走廊的风格。传经堂在岱心湾,是刘家的旧宅,房屋走廊与"白皮松"都很有名。复廊进大门后有一段双走廊,据说是主人准备按天气晴阴而行走。

沿湖有一座花岗石桥,由西坞里人潘惠峰承建。登上石桥,遥望湖面,水天一色,令人心旷神怡。向东遥望,胥口隐约可见。上有石桌石凳,可以闲坐品茗。园北面靠山造的新楼,是席启荪准备自己逢年过节或清明扫墓回乡小住用。这幢别具风情的小楼,是王云甫承造。启园筑造即将完工时,席启荪的友人唐振武从无锡带来不少名贵花木,因陋就简布置在花园内。虽竹架、茅屋、苇墙,亦别有一番情趣。

抗日战争期间,苏州沦陷,日本军队开进东山,驻扎在启园内,并在内关押抗日志士和东山百姓,还在大门口设了岗哨,凡过往行人都被迫朝他们鞠躬。抗战胜利后,启园经日军多年糟蹋,已是萧条万分,不成样子。中华人民共和国成立后,启园里办过苏州专区疗养院、江苏省干部疗养院,1971年,又建办吴县晶体管厂。

将近五十年中,启园由花园变成工厂,增添了不少工厂所需的房屋,原来的建筑也大多变了样。

《吴县文史资料》第七期(1983年11月26日)

翁巷与七十二厅堂

翁晋瑞

洞庭东山是我的故乡。我今年九十一岁了,八岁那年阖家搬离,抗日战争期间避难回到翁巷敦大堂故居。那童年岁月情景,至今历历在目。

翁巷在东山镇翠峰坞口,有豪宅大院七十二座,史称"七十二厅堂"。这个古村落里住着翁、席、刘、严四大家族,主巷道长达一里多,早年东西南北四面各建巷门,有更夫敲更巡逻。翁巷东临席家湖,小时候到那里买羊肉,看人家在太湖畔钓鱼。湖堤的尽头,我们称它"湖嘴头",旁边有座空心的宝塔,塔上挂着一口钟,我们用石子投向大钟,就听到响亮的钟声,声播远方。转向往北,一条山间小路直通后山,中间经过席家花园,花园对面有一片宽阔的山路(如今是东山宾馆),山坡上有一座豪华的公墓,广大的一片土地上,四周环抱着珍贵的太湖石,这是翁氏先祖的墓地。小时候听传说,翁氏先祖中有一位翁笾,乐善好施,深得乡人好评。一天来了个游方和尚,他也殷勤招待,和尚临走时问他希望"富"还是"贵"?他当然希望"富"。和尚说:"你想办法把你父亲的遗骨埋葬到某处,葬后家里如果发现异样不必惊慌。"他按照和尚的嘱咐照办,回家后晚上屋子里发生巨响,早晨起来看到泥土松动,扒开一看,只见有一坛坛装满银锭的缸盆。他拿这些钱在当地建造七十二间厅堂,街区取名"翁巷"。这个民间传说具有迷信色彩,但当时"翁席刘严"四大家族把翁氏列在首位,应该和厅堂多为翁氏所建有关。翁氏致富靠善于经商,在明季中国资本主义萌芽期,被称为"翁百万"的翁笾,发迹"洞庭商帮",被冯梦龙在《醒世恒言》中以"钻天洞庭"揄扬。可是正像翁同龢所言"富贵不足保",七十二厅堂传了几代,逐渐易主。翁氏后人有的去了上海和外地,有的浪迹海外,如今的翁巷已经没有多少翁姓住户了。

翁家的家训,一是要读书重礼,二是要多做好事,希望后代相信好人有好报。"翁亦泉赈灾"的故事是前辈经常用的教材。同治年间,翁亦泉在苏州开荣义号布店,同治四年(1865),江北水患,大批灾民南渡,苏州社会治安混乱。士绅纷纷捐款,设粥厂赈济,然而数月后灾民越来越多,粥厂难以为继。翁亦泉乃捐二十日全部灾民口粮,并且不愿留名。于是各粥厂张贴告示:此处不再施粥,以无名氏所捐二十日口粮,促成众灾民回籍,解决了苏州的问题。这件事在晚清重臣吴大澂《愙斋自订年谱》有所记载,翁亦泉之子翁绥祺后来果然中了举人。

记得小时候第一次去祠堂祭祖,是在七岁那年的清明节。母亲为我做了一件丝质长袍和小马褂,还买了一顶红顶瓜皮帽。我跟着大人去祠堂。坪磐有一座猛将堂,向北不远就到了祠堂。祠堂很雄伟,两扇大门画着彩色的门神。门槛很高,两边还有石狮。里面的两间大厅挂满了匾额,粗大的庭柱上刻着对联。梁上、壁上都是五色的彩绘,金碧辉煌,俨然宫殿。大厅中央供奉着翁氏历代祖先的灵位,两边竖立着一排排硬牌,每块牌上一个字,刻着表示翁氏的辈分的字样。祭祖时由司仪拿起硬牌呼喊,依次跪拜。我是"长"字辈,每个人轮到时都站立在拜垫上,有序地三叩首。每个辈分行列里有老有小,当时我还是孩童,前面站着的年龄都比我大,甚至还有白须老阿哥。人家说"小房出长辈",我当过摇篮里的太公,就是这个道理。还听父亲说,清代的两朝帝师翁同龢亲临过东山,并曾表示将来叶落归根,要在东山归宗。祠堂里的匾额和对联大多出自他的手笔。

一九三七年,抗日战争爆发,那时我十三岁,我们全家又回到故乡。那时从四面八方到东山避难的人很多,清静的小镇一下子变得热闹起来,书场、浴室林立,小吃店生意兴隆,狭窄的老街挤满人。记得徐云志、严雪亭、邢瑞庭等评弹名家也云集东山。那时是苏州已先沦陷,过了很久日军才来到东山。先是一架日机投下两枚炸弹,炸死了三位乡亲。日寇怕游击队袭击,龟缩在席家花园。记得我和叔父在后山的半山上,曾见到他的好友一位游击队长,这个小伙子和蔼地对叔父说,我们的部队不可能常驻这里,要经常转移。果然从此就没有再见到他们。

解放以后,从苏州到东山修筑起环太湖公路,东山的前后山之间的羊肠小道变宽了,人口也兴旺了。可是"七十二厅堂"却非旧貌,有的被拆,有的亭台楼阁地基上建起了民房,翁氏宗祠则成为堆放杂物的仓库。我最挂心的是里面的翁同龢墨宝,这些文物不知是否还存世。抚今追昔,可谓喜中有憾。

《东山莫厘峰》2015年"碧螺春卷"

重建慈云庵记
杨维忠

吴之东山在太湖之心,湖山映带,最为胜绝。其主峰莫厘峰斗起层波,矗逼霄汉。登临其巅,盖七十二峰之丽,三万六千顷之奇,皆一览无遗。古莫厘峰远眺为东山之最,今莫厘积雪列全国十大赏雪胜地之榜。明王鏊《登莫厘峰》诗为先,清高宗咏《莫厘缥缈》诗在后,莫厘之伟居太湖之冠。

慈云庵始名莫厘峰观音庵,建于清康熙九年(1670),三百多年来屡建屡毁,清咸丰十一年(1861),毁于兵火。光绪三年(1877),席氏重建,更名慈云庵。三十一年(1905),官府勒石告示,莫厘峰为太湖胜景。民国十八年(1929),腾冲李根源题字莫厘峰,亦为山庵增辉,湖山秀色与人文景观融为一体,相得益彰。惜20世纪60年代动乱,山巅大士殿、三官殿皆荡然无存,莫厘寂寂,山岭无光。2000年春,东山诸多晨跑者登上其峰,观河山之壮美,叹草中之废墟。又逢盛世,遂起重建慈云庵之念。是年农历六月十八,以华兆义、吴旭伟、顾再清君为首,组建莫厘峰义保组,筹措经费,策划方案,组织实施。兴我莫厘,人人有责,社会各界,出力出钱,广为资助。义保小组四处奔波,购物庀料,筹备一年又半,是年农历四月十日动工,至六月十八日主殿与左右厢房落成。竣工之时,适逢一年一度的莫厘峰观音庙会,新塑观音进屋,峰巅观者如潮,传为盛事。继主殿厢房建成后,即又建头山门,整修围墙,平整场地,第一期工程相继完成,共建房十间有余。又新塑大观音一尊,弥勒一尊、韦驮一尊。总共耗资叁拾万元。佛之道以心诚则灵,德之教以奉献为本,力有强弱,责无大小,惟真与诚,泽为桑梓,则莫厘雄风得以再展。是为记。公元二〇〇一年十二月莫厘峰慈云庵义建组立,杨维忠撰。

《重建慈云庵记》碑

新四军开辟抗日根据地
徐亚夫

1944年夏,在马山的新四军,通过到马山贩运柴米的东山石井人夏桐生,了解到东山的敌伪驻军情况。当时在东山日军人数不定,时多时少,时来时去。有一中队伪警,人不满百,有武器,驻在殿泾港。此外,忠义救国军(简称"忠救军")一个分队数十人,头头孟少先,常出没于俞坞一带,勾结敌伪军,对群众敲诈勒索。太湖中还有大小数股湖匪,常出没于东山打家劫舍,大股如金阿三匪部,先后两次大肆劫掠东山。夏桐生向新四军推荐同村的张子平、张景芳叔侄,说如能争取"两张"与新四军合作抗日,可化阻力为助力。他提议先清除孟少先的忠救军,然后配合"两张"在东山建立根据地,开展抗日工作。新四军代表徐亚夫认为意见

石井新四军洞庭办事处旧址

很好,让夏桐生带口信,请"两张"到马山共商合作抗日大事。夏陪"两张"到马山,经宣传共产党抗日民族统一战线的政策,"两张"表示愿与新四军合作抗日,欢迎新四军进驻东山。

1945年1月某日晚,为开辟东山抗日根据地,新四军太湖总队司令部率领2个连,夜袭俞坞忠救军孟少先部,又突袭殿泾港伪警察所,把伪警打得狼狈不堪。

打击东山这两股敌伪势力之后,新四军武装工作组进驻东山,在石井村建立了抗日民主政权——新四军洞庭办事处,领导群众对敌开展抗日斗争。吸收当地优秀青年参加新四军,组成地方武装,宣传抗日救国,开展锄奸反霸等活动等。新四军武装工作队在群众的支持下开展活动,处决了汉奸陆积生、蔡阿本及坚持与人民为敌、反对民主政权的伪区公所人员陈雪卿;在渡水桥徽州会馆除掉了认敌作父、肆意搜刮民脂的伪区长董伟;在席家湖头惩处了作恶多端的忠救军中队长;在后山镇压了为虎作伥的伪乡长邹兴如、伪保长董宝禄。

1945年2月,新四军太湖支队薛永辉率部60余人进驻俞坞,日军得知俞坞有新四军,便准备倾巢扑来。东山新义村王锡生获悉这一重要消息后,立即赶往俞坞送情报给薛司令,不料在返回家途中,被日军发现,并连开数枪和投掷弹筒,王锡生不幸牺牲。新四军薛永辉部由于及时做好战斗准备,凭有利地形,迎头痛击,日军不敌,丢下武器狼狈逃窜,新四军太湖支队取得胜利。

新四军在石井开辟抗日根据地后,东山40多名优秀青年参军抗日,加入新四军队伍。抗战胜利后,新四军太湖支队奉命北撤过江,在黄桥集中改编。大部分东山籍战士分编到连队,有的被分配到地方机关,有的被安排解放军学校学习,为抗日战争和解放战争的胜利作出了贡献。

《东山在抗日战争中的烽火岁月》(南京出版社,2015年版)

苏州东山起义记:记东山第一个党支部的革命活动
章展堂、让嘉谟、汤阿兴口述,杨维忠整理

1948年9月的一天,东山下席街坊前安定小学内,上课铃声敲响,校园里传出琅琅读书声,前操场东大门口的滑梯上,校内戏剧小组在演出锡剧《珍珠塔》。滑梯下的地下室里,一面鲜艳的党旗挂在简陋的墙壁上,党支部书记代表上级党组织宣布,成立东山第一个中共党支部——东山支部。

安定小学位于东山镇东面湖湾村下席街上,1926年,上海开明商人席守愚出资创办,取席氏郡望"安定"为校名,举席裕昌为名誉校长,聘李仲仪为校长。学生以席氏子弟为主,兼收异姓学童。1937年冬,日军占领东山,学校处半瘫痪状态,延至1942年停办。1947年,在旅沪席氏后裔席玉年等中共地下员努力下,安定小校复校上课。上海中共洞庭支部利用安定小学复校之机,安排代理校长韩运先等多名中共党员来校任教,开展党的工作。

1947年8月,上海地下党老闸区委及第十八民校党组织中部分中共党员在上海暴露了政治身份,为保存革命力量,党组织先后派唐坚伯等8名党员到东山开展工作,通过洞庭东山旅沪同乡会的关系,转移到东山安定和鉴塘小学任教。在那里白天上课,晚上办夜校,在农民、渔民中开展革命工作。东山一些地区流行疟疾,安定小学的教师们就送药上

门，为农民、渔民解除病痛；每逢农忙季节，他们又到田头帮助农民采茶、收稻、采果，不久，就团结了殿新、太平、席家湖等村庄的一批青年。

经过一段时间积聚革命力量，1948年6月中旬，上海十八民校地下党负责人沈昌旭来到安定小学，分析情况后，感到东山建立党组织的条件基本成熟。

当时东山敌人的统治力量相对较弱，仅镇南渡水桥头有一个水警所，农村自卫团也属涣散状态，太湖土匪时来时去，飘忽不定。

安定小学的中共东山支部旧址

须尽快成立党的组织，更好地领导和发动群众开展斗争，迎接解放。9月中旬，沈昌旭代表上海地下党组织，在安定小学宣布成立中共东山支部。书记唐坚伯，支部委员李海斋、顾建英。

党支部建立后，唐坚伯领导大家利用教师的合法身份，走街串巷，访贫问苦，办农民、渔民夜校和妇女识字班、店员英语班，帮助他们提高觉悟。党支部还派党员马蔓芬、庄慧华、乐加敏等同志恢复了东山图书馆，购置了《大众哲学》《呐喊》《钢铁是怎样炼成的》等书籍，供东山的知识阶层人员阅读。莫厘中学是东山唯一的中学，在当地有较大影响，东山支部薛康敏、严家栋、汪永安等同志，团结进步师生，在学校建立莫厘中学第一个学生会，创办秘密刊物《红星报》，传播人民解放战争的胜利消息。《红星报》初办时只有几十份，后来增加到几百份，东山人民秘密争相传阅，从中看到希望，受到鼓舞。经过一段时间的考验，党支部发展了章展堂、让嘉谟、汤阿兴等9名东山优秀青年加入党组织。

1949年4月21日，南京解放。当时东山的一些地方武装持各有打算，湖匪趁乱蠢蠢欲动，企图劫掠东山，形势极为严峻。当天晚上，唐坚伯组织召开党支部会议，会上分析形势，决定采取应变措施，立即以东山人民应变委员会的名义，发出《告东山人民书》，号召东山人民迅速行动起来，迎接解放。同时，立即举行武装起义，并作出了战斗部署。第二天清晨，由党支部领导的地下农会率先缴了伪保长查锦夫的3支短枪，接着王侠庆、汤阿兴、杨寿生等人冲进自卫队，缴了东山自卫团团长王克强的短枪，并把他扣压在翁家祠堂内。上午8时，章展堂、陈鹤东、茹辛等率20多人，用5支短枪冲进渡桥警察所，缴获了全部武器，共15支步枪。唐坚伯亲自冒险找地头蛇、伪镇长浦伯卿、周镜如谈判，要他们下令让东山自卫团放下武器，争取宽大处理。浦、周见大势已去，交出了80多支步枪和5箱子弹。党支部召开群众大会，宣布建立太湖军政委员会，管理东山一切事务，迎接人民解放军的到来。

东山解放后，政治形势仍很复杂。游散在太湖里的国民党残军和湖匪串通一气，到处抢劫与破坏新生的革命政权。没几天，惯匪龚国梁派出12个武装土匪，乔装后到东山摆渡口侦察，听说东山的军政委员会武装力量很强，没敢轻易动手。不久，龚国梁带了2个连的兵力到横泾，妄想抢劫东山，大捞一把后逃往香港。东山支部分析了敌强我弱、兵力悬殊的情况，采取先发制人，派薛康敏到横泾找龚谈判。三天后，狡猾的龚国梁派了一个参谋到东山来会谈，实际上是探听虚实。龚匪一到东山，看到东山军政委员会的布告，农民武装操练时整齐的队伍和喊杀声。谈判时，不时有人前来汇报："多少箱手榴弹已运到，如何分配？""解放军的先头部队早已到了东山，怎样安置？"吓得匪参谋没谈几句就借口溜回了横泾。

1949年4月27日，吴县解放，解放军吴县军事管制委员会接管东山，东山支部党员的组织关系移交中共东山区委，完成了应有的使命。

《吴县报》（1981年7月20日）

第十六章 丛录

本章分掌故杂记、民间传说两部分，其中，掌故杂记 28 则，摘录于明王鏊《震泽编》、清翁澍《具区志》、金友理《太湖备考》、郑言绍《太湖备考续编》、民国叶乐天《乡志类稿》及《洞庭东山志》《东山镇志》等志书杂记。传说轶闻 19 则，其中，地名来历 10 则，均摘自《东山民间故事集》（海南出版社 1997 年版）。

第十六章 丛 录

第一节 掌故杂记

胥母峰 东洞庭一名胥母,莫厘最高。其山视包山差小,主峰视缥缈差卑,山岩视石公山差平,庐居视消夏湾差薄。诸草木果品皆同,独东山民倍饶耳。然胥母虽有奇峰峭壁,曾无一亭一阁跨居石上。每置酒提壶则盘坐荒草中,亦无方丈之榭,可以布茵列席者,山下僧寺湫隘不堪,荒凉如鬼室,是山之民,其不好事如此哉。

明《震泽编》杂记

烽火墩 翠峰山之左,有山如屏而耸照者,曰烟火墩,又称烽火墩,顶筑方土,横阔一丈许,相传吴王所筑以瞭越者。此处视野辽阔,可远望西边越国方向,同杨湾演武墩相望。东山遗迹,此为最古。

明《震泽编》杂记

白马庙蚬子和尚 梁天监年间,杨家湾华严寺中有一名蚬子和尚,不管春夏秋冬都穿着用碎布缝缀的百衲衣,在江中采掇螺蚬以果腹。晚上睡在离寺不远的白马庙里(又名龙女庙),人们都称他为蚬子和尚。华严寺当家师静禅法师闻之,把蚬子和尚叫入寺中。夜深,静禅法师归,见和尚在捉其衣上虱子,问曰:"如何是西来意?"答曰:"神前酒台盘。"静师曰:"不虚与我同根生也。"蚬子和尚不知何许人氏,不循戒律,常日沿江岸采掇螺蚬以充腹,暮即卧东山白马庙纸钱中,居人目为蚬子和尚。

明《震泽编》杂记

王鏊吕纯阳渡海诗 王文恪鏊在杨家湾华严寺读书,年十二能诗。有学官以吕纯阳渡海像求题,鏊援笔疾书云:"扇作帆兮剑作舟,飘然直渡海风秋。饶他弱水三千里,终到蓬莱第一洲。"识者知为远器。

清《具区志》杂记

王鏊题东峰像 吴鸣翰,别号东峰,参政惠长子,岱心湾人。少为诸生,有文名,工诗能文,兼能武事。有同庠生某,被群聚于文庙前侮之,东峰掉臂而行,众皆披靡,莫如之何也。累举不第,抑郁以死,临殁,梦中入土曰:"忽忆庐山旧巢穴,竹林云影正飘讽。"语其子曰:"吾本山中僧也。"王文恪鏊题其像云:"於乎东峰,天之生才,必将有为,有才如君,卒以不试。君之为诗,高视寰中,天舆之豪,神助之功。狂书细札,或整或斜,细入蚊睫,通拔鲸牙,流落人间,吁其怪耶?谁云屡试,不闻一遭?於乎东峰,今其亡矣,吾疑犹在,郁硉之气,埋而不坏,庐山竹林,自许生前。"

清《具区志》杂记

超揆和尚 清康熙间,东山翠峰寺住持超揆,俗名文果,号轮庵。考其家史,乃文徵明之玄孙,宏储之学生。原在北京东园阁,曾因缘入宫,几度为康熙(玄烨)召见,觉其过于机警，乃于康熙三十二年（1693）下手谕："此人很不安分，不宜多问。"从此，超揆被冷落，在北京住不下，遂南下移居东山翠峰寺为住持。康熙三十八年（1699），康熙南巡来东山时，康熙忆及超揆，召而见之。此为东山僧众中唯一见过皇帝之和尚。

清《具区志》杂记

董其昌题额 董文敏公其昌，未达时，假馆翁巷为翁氏师。故东山手迹颇多。翠峰寺额，留镇山门，惜咸丰之乱，已化劫灰。翁巷遂初堂刘宅有所书《乐志论》，钩摹于屏壁，今尚存。又阳桥"居仁里"三字，亦公书。当时未知其日后名重，村间门巷，随处留题，今则奉为墨宝矣。

清《具区志》杂记

周湾五贞女 嘉靖癸丑，倭至洞庭东山周湾，见一衰服少妇，强驱之，欲奸。妇恳曰："人皆奔避，我以夫丧在，故愿死守，白刃固甘之，但有婴孺，姑老病莫养，艳者固多，何必此穷瘁者？"贼义而释之。又邻妇某氏，贼犯之，刀斫其鼻，愈奋而拒，乃置之。又一小家女，贼始及门，倒投井中死。一妇守视夫病，闻外哀号，即自刎。周湾又有妇少而艳，贼至其家，妇先以帛周身束之，不可解，且骂贼。贼怒，以刀裂其体，无完肤。

清《具区志》杂记

翁许湖山主人 明万历以来山中高赀者，推翁氏许氏两姓为甲，其人率以文雅相高，喜结纳四方贤士大夫，非仅织啬拥财自卫也。故凡春秋佳日，远近篮舆画舫，争集其门。如华亭董尚书玄宰、陈徵君醇、常熟钱尚书受之、嘉定李进士长蘅、太仓张内翰天如之属，类推翁许为湖山主人。一切管弦歌舞之娱，牲牢酒礼供张之盛，所费殆将不赀，绝无分毫顾惜，虽古诸侯所谓宾至如归者，弗是过也。翁许衰而席氏遂兴，席虽晚进，盖有往者流风遗韵在焉。逮翁殁而山中承平故事，邈然不可复睹矣。

清《太湖备考》杂记

陆逊墓 翁巷翁非彦有《陆逊墓诗》，其序云："顺治间有某姓卜葬于白沙坞，定穴开圹，得石椁，傍卧石碑，有'东吴左丞相陆逊墓'八字，某大恐，急敛土填之而葬他处。不知陆何时葬此？竟不可考。某亦讳其事，不为表识。石孔公，某至戚也，亲见而述之。"

清《太湖备考》杂记

翁园与东园 翁氏集贤圃为东山第一名园，翁亘寰所构，故俗称翁园。地滨太湖，故又称湖亭。来游者多四方贤豪，题咏甚富。亘寰父子殁后，同里安定购得之，感于匠言，移置他处，即东园是也，故老者言其尽失旧时之胜。今集贤圃废址，人犹称湖亭云。

清《太湖备考》杂记

翁家枪 以翁慧生得名。慧生，东山翁巷人，喜武略。尝客蜀，闻峨眉山异僧善短枪法，往师之。僧初不以枪法授，命入山采樵，历二年，僧笑谓之曰："汝采樵久良苦，然身法臂法已寓于其中，乃今可教矣。"遂授以"十八扎""十二倒手"诸秘法，慧生心领神解，尽得其妙，一时如"沙家杆子""马家六合""刘家带棍"号为枪中长技者，皆莫能与之敌，于是翁家枪名播天下。然慧生受峨眉戒,非正人不授,惧或恃技而妄用也。

清《太湖备考》杂记

名媛寄母诗 吴庭吉,岱心湾吴孟仁之女,适西山蔡氏。喜读书,工吟咏,《名媛诗归》载其"寄母"诗云:"久违膝下缺承欢,尺素无由远问安。蓬岛月华双阙曙,洞庭秋老两峰寒。紫泥诏下终承宠,白发年来且自宽。安得南归重戏彩?菊花插取满头看。"早寡,蔡羽,其子也。

清《太湖备考》杂记

陆陇其趣事 陆稼书先生自嘉定罢职,东山席家湖席氏聘为师,先生乐就之。时东山官有一巡检,每出鸣锣,先生在塾闻门外锣声,必肃起拱立。嘉定民有讼久不决,来就质于先生,先生曰:"予今非官,不能判讼,无能为解纷可乎?"两造各陈词,为剖析曲直,皆曰:"陆大人云然,必无谬矣。"其为民信服如是。山中居停为席启图,启图所著《畜德录》,乃先生手定也。

清《太湖备考续编》杂记

翁席义庄 东山著姓,户族较繁,皆有义庄以赡族,席氏始于席启图,翁氏始于翁大业,后山中著姓亦办义庄,郑氏始于郑永昌、永和,严氏始于严徵乔。百余年来,其子孙皆能恢廓前模,有兴无废。而翁氏尤盛,大业孙新熙慷慨承先志,至同治年,族裔大本又屡捐田产益之,邀旌建坊。敦本之风,惟四族为能弗替焉。

清《太湖备考续编》杂记

天池 尚锦村有一泉,曰天池,其源出于小潭,下注数十武,又潴为一潭。下潭稍广,村人洗汲胥赖之。惟上潭之水,相戒不得入秽物,遇秽即涸而他徙,能徙至十余里外,下潭无源亦旋竭。村人寻声往求,见他处涧壑中有澄清泛滥无因盛涨者,则得之矣,必备物供献,迎以鼓吹,乃返故处。近二十年中,曾见其两徙。

清《太湖备考续编》杂记

严氏三代进士 翁巷严氏明季以资雄于乡,顺治乙酉以赈济难民倾其家,至严晓山家业又裕。乾隆乙亥岁大祲,晓山倡捐谷米,同诸善士放赈,四更即起,始终理其事,不假手仆从。梦神告曰:"汝家乙年种德,当于乙年受报。"至乙未岁,晓山子福中会元,入词林。乙卯福子荣亦入翰林,官至浙江杭州知府。道光乙酉,荣子良裘又中举人。良裘胞弟良训,壬辰乡会试联捷,又入翰林。

民国《乡志类稿》杂记

馄饨坟 东山翠峰坞关帝庙附近,有一土墩,村人俗称"馄饨坟"。不知因何而得此名。询之父老,有知者曰:此实"吴家坟",以后辗转相传,便讹成"馄饨坟"。吴家坟所葬乃明末武山医家吴有性,即《温疫论》一书之作者,今墓地已夷平,仅存残丘一堆,更无碑碣遗留,查考困难。

民国《乡志类稿》杂记

柳毅传书遗迹 东山有石壁，在丰圻之南湖滨，大石若屏。传是当年柳毅所叩者也（今已沦入湖中）。丰圻与宋家湾间湖边，有白马庙（也称龙女祠），是柳毅系白马驻足问讯处。从此沿湖向南，至金家湖，近湖处旧有"古橘社"石牌坊一座，此一带在唐代称"橘社"，牌坊为后来所建，故以"古橘社"称之。离此不远的道旁，有古井一口，石上镌明正德九年（1514），明王鏊题隶书"柳毅井"三字，此即唐时柳毅从橘社旁井中入龙宫传书处。这些古迹，沿湖迤逦三四里。据南宋范成大《吴郡志》柳毅井条称："在洞庭东山道侧，按：小说载柳毅传书事，或以为是岳之洞庭湖。以其说有橘社，故议者又以即此洞庭山。"由此可知东山之有橘子社、柳毅井，早于宋代。以橘社为据，故事在洞庭山。柳毅传书本系神话，有无其事，姑且不论。但故事中所述的地点，确在太湖洞庭东山席家湖至丰圻。

民国《乡志类稿》杂记

仙人洞 东山仙人洞有启园与杨家湾两处。启园，又名席家花园，山冈下山道旁，洞高数尺，斜对道路，拾级而上，洞不甚深，中设香案，供观音像。洞前有小池，广方丈，周有石栏，嗣后年久失修渐废。一在杨家湾，某姓墓道旁。此洞属天然抑或人为，不能确知。昔时洞里有石桌、石凳，颇逼真。或说由流水冲刷而形成，或说在太平军进兵东山时，部分居民为避战乱而挖此洞，则如此工程非朝夕之间所能竣工。父老相传，清初，有刘姓子，经商于湖广，夜梦母病剧于故乡古秦巷家中。次日，得一老叟相助，一夜之间，已在此仙人洞口榆树旁，环视景貌，知是家乡杨家湾，急趋古秦巷家中，母果思儿病作，呻吟床上，见儿至，病情大好，竟至病愈。百姓因谓此洞可通湖广。此仙人洞深不知其底，无人敢入内一探究竟，能通湖广与否，仅是传言。后有一网船上渔妇产孩于洞中，洞乃为泥石所淤塞。另一说，系一卖艺凤阳女，路过此，一时溲急，觅地解溲，见洞隐蔽，入洞便溺，洞受污染，遂闭塞不通。

民国《乡志类稿》杂记

印心石屋 莫厘峰之下，翁巷翠峰坞深处，有亭六角，人们习惯称之为"六角亭"，实名"饮月亭"。虽掩映于山坞深处，登临其上，可望见太湖一角，颇得山水之趣。清道光十年（1830年），两江总督陶澍，勘察河道至东山，移道光御书"印心石屋"四字，镌于亭之石壁间，游人登临此亭，每喜抚摩，经久光泽如镜，古意盎然。亭中原置有石台石凳，游者到处，堪供小憩。离亭数丈，依石级而下，有"紫泉"，酌取泉水，拾枯枝燃煮，烹以新茶，别有风味。附近为古雪居禅院，整洁而幽静，游人歇息其中，有远隔红尘之感。

民国《乡志类稿》杂记

古稀亭 翁巷至后山丰圻，过席家花园，从杨家湾登岱心湾山道上，旧时原有凉亭一座，来往行人在亭中歇力，眺望菱湖景色，令人心旷神怡。此亭名古稀亭，为刘绍洲所筑。刘七十大寿之年募款建造此亭。亭建成后，人们引用"人生七十古来稀"之语，给此亭取名古稀亭。

民国《乡志类稿》杂记

刘恕寒碧山庄 在苏州阊门外花步里，亭榭水石，擅胜吴下，乃清嘉庆五年（1800），洞庭东山岱心湾人刘恕所筑。刘系乾隆年间举人，官至广西右江道。家世素封，后居苏州，购得明代太仆徐泰时东园故址，筑寒碧山庄。刘恕性爱石，园中收聚奇石十二峰，名曰：奎宿、玉女、箬帽、青芝、累黍、一云……皆太湖之名石。园成后请名流昆山画家王学浩为之作图，钱大昕为之题"花步小筑"，范来宗为之写记。潘奕隽之《三松堂集》有《寒碧山庄十二峰图咏》。寒碧山庄建成后，道光三年（1823）始供人游览，来游者无虚日，人皆呼之曰"刘园"。光绪二年（1876），归武进盛康所有，因"留"与"刘"字音相同，遂名之为"留园"。

民国《乡志类稿》杂记

白马庙龟集湖滩　宋家湾与丰圻之间，有座白马庙，前为太湖滩头。清道光二十六年（1846）某日，突然浮聚千百只乌龟，集而不散。当时人多迷信，多人烧香点烛祝祷，无一人敢捕捉或驱赶。龟群持续至数日后，始自行散去。

民国《乡志类稿》杂记

莫厘峰围墙　大尖顶（莫厘峰）上有慈云庵，该庙当家师懂堪舆之术，尝言若将禅院围墙加高，居高墙之中，不使外露，则香火更盛。乃于抗日战争胜利后，雇请匠工，就山巅挖石取材，堆砌石墙。历两年砌成，墙高近7米，宽近1米，远望俨若城堡，雄踞东山最高处。"文革"中禅院被拆，佛像被毁，梁柱木料全被搬走，唯独四周石砌围墙犹存，但亦塌圮残破，乱石纵横。游人不知其情，疑残存围墙为古代遗迹，也竟有推测为太平军据山时之碉堡，其实非也，东山年老者皆知其详。今大尖顶的慈云庵已重建，塌圮围墙也被修缮。

《东山镇志》杂记

白鹭群巢翠峰坞　2000年春天，约有上万只白鹭飞临翁巷翠峰坞，在松树上筑巢产卵与哺雏。2月下旬的一天，山人到纯阳坞干农活，突闻一群鸟鸣，它们受惊后轰然腾空而起，松林中出现无数鸟窝，窝中产满白鹭蛋，一只只洁白雪亮，大如鹅蛋。附近一些小孩觉得好奇，便把蛋捡回家。当地政府知道后，立即采取保护措施。据当地老农说，这么多的白鹭飞抵东山过去未曾有过，可能是东山生态环境变美的原因。为保护好大批育雏的白鹭，东山镇林管站和当地湖湾村抽调8名林业人员，组成东山候鸟保护小组，每天10多个小时在山坞里为白鹭"站岗"，以防游人和孩童上山惊扰。护鸟员发现，这些白鹭筑巢，一般筑在离地一米高的树枝上。白鹭2月下旬至3月初产蛋，它们白天孵蛋，晚上飞至太湖觅食，一般5月下旬孵出雏鸟，6月中旬始携其"子女"飞离东山翠峰坞。

《东山镇志》杂记

莫厘村百岁寿星　1999—2017年，莫厘村出了2名百岁寿星。费仲文，尚锦村人，生于光绪二十四年（1898），卒于1999年，寿101岁。翁端贞，女，翁巷村人，生于光绪三十年（1904），卒于2007年，寿103岁。

《东山名彦》"百岁老人"

第二节　传说轶闻

莫厘峰来历

莫厘峰为东山主峰，山头又高又险，白云四季笼罩。峰顶上松柏青翠，四季花香。有庙宇、岩壁和一口碧清的莫厘泉。

相传这座山峰原来叫大尖顶，并不称莫厘峰。那时东山有两只老虎，一只是凶猛的吊睛白额虎，一只是人面兽心的江湖大盗赤脚张三。两虎或经常在山上伤人、或抢劫钱财和糟蹋良家妇女，害得老百姓山上有柴不敢砍，山中有果不能采。

隋朝末年，有个叫莫厘的将军带着一儿一女和一队兵丁来东山驻防。莫厘将军文武双全，一对儿女更是厉害，儿子莫青能山中捕虎，女儿莫花可下湖擒蛟。他们随父亲一起来到东山，兄妹俩就商定了降服两虎的办法。

一天黄昏，一声虎啸震山谷，白额虎又出洞发威。藏在山岩背后的莫青，借着皎洁的月光，对准虎颈连射三箭，老虎挣扎了一阵，滚下了山崖。三天后的一个下午，莫花正和几个小姐妹在山脚下太湖边练武。赤脚张三带着一群小喽啰上东山抢东西，一见生得眉清目秀、身材苗条的莫花，馋得口水直流，连忙命小喽啰上前来抢。莫花把手中宝剑一横，厉声说道："你若要娶奴家为妻，请用花轿来抬，要是这样毛手毛脚，誓同你们拼个你死我活，至死不从。"说完举剑来砍。吓得张三连忙喝住小强盗，赔礼道："美人息怒，请稍等一阵，今晚用花轿来抬你。"当天晚上，张三果真摇了一条船，备了花轿和媒人来到莫花家。兄妹两人轮番敬酒，直喝得张三酩酊大醉，糊里糊涂被束手就擒。从此，洞庭东山长期太平，五谷丰登。为纪念莫厘将军一家的功绩，人们就把当年莫厘将军带兵驻扎过的山头称为莫厘峰。

移山的故事

相传很久以前，西太湖有个岛屿，居住着好多人家。在岛东头一间破旧的房子里住着一个名叫"阿孝"的贫穷青年，终年上山打柴，同双目失明的老娘相依为命。

有年冬天，纷纷扬扬的大雪下了半个月，地上的雪积了三尺厚，有钱人家都围着火炉吃鱼吃肉，可阿孝家已三天没有揭开锅，老娘饿得奄奄一息。阿孝没办法，只得紧紧裤腰里的草绳，拿起扁担和砍柴刀出门，往山里走去。寒冬腊月，大雪封山，到哪里去砍柴呢？阿孝坐在地上难过地哭起来。这时，对面雪地里走来一个老汉，戴着破草帽，手拄拐杖，摸摸索索地在雪地上朝前走。阿孝感到好生奇怪：这样冷的天，还有谁走在山坞里？他走上前打招呼一看，原来是个双目失明的瞎子。老人哀求说："小伙子，我迷了路，在这深山里转来转去已大半天，行行好，请领我走出这山坳吧，要不我肯定会冻死在山里。"这下阿孝可犯愁了，这儿离镇有好几十里路，来回得一天，柴没有砍到，家里老娘怎么办？可转念一想，常言道，行得好心有好报，救人一命胜造七级浮屠，他拿定主意，扶着瞎老人朝山口走去。

瞎老人十分感激阿孝的救命之恩，临走告诉阿孝一个秘密，说是最近河神搬家，太湖里要发大水,要阿孝天天注意镇上肉铺门前两只石狮子,要是石狮子眼里哭出血,洪水就马上要来了,要阿孝赶快背起老娘朝东南方向跑。阿孝是个老实人,对瞎老人的话深信不疑,每天早晨上山砍柴前总要到肉店前看一眼,然后上山砍柴。日子一久,引起了肉店张屠夫的好奇,等他问明原因,张屠夫哈哈大笑,说:"真是个傻小子,石狮子是石头雕的,怎么会哭出血来呢?"第二天一早,张屠夫杀好猪后,顺手在石狮子眼里抹了把猪血。天刚亮,阿孝又急匆匆来到肉铺门前,不好!当他看到石狮子眼里的猪血,丢掉扁担一口气跑回家中,背起老娘就朝东南方向奔,娘俩刚奔出村,身后洪水铺天盖地卷来,冲走房屋,淹没了村庄。阿孝背着老娘拼命朝山顶爬,可山头不停朝东南方向移,总是爬不到山顶。阿孝回头往身后一看,村镇已是一片汪洋。

阿孝背着娘,从早晨奔到傍晚,太阳落进了湖里,这时前面出现了一座大山,隐隐还能看清山上的树木和房屋。筋疲力尽的阿孝把娘放下来,想歇口气再跑。谁知人停山止,小岛同大山相隔一两里湖面。这座大山就是洞庭东山,阿孝母子蹲过的小山头,人们后来起了个山名,叫移山,意思是移来之山。后讹为余山。如今,东山莫厘村余山东湾、西湾两个村子就在山头上。

吴有性与《温疫论》

翁巷村鹅潭头有座古庙,名叫净志庵,建于明崇祯末年。庙中供祭柳毅和龙女神像。古庙大门口右侧墙内镶砌着一块一米多高的石碑,碑上镌刻着族长吴有性等捐款造庙人的姓名。吴有性的《温疫论》是在翁巷淡淡斋著成的,据说鹅潭庙的前身就是淡淡斋。

东山吴家为延陵季札的后裔,原居住在武山一带,明代中期有一支吴姓迁到翁巷居住。吴有性的祖父吴地与父亲吴唐,都以采药为生,给人看病的江湖郎中,以治疗伤寒病闻名吴中。父亲吴唐同名医李时珍交谊很深。虽然他们一个在吴中,一个在襄樊,远隔千里,但两人经常来往,磋商医道。少年时的吴有性就跟着父亲和兄长有恒,踏遍太湖中的七十二峰,采集百草,配成草药,行医治病。

不久父亲吴唐因误食有毒的药草而亡,也就在这一年,太湖洪涝泛滥,淹没许多村庄。大水退后,无数淹死的人畜来不及掩埋,先是腐烂发臭,继而瘟疫流行。一时太湖沿岸家家有哭声,户户断炊烟。面对日行千里、夜潜八百的"鬼气",吴有性翻阅祖传医书,又察看了许多患者。他经过精心观察,细细琢磨,大胆提出了所谓的"鬼气",实际上是一种眼看不见,鼻闻不着,手摸不到的"疠气",是由一种细菌进入口鼻传染的恶疮。接着他对症下药,上洞庭山采集百草,研制出一种专治"疠气"的灵丹妙药,使数以万计的患者死里逃生,保住了性命。当时,全国南北各省都流行瘟疫,为抢救更多的天下百姓,吴有性一边行医维持生计,一边著书,在翁巷淡淡斋著成医书《温疫论》,详细介绍识别和治疗"鬼气"的方法,又刻印后在病区传播。

这下可触犯了那些以装神弄鬼骗钱为生的神汉、巫婆。他们勾结官府,反说吴有性妖言惑众,得罪了湖神,太湖一带将有更大的灾难,还扬言要把吴有性身绑青石,扔到太湖里种荷花。吓得不少病得奄奄一息的患者也不敢上门求医。吴有性听到凶讯,心生一计。翁巷村东头有口柳毅井,传说是唐时柳毅入湖传书的地方,于是吴有性披头散发,捧着医书在井旁说,他手中的仙药与神书都是湖神柳毅赐给的,要他为天下人治病。这一招倒真灵,那几个神汉鬼婆不敢得罪柳毅湖神,只得哑巴吃黄连,暗暗叫苦。

不久，人们按照《温疫论》医书上介绍的方法，把"鬼气"治好了，大伙商量后凑了笔钱要给吴有性造庙，感谢他的救命之恩。吴有性把人们送来的钱分文不动，又发动族人募捐，积聚了一笔较大的银两，于崇祯十七年（1644），选址在鹅潭头他著《温疫论》的地方造了这座武乡侯柳毅庙。

莫厘峰上兰花香

高高的莫厘峰上传说有棵神兰，一年四季幽香阵阵，人们把它命名为"四季兰"。每年农历六月十八日夜，观音大士生日那天夜里，四季兰香更是一阵接一阵飘向莫厘峰，山顶上到处是那棵神兰的清香，闻得那些上山赶庙会的善男信女蹲在山上连家也不想回了。

卢沟桥事变后，上海、苏州相继沦陷，不久，日本侵略军又侵占了东山。有年农历六月十八日莫厘峰庙会，占据在席家花园里的日军小野队长，也强盗扮书生，穿着便衣，备了香烛，带着护兵，到莫厘峰上凑热闹。小野一行刚过百家堑，就闻到一阵诱人的清香，越近峰顶香气越浓。来到莫厘峰慈云庵，小野焚过香，拜过菩萨，假意向庙中方丈请教：峰上是啥花香，那香味又来自何方？湛明师傅见小野不是本地人，香客远道而来，有事请教于己，直言相告道："施主有所不知，那是'四季兰'花香，这支神兰可是莫厘峰上的镇山之宝，千百年来山人可只闻其香，未见其影啊。"

说者无心，听者却动起了歪脑筋。第二天上午，一队凶神恶煞的日本兵登上莫厘峰，逼着湛明方丈交出"四季兰"。湛明法师一看，昨日的香客原来是日本兵扮的，冷笑一声说："要想找到莫厘峰上的四季兰，可比登天还要难，别做梦了。"这时，一阵清幽的兰花香飘来，小野撇下方丈，令日本兵在慈云庵、三官殿里搜寻起来。闹腾了半天，鬼子兵把莫厘峰寻了个遍，也没见四季兰的影踪。恼羞成怒的小野把指挥刀一挥，大吼一声说："那边有！"可待鬼子兵赶到莫厘崖，幽香又来自纯阳殿的黑松林里。小野不死心，又领着鬼子兵喳喳呼呼朝前寻。松林越来越密，小野怕中了新四军游击队的埋伏，只得作罢。

莫厘峰上的四季兰可神极了，有人说在观音大士的莲花座下，有人说在莫厘峰山顶"仙水潭"底，还有人说是观音娘娘撒下的橄榄水。当然这些都要是老百姓的神奇想象，但莫厘峰上的确常常能闻到阵阵兰花香，信不信，请你上趟莫厘峰去，定能闻到兰花香。

纯阳殿与龙眼

翁巷村纯阳坞里有座纯阳殿，供奉道教"八仙"中的吕洞宾，每逢农历初一、十五，纯阳殿庙里挤满了烧香的善男信女，祭祀吕大仙，感谢他当年用龙眼救了无数山浪人的性命。龙眼，就是东山杨梅的别称，因这种果子成熟后血红血红的，像颗龙的眼珠而得名。故事还要从杭州西湖说起。

相传古时在杭州西湖地方出了两个蛇仙，姐姐名白娘娘，妹妹叫小青。白娘子为报前世恩人，爱上了一个叫许仙的穷小伙子，并帮他在杭州城里开了一家药店。许记药店刚开张生意不好，小青为讨好姐姐白娘子，她先拍许仙的马屁，在西湖一带的水井里洒了不少蛇尿。这下可闯了大祸，人们喝了有毒的井水，都闹肚子痛。接着，有人在西湖断桥上贴出一张纸头，说是许记药店里的灵丹妙药可治百病。病家前去买了药，煎后一服，此药果然灵光，肚子马上不痛，于是许记药店生意兴隆。当然，这家药店的主人就是许仙。

谁知这股祸水顺着太湖水流到了洞庭东山，山浪人喝了也闹起肚子痛来，不少贫家因买不起药治病，只能活活等死。一时翁巷村一带家家断炊烟，户户有哭声，好不凄惨。一天，八仙中的吕纯阳驾云去参加王母娘娘的蟠桃盛会，飞过太湖时听到底下一片哭声，降下云头一看，原来是蛇妖作怪。好，横（凶）虫就用横虫治，天龙地龙是一伙，地龙作祟，找老大算账。

好个吕大仙，一道金光飞入太湖，来到太湖龙宫，笑嘻嘻地对前来迎接的太湖龙王说："老龙，快借我一样东西。""什么，借我的眼珠？"老龙一听大仙的来意，吓得双手捂住眼睛，逃进深宫。说时迟，那时快，吕纯阳宝剑一挥，吹口气，老龙王那颗血淋淋的龙珠早已被挖了出来。吕大仙随手扔入神仙葫芦中，他再一施法，大龙珠变成了万千颗小龙眼。

吕纯阳又驾云降落东山，从酒葫芦中倒出龙眼，分给众人吃，大家肚子就不痛了。第二年，那些吃后扔掉的龙眼核，长出许多叶片如手指般狭长的小树苗。再过了几年，树上结出不少血红的果子，称龙眼果。过了些年，人们感到龙眼这个果名太俗，有点与福建的龙眼果相同，就根据这种果子的外形像梅子，又有酸味，取名杨梅。据说从那时候起，每年杨梅一采下来，东山家家户户都要浸几瓶酒杨梅，以备急用。后来，用杨梅浸酒能治肚子痛的秘方，又传到了苏州、上海等大中城市。

翁巷席家湖的来历

翁巷席家湖是东山明清时最闹猛的地方，豪宅一幢连一幢，有钱人家一家接一家，所以在东山有翁席刘严四大家之说。在这块方圆只有一二里的地方，既然是翁巷，为何又叫席家湖呢，那地名的来历还有一段有趣的传说。

席家是唐朝时就避战乱隐居东山的武官，后来子孙虽然没有去朝中做官，但同皇亲国戚藕断丝连，关系密切，可以说是有财有势，把东头湖湾一块依山傍水的风水宝地全占去了。席老头子死后，又把这座大庄园分给三个儿子，取名上席、中席和下席，并筑了一条长达五里的街巷，称翠峰路，还筑了著名的席家湖头。可兴三代，败三代，代代兴要戳破天。到了明朝中期，东山有个叫翁少山的青年人，借了一笔钱，冒险到湖广、齐鲁一带做布匹生意，几年后发了大财，号称翁百万。这时席家已开始败落。翁少山回到东山，把席氏庄园中最好的一段中席街买下来，还在街中心筑了一座供乡人歇凉避雨的坪磐。接着，翁家又经过连续几年大兴土木，在坪磐四周造了许多高楼豪宅。翁家后来举上，在湖湾一带与席家平分秋色。

翁家发迹，在东山成了首富，地盘也超过了席家。可老百姓叫顺了嘴，一时改不过口来，仍然把这块地方称席巷席家湖头。翁家买了地方不出名，心里很急。一个账房先生给翁少山出了个点子，说是民以食为天，加上平民百姓胆子小，只要恩威并施，略施小计就可斗败席家，又凑在东家耳朵上如此这般地说了一遍。过了几天，翁家雇了几名打手，又挑选了几名慈眉善目的家人，一起来到东山街上，迎面碰到往东走的过路人，开口就问到啥地方去。凡回答去席巷席家湖头的人，马上一脚一拳头；凡回答去翁巷翁家湖头的人，家人均发给一块小竹牌，可去翁家祠堂吃一碗肉丝面。老百姓乐得行顺风船，有得挨拳头不如吃碗面，所以不管在啥地方，只要有人问到啥地方去，都说要去翁巷翁家湖头，翁巷翁家湖头就出了名。

席家一看苗头不对，老祖宗创下的基业眼看要全被翁家抢去。到底是捷足先登的大户，瘦死的骆驼比马大：穷是穷，还有三担铜。席家也学翁家的办法，雇了打手，派人挑了馒头，在东山街上游转。只要有人说一声去席巷席家湖头白相，马上送一只肉馒头；要是说了去翁巷的地名，立即左右开弓吃耳光。翁家与席家的打手与跟班面孔上没有写字，老百姓也弄不清人头，常吃冤枉苦头。一个识字人帮大家出了个点子，教大家无论遇到啥人问，就说要去翁巷席家湖头。这样，两头不得罪，还都有点心吃，翁席两家也都无话可说，表示赞同。就这样，翁巷席家湖头的地名一代传一代，一直流传到现在。

金牛岭的传说

翁巷金家河有座金牛岭，传说金牛岭里藏着一头金牛，啥人能让金牛出洞，把金牛牵住就能发大财，可谁也不知道开石门的宝钥匙在哪里。

有一年，席家湖头有个姓金名阿三的菜农，在岭南山脚下湖边种了三亩葫芦，一心想弄得好收成。谁知等到葫芦爬藤结瓜，三亩地里只长了一只葫芦。金阿三十分懊丧，在殿前茶馆里向大家说起这件倒霉的怪事。正巧有个来东山寻宝的江西人也在吃茶。俗语说"江南人识天，江西人识宝"，他听后感到事情稀奇，就同金阿三一起赶到地里去看怪葫芦。江西人仔细一看，这只葫芦原来是把宝钥匙，只要采了这只葫芦在岭脚下的一块石头上连敲三下，石门就会自行打开，获得这只金牛。江西人把这个秘密如实告诉了金阿三，两人约好一周后，等这只葫芦成熟，敲开宝门获得金牛大家各得一半。

金阿三高兴极了，回到家里把好事同妻子一说，妻子不满地说："合分一头牛，不如独吞一条狗，哪有到了手的宝贝分给别人一半的戆徒。"两人一商量，起了独吞金牛的贪心。一周后的清晨，葫芦刚成熟，金阿三摸黑起了个大早，采了葫芦，赶到金牛岭下，按江西人说的秘诀，在山崖上敲了三下，山石果然朝两旁移动，黑咕隆咚的山洞里冲出一头凶猛的怪牛，金阿三吓得连喊救命，丢了宝葫芦转身就逃。怪牛叼起葫芦又回到了洞里，石门立即自动关上了。

原来，江西人还留了一手没告诉金阿三，就是要带了葫芦青藤一起去敲开石洞门，等怪牛冲出洞来，只要把青藤朝牛脖子上一套，怪牛就会立地不动，变成一头金牛。但因金阿三贪心，丢了宝钥匙，再也得不到金牛了。

安定塔顶金鸡啼

清朝时，翁巷村有个姓席的大商人，在外经商发了财，为报答母亲养育之恩，在席家湖头造成了一座七级宝塔。东山席氏来自甘肃安定，故取名安定塔。造塔时席家还别出心裁，到金匠铺里定铸了一只金鸡，摆到宝塔的顶层上。

说来有趣，也许是塔顶的金鸡得了太湖的灵气，竟变成了一只真公鸡。宝塔筑好的第三天五更头，人们就听见半空里传来一阵阵鸡啼声。待叫到天亮村人开门一看，原来是安定塔顶的金鸡显灵了。这样每日天亮快，一鸡啼百鸡应，翁巷席家湖九村十八巷的人都闻鸡起舞，变得越来越勤劳，做啥事都要一帆风顺，种田的五谷丰登，捕鱼的网网有鱼，经商的日进斗金，大家说是金鸡带来的财运。

可好事不成双，自从席家湖头造成了金鸡塔，湖对面的武山一带却出了一件怪事。每当秋里稻谷成熟快要收割时，天天夜里稻田中总有啥东西在糟蹋，东吃一块，西吃一片，把一块块好端端的稻田吃得像稀毛癞痢。武山人动了众怒，各村挑选了一批身强力壮的小伙子，等稻谷一黄，天一黑就轮流在田头守夜。可这偷吃谷子的精怪鬼得很，夜里根本不露相,等到天亮看夜人困得实在受不了,打一会儿瞌睡时,这坏东西又来了,待天亮一看田里稻谷又被糟蹋一大片。

一天夜里,有个看夜的小伙子天亮快闹肚子痛,正在田头蹲坑,忽地暗夜里发现一道金光。只见从太湖对面飞来一只金鸡,钻进稻田里乱啄一气。那金鸡胃口也真大,一下子就吃掉了一大稻谷。小伙子弄不清这金光里的东西究竟是只鸡,还是什么怪物,大喊一声:"有怪物偷谷吃!"这一喊,田头打瞌睡的人全醒了,大家拿起身旁早准备好的锄头铁钯、棍棒家伙,把稻田四面围住,大呼小叫,举枪竖棒,围住起金鸡来。

偷吃稻谷的怪鸡一看苗头不对,咯咯咯叫着飞一段,扑一段,拼命朝对岸席家湖头逃。众人紧追不舍,一直追到安定塔下,怪鸡忽地不见了,飞到塔顶又啼叫起来。武山人寻到席家,要进塔打死这只瘟鸡,可主人说啥也不肯打开塔门。双方告诉到县衙里,席家有财有势,给衙门送了好处,知县认钱不认理,反说武山人聚众闹事,私闯民宅,官司不了了之。

武山人越想越气,看来无处说理,只能私了。不久,村里聚集了数百人,夜里悄悄摸到安定塔下,想砸开塔门,上塔打死瘟鸡。不料席家早有准备,说武山人要打得翁巷变麦场。翁巷席家湖头人自然也不服气,也组织人日夜防范,双方在安定塔下混战一场,伤了不少人。从此,两村械斗怀断,虽然大家隔湖相望,却老死不相往来。

后来,一位四川峨眉山来的云游和尚,路过安定塔时两村正在械斗,他想:这样冤冤相报,何时得了?就在安定塔座的大青石上贴了一道神符,塔顶的金鸡失去了灵性,变成了一只石鸡,武山一带的农田就年年太平无事了。

镇湖厅传奇

席家花园建造时,碰到一件大事,转湖面前一座造型奇特的假山,总是白天造好夜里坍。刚开始,主人席启荪还以为是造假山的工匠本事不过关,堆叠的假山重心没吃准,所以造不好。后来,席启荪下大本钱,到香山请一班叠假山的高手来造园,要他们在一周内赶砌好转湖四周所有假山,请上海滩上的名人来启园白相捧场。

经过几天突击,匠工们日夜不困觉,终于把这座形状酷似唐三藏师徒西天取经的假山堆好了。这天黄昏,席启荪正在湖边看着假山得意,突然,太湖里卷起一阵怪风,吹得飞沙走石,人的眼睛也睁不开。只听"轰隆"一声巨响,待他睁开眼来,刚刚完工的假山又坍塌了。转湖是启园中重要一景,而"西游记"假山群像又是转湖的"眼睛",这画龙点睛的一笔写不好,真是大煞风景,席启荪十分尴尬。

一天,启园附近的翁巷上来了个瞎了一只眼睛的风水先生,自称"瞎半仙",能看出东山藏龙卧虎的风水宝地。席启荪马上让管家把瞎半仙接来启园,请他看看湖畔风水,能不能解开转湖假山坍塌之谜,独眼龙风水先生眯眼看了一会,吃惊地说:"大事不好,庄主,花园这么大,你这座假山啥地不好造,做啥偏偏要造在这活水道上。"席启荪一听,连忙躬身请教。瞎半仙凑近席启荪的耳朵说,这水道是当年柳毅入龙宫传书经过的神道,如今在半道上被你造一座小山似的假山,把去路全挡住了,不被湖妖作法吹坍才怪呢。

被瞎半仙这么一说,席启荪一想对呀,在花园围墙外面是有一口柳毅井,距井一里路外有座白马庙,山上还有一处回音壁,传说唐代书生柳郎就是从白马庙下入湖传书,再从柳毅井中返山的,如今被自己筑的假山拦了路,这可怎么办?见席启荪着急,瞎半仙又神秘地说:"办法倒是有,就看你舍不舍得花本钱。"席启荪着急而大方地说:"花园已造到这个地步，万宝全书缺只角了，不肯花钱也得花。"

在席家酒足饭饱后，瞎半仙开口又说话，说在离启园三里外的岱心湾里，有座刘家祠堂，正屋里有根大梁是楠木做的，只有用这根楠木做正梁，造座镇湖厅，才能镇住湖妖，造好假山。席启荪听后心想，房子反正造在自家花园里，造就造吧。于是对瞎先生说，一切照你说的办就是了。不料瞎半仙又说出一个条件，讲光镇湖道还不行，同时还得通岸道。瞎半仙接着说："在席家老宅西面有个鹅潭，潭边上有口深不见底的古井，人称'龙泉'，也通太湖龙宫，可这段村坊没有砖路，下雨后难行，只要把这一里长的泥道，用青砖侧铺成大路，就能保证筑造假山万无一失。"

席启荪听了风水先生的话，先购降龙木造好一座镇湖厅，又出资新筑了一条一里路的长生街，最后总算万事如意，把这座奇特的假山造好。如今，这座背靠青山、面向太湖、飞檐翘角、四面向阳、八面来风的镇湖厅仍在启园内。不过，后来席启荪嫌镇湖厅这个名字口气太大，改成了镜湖厅。游客们又根据大厅四面通风，称之为四面厅。在启园附近的长生街、古龙井和柳毅庙等古迹也完好无损。

地名的传说

胥母峰 莫厘村境内的一处古地名。据说楚国的伍子胥闯过昭关，逃到吴国后，在太湖中的东、西山上隐居了一段日子，被吴国正在准备起事夺取皇位的公子光获悉，请到家中共举大业。后来，伍子胥当上吴国的重臣，想起父兄都冤死在楚国昏君之手，老母在家中无人照顾，于是派出几名心腹将，以赴楚地经商为名，暗中接了伍母，取道太湖进入吴国。当年伍子胥就站在东山一座名大尖顶的山峰上迎接母亲，后来这座山峰得名胥母峰，成为东山的一处著名古迹。

范蠡宅 翁巷村的一处古地名。传说吴越春秋时，楚国名臣范蠡和文种，用七计帮勾践灭吴国后，文种贪图富贵，留在越国做官，结果被越王勾践赐剑所杀。范蠡看出勾践其人鹰爪鼻子三角眼，只能共患难，不可同享乐，不辞而别，乘舟来到东山，隐居在胥母峰下的一座山坞里。后来范蠡经商发迹，就在莫厘峰下的山坞里造成了一座规模很大的住宅，名范蠡宅。

丰圻 古尚锦的一处老地名，也是莫厘村的一个自然村。据说春秋时，每当太湖腰菱成熟，吴王夫差常携妃子西施到东山附近的菱湖游玩，看村姑们采菱嬉闹，与民同乐。一次，夫差发现菱湖附近一处山岭十分险峻，易守难攻，要是在这个地方设个哨卡，就不怕越兵登山偷袭了。吴王马上下道圣旨，在东山最东面的菱湖畔设立一个丰圻哨，后来又在最西面的杨湾太湖边设了个长圻哨，一东一西两个哨所，保护东山百姓的安宁。

下席街 清朝时，翁巷席家出了名叫席文燕的侠士，趁乾隆皇帝下江南游太湖的机会，在东山想行刺乾隆，结果行刺了三次没有成功，席文燕自己反被乾隆身旁的保驾兵将擒获，席家被满门抄斩，灭门九族。上席与中席村的人全被杀光，而下席村居住的席家后裔都是呒啥花头的小老百姓，乾隆估计小泥鳅掀不起啥风浪，朝廷网开一面，没有问罪，所以上席和中席两个村在清朝时就没有了，而下席街一直传到今天。

尚锦 尚锦村一处古地名。据说宋朝时，后山太湖边有一座古庙，庙里有个叫石秀的小和尚同农家姑娘小英青梅竹马，从小相爱。但按出家人的规矩，和尚是不能娶妻的，除非石秀能考中状元，才能破戒还俗，娶妻生子。石秀为了能同小英圆洞房花烛之梦，日夜

第十六章　丛　录

苦读，终于考取了头名状元，封官娶妻，荣归故里，后来人们就把石秀当年做和尚的地方称作尚锦。

一夜路　岱松村一处古地名。明朝末年，翁巷翁家在杨家湾太湖边买了一座山，称翁家山。有一年新年头上，翁家死了一个老太爷，棺材出殡要经过村中街道。这时，杨家湾村里请了戏班子在演打唱，街道中心搭了座很大的戏台，要一连演三天三夜。不管翁家如何商量，愿意出多少钱，杨家湾人就是不答应翁家棺材在村里经过。翁家财大气粗，据说出高价雇了上千民工，连夜在杨家湾村右侧太湖边筑起一条道路，第二天照样吹吹打打把棺材出殡送到翁家山。这条古道后来称作"一夜路"，一代代传了下来。

杨家帮　翁巷村一处古地名。传说清朝时，无锡城里有家镖局，掌柜的姓杨，名翰臣，是北宋杨家将的后代。杨氏镖局掌柜武艺高强，武德高尚，在苏南一带很有名气。一次，无锡王知府登门拜访，要杨家镖局押送一批金银财宝去京城，说事成后有重赏。杨翰臣一打听，这批财宝是知府贪污的赃物，他不肯助纣为虐，但又不敢得罪官府，于是带着伦标和伦方两个儿子，渡湖到东山，在翁巷南边定居下来，给有钱人家当保镖、当轿夫或挑水。后来，杨家子孙繁衍，人越来越多，形成了一个村坊，称杨家帮。

馀家湖　翁巷村一处古地名。清朝时，翁巷席家出湖做生意的人越来越多，发迹后大多回乡大兴土木，厅堂宅第从纯阳坞口一直造到太湖边，据说共有七十二幢豪宅。户与户之间还有巷门、更楼相连，就像一座小城市一样。大户人家的老爷太太和少爷小姐要人伺候，大批穷苦人闻讯来到翁巷席家湖，给出客人家看门、挑水、当奶娘、轿夫和佣人。他们白天在大户人家干活，夜里没有住处，就在一条小河浜旁搭间草棚栖身。年复一年，小浜边居住的穷人多了起来，形成一个小村子。后来官府来登记村名时犯了难，席家湖、金家湖、翁家浜都是有钱人居的村子，随口给这个穷人住的村起了个馀家湖头的村名，意思是多馀（同余）的村子。馀和倪是同音，后来就叫成了倪家湖或馀家湖头。

黄牙嘴　翁巷村一处古地名。传说当年康熙到东山，在东花园住下后，变换成便服，在附近私行察访。康熙从席家小店门头朝西走，来到长生街中段，看见一个村姑在小潭边汰衣裳。村姑秀丽的面孔倒映水中，犹如天上仙姑。康熙正想入非非，村姑见有个陌生人在偷看自己洗衣，脸一下子红了，起身就走。康熙见被村姑发觉，弄得十分尴尬，假意干咳一声。不料口中觉得一阵疼痛，随口一吐，痰中竟吐出一颗牙齿来。这事不知怎么传了出去，大家就把这个小潭的地方称作皇牙子，后来又讹成黄牙嘴。

花园弄　翁巷村一处古地名。乾隆七次下江南，有一次到了太湖东山，住在祖父康熙当年驻跸过的席启寓家。中午御膳过后，乾隆到花园里走走，随口问道："这是啥地方？"陪在身后的主人忙答复道："这座是东花园，对面是西花园。"时值早春，乾隆见园中花木稀疏，枯草满地，笑着说："啥花园，是座草园么。"皇帝是金口，说一不二，据说花仙子气得全跑了。从此，东西花园里再也种不好花草。话又说回来，毕竟是皇帝到过的地方，花虽种不好，但花园弄还是出了名。

编纂始末

《莫厘村志》的编纂工作始于2018年1月，元旦过后，在中共东山镇莫厘村党委、村民委员会领导下，成立《莫厘村志》编纂委员会和办公室，并组建由杨维忠、赵炳夫、张永福、盛丽红等工作人员组成的编写组，杨维忠同志任主编，着手进行编纂工作。当年10月完成初稿。《莫厘村志》的编纂工作能在较短时间内完成并出版，主要是莫厘村领导对这项工作十分重视，在各方面给予编纂组大力支持，同时也得益于杨维忠同志多年积累了大量有关莫厘村的历史资料。

莫厘村历史悠久，村中16个自然村都建于明代前，其中，翁巷、殿新、鹅潭头、金家河等村始于唐宋，2013年，翁巷古村入选第二批中国传统村落，莫厘村的保护工作被提上新的议事日程。随着村内各项工作的展开，特别是岱心湾、宋家湾、尚锦、周湾等村旅游业的兴起，编纂一部全面反映莫厘村历史文化、政治经济、新村建设及人民生活的《莫厘村志》很有必要。经过多次磋商，村里建立《莫厘村志》编纂办公室，并委托东山历史文化研究会副会长杨维忠同志负责编纂工作。村志办工作人员不辞辛苦，多次赴苏沪图书馆、档案馆查阅抄录资料、采访乡村"三老"，绘制自然村草图，在掌握较多第一手资料后展开的《莫厘村志》编纂工作，得到苏州市方志办和吴中区档案局方志科领导与专家的大力支持，给予了编写组很多帮助。2018年元旦过后，在积累大量资料的基础上，经过工作人员的努力，同年10月，《莫厘村志》完成35万字的初稿，12月初，修改稿送审市志办和区档案局方志科。2019年1月27日，市、区方志办在莫厘村召开评审会，领导和专家们对送审稿提出了许多修改意见。编写组又对稿本认真去粗取精，去伪存真，去繁就简，按志书的要求不厌其烦地进行修改、增补、数易其稿，3月，形成现在的《莫厘村志》，共分16章，前设大事记，计75节，近300张照片。5月，通过验收，《莫厘村志》进入出版流程。

值得一提的是《莫厘村志》的编纂工作，是东山历史文化研究会在长期收集整理、积累了大量第一手历史资料的基础上进行的，编者又查阅了许多史料（包括明王鏊《震泽编》、清翁澍《具区志》、吴庄《七十二峰足徵集》、金友理《太湖备考》及新编《吴县志》《吴中区志》《东山镇志》《吴县年鉴》《吴中统计年鉴》等），取其精华，为本志所用。本志能成功出版，得到苏州市地方志办公室和吴中区档案馆的大力支持，得到东山镇党委办公室及宣传办的大力支持，得到东山镇各有关单位的大力支持，同时还得到了许多在外地工作的莫厘村人士提供的帮助，尤其是苏州市方志办副主任陈其弟、处长傅强及吴中区档案馆副馆长翁建明，方志科科长陈萍与翁丽春都为本书辛勤审稿。在此，我们谨向为本志作出贡献的各级领导、各界人士，以及所有关心支持《莫厘村志》编纂工作的人们一并表示衷心的感谢。

编志工作是一门科学，永无止境。对我们编纂人员来说是一次良好的学习机会，但由于我们水平有限，学识浅陋，虽极尽良苦用心，仍不免有谬误疏漏之处，恳请大家不吝指教。

《莫厘村志》编纂委员会办公室

2019年5月12日

提供资料单位

吴中区统计局　　　　　　　吴中区档案馆
东山镇党委宣传办　　　　　东山镇档案室
东山镇统计办　　　　　　　东山镇民政办
东山镇计生服务所　　　　　东山镇村镇办
东山镇派出所　　　　　　　莫厘村档案室

提供资料人员
（以姓氏笔画排序）

王培芳	庄大荣	庄荣国	庄洪生	刘慎涛	汤五星	李建林	杨继承
肖卫源	吴绍伟	宋天宝	宋方林	宋本泉	宋海福	张卫君	张乐君
张永福	张伟勇	张忠星	张惠玉	周才林	周义林	周仁娣	周文洪
周连才	周明耀	周建根	周泉根	周洪兴	周洪根	周增高	周曙明
赵增富	施惠生	费东福	费伟生	费洪熙	夏如兴	夏胜富	夏德明
顾爱民	徐万荣	徐长林	徐建强	徐洪斌	徐培林	席加民	席佰林
席叙妹	龚兴林	滕春华	滕洪纪	滕洪林